KB071623

INNOVATIONS AND ELABORATIONS IN
INTERNAL FAMILY SYSTEMS THERAPY

내면가족체계[IFS] 치료의 혁신과 발전

-IFS 거장들의 임상사례 적용-

Martha Sweezy & Ellen L. Ziskind 편저

오주원 · 손성희 · 채유경 · 김신영 공역

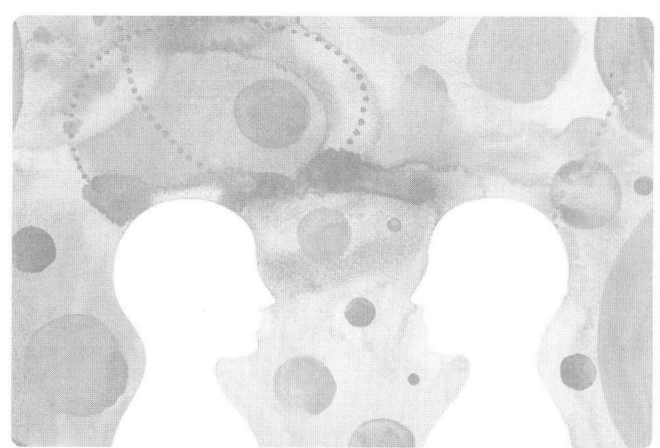

학지사

Innovations and Elaborations in Internal Family Systems Therapy
by Martha Sweezy and Ellen L. Ziskind

역자 서문

IFS(Internal Family Systems) 워크숍이 공식적으로 우리나라에 처음으로 소개되었을 때, IFS는 여러 가지로 신선한 충격이었다. 한국에서의 첫 워크숍에 참석한 네 명이 함께 공부할 방법을 찾던 중에 IFS 치료사들이 반가워할 이 책을 만나게 되었다.

IFS 치료법을 익히고 적용하면서, 임상 현장에서 만나게 되는 다양한 문제를 가지고 오는 내담자들에게 이 모델을 사용하면서 참고가 되고 안내가 될 만한 책의 필요성을 느끼던 가운데, 이 책을 읽으면서 최근까지 국내에서 IFS 훈련을 받은 많은 임상가에게 큰 도움이 되겠다는 확신에 번역하고자 하였다.

이 책을 읽어 나가면서 IFS 치료는 무엇보다도 치료사가 자신의 내면에서 일어나는 역동을 알아차리고 참자기Self 상태를 유지하려는 노력이 끊임없이 이루어져야 함을 깨닫게 되었다. 그렇게 IFS 치료를 우리 자신과 내담자에게 꾸준히 적용하면서 내면 깊숙이 자리 잡고 있는 상처를 마주하게 되고, 스스로의 모습인 줄 알았던 무수히 많은 부분의 역할을 더욱 이해하게 되었다. 또한 번역 과정을 통하여 IFS 치료가 내담자나 치료사뿐만 아니라 건강한 일반인에게도 진정한 자기로 살아갈 수 있게 하는 데 아주 탁월한 모델임을 다시 한번 느끼게 되었다.

IFS 치료의 가장 핵심 철학 중 하나가 다양성에 대한 존중임을 생각해 볼 때, 이 책은 그 정신을 잘 담아내고 있는 것 같다. 여러 저자가 각기 다른 주제의 사례를 통해 IFS 치료의 핵심 내용과 치료 과정을 자신만의 독특한 방식으로 기술하고 있기 때문이다. 이 책은 리처드 슈워츠Richard C. Schwartz와 다른 IFS 거장 임상가들이 다양한 주제, 즉 치료가 교착 상태에 빠졌을 때 어떻게 하는지 그리고 중독, 섭식장애, 양육 문제, 애도, 가해자, 인종차별과 트라우마를 각각 어떻게 다루는지를 잘 보여 주고 있다. 또한 부분을 분리하고 개인의 짐과 물려받은 짐을 내려놓는 IFS의 기본적인 기술들을 실제 임상 현장에서 어떻게 창조적인 방법으로 적용할 수 있는지에 대해서도 잘 기술하고 있다. 그리고 IFS 개발자인 리처드 슈워츠의 인종차별에 대한 진솔한 고백을 엿보면서 대가의 인간적인 측면도 감상할 수 있을 것이다.

현재 우리나라에서는 물론이고 전 세계적으로 IFS 치료에 대한 관심이 선풍적인 인기를 끌고 있다. IFS 치료 관련 저서들이 많이 번역되고 있고, 다양한 주제의 논문들이 쏟아져 나오고 있으며, 워크숍도 빈번하게 진행되고 있다. 더 나아가 IFS 치료는 류머티즘성 관절염 등의 신체적 증상 완화에도 적용될 뿐만 아니라, 영적인 차원까지 그 적용 범위를 점차 넓혀 가고 있다. 이러한 전 세계적인 추세를 생각해 볼 때, 적용 주제별 내용과 과정을 상세히 설명한 이 책이 독자에게 크게 도움이 될 것으로 생각한다.

역자 네 명이 IFS에 대한 열정과 애정으로 함께 번역하게 된 것에 감사하며, 번역 과정에서 큰 도움을 주신 손성희 선생님의 남편이자 IFS 치료사로서의 경험이 풍부하신 로버트 팰코너Robert Falconer에게 감사의 마음을 전한다.

2023년

역자 일동

서문

제나 멜러무드 스미스(Janna Malamud Smith)

2014년 2월

이상하지 않은가? 그냥 우연히, 확실히 뭘 해야 할지도 모르는 채, 우리는 성급하게 목적만 충만한 채로 이 땅에 태어났다. 이 땅에 태어나자마자 우리는 살아남기 위해서 노력해 왔다. 그렇게 하면서 처한 환경에 맞춰 생사의 규칙을 알아내기 위해 애써 왔다. 그리고 그러기 위해 우리는 주의를 기울였다.

모든 것은 학습에 달려 있었다. 우리가 밖에 나갔을 때 사자가 있었고, 그것을 사자 때문에 꺾여 있는 풀잎들을 보고 알았다고 해 보자. 곧바로 도망쳤지만, 사자의 날카로운 발톱에 긁힌 상처가 남았다면 그다음 밖에 나갈 때마다 꺾여 있는 풀잎의 흔적이 없어도 여전히 우리는 사자를 떠올리고 반응할 것이다(적어도 우리의 한 '부분part'은 그런 모습을 보일 것이다).

이번에는 우리가 직접 보지 못했더라도 부모가 사자를 보았기 때문에 두려워하는 그 표정을 보았다고 해 보자. 이번에는 우리에게 사자 발톱의 상처는 남지 않았다. 하지만 부모의 두려움이 우리에게 전염되었을 것이다. 부모의 두려워하는 표정이나 표현에 대한 기억은 우리의 두려움을 일깨우게 되고, 타인의 격렬한 감정을 학습하는 것이 실제로 그 이후에 발생할 수 있는 사자의 앞발로부터 구해 줄 것이므로 우리는 다시 사자 때문에 풀잎들이 꺾이지나 않았는지 흔적에 주의를 기울이게 될 것이다(한 '부분part'은 그 지식을 기억하게 된다).

또는 사자와 마주친 적도, 직접적으로 공포에 질린 표정을 본 적도 없다고 해 보자. 하지만 사자를 조심해야 한다고 듣고 배웠다면 우리가 밖에 나가 걸을 때 여전히 사자의 흔적을 꺾인 풀잎 등에서 보지나 않을까 조심하고 또 조심할 것이다.

우리는 자신의 경험이나 다른 사람, 특히 가까운 이들의 경험을 목격하는 것, 또는 학습하는 것으로부터 배운다(우리에게는 그런 가르침을 흡수하고 되새김질하게 해 주는 '부분들parts'이 있다).

재러드 다이아몬드Jared Diamond는 『어제까지의 세계The World Until Yesterday』(2012)에서 여러 해 동안 뉴기니 사람들과 살면서 그들의 끊임없는 대화와 그 대화에 담긴 세세한 내용에 그가 얼마나 계속 충격을 받았는지 묘사하고 있다.

> 뉴기니인들이 미국인들과 유럽인들보다 얼마나 많은 시간을 서로 대화하는데 보내는가에 대해 나는 감명을 받았다. 그들은 오늘 아침과 어제 무슨 일이 있었고, 누가 언제 뭘 먹었으며, 누가 언제 어디서 오줌을 눴고, 누가 누구에 대해 무슨 말을 했는지, 누구에게 무슨 짓을 했는지에 대해 자세한 내용을 서로 이야기하고 있었다. 그들은 그냥 낮에만 이야기하는 것이 아니라 때로는 밤에 일어나서도 이야기를 시작하고는 했다(p. 273).

그는 이 뉴기니 사람들의 수다스러움이 부분적으로는 뉴기니의 환경이 갖는 거대한 위협에 대한 반응으로 생겨났을 것으로 추측한다. 그 위험을 자세히 조사, 토론하고 조심스레 살펴보기 위해서는 세부적인 정보가 적지 않아야 했고, 뉴기니의 모든 사람은 지식을 축적해 안전을 증진하려고 했던 것이다. 우리의 마음 안에는 이렇게 이야기하기를 좋아하는 뉴기니 사람들 같은 것이 포함되어 있는지도 모른다. 내면가족체계IFS 치료에서는 그것을 '부분part'이라고 부른다. 이 부분들은 우리의 경험을 포함하고 있으며, 각각 처한 상황과 시점에서 가장 잘 대처하기 위해 알아야 할 것이 무엇인지에 대해 우리에게 상기시켜 준다. 적어도, 각 부분의 경험에 의하자면 그렇다는 것이다.

우리의 중요한 교훈은 단지 두려움에 관한 것만 적용되는 것이 아니며, 물리적, 정서적 생존을 위해 꼭 기억되어야 할 매우 다양한 신호의 조합으로 이루어진다. 달콤한 향기는 무화과나무의 열매가 무르익었다는 신호이다. 믿고 신뢰하는 이모[1)]가 우리에게 첫 무화과를 권해 주었다고 하자. 우리에게 무화과를 권해 주는 이모의 몸짓을 통해 그것이 먹기에 안전한 음식이라는 것을 이해하게 된다. 이제 그 특별한 단맛을 느낄 때마다, 우리는 그 잘 익은 과일을 찾아 딸 수 있을 때까지 주위를 두리번거리고 둘러보는 방법을 알게 된다. 그리고 우리는 이모를 애틋하게 기억하게 된다. 운이 좋다면, 이모의 세심한 배려를 기억하면서 그것에서 안전감을 느끼게 될지도 모른다. 반대로 썩거나 독이 있는 무화과를 입에 집어넣는다면, 우리는 이모가 긴박하고 다급하게 말하고 혐오감을 표현하는 것을 듣고 이모의 입과 손가락으로부터 다시는 그것을 먹지 말아야 한다는 것을 느끼게 될 수도 있다.

우리는 이모의 날카로운 반응을 즐겁지 않게 느낄 수도 있지만, 생존을 위해 일찍부터 나이 많은 형제와 친척, 어른과 소원해져서는 안 된다는 것을 배우게 된다. 따라서 우리는 사이좋게 지내는 법을 익히는 것에 집중하게 된다. 나이가 아주 어릴 때의 감정은 부드러운 찰흙에 지문이 찍히는 것처럼 쉽게 외부의 영향을 받는다. 머지않아, 우리가 가진 성격은 고약해지고 따가운 쐐기풀 덤불처럼 엉켜 고정되어 버린다(아마도 성격은 어느 정도는 여러 인상impressions이 함께 엉겨 붙어 고착되어 형성된 덩어리일 것이다). 우리에게 자각awareness이 증가하고 언어를 갖게 됨에 따라, 우리가 관찰하고 느낀 모든 것과 감명을 받은 모든 것에 대해 스스로 말하는 스토리와 같은 형태가 바로 우리의 자각이 된다.

우리는 매일 우리의 콤플렉스complex에 의해 미로처럼 맞닥뜨리게 되는 즐

---

1) 역자 주) 원문에서는 aunt(이모, 아줌마)라는 표현으로 나와 있으며, 번역자들끼리는 저자가 신뢰와 사랑을 주는 주 양육자의 의미로 사용한 단어일 것이라고 이해하였다.

거움들과 위험들에 대해 교훈을 흡수하며 그 혼란을 이해하고 패턴을 감지한다. 그러면서 지속적으로 부딪혀 만나게 되는 모든 각각의 경험 조각으로부터 생존 규칙을 이끌어 낸다.

이 페이지를 읽고 있다면, 아마 당신은 내면가족체계IFS 치료 모델에 대해 기초적인 것을 이미 알고 있을 것이다. 간단히 다시 언급하자면, IFS는 우리를 생존하도록 도운, 풀잎의 꺾인 흔적, 부모의 표현, 이모가 무화과를 건네는 것, 가족의 규칙[2] 등과 같이, 우리 내면에 자리 잡고 있는 역동적인 기억과 인상이 왜곡된 방식으로 겹겹이 수다스럽게[3] 쌓여 형성된 모든 수반되는 감정으로부터 우리의 마음이 어떻게 교훈을 얻는가에 대한 심리치료의 한 형태이다.

리처드 슈워츠Richard Schwartz는 우리의 부분들parts을 보호자protector와 추방자exile로 나눈다. 보호자는 사전 예방적(관리자라고 부름)이거나 사후 대응적(소방관이라고 부름)인 역할을 한다. 추방자는 감정이 격렬해질 때 때로는 매우 큰 고통을 경험하게 하는, 가장 깊은 고통을 간직하고 있는 부분이다. 관리자manager는 일상생활에서 능동적인 가이드 역할을 하는 가장 흔하게 만날 수 있는 부분이다. 소방관firefighter은 긴박한 상황을 감지할 때 급박하게 나타나 위기 상황을 관리하는 부분이다.

우리의 부분들parts은 모두 각자의 이야기를 가지고 있다. 부분들은 우리를 안전하게 돕고자 하는 소망을 가지고 움직이며, 우리의 마음이 특정한 교훈들로부터 일반화된 것을 만들어 내고자 시도하는 수단으로서의 기능이 있다. 각 부분은 특정한 경험을 마음에 새기고 그 배운 것을 반복적으로 적용한다. 우리가 그것을 충분하게 빨리 학습하기 위해서는 통찰력을 갖는 것이 매우 필요하다. 하지만 그와 같은 예민한 알아차림 때문에 심리적 고통에 더 취약해지기도 한다. 실제로 우리는 가끔은 바로 그 민감성 덕분에 살아남을 수 있었지만, 반대로 그것 때문에 세상을 마치 참기 힘든 것처럼 느끼게 되기도 하는 역

2) 역자 주) 저자가 이전 저술한, 학습이 일어나게 되는 과정을 설명한 것을 다시 반복하는 것이며, 사자의 흔적이나 사자를 본 부모의 반응 등을 말한다.

3) 역자 주) 생존을 위해서 대화를 통해 지식을 축적한 뉴기니인들에 빗대어 은유적으로 표현한 것이다.

설적인 진화를 해 왔다. 우리의 부분들은 그러한 알아차림의 필요성과 때로는 종종 고통스럽게 느껴지는 그 영향 사이의 균형점을 찾으려 한다.

우리의 부분들은 각자 자신의 이야기를 담고 있기는 하나, 우리가 가진 더 큰 이야기의 작은 부분만을 갖고 있는 것이다. 그리고 처음 경험할 때의 인상이 강했거나 동일한 인상을 여러 차례 경험하게 될 때, 부분들은 그 인상으로부터 익히게 되는 교훈의 가치를 지나치게 일반화하는 모습을 나타내기도 한다. 때로는 풀잎에 꺾여 있는 흔적은 단순하게 그냥 풀잎이 꺾여 있는 것일 뿐이다. 사자가 있는 것처럼 보이는 그 꺾인 풀잎을 보고 우리의 추방자 부분이 건드려지면 진땀을 흘릴지도 모르고, 그렇게 되면 소방관 부분이 나타나서 우리가 도망갈 수 있게 도움을 주고, 관리자 부분은 우리를 그 길로부터 빨리 멀어지게 만들지도 모른다. 이때 이런 반응이 일어나는 데에는 아무런 이유가 필요 없는 것이다.

다행스럽게도 슈워츠는 우리에게는 부분들도 있지만, 동시에 '참자기Self'도 있다고 한 바 있다. 이 참자기는 각자가 가지고 있는 유용한 지식이 그 순간 더 잘 적용될 수 있도록 부분들을 함께 움직이는 역할을 한다. 슈워츠에 의하면, 참자기는 기본적으로 긍정적이고 광활한 상태로 존재하며, 연민compassion과 호기심curiosity을 가진 침착한calm 상태를 말한다. 우리가 참자기 상태로 있을 때, 우리 안의 바쁘게 움직이는 관리자들에 의해 반복적으로 경험하는 작은 교훈들에 대해 더 넓은 관점으로 볼 수 있게 되고 그 교훈들 중에서 더 중요한 것과 덜 중요한 것을 정하고 받아들일 것을 선택할 힘을 갖게 된다.

인간의 마음 안에 부분들parts이 있다는 것은 조지 사운더스George Saunders의 단편 소설 『빅토리 랩Victory Lap』(2013)[4]에서 등장인물들의 머릿속에서 납치/강간 미수사건이 어떻게 다시 재구성되고 있는가를 독자에게 설명하는 대목에서 생생하게 나타나고 있다. 사운더스는 뛰어난 작가이지만, 그가 우리에게 주는 더 뛰어난 선물은 그가 쓴 소설을 통해 우리의 마음속에 어떻게 본질적

4) 역자 주) 빅토리 랩(Victory Lap)이란 달리기 경주 등에서 우승한 후 트랙을 한 바퀴 천천히 도는 것을 말한다.

으로 부분들 및 그 부분들의 다양한 의견이 존재할 수 있는지를 알 수 있고 심리치료사가 아닌 그가 그것을 인식하고 있고 묘사하고 있는 것 역시 알 수 있다는 것이다. 이 소설에서는 주인공인 청소년 카일Kyle의 이웃집에 사는 10대 소녀인 앨리슨Alison을 납치하고 강간하려는 추악한 시도가 그려진다. 카일의 부모는 카일이 지켜야 할 여러 규칙을 정해 놓았고, 카일은 학교가 끝난 후 집에 홀로 있으면서 앨리슨을 납치하려는 것을 알게 된다. 그는 부모가 정해 놓은 규칙을 모두 어기고 앨리슨을 구하게 되고, 그것 때문에 강간 시도는 미수에 그치게 된다. 소설에서 사운더스의 부분들parts에 대한 묘사는 슈워츠가 부분들parts에 관해 설명한 것과 너무나 정확하게 들어맞고 치료사들이 내담자의 마음 세계에서 발견하게 되는 부분들parts과도 놀랍게 흡사한 설명을 하고 있다. 그러나 내가 아는 한, 사운더스는 IFS 치료 모델에 대해 아는 바가 전혀 없다. 슈워츠는 부분들parts을 지배하는 특정 규칙에 대해 언급하고는 하는데, 사운더스 역시 그의 소설에서 자발적으로 이런 규칙에 관해 설명하고 있는 것을 볼 수 있다.

카일의 머릿속에는 이런 순간이 있다. 소설에서 보면, 카일이 집 안에서 움직일 때마다 그의 머릿속 아버지의 목소리가 그에게 고압적이고 지시적인(우스꽝스럽기도 한) 이야기를 한다. IFS 치료의 표현을 빌리자면, 고압적인 태도로 어디에나 그를 따라다니면서 항상 열심히 일하고 계속 그에게 잔소리를 하는 관리자인 '아버지 부분father part'이 그의 안에 있는 것이다. "그의 머릿속에서 아버지가 그를 부르며 계속 이야기를 해댔다. 누가 당신에게 차고를 정말 깔끔하게 치우고 나서도 계속 차고 바닥에 아직 기름이 묻어 있고 양말에도 묻어 있고 비싼 카펫에 온통 발 딛는 대로 계속 그 자국이 남을 거라고 따라다니면서 잔소리를 하는 경험을 해본 적이 있는가?"(Saunders, 2013, p. 12)[5)]

소설 속에는 열다섯 살 소녀인 앨리슨이 등장한다. 앨리슨 역시 집에 혼자 있다. 그녀는 의식 수준에서는 행복하다고 느끼고 있지만, 무의식 중에 불안

5) 저자 주) 『빅토리 랩(Victory Lap)』의 모든 인용문은 저자의 허락을 받아 인용된 것이다.

을 느끼고 있는 것으로 보인다. 그녀는 어린 시절 찍은 자신과 부모님의 사진에 키스한다. 사운더스의 글은 그녀가 어떻게 자신의 부분들parts을 처리하며 자신을 위로하려 하는지, 또 새끼 사슴으로 대표되는 어린 부분의 불안을 어떻게 관리하는지를 잘 보여 준다.

> 때로 이렇게 행복을 느끼면서 그녀는 숲에서 떨고 있는 어린 사슴을 상상했습니다.
>
> "꼬마야, 엄마는 어디 있니?"
>
> 헤더의 여동생 베카의 목소리를 내면서 사슴은 모르겠다고 말했습니다.
>
> 그녀는 사슴에게 물어보았습니다. "무섭니, 아니면 배가 고프니? 내가 안아 줄까?"
>
> 새끼 사슴은 대답했습니다. "네."
>
> (Saunders, 2013, pp. 5-6)

앨리슨의 공상 속에서는 사냥꾼이 등장해서 새끼 사슴의 엄마를 죽인다. 앨리슨은 사냥꾼과 친해져 그가 위협적이지 않도록 하려고 한다. 그녀가 스스로를 달래는 것이 완전히 성공적이지는 않지만(새끼 사슴이 엄마 사슴에게 무슨 일이 일어났는지를 계속 묻는다.), 이것은 불안을 진정시키기 위해 부분들parts이 어떻게 작동하게 되는지를 표현하는 대목이다. (앞의 대화는 현실 세계에서의 위험한 사람들과는 달리, 우리가 두려워하지만 않는다면 부분들parts은 우리를 해치지 못한다고 하는 슈워츠의 주장을 잘 보여 준다.)

소설에서 실제의 폭행범은 이름이 나오지 않는다. 앨리슨을 차에 강제로 태우려다 실수를 저지른 후, 그는 자기의 머릿속에서 자신을 학대하던 양아버지이자 이미 죽은 멜빈Melvin의 목소리를 듣는다. (이 구절은 분명히 성적으로 학대당하고 매 맞던 기억이 있는 이 성인 납치범의 마음 안에 있는, 정신적 트라우마를 경험한 추방자 부분part의 존재를 암시한다.) "멜빈이 그의 마음에 나타났다. 멜빈은 시뻘겋게 화가 난 얼굴로 그의 엉덩이를 손바닥으로 내려쳤고, 이어 다른 행동들도 하곤 했다. '손을 올려서 막아 봐.' 하고 멜빈은 그에게 말했다"(Saunders, 2013, p. 19).

결정적인 순간에 카일의 '뒤를 안 보고 행동하는 흥분한 부분part', 즉 소방관으로 보이는 부분part이 그의 마음을 차지하고 그의 마음속의 규칙들(다른 관리자 부분들parts)을 느슨하게 해 주어 그가 행동할 수 있게 도와주었다. 카일은 아버지가 애지중지하는 수집품 컬렉션 중에서 그가 새로 가져다 놓은 매우 귀중한 크리스털 광석을 움켜쥐고 납치범에게 달려가 자동차의 전면 유리를 내려쳐 깨고 납치범의 머리통을 때려 앨리슨을 구해 냈다.

> 그런 다음 그는 내달렸다. 잔디밭을 가로질러. 오, 하나님! 그가 무슨 짓을 한 걸까? 맙소사, 이런, 그는 아버지의 지시사항을 위반했다! 잔디밭을 뛰어다녔고(그런 짓은 토양에 좋지 않다고 아버지는 말했다.)……. 울타리가 망가져 나중에 돈이 들지도 모르는데 울타리를 뛰어넘었고, 잔디밭을 넘어갔고, 게다가 맨발이었다. 그뿐만 아니라, 오, 하나님, 그는 갑자기 자신의 뒤를 안 보고 행동하는 흥분한 부분part이 무엇을 하려고 하는지를 알아차렸다. 그것은 너무나 중요해서 절대로 어겨서는 안 되는 지시사항을 완전히 위반하는 짓이었다.
>
> (Saunders, 2013, p. 22)

카일이 흥분해 공격을 퍼부은 것이 앨리슨을 살렸다. 『빅토리 랩』은 IFS 이전의 어떤 심리치료도 부분들parts, 특히 부분part과 참자기Self와의 관계를 그렇게 명료하게 다루지 않았지만 우리 모두가 얼마나 직관적으로 부분part이라는 개념에 친숙한지를 잘 보여 준다. 게다가 사운더스의 소설 속 표현은 우리의 마음은 언제나 떠올릴 기억, 감정을 가지고 있고 항상 할 이야기를 가지고 있다는 것을 잘 드러내 준다. 우리는 내부적으로 조용한 적이 없으며 이야기하고 있지 않은 적이 없다. 그 이야기는 때로는 우리도 알지 못하는 사이에 영향을 미치는 이미지나 미묘한 감정으로 나타나거나 더 분명한 '목소리voice'로 우리 안에 드러난다.

또한 사운더스의 놀라운 이야기는 존경받는 신경과학자인 마이클 가자니가 Michael Gazzaniga가 최근에 설명한 중요한 발견과도 연결되어 있다. 우리가 가진 뇌 기능의 중심에는 이야기꾼이 있다고 그는 말한다. 가자니가는 fMRI 연구를 통해 우리의 좌뇌 부분part에, 다른 비논리적인 경험에 덮어씌워 경험을 논리정연하게 소급해 되돌아보고 설명을 빠르게 만들어 내는 '통역자' 부분이 있다는 것을 발견해 냈다. 다음은 『뉴욕타임스』의 기사이다.

> 이 통역자는 의미 있는 각본을 갖게 환상을 만들어 낼 뿐만 아니라 논리적으로 자신을 구성해 낸다. 이 부분은 한정적이고 때로는 문제가 있는 정보에 근거하여 무슨 일이 일어났는지 뿐만 아니라 동기와 의도를 갖는 이유까지도 즉석에서 금세 재구성해 낸다.

이것이 시사하는 바는 심리치료와 문학이 서로 비슷한 면이 있다는 것이다. 때로는 우리는 우리가 누구인지에 대해 거의 알지 못한다. 우리가 정말 아는 모든 것은 보통 무의식적으로 정보를 왜곡하고 우리의 내러티브에 맞춰 이리저리 꿰맞추어 만든 이야기이다. "이야기꾼은 아마 깊은 잠에 빠져 있을 때를 제외하고는 절대로 멈추지 않을 것이다"(Carey, 2011).

IFS 치료 모델을 사용하거나 사운더스와 같이 소설을 쓰는 이들은, 마음속 많은 이야기꾼 또는 부분들parts이 마음 안의 최종적인 이야기를 구성하는 목소리가 되기 위해 경쟁하거나 이바지할 것이라는 가설을 세울 것이다. 각각의 부분part과 그것이 가진 경험들은 이러한 핵심적 마음속 이야기의 구성요소를 이루며 특정한 마음속 관점이나 학습한 교훈에 대해 알려 준다.

게다가 소설에서 우리에게 알려 주는 것처럼 우리 자신을 인식하거나 또는 적어도 마음의 변화를 인식할 수 있다는 사실은 부분들parts이 존재한다는 것을 나타낸다. 또한 소설가나 우리나 어느 누구도 부분들parts을 창조한 것이 아니고 우리의 정신세계 속에 부분이 무의식적으로 존재한다는 것을 드러낸다.

슈워츠는 우리의 부분들parts이 다차원적이며 실재한다고 믿는다. 그렇게 믿기 어려울지라도 우리는 적어도 심리치료 시에는 각각의 부분part이 실재하는 사람인 것처럼 다루어야 한다. 우리는 부분들parts을 한 마음의 친구나 동료, 또는 사운더스의 이야기에 나오는 것처럼 각각 자신의 주관성subjectivity, 가정assumptions, 지식knowledge을 가진 온전한 존재로 다루어야 한다. 확실히 부분들parts은 우리의 자기지각self-perceptions 중의 여느 하나와 마찬가지로 실재한다. 부분들parts과의 작업에서 그들을 존중하라는 슈워츠의 가르침은 IFS 치료 모델의 가장 중요한 가치 체계value system를 보여 주는 것이다.

내가 여기에서 이야기하려는 것은 슈워츠의 IFS 치료는 마음의 몇몇 근본적인 과정을 개념화하는 직관적이고 간단한 언어straightforward, simplified language를 발견했다는 것이다. IFS 치료는 내담자가 자신의 부분들parts을 확인해 알아가고, 그들이 분리되도록 돕고, 그들의 이야기를 주의 깊게 들어보고, 가능할 때 그들이 가진 고통으로부터 해방되도록 돕는다. 특히 취약하고 고통스러워하는 추방자 부분들exile parts의 짐을 내려놓도록 도와줌으로써 IFS 치료는 내담자가 자신의 전체 체계 내의 조화를 찾아 편안해지도록 하며 자유로워지게 한다.

IFS가 다른 많은 심리치료보다 더 나은 것일까? 대부분의 심리치료와 마찬가지로 아직 완전히 연구가 이루어진 것이 아니므로 그것을 확신할 수는 없다. 그러나 연구가 충분히 이루어지지 않았다 하더라도 IFS 치료는 치료 방법면에서나 윤리적인 면에서나 매우 강력한 치료법으로 볼 수 있다. 제롬 D. 프랭크Jerome D. Frank는 『설득과 치유Persuasion and Healing』(1961)에서 많은 종류의 심리치료, 집단치료, 종교적 치유법을 검토하였고, 여러 사회에 수 세기에 걸쳐 두루 사용되는 접근법의 공통적인 효과적 요소들을 검증해 내려고 시도한 바 있다. IFS 치료는 이러한 요소를 가지고 있다.

프랭크에 의하면, 심리치료는 사회적으로 허가된 훈련된 치료사에 의해 특징지어지는 '영향력'의 한 종류이며, '내담자[6]의 정서 상태와 태도, 행동에 변

6) 역자 주) 원문의 이 문단에서는 'sufferer'와 'patient'라는 표현이 함께 사용되고 있으나 내담자로 번역하였다.

화를 만들려고 노력하는' '치료사와 내담자 간에 일어나는 일련의 제한된 구조적 접촉'이다. 프랭크는 심리치료는 새로운 학습을 제공하고 희망을 일깨우며 정서를 각성시키고 내담자가 통달한 느낌sense of mastery을 갖고 자신감을 가질 수 있도록 조력하여, "소외감을 느끼고 사기가 저하되는 것을 극복하도록 조력함으로써 내담자를 치유한다."고 말했다(1961, pp. 2-3, 329).

IFS에 익숙하다면, 프랭크의 관점이 얼마나 IFS에 잘 적용되는지를 즉시 알 수 있을 것이다. 그러나 나는 여기서 프랭크의 설명과 일치하면서도 독특함을 가지고 있는 IFS의 특성을 강조하고 싶다. 프랭크는 그의 책에서 IFS 이외의 다른 형태의 심리치료가 가진 상대적인 윤리 문제를 논하고 있지는 않다. 그러나 나는 그의 책을 읽으면서 IFS와 관련된 주제에 대해 생각해 보았다. 내가 IFS의 윤리를 언급할 때면, 내담자의 변화를 어떻게 촉진할 것인지에 있어 그 결정 방법에 내재되어 있는 IFS의 가치에 주목하게 된다.

IFS 치료가 취하는 입장의 핵심을 보면 치료사와 내담자 모두가 온전한 인간이며, 내담자는 동등하게 다루어져야 한다고 가정하고 있다. IFS 치료를 위한 전문가 훈련에서 트레이닝을 받는 치료사는 지속해서 이런 메시지를 듣는다. 그것은 바로 "우리는 모두 함께 이 일을 하고 있습니다."라는 것이다. 치료사와 내담자는 단지 다른 의자에 앉아 있을 뿐이다. IFS는 내담자의 문제에 대해 정신병리학적 분류(예를 들어, 기분저하증dysthymia 대 주요 우울 삽화)나 "냉정한 어머니가 조현병의 아이를 만든다."는 식의 인과관계를 설명하는 데 관심이 없다. 이러한 IFS의 선택은 어떤 경우에는 내담자들이 드러내는 상태의 심각성에 대해 순진성[7]을 갖게 된다는 위험 때문에 때로는 문제가 되기도 하지만, 반면에 매우 큰 장점 중 하나는 내담자들이 '다른 취급'을 받거나 대상화되는 정도를 줄일 수 있다는 것이다.

IFS 치료사는 집중적인 IFS 전문가 트레이닝에서 치료사, 내담자와 목격자의 역할을 번갈아 수행하는 훈련을 받는다. 이러한 이례적인 '민주적' 과정은

---

7) 역자 주) 원문에서는 'naïveté'라고 프랑스어로 표현되어 있다. 영어로는 naivety로 통용되며 소박, 단순, 순진성을 나타낸다.

집단 응집력을 강화하고 훈련을 받는 참가자들에게 IFS 치료기법이 가진 치유의 힘에 대해 더 강한 믿음을 갖게 한다. IFS 치료에 의해 추방자 부분이 고통스러운 짐을 벗어내는 것을 경험하게 된 치료사는 내담자에게 희망을 주는 능력[8] 역시 배양된다. (슈워츠는 가르칠 때, 치료사들에게 그들이 '희망팔이hope merchants'가 되어야 한다는 것을 반복해서 상기시킨다.)

또한 독특하고 윤리적으로 중요한 것은, IFS가 내담자에게 스스로 자신의 부분들parts을 치유하도록 적극적으로 격려하여 치료의 중심적 힘에 있어 균형을 찾아가도록 한다는 것이다. 슈워츠Schwartz(2013)는 IFS는 관계적 치료이며 치료사가 안정적이고 따뜻하게 존재해 주는 것이 핵심이라고 한 바 있다. 그는 치유란 치료사와 내담자 간 그리고 내담자의 참자기Self와 부분들parts 간에 일어나는 평행한parallel 과정이라고 표현하였다. IFS 치료에서는 치료사가 치료의 구조와 지침을 제공하고, 힘든 순간에 내담자를 돕고 격려해 주는 존재로서 내담자가 내면에서 작업하는 것의 목격자로서 역할을 갖지만, 더 나아가 IFS 치료사의 역할은 치료 자체보다는 치료사의 참자기-에너지를 통해 내담자의 참자기를 점차 강화해 고통받는 내담자 자신의 부분들parts을 치유할 수 있도록 내담자에게 힘을 실어 주는 데에 초점이 맞춰진다.

슈워츠가 IFS 치료를 하는 것을 지켜본 사람이라면 치료사가 자신의 치료기법에 대해 자신감과 권위를 갖는 것이 얼마나 내담자의 반응을 향상시키는지에 대해 잘 알 것이다. 그러나 IFS 치료에서의 치료사의 위치는 전이 중심 치료[9]와는 다르다. IFS 치료에서는 치료사의 치유하는 힘을 강조하기보다는 내담자 자신의 부분들parts 간, 그리고 부분들parts과 참자기Self 간의 관계에 초점을 맞춘다. IFS 치료에서는 치료사의 참자기-에너지와 연민이 치료 작업의 맥락을 만들어 내지만, 내담자를 치료하는 데에 있어 가장 큰 힘을 갖는 것은 내

8) 역자 주) 치료사가 내담자와의 IFS 치료 작업을 할 때, 추방자가 치유되고 나면 그동안 추방자를 보호해 오던 보호자들이 자신들의 역할을 내려놓을 수 있다고 희망을 갖게 한 후 보호자의 허락하에 추방자를 만나려 하는 것을 말한다.

9) 역자 주) 원문에서는 transference-focused therapy로 되어 있으며, 전이를 중심적으로 다루는 정신분석 등의 치료를 말한다.

담자 자신이라는 것을 강조한다.

실제로 많은 내담자가 IFS 치료를 쉽게 수용하는 이유 중의 하나는 부분part으로 명명하는 것이 내담자 스스로가 자신을 보는 관점과 문제를 보는 시각을 새롭게 재조정rebalance할 수 있고 그것이 빨리 이루어지기 때문이다. '짜증이 난' 부분part을 갖는 것과 짜증이 난 사람이 되는 것은 근본적으로 다르다. 짜증이 난 사람이라는 표현은 그 사람에 대한 전체적인 표현이므로 짜증 내는 이로 규정되는 느낌인 것이다. 반면, 부분part으로 부르는 것은 전체가 아닌 일부이므로 호기심을 불러일으키도록 서술하는 느낌이 들게 한다. 이 차이는 정서emotions와 마음의 상태를 더 가볍게 유지할 수 있게 해 주고 자기성찰 또는 호기심을 갖도록 한다.

일반적으로, IFS는 다른 심리치료 접근법에서 더 추상적으로 남아 있는 인간의 마음속 과정을 구체화하는 간단한 방법을 제공한다. IFS 치료의 관점에서 보면 고통스러운 기억의 짐을 지고 있는 추방자 부분이 있고 그 고통에 압도되지 않도록 보호하려는 의도로 소방관 부분과 관리자 부분이 지나치게 일을 하고는 소진되기 때문에 다양한 방식으로 반복해 고통을 느끼게 된다. 모든 부분parts은 각자 저마다 도우려는 의도를 가지고 있지만, 때로는 서로에 대해 알지 못하거나 조화를 이루지 못하고 참자기의 주도하에서 작동하지 못한다.

치료의 첫 번째 단계는 내면으로 들어가는 것going inside에 초점이 맞춰져 있다. 부분들parts에 대해 알아가고, 그들이 분리될 수 있도록 하며, 그들과 개별적으로 작업하여 서로 간의 신뢰를 구축한다. 두 번째 단계는 참자기Self가 추방자의 상처와 그에 따른 정서적 고통과 짐스러웠던 신념들을 목격하고witnessing[10] 짐 내려놓기 의식ritual unburdening을 하는 것으로 끝나게 된다.

이 과정에서 IFS 치료사는 내담자에게 모든 부분parts에 대한 공감과 긍정적인 배려를 하는 것의 중요함을 끊임없이 모델링하여 보여 주게 된다. 이러한

10) 역자 주) IFS에서 목격하기(witnessing)는 부분(part)이 자신이 이해받고 수용되고 사랑을 받는다고 느낄 때까지 내담자의 참자기에게 자신의 경험을 보여 주거나 말하는 과정이다.

치료사의 태도는 의도와 행동은 구별되어야 하므로[11] 반드시 필요한 것이다. 예를 들어, 극심한 고통이나 무감각함을 느끼는 대신 계속 몸에 자해하도록 하는 소방관 부분은 견딜 수 없이 극심한 심리적 고통을 느끼는 것을 두려워하여 그것으로부터 보호하려고 하는 의도를 가지고 있을 것이다. 소방관 부분 역시 궁지에 몰려 절망적인 미성숙한 어린 부분일 수 있다. 다른 가능성이나 자원resource이 있는지도 모르는 채, 오로지 자해하는 것만이 살아남는 데에 있어 가장 좋은 대안적 방법인 것처럼 여겨졌을 수도 있다. 그러나 현재 성인이 된 시점에서는, 그 소방관 부분은 오히려 해가 되고 새로운 가능성을 배제시켜 버리는 행동을 하고 있는 것이다. 그러므로 감정을 더 잘 참는 방법을 익히는 것을 오히려 방해하게 된다. 그것이 비록 잘못 학습된 것일지라도 모든 부분이 자신만의 교훈을 전달함으로써 우리를 보호하려고 애쓰고 있다고 생각하게 되면, 내담자들은 자기연민과 의욕을 갖게 된다. 그렇게 되면 마음속 양극화polarization된 부분들parts 사이의 싸움은 빠르게 감소한다.

IFS에 대해 흥미로운 것은 '부분들parts'에 대해 강조하는 것이 심리치료의 효과를 향상시킨다는 것이다. 슈워츠와 많은 IFS 치료사는 부분에 접근하는 것이 특정한 효과적 변화를 직접 가능하게 한다고 믿고 있고, 이 책을 구성하고 있는 여러 장은 그 방법 및 성과에 대한 많은 예를 보여 줄 것이다. 우리가 결국 연구를 통해 무엇을 배우든 간에, IFS 치료가 아니더라도 소설 작가, 시인, 극작가들이 쓴 글에서 나타나듯 우리의 마음에는 부분이 존재하며, 다양한 부분이 마음의 다양성을 만들어 낸다. 그것이 바로 IFS 치료가 도출해 낸, 마음 이해와 심리치료 작업에 있어 핵심적인 과정인 것이다.

11) 역자 주) 나쁘게 보이는 어떤 행동이라 할지라도 그 행동 이면에 어떤 좋은 의도가 있는지를 파악해 행동과는 분리해서 이해해야 한다는 의미이다.

참고문헌

Carey, B. (2011). *Decoding the brain's cacophony.* Retrieved from www.nytimes.com/2011/11/01/science/telling-the-story-of-the-brains-cacophony-of-competing-voices.html?pagewanted=3&_r=0

Diamond, J. (2012). *The world until yesterday.* London, England: Penguin Books.

Frank, J. D. (1961). *Persuasion and healing: A comparative study of psychotherapy.* Baltimore, MD: Johns Hopkins Press.

Saunders, G. (2013). *Tenth of December.* New York: Random House.

Schwartz, R. C. (2013). The therapist-client relationship and the transformative power of Self. In M. Sweezy & E. L. Ziskind (Eds.), *Internal family systems therapy: New dimensions* (pp. 1-23). New York: Routledge.

차례

03 IFS와 섭식장애: 잘 드러나는 곳에 숨은 부분 치료하기 _97

04 반응적 양육에서 참자기-주도적 양육으로: 부모들을 위한 IFS 치료 _131

05 참자기-주도적 애도: 전환, 상실 및 죽음 _163

06 가해자 부분 _193

07 인종차별 다루기: 내면의 편견을 없애야 할까, 받아들여야 할까 _219

08 IFS가 트라우마 치료에 제공하는 것 _235

09 확장된 짐 내려놓기: 관리자들의 긴장 완화와 창의성 발휘 _259

10 물려받은 짐 _287

01
교착 상태에서 벗어나기

파멜라 크루즈(Pamela K. Krause), 로렌스 로젠버그(Lawrence G. Rosenberg),
마사 스위지(Martha Sweezy)

서문

초보부터 노련한 이에 이르기까지, 모든 치료사는 일하는 동안 어려운 교착 상태impasse에 빠지거나 파국을 경험하게 된다. 때로는 이러한 사건들은 내담자의 행동에서 행동적으로 드러난다. 상담 약속을 잊어버리고, 약속에 늦기도 하며, 불편한 내용을 다루는 것을 회피하고, 치료사가 제안하는 것을 시도하려 하지 않는 모습을 보인다. 또한 빈번한 전화 통화나 음성 메시지, 다루기 힘든 절망, 치료 관계의 위기, 자살 위급 상황과 같은 극적이고 긴급한 것들로 드러나기도 한다. 일반적으로 이런 행동은 설명하기 어려운 것이므로 대부분의 경우, 우리는 그 의미를 쉽게 이해하지 못한다. 우리가 무엇인가 잘못되어 간다고 알고는 있지만 어떻게 해야 할지 불확실하다고 느끼는 순간들은 우리의 불안하고 수치스러워하며 치료를 계획해 끌고 가려는 부분[1]을 불러일으킬

1) 역자 주) 원문에서는 agenda-driven parts로 나와 있으며 agenda는 의제, 안건이라는 뜻이다. 그러므로 agenda를 갖는다는 것은 치료에 있어서 치료사의 부분(part)에 의해 치료사가 계획을 갖고 내담자의 치료 방향을 끌고 가는 것을 의미한다고 해석한다.

수 있다. 우리의 마음 안에서나, 치료적 관계 안에서나 부분들parts끼리 싸움이 일어나면 우리는 참자기의 주도성을 잃고 호기심, 명료함, 침착함을 잃어버리게 된다. 교착 상태에 빠지게 되는 것이다. 그러므로 치료사가 가지는 어려움은 많은 이가 관심을 갖고 탐구해 온 주제이기도 하다.

우리 저자들은 내담자, 치료사 또는 둘 다 자신의 부분들과 너무 섞여 있을blended 때 효과적으로 상담이나 치료를 진행하기 위해 필요한 호기심부터 연민까지의 참자기의 특성에 접근할 수 없기 때문에 모든 치료의 교착 상태가 발생한다고 보고 있다. 이것은 내면가족체계IFS 치료에서 전이와 역전이를 보는 관점이다. 부분이 섞여 그 부분의 판단, 감정, 몸 감각이라는 방식으로 우리에게 드러날 때, 내담자와 치료사 모두는 마치 우리가 원한 것처럼 행동하지만 실제로는 그 부분이 우리를 움직이는 것이며, 그런데도 우리는 그 영향을 인식하지 못한다. 그 대신 우리는 이 부분이 나다, 그리고 내가 보는 것이 맞다고 믿는다.

우리 모두는 균형 상태에 있을 때 보호자들이 참자기-에너지에 의해 강화되며 그 보호자들이 세상을 항해하며 기능하는 능력에 의지할 수 있게 된다. 그러나 추방자들이 활성화되는 상황에서 (보통 인식하지 못하는 사이에 이런 일은 일어난다.) 외로움, 무가치함, 구원에 대한 갈망과 같은 마음이 일어날 때, 우리가 그 감정에 압도되는 것을 막기 위해 보호자들이 우리와 섞이게 된다. 활성화된 보호자는 자발적으로 섞일 수도 있고, 만성적으로 섞일 수도 있고, 여러 해 동안 반복적, 강박적, 자동으로 그 일을 하게 되어 그 행동이 우리의 주된 성격 스타일이 된다. 절망적인 추방자 부분들에 의해 보호자 부분들이 강력하게 나타나 참자기-에너지의 침착성과 명료함에 사실상 접근하지 못하게 될 때, 누구든 매우 병리적으로 될 수 있고 PTSD나 정신질환, 주요 우울증 등과 같은 진단 영역에 부합하는 모습을 가지게 될 수도 있다. 은유적으로 표현한다면, 쿠데타가 일어나 참자기가 그 주도성을 잃고 오히려 차 트렁크에 갇히고 부분이 차를 운전하고 있는 것이다!

개요

심리치료 과정에서 일어나는 어려운 임상적 상호작용에 있어 명확한 관점을 갖고 최상의 행동 방침을 갖기 위해, 우리는 최소 수준 이상[2]의 참자기-에너지를 가져야 한다. 따라서 치료사와 내담자 모두가 치료에서 막힌 교착 상태를 풀어내기 위한 해결책은 부분들을 참자기로부터 분화시키는 분리하기 unblending를 하는 것이다. 우리가 이 장을 쓴 이유는 부분들이 섞이지 않도록 돕는 것이 말처럼 쉽지 않기 때문이다. 추방자 부분은 다시 추방될 것을 두려워하여 분리하기를 두려워할 수 있다. 보호자 부분은 여러 가지 이유로 분리하기를 두려워하기도 한다. 부분이 치료사에게 더 연결하고 싶어 한다든가, 양극화된 다른 부분에 의해 위협을 받는다고 느낀다든가, 그 부분이 아직 드러나지 않은 비밀을 지키고 있다든가, 또는 치료사가 그 부분의 두려움을 진정시킬 만큼 충분한 참자기-에너지를 가지지 못해서일 수도 있다. 이유가 무엇이든 간에, 우리는 항상 왜 치료가 교착 상태에 빠졌는가의 원인에 대해 호기심을 가질 수 있다. 그리고 그 호기심의 첫 번째 대상[3]은 우리가 되어야 한다. 치료사인 내가 치료를 할 때 참자기가 끌어가고 있는가, 아니면 부분이 하고 있는가?

우리는 이 장을 4개의 부분으로 나누었다. 첫째, 교착 상태를 막는 것과 다루는 것에 대한 몇 가지 기본 지침을 다루고 있다. 둘째, 내면 체계에서 분리되는 것을 겁내는 부분을 돕는 몇 가지 방식을 설명하는 짤막한 사례를 제시하고 있다. 셋째, 분리하기에 흔히 장애가 되는 사례를 담고 있다. 참자기와 유사한 부분[4]이 주도하게 되는 것(이 부분은 내담자나 치료사 모두에게 나타난다.)이나 극심한 트라우마를 겪은 체계와 양극성에 대한 것이 그것이다. 넷째, 교착 상태에 대한 반응으로서 혁신적일 만한 사례를 제시한다.

---

2) 역자 주) 원문에서는 critical mass로 나와 있으며 임계질량, 임계점 이상의 양을 의미한다. 여기에서는 치료를 위해서는 필요한 최소 수준 이상은 참자기(Self)를 가져야 한다고 번역하였다.

3) 역자 주) 원문에서는 target으로 되어 있으며, 목표 부분(target part)을 말한다. IFS에서는 그대로 타깃이라는 표현을 쓰기도 한다.

4) 역자 주) 원문에서는 Self-like part으로 되어 있다.

교착 상태 다루기 및 방지를 위한 지침

참자기-에너지 기르기

침착하게 호기심과 연민을 가질 수 있는 능력은 치료적 교착 상태를 예방하고 다루는 데에 있어 필수적이다. 그러므로 자기성찰과 슈퍼비전, 자신에 대한 치료 작업을 통해 무엇이 우리 자신의 체계를 촉발하게 되는지를 아는 것은 치료사의 책임이다. 우리가 치료 과정에서 치료사 주도하에 내담자를 끌고 가지 않고[5] 치료 과정을 신뢰할 수 있을 때, 우리는 내담자의 보호자를 암묵적으로 안심시키게 된다(Schwartz, 1995).

좋은 부분 감지기가 되기

참자기가 부분들parts의 다양한 관점을 고려하여 현명한 결정을 내린다는 것을 부분들이 신뢰하기 위해서는 우리 자신이 훌륭한 부분 감지기parts detector가 될 필요가 있다. 끊임없이 경이로움의 자세를 갖는 것은 이 점에서 매우 도움이 된다. 내가 상대와 말할 때 누구에게 말하고 있는가? 내 안에서 누가 말하고 있고 반응하고 있는가?

사나운 보호자 뒤의 취약한 부분을 알아차리기

한 부분part을 규명해 내고 나면 우리는 그 부분의 역할을 궁금해해야 한다. 이 부분은 보호자인가, 아니면 어린 추방자처럼 보이지만 그 역할을 물어보면 다른 부분을 보호하고 있다고 하는 부분인 추방된 보호자인가, 아니면 추방자인가? 거의 모든 내면 체계가 보호자에 의해 움직인다. 이때 다시 호기심을 갖는 것이 핵심이다. 보호를 받고 있는 것은 어떤 부분인가? 나중에 설명할 것처럼 그것을 알아낼 수 있는 좋은 방법은 부분에게 다음과 같은 질문을 하는 것이다. 하는 일을 멈추면 무슨 일이 일어날 거라고 두려워하고 있는가?

5) 역자 주) agenda를 가지지 않을 때

양극화 주의하기

상담에서의 교착 상태를 일으키는 큰 요인 중의 하나는 극단적인 부분part이다. 극단적인 부분은 항상 짝을 지어 나타나며, 이 서로 다른 극단적인 부분들 간의 불일치가 서로의 양극화를 더 조장하여 더욱 극단적인 모습을 갖게 한다는 것을 기억할 필요가 있다. 만약 한 강력한 보호자 부분이 있다면, 우리가 인식하든 아니든 간에 반대로 작용하는 다른 강력한 부분이 또 있는 것이다.

인내, 지속성과 긴 안목을 가지고 천천히 진행하기

이 장 전체에 걸쳐 설명하는 것처럼 상담 진행의 빠르기는 내담자의 체계가 허용하는 만큼만 가능하다.

분리하기

상담 회기를 시작하는 방법

상담 회기를 "오늘 어떤 것이 궁금하신가요?" 또는 "당신의 관심을 필요로 하는 부분part이 있나요?"라고 하면서 시작할 수 있다. 목표 부분target part은 걱정하는 부분들 덩어리 안에 숨어 있을 수 있으며, IFS 치료에서는 이 작은 체계를 탐색하기 위해 반복해서 내담자에게 "이 부분(목표 부분)에 대해 어떤 느낌이 드시나요?"[6]를 물어보는, 일명 부분 감지하기parts-detecting라는 것을 개발해 냈다. 이 질문은 내담자를 어떻게 도울 것인가에 대해 다음 절차를 선택할 수 있게 해 준다.

만약 내담자가 이 목표 부분에 대한 호기심이나 돌봄 또는 연민과 같은 것이 아닌 다른 느낌으로 대답한다면, 다른 반응적인 부분이 이야기를 하는 것이며, 이때 우리는 다음과 같은 선택을 할 수 있다.

6) 역자 주) 원문에서는 How do you feel toward this (the target) part?로 되어 있으며, 이 질문을 간략하게 줄여서 HDFT 질문이라고 부르기도 한다.

- 목표 부분과 작업을 계속할 수 있도록 반응하는 부분에게 허락을 요청하기
- 내담자가 이미지를 떠올리도록 하거나 화이트보드 또는 종이 위에, 모래 상자, 치료실 내의 쿠션이나 스카프 등의 대상을 가지고 반응하는 부분과 목표 부분을 외현화externalize하여 보도록 하고, 둘 중 어떤 부분에 먼저 주의를 기울이는 것이 필요한지 물어보기
- 치료사의 참자기가 내담자의 부분에게 직접 이야기하는 기법(〈표 1-1〉 참조)인 직접 접근direct access을 사용하여 반응하는 부분과 작업하기

〈표 1-1〉 목표 부분 고르기

- **내담자에게 직접적으로 물어보기:** 무엇을 작업해야 할까요? 오늘 무엇이 궁금하세요?
- **부분 언어(part language)를 써서 내담자의 말을 반영하기:** 당신의 한 부분이 (화난, 슬픈, 무엇을 해야 할지 모르는 기타 등등) 하다고 들리네요. 당신의 그 (화난, 슬픈, 혼란스러운……) 부분에 대해 더 알 수 있게 해 주실래요? 내담자가 부분이라는 용어에 거부감을 표현하면 느낌, 감각 또는 생각 등 부분으로 생각되는 용어로 바꾸어 표현해도 된다.
- **알아차리도록 안내하기:** 숨을 들이쉬고 내면으로 들어가 마음을 열고 주의를 필요로 하는 어떤 느낌이나 걱정거리가 있는지를 보세요. 누가 먼저 주의를 필요로 하나요?
- **지난 회기에 다룬 부분의 후속 작업하기:** 지난 시간에 X 부분에 대해 당신이 알게 되었지요. 지금 그 부분이 어떻게 있는지 체크하는 것으로 시작해 보죠.

내면으로 들어가기 또는 직접 접근으로 작업하기

IFS 치료 모델은 내담자의 마음속 내면 체계와 작업하는 데 있어 두 가지 방법을 제시한다. 하나는 내면으로 들어가기in-sight이고, 다른 하나는 직접 접근direct access이다. 특별한 다른 이유가 없는 한, 내면으로 들어가기를 사용하여 상담 회기를 시작하며, 이 기법은 내담자의 참자기가 내담자의 부분들과 대화하도록 하는 것이다. 이것이 잘되지 않을 때는, 거의 항상 내담자가 부분과 섞여 그 섞여 있는 부분이 계속 이야기를 하려고 할 것이므로, 그 부분이 치료사의 참자기와 대화하도록 하는 직접 접근을 선택하게 된다.

많은 IFS 치료사가 내담자의 참자기와 부분들 간의 협력적 관계로 이루어지는 내면으로 들어가기를 더 선호하나, 두 가지 작업 방법은 각각 모두 이점이 있다. 내면으로 들어가기는 특히 효과적이며 상담 회기들 사이에 내담자가 자신의 부분들을 다루는 데 도움이 된다.[7] 직접 접근은 과도하게 경계심을 가진 보호자 부분이 내담자의 참자기와 신뢰 관계를 형성하기 전 치료사의 참자기와의 신뢰를 경험할 수 있으므로 체계가 트라우마 상태일 때 도움이 된다(Schwartz, 1995). 좀 더 알아보자면, 직접 접근은 두 가지 양식으로 나눠 볼 수 있다. 명시적 직접 접근explicit direct access은 치료사가 내담자의 섞인 부분blended part에게 이야기할 수 있도록 공개적으로 허락을 구하는 방식이다. 반면, 암묵적 직접 접근implicit direct access은 치료사의 참자기가 내담자에게 직접 이야기하고 있는 것처럼 보이지만 실제로는 마치 내담자의 참자기가 내면으로 들어가기를 하고 있는 것처럼 내담자의 섞인 부분과 직접 대화를 나누는 것을 말한다. 이때의 대화는 마치 일반적 언어 상담처럼 보이지만 치료사는 자신이 부분과 이야기를 나누는 중이라는 것을 염두에 두고 있게 된다. 다음은 내면으로 들어가기와 두 가지의 직접 접근 방법에 대해 설명한다.

명시적 직접 접근

명시적 직접 접근은 치료사가 내담자에게 부분part과 직접 이야기할 수 있도록 허락을 구하는 것이기 때문에 쉽게 식별할 수 있다. 자살 시도 때문에 대학병원에 입원했다가 퇴원해 집으로 돌아온 스무 살 여성 로라Laura의 예를 들어보자. 로라는 매주 나Pam[8]를 만나기 시작했고 몇 번의 상담 회기 후 자신의 보호자 부분들에 대해 내면으로 들어가기의 방법을 적용할 수 있었다. 3개월의 치료 후 로라는 "저는 다시 자살할 생각을 하고 있었어요."라고 말했다.

나는 그녀에게 "당신을 죽이려고 하는 부분에 대해 좀 더 알아보면 어떨까

7) 역자 주) 상담 회기와 그다음 상담 회기 사이의 시간에 내담자가 스스로 다룰 수 있도록 힘을 기르게 할 수 있다는 의미이다.

8) 역자 주) 이 글을 쓰고 있는 Pamela K. Krause를 말하며, 영어권에서는 Pamela를 줄여 팸이라고 부른다.

요?" 하고 물어보았고, 로라는 관심을 보였다. 로라가 자신의 내면에 들어가자 그 부분은 권총의 이미지로 나타났다. 나는 "그 권총 부분에 대해 어떻게 느끼시나요?" 하고 물어보았다.

"저는 그 부분이 싫어요!" 로라는 소리쳤다. 안심시켜 주려는 노력을 많이 기울였지만, 그 권총 부분을 싫어하는 부분이나 다른 여러 반응적인 부분들은 권총과 로라 사이의 접촉을 허락하려 들지 않았다. 로라가 권총에 주의를 기울이면 권총 부분이 일을 저지르지나 않을까 하고 그 부분들은 다들 너무나 두려워하고 있었다. 그래서 나는 로라에게 "제가 권총 부분과 직접 이야기해 볼 수 있을까요? 당신의 체계에서 문제를 해결하는 역할을 하고 싶지는 않지만, 권총 부분에 대해 더 잘 알아볼 수 있다면 다른 부분들이 두려워하고 있는 것을 더 잘 해결할 수 있을 거라는 확신이 들거든요." 하고 말해 주었다. 내가 말한 것은 적어도 그녀의 체계에 약간의 희망을 불러일으켰으며, 그녀의 다른 부분들이 내가 직접 접근을 통해 권총 부분과 이야기를 나누는 것을 허락해 주었다. "권총 부분과 이야기를 나누고 싶어요. 여보세요? 거기 있나요?"라고 나는 말했다.

"네." 로라는 대답했다.

"당신은 로라를 죽일 생각을 하고 있나요?" 나는 물었다.

"네. 그리고 저를 설득해서 제 생각을 없애려고 하지 마세요." 권총 부분이 대답했다.

"만약 당신이 저를 다시 병원에 입원시킨다면, 저는 맹세코 로라를 죽일 거예요. 지난번 병원에 있던 사람들은 정말 멍청했죠. 저는 거의 성공할 뻔했었어요."

"난 지금 병원에 관해 이야기하고 있는 것이 아니랍니다."라고 나는 말했다. "나는 그냥 당신을 더 잘 알고 싶어요. 나는 당신이 로라를 보호하려고 한다는 걸 알고 있답니다. 나는 당신이 왜 이 방법을 쓰는지 궁금해요. 당신 자신에 대해 좀 말해 줄 수 있나요?"

아무도 권총 부분에게 말을 걸었던 사람은 없었다. 권총 부분은 아주 흥미로워하면서 대답했다.

“저는 끝판왕이에요. 고통이 너무 심해진다 싶을 때 모든 고통을 멈추려 제가 나타나게 되죠.”

“어떤 종류의 고통 말이죠?” 나는 물어보았다.

“그 공허하고 텅 빈 느낌이요. 아무것도 아닌 느낌 말이죠.” 권총 부분이 대답했다.

“당신은 로라가 공허하고 텅 빈 기분을 느끼지 못하게 하려고 그녀를 죽일 생각을 하는군요. 그녀를 죽이고 싶나요?” 나는 물어보았다.

“그렇지는 않지만 다른 어떤 것도 효과가 없었어요.”라고 권총 부분이 대답했다. “그 치료는 정말 실패였어요. 저는 그들이 로라에게 이런저런 약들을 마구 먹여서 약에 취한 기분이 되는 게 싫어요. 로라의 부모님은 악몽 같아요. 그리고 톰Tom은 그냥 로라를 차 버렸고요. 정말 저는 선택의 여지가 없어요.”

“다른 방법이 있다고 하면요?” 나는 추방자들은 치유되고 감정들은 바뀔 수 있다고 확신하는 사람인 희망팔이처럼(Schwartz, 1995) 말을 이어 갔다.

“공허하고 허전하게 느끼는 부분을 찾아내어 그 아무것도 아니라는 느낌을 더 이상 느끼지 않아도 되도록 치유할 수 있어요.”

“그래요, 그 말이 맞지만!” 권총 부분이 대답했다.

“그럴 수 있는 방법은 없어요.”

“그럴 방법이 있답니다.” 나는 말했다.

“로라가 그렇게 할 수 있도록 도울 방법을 나는 알고 있어요. 지난 몇 달 동안 로라와 내가 뭘 하고 있는지 지켜봤나요?”

“네.”

“그래서 당신은 이미 우리가 뭘 할 수 있는지 알기 시작했을 거예요. 우리가 당신에게 원하는 것은 두 가지예요. 첫째, 로라와 내가 함께 있을 때 로라가 허전함을 느끼는 부분을 도울 수 있도록 당신이 한 걸음 뒤로 물러나 주는 걸 부탁하고 싶어요. 둘째, 분명히 로라가 살아 있을 때만 이 일을 할 수 있으니 이 일을 할 시간을 좀 줬으면 해요.”

"얼마나 오랜 시간이 걸리죠?" 권총 부분이 물어보았다.

"당신은 우리한테 얼마나 시간을 줄 수 있나요?" 나는 물었다.

"3개월요." 권총 부분이 말했다.

"좋아요." 나는 대답했다. "하지만 제인을 하나 하죠. 그때까지 모든 것을 끝낼 수 있을 것 같지는 않지만, 그 기간 동안 상담에서 진전이 있을 테니 내 말이 실제로 가능한지 알 수 있을 거예요. 그리고 만일 당신이 그 진전을 확인하게 되면 거래를 계속하는 걸로요."

"그렇게 하죠." 권총 부분이 말했다.

"앞으로 3개월의 기간 동안 당신이 다시 건드려질 수도 있을 거예요. 만약 그런 일이 생긴다면, 당신이 어떤 행동을 하기 전에 나에게 말해 주겠어요?"

"그렇게 하죠." 권총 부분이 말했다.

"좋습니다! 괜찮다면 로라와 다시 이야기하고 싶어요. 로라, 이 모든 것을 듣고 나서 권총 부분에 대해 어떤 느낌이 드시나요?" 나는 말했다.

"그 부분이 더 이상 싫지 않아요." 로라가 말했다.

"권총 부분이 이상한 방법으로 저를 도우려고 했다는 걸 알겠어요."

"권총 부분이 당신이 그렇게 말한 것에 어떤 반응을 보이나요?"

이 시점에서 나는 로라의 참자기와 권총 부분 간의 관계를 만들어 나가기 위해 직접 접근에서 다시 내면으로 들어가기로 전환하고 있었다. 그 후 권총 부분이 도와주어 우리는 로라의 공허한 느낌의 추방자 부분과 접촉할 수 있었다. 내가 미리 이야기했던 대로 권총 부분은 그 후 3개월간 여러 차례 촉발되었지만, 권총 부분은 나와 (또는) 로라에게 항상 그것을 이야기해 주었고 우리는 권총 부분을 안심시켜 줄 수 있었다. 3개월이 거의 끝나갈 즈음, 내가 예측했던 대로 작업이 완결되지 않은 상태였지만 로라의 정서적 고통 수준에는 충분히 변화가 있어서 권총 부분은 큰 희망을 느꼈고 그녀를 죽일 정도로 절박하게 느끼지는 않았다. 로라의 사례는 명시적 직접 접근을 잘 나타내고 있고, 내면으로 들어가기와 직접 접근 간의 이동을 어떻게 하는가를 보여 주고 있으며, 회기를 진행하는 동안 적합한 것을 선택해 적용한다.

극단적 보호자가 비켜 주지 않을 때

로라와 그녀의 자살 부분part에 관한 이 사례는 상담에서의 교착 상태가 언제 입원으로 이어지게 되느냐는 질문을 제시한다. 때로는 내담자의 보호자 부분이 위험하고 비협조적일 수 있으므로 전문가는 참자기의 주도하에 안전에 대한 것을 선택해야 한다. 치료사에게 이 결정은 항상 혼란스럽고 스트레스가 된다. 내담자의 위험한 부분(자살, 자해, 약물남용, 절식, 폭식/거식 등)은 치료사에게 강렬한 느낌이 들게 하며, 치료계획을 가지고 내담자를 끌고 가고 싶어하는 부분[9)]을 강력하게 만들어 내기 쉽다. 이런 부분들을 몇 가지만 언급해 보자면, 두려워하는 부분, 지적인 부분intellectual part, 돌보려는 부분, 또는 얼어붙은 부분이 그것이다. 그러므로 IFS 치료사가 첫 번째로 할 일은 참자기-에너지를 체화하여embodyed 자신의 부분을 진정시키고 분리할 수 있도록 하는 것이다. "내 내담자의 이 부분에게 내가 어떻게 느끼고 있는가?"라고 스스로에 물어보는 것이 중요하다. IFS 치료 모델에서의 치유는 참자기와 부분 간의 관계에서 일어나므로 치료사는 내담자의 위험스러운 부분과 참자기 사이에서 참자기가 주도하는 관계를 형성하는 것을 원하고 있다는 것을 기억하라.

만약 치료사 자신의 부분이 뒤로 물러나지 않는다면, 치료사는 내담자의 부분과 자신의 그 부분이 상호작용을 하게 될 것이고 그렇게 되면 내담자의 위험성을 쉽게 증가시키게 된다. 예를 들자면, 내담자에게 자살 충동을 느끼는 부분이 있다면, 치료사의 관리자들 중의 한 부분이 자살하지 않도록 하기 위해 내담자와 계약을 맺으려고 할 수도 있다. 또는 그것이 폭식하는 부분이라면, 치료사는 내담자의 행동을 조절하기 위해 조언이나 섭식 계획을 짜는 관리자 부분을 갖게 될 수도 있고 치료사가 두려워하는 추방자 부분에 의해 압도되어 내담자를 즉각 입원시키려 하게 될 수도 있다. 반면, 참자기의 호기심과 연민은 위험한 부분으로 하여금 이해받고 있다고 느끼게 하여 협상할 수 있는 기회를 더 많이 가질 수 있게 된다. 만일 치료사가 참자기의 주도하에 위

9) 역자 주) 원문에서는 powerful agenda라고 되어 있다.

험한 부분과 관계를 만들어 나갈 수 있다면 입원은 불필요하게 된다.

그러나 위험한 부분이 아무리 환영을 받는다고 해도 협상하려 하지 않는다면, 치료사는 생명을 보호하는 역할을 해야 하며 참자기 주도하에 입원에 관한 결정을 내리는 것이 필요할 수도 있다. 예를 들어, 열여덟 살 타라Tara는 IFS 치료를 시작하자 공허함을 느끼고 길을 잃은 상태인 추방자 부분을 곧 찾아냈다. 타라는 치료 회기 동안 내면으로 들어가기를 사용해 이 추방자와 대화할 수 있었지만, 다음 회기까지의 시간 동안 그 부분을 돌볼 준비는 되어 있지 않았고 부분적으로는 치료를 시작하던 시기에 반의 친구가 타라에게 헤로인을 소개해 주었기 때문이기도 했다. 타라는 나(팸)에게 터놓고 말하기를, 헤로인이 그 공허함을 없애 준 유일한 것이었다고 말했다. 그녀의 기쁨에 찬 소방관 부분은 헤로인 사용을 포기하지 않았고 다음 몇 주 동안 점점 더 자주 사용하게 되었다.

나는 이렇게 말하면서 그 소방관 부분과 협상을 시도했다.

"당신에게 더 좋은 느낌을 주는 것은 알지만, 당신은 타라가 치료를 하면서 그 추방자를 만날 수 있을 때도 같은 느낌이 들었다고도 말했었어요. 그렇지 않나요?"

"맞아요." 소방관 부분은 대답했다.

"하지만 저는 일주일에 두 시간만 당신을 만나는걸요. 매일매일 안 좋은 일이 많이 일어나고 있고 더 이상 참을 수가 없어요."

"정말 힘든 상황이라는 것을 알고 있어요. 가능한 한 빨리 지금 작업을 해 나가고 있기도 하고요." 나는 말했다.

"타라가 점점 더 공허함을 느끼는 그 어린 추방자 부분을 도울 수 있을 거예요. 당신이 그걸 원하는 것을 알고 있고요. 덜 자주 약을 쓴다든가 하는 식으로 조금만 조절하는 것을 고려해 볼 수 있을까요? 마리화나나 덜 위험한 것으로 바꾸는 것은 어떨까요?"

"싫어요. 헤로인처럼 금방 효과가 있는 것은 없어요." 그 부분이 대답했다.

"헤로인을 왜 당신이 원하는지 알겠네요. 하지만 나는 타라와 당신이 동시에 걱정돼요. 당신의 도움이 타라를 위험에 빠뜨리고 있어요. 타라가 죽을 수도 있고, 그러면 당신도 같이 죽게 될 거예요. 당신이 타라를 죽이려는 게 아니라는 걸 알겠지만 헤로인이 그렇게 할 가능성이 점점 더 커지고 있거든요. 일단 우리가 공허하게 느끼는 모든 부분을 자유롭게 해 주고 나면 기분이 훨씬 나아질 테지만 타라가 죽어 버린다면 그 작업을 할 수 없게 돼요. 당신이 이것을 좋아하지 않는다는 걸 알지만 더 이상 타라를 위험에 빠뜨릴 수는 없어요. 입원해 중독치료를 하는 것을 이야기해 봅시다."

"타라를 죽이고 싶지는 않아요. 하지만 이렇게 더 느끼고 싶지는 않아서 멈출 수가 없어요."

"알아요. 그래서 내가 타라를 안전한 곳에 데려가고 싶은 거예요. 그러면 우리가 치료를 계속할 수 있거든요."

부모님이 도와주어 타라는 중독 재활 프로그램에 들어갔고, 헤로인 사용을 멈추게 되었다. 그녀가 퇴원했을 때 우리는 치료를 계속했고, 그녀는 결국 공허함을 느끼는 부분의 짐을 내려놓을 수 있었다. 지금까지 그녀는 헤로인을 다시 사용하지 않고 있다. 이 사례는 위험스러운 부분을 환영하는 것이 단순히 이야기를 들어보고 이해하고 연민을 갖는 것 이상의 것을 얼마나 필요로 하는가를 잘 보여 준다. 이때 치료사가 용기를 가지고 위험에 직면하는 것이 필요하기도 하다. 헤로인을 사용하는 부분이 계속 사용해야 한다고 주장했을 때, 나는 내 걱정하는 부분을 대변해[10] 이야기했고 한계를 설정했다. 비록 그 부분은 내가 한 말을 좋아하지 않았고 타라가 중독 재활 요양 센터에 있는 것을 원하지 않았지만 나와 연결되어 있다는 것을 느꼈다. 그 부분은 도움을 줄 것이라는 내 약속을 믿었고 다시 타라가 치료받도록 해 주었다.

암묵적 직접 접근

다음은 어머니에게 분노를 표현하는 내담자와 암묵적 직접 접근을 사용한

10) 역자 주) speak for part라는 개념이며 참자기(Self)가 부분(part)을 위해서 상대방에게 부분이 하고 싶은 말을 대변인처럼 이야기하는 방식으로, 참자기가 주도하여 말하게 되므로 상대에게 잘 전달되기 쉽다. 반면, speak from part는 부분의 입장에서 이야기하게 되므로 상대에게 전달되기 어렵다.

예이다. 우리는 이렇게 말할지도 모른다.

"지금 이야기한 내용은 당신이 거부감을 느꼈고 화가 나서 어머니와 의견 충돌이 있었다는 거네요. 그렇게 반응했던 부분part에 대해서 더 자세히 알고 싶으세요?"

만약 조시Josie가 그렇다라고 대답한다면, 우리는 내면으로 들어가기를 이용해서 그녀가 분노 부분을 더 탐색할 수 있도록 도울 수 있다. 만약 조시가 질문을 무시하거나 아니요라고 대답한다면, 암묵적 직접 접근을 시작한다.

"아니요. 그냥 어머니가 얼마나 끔찍했는지 선생님이 알아주셨으면 해요." 라고 조시가 말했다.

"당신이 이것에 대해 저한테 말하는 것이 중요하다는 것을 알겠어요."라고 치료사가 대답했다.

"왜 그것이 당신한테 그렇게 중요한지 말해 줄 수 있나요?" (치료사는 직접 부분에게 말하고 있다. 이것이 암묵적 직접 접근이다.)

"모두 저한테 '그냥 받아들여, 어머니는 그 뜻으로 그런 게 아니야!'라고 해요. 아무도 저를 지지해 주지 않아요!"

"아무도 당신을 지지해 주지 않는다고 느낄 때 당신은 어떤가요?" (암묵적 직접 접근)

"제가 중요하지 않은 사람처럼 느껴져요, 혼자라고 느껴지고요."

"그리고 당신이 중요하지 않고 혼자라고 느끼면 무슨 일이 생기나요?" (암묵적 직접 접근)

"모르겠어요. 아마 화날 것 같아요. 그냥 도저히 참을 수가 없어요."

"혼자라고 느껴지는 게 참기 힘들다는 것이 이해되네요. 그것 때문에 화가 날 때 무슨 일이 생기나요?" (암묵적 직접 접근)

"잠깐은 도움이 될지 모르지만 결국은 더 외로워지게 돼요. 아무것도 이걸 해결하지 못해요."

"화를 내는 것이 외로운 느낌을 잠시 덜어 주지만, 그 후에는 더 기분이 나빠지게 된다는 거네요." (암묵적 직접 접근)

"맞아요. 정말 짜증 나요."

"나한테 외로운 느낌에 대해 말하는 것은 어떤가요?" (암묵적 직접 접근)

"그건 달라요. 적어도 당신은 제 이야기를 듣잖아요."

"여기 아주 중요한 대목이 있네요. 외롭고 중요하지 않다고 느끼는 부분이 자신의 이야기를 하고 싶어 한다는 거죠. 이 부분을 찾아서 도와주면 어떨까요?"

(내면으로 들어가기로의 전환을 위한 초대) 내담자가 원한다면, 이 초대를 수락하여 자기 자신의 부분들과의 관계에 기초해 내면으로 들어가기를 하는 방식인 참자기 대 부분 작업으로 전환할 수 있다. 하지만 조시가 여전히 전환하는 것에 관심을 보이지 않고 "그냥 당신이 이걸 꼭 들어줬으면 좋겠어요."라고 한다면 치료사는 계속 호기심을 갖고 부분의 이야기를 듣는다.

"좋아요." 치료사가 대답했다. "무슨 일이 일어났는지 말해 주세요." (암묵적 직접 접근)

내면으로 들어가기

내담자의 참자기가 자신의 부분과 작업하는 것이 가능할 때, 우리는 그 접근을 내면으로 들어가기라고 부른다. 이 방식에서는 내담자가 주의를 필요로 하는 어떤 부분이든 관계를 맺을 수 있을 만큼의 충분한 참자기-에너지가 있다고 보고 IFS 치료를 진행한다. 내담자에게 보다 더 많은 참자기-에너지가 있을수록 치료 과정은 더 원활하게 진행된다. 다음의 내담자는 내면으로 들어가기를 사용하여 IFS 치료를 하고 있다.

"제 여자 친구가 제가 이번 주에 그녀를 괴롭혔다고 말했어요." 휴Hugh가 나Martha[11]에게 말했다.

"그녀가 무슨 말을 하는 건지 알고 있나요?" 내가 물어보았다.

"일요일이었는데, 그냥 제가 기분이 안 좋았던 것 같아요."

"그 부분에 대해 알아볼까요?"

---

11) 역자 주) 이 부분의 저자는 Martha Sweezy이므로 Martha로 표기하였다.

"좋아요." 그가 말했고 눈을 감았다.

"그 부분을 몸 어디에서 찾을 수 있나요?"

"턱의 근육이요. 마치 이렇게 이를 악물고 활짝 웃고 있는 턱 부분 같아요."

"그 부분에게 어떤 느낌이 드세요?"

"사실 이 부분에 대해 알아차리지 못하고 있었는데 이제는 정말 느끼고 있어요. 무슨 일이 있었던 건지 궁금하네요." (참자기 상태임을 나타낸다.)

"그 부분이 어떻게 반응하나요?"

"욕설을 퍼부으면서 그녀를 나쁜 년이라고 부르고 있어요. 미안하네요. 사라Sarah한테 정말 미안하게 느껴져요." (약간의 참자기-에너지를 가진 부분이 나타났다.)

"미안하게 느끼는 부분에 대해 당신은 뭐라고 하고 있나요?"

"저는 이 부분한테 기다리라고 하고 있어요. 사라가 사과를 받아 마땅하다는 건 알지만 이 악물고 있는 턱 부분에 대해서 더 알고 싶어요." (참자기가 나타났다.) 그는 잠시 동안 말이 없었다.

"아, 이건 우리 아버지의 소년 부분이네요. 아버지는 마치 천사 같았다가 순식간에 무례한 개쓰레기처럼 돌변하고는 했어요. 이 부분한테 누구를 보호하고 있는지 물어보고 있어요. 물론 이 부분은 길 잃은 소년 부분이에요. 이 소년에게 제가 그를 돌보고 있다는 것을 상기시켜 주고 있어요. (참자기가 있음이 드러났다.) 소년은 그렇게 제가 자기를 돌봐 주어도 다른 부분들이 화를 내지 않을지 궁금해하고 있어요. 제 안에 아버지에게 강한 감정을 가진 부분이 많거든요."

"다른 부분들이 그 소년에게 더 이상 화를 내지 않도록 당신이 그 소년을 돌봐 줄 수 있나요?"

"네, 소년이 외로워해요."

"당신이 자신을 돌봐 줄 수 있다는 걸 소년이 이해하나요?"

"이전에는 몰랐었지만 이제 이해하고 있네요."

앞에서 본 것처럼 아버지의 소년 부분에 대해 반대하는 부분에도 불구하고 휴는 어린 아버지 부분과 빠르게 참자기-주도적Self-led 관계를 맺을 수 있었다. 이것은 내담자의 부분들이 일단 내담자의 참자기와 충분한 신뢰를 쌓게 되면 상담 회기가 내면으로 들어가기를 통해 얼마나 매끄럽게 잘 이루어지는지를 잘 보여 준다. 내담자의 체계가 내면으로 들어가기를 할 수 있을 정도로 충분한 참자기-에너지를 가지고 있을 때 치료는 교착 상태에 덜 빠지게 된다. 그러므로 이 장에서 가장 중요하게 다루고 있는 것은 직접 접근의 다양한 적용을 통해 내면으로 들어가기로 나아가도록 하는 것이다.

치료사 또는 내담자에게 있어 분리하기의 걸림돌은 무엇인가

양극화

고통스러운 어린 시절의 경험은 강력한 정서적, 행동적 반응을 불러일으키며 그렇게 되면 아동이 참자기-에너지를 유지하기 어려울 수 있다. 내면 체계가 균형을 잃으면 보호자 부분은 안전상 짐을 지고 있는 체계의 균형을 맞추기 위해 반대 방향으로 행동해야 한다는 신념을 갖게 된다(Schwartz, 1995). 모든 체계에는 양극화polarization가 있지만(Rosenberg, 2013), 그 강도는 각각 서로 다르다. 그렇다면 어떤 원인으로 어떤 이의 양극성은 다른 이들보다 더 극단적인 양상을 보이는 것일까? 답은 다음과 같다. 파리채면 충분한데, 왜 파리 잡는데 대포를 쓰는 걸까? 보호자들은 추방자의 감정으로부터 체계를 보호하기 위해서나 추방자를 보호하는 일을 할 때만 공격적이다. 일반적으로 말해서, 체계의 추방자들이 상처가 많을수록 보호자의 행동도 강렬해진다.

양극화된 부분들이 양쪽 모두 점점 강해지고 견고해지는 상황이 되면 양쪽을 분리하기가 힘들어진다. 하지만 양극화가 너무 심해져서 그 어느 쪽도 내담자의 참자기와 관계를 형성하기가 어려울 때 양극화된 양쪽 부분에게 동시에 분리하기를 요청할 수 있다. 해리Harry와 나Pam의 상담이 좋은 예이다. 해리는 시나리오 작가로 성공을 거두었지만 여전히 자신이 유명하지 않고 무가치한 존재라고 느끼고 있었다. 그는 팔기 위해서 여러 각본을 급하게 저술했는데, 그의 한 부분은 아카데미상을 받는 대본을 쓸 수 있다면 더 이상 자신이 무가치하게 느껴지지 않을 것이라고 믿고 있었다. 그는 의욕 없이 집에 누워 마리화나를 피우고는 했고, 그의 열심히 일하는 부분은 그것 때문에 미칠 지경이었다. 그는 그 문제로 상담실을 찾아왔다.

해리가 자신의 부분들에 대해 설명하는 것을 들으면서, 나는 나의 부분이 그의 부분과 일치하거나 양극화되는 것을 알아차리기 시작했다. 내 안의 한 부분은 그의 열심히 일하는 부분의 역할에 동의했고, 다른 한 부분은 해리가 마리화나를 끊는 것을 돕기 위한 프로그램을 제안하고 싶어 했다. '마리화나 피우는 것이 무슨 큰 문제가 되냐? 그건 괜찮은 방법이고 세상에서 가장 나쁜 소방관은 아니야.'라고 하는 부분도 있었다. 나의 이런 부분들을 알아차리고 나서, 나는 그들에게 해리의 이야기를 들을 수 있도록 공간을 좀 만들어 달라고 부탁했다. 해리에게 어디서부터 시작하고 싶으냐고 물었을 때, 해리는 "일을 열심히 하는 부분과 좀 더 시간을 보내서 그 부분을 더 강하게 만들고 싶다."라고 말했다. 나는 해리에게 동기부여가 되었던 최근의 시간을 떠올려 보고 그의 몸에서 그것을 알아차려 보도록 했다. 그는 "몸이 안 느껴져요."라고 대답했다. 내 부분들 중 한 부분은 그것에 대해 '아니, 이런. 정말 어려운 내담자를 만났나 봐!'라고 하면서 강한 반응을 보였다. 그리고 또 다른 부분은 꾸짖으면서 '네가 이걸 잘 설명하지 못했어.'라고 말했다. 나는 이 부분들에게 좀 뒤로 물러나 달라고 하면서 해리에게 그의 열심히 일하는 부분이 그의 머릿속에 있을지도 모른다고 제안했다. 내 말이 도움이 됐을까?

"제 머리는 무엇을 할 수 있는지에 관한 생각으로 가득 차 있어요." 해리가 말했다. 그가 머릿속에서 열심히 일하는 부분에 대해 듣고 난 후 나는 그에게 전형적인 분리하기 질문을 던졌다.

"그 부분에 대해 어떤 느낌이 드시나요?"

해리는 양극화된 부분으로부터 "오, 정말 싫어요!"라고 대답했다.

나는 그에게 열심히 일하는 부분을 싫어하는 부분을 찾아보도록 했고, 그 부분에게 뒤로 물러나 달라고 부탁하도록 했다. 그런 다음 나는 해리가 그 열심히 일하는 부분에 대해 어떻게 느끼는지에 대해 다시 한번 확인해 보았다. 그의 반응은 똑같았고, 그래서 나는 그에게 "그 부분에게 물어봐 주세요. 열심히 일하는 부분을 알아갈 수 있게 좀 뒤로 물러나 주면 무슨 일이 생길 것 같다고 하나요?"

그 부분이 대답했다. "계속 죽어라 일만 하게 된다고 해요!"

나는 그 부분에게 "우리는 당신이 항상 일만 하는 것을 원치 않고 있다는 것과 우리가 도울 수 있다는 것을 알려 주세요."라고 말했다.

잠시 후 나는 그가 열심히 일하는 부분에 대해 어떻게 느끼는지를 알아보기 위해 다시 한번 더 확인했다.

그는 "전 아직도 그 부분이 싫어요."라고 대답했다.

나는 이제 그 열심히 일하는 부분을 싫어하는 부분(아마도 마리화나를 피우는 부분)에게 뒤로 물러나 달라고 세 번째 부탁을 했고, 그 부분은 그렇게 하고 싶어 하지 않았다. 그래서 우리는 그 부분을 다시 목표 부분으로 삼아야 했다. 나는 해리에게 그 부분을 몸에서 찾아보도록 했다. 그는 그 부분이 몸 이곳저곳에 희미한 긴장감으로 느껴진다고 말했다. 내가 그 부분에 대해 어떻게 느끼는지를 물어보자, 그는 "싫어요."라고 대답했다.

이 시점에서 나의 많은 부분이 반응을 보였다. 어떤 부분은 해리에게 짜증을 냈고, 어떤 부분은 나에게 짜증을 냈고, 다른 한 부분은 어떻게 해야 할지 필사적으로 고민하고 있었다. 나는 그 부분들에게 뒤로 물러나도 해리와 내가 괜찮을 것이라고 안심시켜 주었다. 그 후 다시 해리에게 돌아가, 나는 이 마지막 부분(열심히 일하는 부분)에게 뒤로 물러나 달라고 요청하는 기본적인 단계를 똑같이 밟았다. 이 부분이 그렇게 하지 못하겠다고 했을 때, 나는 만일 그렇게 하면 어떤 일이 일어날지 걱정되는지를 물어보았다.

이 부분은 "만일 제가 그렇게 하면, 해리는 온종일 누워서 마리화나를 피울 거예요."라고 말했다.

이렇게 해서 나는 열심히 일하는 부분이 돌아왔다는 것을 알 수 있었고, 열심히 일하는 부분이나 마리화나를 피우는 부분이나 모두 상대편 부분이 지배적으로 될까 봐 물러서려 하지 않는다는 것을 알 수 있었다. 만약 양극화된 부분들이 동시에 분리되지 않으려 한다면, 치료사는 내담자가 두 부분을 동시에 함께 알아가도록 도울 수 있다. 내가 그렇게 해 볼 것인지를 물어보았을 때, 두 부분은 그것에 동의했다.

그런 다음, 해리는 참자기-에너지가 있다는 것을 처음으로 드러내면서 말했다. "이 부분들을 더 알아보고 싶네요."

"둘 다 알아보고 싶고 교대로 알아볼 거라고 두 부분에게 알려 주세요."

열심히 일하는 부분이 해리와 먼저 이야기를 나누고 싶어 했고, 마리화나를 피우는 부분도 그것에 동의했다. 열심히 일하는 부분은 말하기를, "저는 재미있는 각본을 쓰려고 열심히 노력하는데, 그 각본을 사람들한테 보여 주면 누군가가 그중 하나를 아카데미상 수상 영화로 만들 거라는 것을 알고 있어요. 저는 똑똑하고 창의적이랍니다. 영화가 상을 받게 되면 사람들이 제 진가를 알아볼 거예요."

나는 해리가 그렇게 열심히 일하지 않으면 해리에게 무슨 일이 일어날 것이라고 걱정하는지 직접 물어보도록 했다. 그 부분은 "해리는 온종일 누워서 마리화나나 피워 댈 거고, 무가치하게 느낄 거예요."라고 대답했고, 열심히 일하는 부분 역시 무가치하게 느끼는 추방자를 두려워하고 있다는 것을 드러냈다.

해리가 마리화나를 피우는 부분을 초대해 이야기 나누기 시작하면서, 그 부분은 "해리 당신은 왜 밖에 나가서 사람들한테 각본을 자꾸 보여 줘서 자신을 위험에 빠뜨리려고 하는 거지? 당신은 계속 거절당하고 있잖아. 그러고 나면 자신을 마치 아무 가치도 없는 쓰레기처럼 느끼고 있고 말이야. 집에서 그냥 멍하게 있는 게 더 나아."라고 말했다.

이제 해리에게는 열심히 일하는 부분과 마리화나를 피우는 부분 모두 그가 무가치하다고 느끼는 것으로부터 그를 보호하려고 노력하고 있다는 것이 분명해졌다. 또한 그는 어느 쪽도 성공하지 못했다는 것을 알 수 있었다. 동시에 그들의 공동 목표를 발견하게 되면서 이 양극화된 두 보호자는 서로에게 짜증을 덜 느끼고 있었다. 그래서 나는 그가 희망팔이[12]가 될 수 있도록 도왔다.

"만약 무가치하다고 느끼는 부분이 그렇게 느끼지 않게 된다면, 그래도 이 두 부분이 그렇게 열심히 일해야 할까요?"

"그렇지 않을 거예요." 해리가 대답했다.

"무가치하고 쓸모없다고 느끼는 부분을 돕기 위해 당신이 무엇을 할 수 있는지, 좀 지켜볼 의향이 있는지 두 부분에게 물어봐 주세요." 나는 말했다.

"두 부분이 받아들였어요." 그가 대답했다.

해리의 사례에서 나타나듯, 보호자 부분들은 서로의 영향력을 매우 근본적으로 불신하며 대립할 수 있기 때문에 어느 쪽도 꼼짝하지 않고 대치 상태로 있을 수 있다. 이 경우, 우리는 양극화된 부분들을 동시에 함께 분리하게 하여 내담자의 참자기가 현존 상태가 되어 변형을 일으키기 위한 공간space for the transformative presence을 만들게 한다(〈표 1-2〉 참조).

〈표 1-2〉 양극성 감소시키기

양극성을 감소시키기 위해 양쪽 부분에게 다음의 단계를 순서대로 적용한다.
• 어떤 부분(part)이 먼저 이야기하고 싶은지 질문한다.(A 부분이 이야기하고 싶어 해요.)
• 내담자와 A 부분 간에 참자기 대 부분의 관계가 형성되었는지를 확인한다. 그리고 B 부분이 섞여 있지 않은지 확인하기 위해 주기적으로 확인한다. ("A 부분에 대해 어떤 느낌이 드시나요?"라고 물으면 섞인 부분의 확인이 충분히 가능하다.)
• A 부분이 하는 일에 대해 알아보고, A 부분이 그것을 하지 않으면 어떤 일이 일어난다고 걱정하고 있는지 알아본다. 이 질문은 양극화된 보호자 부분이나 추방자 부분을 알려 준다.
• B 부분에게 동일한 과정을 반복한다.

12) 역자 주) 해리가 무가치하다고 느끼는 부분을 도와주면, 열심히 일하는 부분과 마리화나를 피우는 부분이 열심히 일하지 않아도 된다고 희망을 주려는 것이다.

치료사가 숨겨진 양극성을 알아차리지 못할 때

양극화된 부분들parts은 교대로 섞일 수도 있고, 때로는 매우 빠른 속도로 섞일 수도 있으며, 내담자 자신도 알아차리지 못하는 채로 반대되는 요청을 하거나 반응을 보이면서 누가 말하는 것인지 혼란스럽게 만들기도 한다. 예를 들면, 트라우마의 경험이 있는 서른네 살 남자 이안Ian은 나Larry[13]에게 다음과 같이 이야기하면서 첫 상담 회기를 시작했다.

"제가 겪은 것을 진정으로 이해할 수 있는 따뜻하고 보살펴 주는 치료사를 찾고 있어요."

나는 공감하며 고개를 끄덕였다. 그는 종종 무섭고, 항상 슬프고 외로웠던 어린 시절에 관한 이야기를 이어 나갔다. 나는 이안이 좋았고 우리가 따뜻하게 연결되어 있다고 느꼈다. 하지만 다음 주에 그는 경직되고 언짢아하는 얼굴로 나타났다.

"제가 지난 시간에 어린 시절에 관해 이야기했을 때 당신은 슬퍼 보였어요."라고 그는 이야기했다.

한참 동안 침묵이 있었던 후 그는 "저는 다른 사람들이 제 삶에 대해 감정적으로 반응하는 게 역겨워요."라고 숨 막힐 정도로 냉담한 투로 단정 짓듯 말했다.

나는 마음속에서 수치심을 느끼고 좌절하고 놀란 보호자들이 방어벽을 치려고 나서는 것을 느꼈다. 나는 그 부분들에게 나를 믿어 달라고 부탁했다. 잠시 숨을 돌린 후, 나는 고개를 끄덕이며 대답했다.

"이안, 이제 막 당신을 알아가기 시작했어요. 지난 시간에 당신은 당신에게 따뜻함과 연결을 원하는 부분이 있다고 했었어요. 지금은 그걸 원하지 않는 부분이 있다고 또 말하고 있고요. 두 부분 모두 환영이에요."

이안은 여전히 나를 차갑게 쳐다보았다.

"당신이 무슨 말을 하는지 모르겠어요. 저는 많은 치료사를 거쳐 왔는데 당

---

13) 역자 주) 이 부분을 저술한 사람은 Lawrence G. Rosenberg이며, 영어권에서는 Lawrence를 줄여 Larry라고 부른다.

신은 그들과는 좀 다를 거라고 생각했어요." 그러나 내가 대답하기도 전에 그는 말을 이었다.

"이해해 주셨으면 좋겠네요."라고 말했다.

그의 양극성에 이름을 붙이는 것은 부분을 분리하는 데 아무런 도움이 되지 않기 때문에 나는 암묵적 직접 접근을 사용하기로 마음먹었다. 하지만 어떤 부분을 먼저 다뤄야 할까? 나는 잘 몰라서 그냥 고개를 끄덕이고 기다렸다.

"만약 제가 당신의 동정을 원한다고 생각한다면 저는 그만두어야 할 거 같네요."라고 그는 대답했다.

"다른 사람들이 당신에 대해 동정심을 느낄 때 그 부분이 기분 좋지 않은 거네요."라고 나는 말했다.

그는 뒤로 물러앉아 자신이 아직도 코트를 입고 있는 것을 알아차리고는 벗어서 소파 반대편에 던졌다.

"동정하는 게 무슨 소용이 있어요? 제가 필요할 때 아무도 도와주지 않았어요. 힘든 걸 이야기하는 건 상황을 더 위험하게 만들 뿐이에요."

"그렇게 말하는 당신의 느낌이 정말 이해되네요."라고 나는 말했다.

앞에서 알 수 있듯이, 내담자가 이상화idealizing와 평가절하devaluing와 같은 상반된 태도 사이에서 자주 왔다 갔다 할 때, 우리는 한 번에 하나의 섞여 있는 부분으로부터만 이야기를 들을 수 있고 양극화된 다른 부분은 숨겨져 있기도 한다. 치료사는 이 숨겨진 양극성을 모르고 순수하게 한 부분의 이야기만 듣게 되므로, 나중에 드러나는 다른 부분에게는 맹점이 되기도 한다. 이런 상황에서는 내담자가 참자기에 쉽게 접근하기 어렵기 때문에 자기보호self-protection를 위해서 내담자에게 양극화의 양면성이 필요할 수도 있다는 관점을 치료사가 유지하는 것이 필요하다. 또한 이러한 경우 상담에서 조율이 잘되지 않은 것에 대해 내담자가 문제를 제기할 가능성에 대해 우리의 보호자들을 잘 준비시켜 침착함과 용기, 호기심 어린 상태로 우리 자신을 유지하는 것 역시 필요하다.

참자기 대신 참자기와 유사한 부분이 나타났을 때

참자기와 참자기와 유사한 부분Self-like part을 구분하는 것은 내담자나 치료사 모두에게 어려울 수 있다(〈표 1-3〉 참조). 이것이 또 하나의 일반적인 걸림돌이다. 참자기와 비슷한 특성들을 갖지만, 치유의 힘이 없는 보호자 부분이 바로 참자기와 유사한 부분이다. 구별을 위한 중요한 특성은 연민을 보이기보다는 공감적인 특성을 갖고 있다는 것이다. 치료사가 공감할 때 치료사의 추방자가 내담자의 추방자와 동일시되는데, 이것은 압도되는 것을 두려워하는 치료사의 보호자들에게 위협이 된다. 치료사가 연민을 느낄 때면 치료사의 추방자가 내담자의 추방자와 동일시가 일어나지만, 치료사의 참자기는 압도당하는 것을 두려워하지 않으므로 보호자가 촉발되지 않는다(Schwartz, 개인적 대화, 2014. 3. 17.).

그렇다면 IFS 관점에서 볼 때, 참자기와 유사한 부분은 감정적으로 압도되는 것을 막기 위한 선의를 갖는다. 일반적으로 참자기와 유사한 부분은 추방자가 자신의 이야기를 하지 않고도 더 나은 기분이 되도록 도와주려고 노력함으로써 추방자를 조용히 만들려 한다. 이 부분의 전략은 위로받을 준비가 되기 전에 추방자 부분을 진정시키거나 위로하기, 추방자에게 왜 나쁜 일이 일어났는지를 설명하는 온화한 지적 모습 갖기이다. 또는 추방자의 시각적 목격 과정으로부터 감각과 감정을 제거해 버리는 것인데, 내담자들은 종종 추방자 앞에 놓인 유리 보호막plexiglass screen 같다고 설명하기도 한다. 또 다른 하나는 추방자에게 중립neutral을 지키거나 추방자를 목격하는 동안 감정적 거리를 두는 것detached이다. 여기 예를 들어 보자.

샬롯Charlotte은 쉰한 살의 여성으로 평생 우울증으로 치료를 받아 왔으며, 영적 수행이 자신의 생명을 구했다고 믿어 왔다. 나Martha와 상담을 몇 달 하고 나서야, 그녀의 삶을 지배했던 양극화된 보호자들(착한 소녀 부분과 화난 부분)은 그녀가 세 살 된 추방자 부분을 약간 볼 수 있을 정도로 막 분리되기 시작하고 있었다. "그녀는 항상 혼자라고 말해요."라고 샬롯이 내게 말했다.

"그녀는 슬프고 화가 났어요. 가족 모두가 그녀를 놀려요. 그리고 아무것도 설명해 주지 않아요. 아무도 그녀에게 대답해 주지 않아요. 왜 그런 거죠?"

곧바로 이어 그녀는 "아, 그 모든 것에 대해 아무것도 할 수 없어요! 과거에 일어난 일인 걸요."

"그 어린 소녀 부분은 그것에 어떻게 반응하죠?" 나는 물었다.

"아이가 등을 돌렸어요. 하지만 괜찮을 거예요." 샬롯이 무뚝뚝하게 대답했다.

"이미 끝나 버린 일이라는 걸 아이가 이해해야 해요."

"누가 그렇게 말하죠?" 내가 다시 물었다.

"제가요." 샬롯이 대답했다. "현실을 받아들이는 것 이외에 우리가 할 수 있는 일이 뭐가 있겠어요? 저는 매일 받아들이는 수용을 연습하고 있어요."

"그 받아들이는 수용을 담당하는 부분과 제가 직접 이야기해 봐도 괜찮을까요?" 내가 물었다. 샬롯이 눈을 깜빡거렸다.

"그건 당신의 한 부분이랍니다." 나는 단언해 이야기해 주었다.

"그렇게 받아들이도록 하는 것이 그 부분에게 정말 중요한 일이어서 정말 열심히 일해 왔을 거예요." 잠시 후, 샬롯이 고개를 끄덕였다.

"수용을 담당하는 부분, 당신이 거기 있나요?" 나는 물어보았다.

"네." 샬롯이 그 부분을 대변해서 대답했다.

"샬롯을 위해서 당신은 어떤 일을 하죠?" 나는 물어보았다.

"저는 그녀를 구하는 일을 해요." 이 부분이 대답했다.

"당신이 그렇게 열심히 일하지 않아도 우리가 샬롯을 구할 수 있다면 어떨까요?"

나는 새로운 선택지에 대한 아이디어를 소개하며 물어보았다.

앞의 사례에서 보여 주는 것처럼, 우리가 참자기와 유사한 부분이 가지고 있는 의제[14]를 놓치고 이 부분을 참자기로 착각한다면, 추방자의 반응은 외면하거나 다시 숨어 버리거나 사라져 버리는 것으로 나타날 것이다. IFS 치료 훈

14) 역자 주) 원문에서는 underlying agenda라고 되어 있으며, 참자기(Self)는 내담자를 끌고 가려는 의제인 agenda를 가지지 않으나 참자기와 유사한 부분(Self-like part)은 치료에서의 목표나 의제를 가지고 끌고 가려 한다는 뜻에서의 표현이다.

련에서는 참가자들에게 IFS 치료사로서 자신의 참자기와 참자기와 유사한 부분(이것은 종종 치료사의 부분들이다.) 간에 좋은 관계를 형성할 것을 권장한다. 이 참자기와 유사한 부분은 필연적으로 나타나기 쉬우며, 치료적 관계가 형성되도록 하는 데에는 필요한 부분이기도 하다. 그러나 변화와 치유를 일으키는 역할을 하는 것은 참자기이다.

〈표 1-3〉 참자기와 유사한 부분과 참자기의 특성

참자기	참자기와 유사한 부분
마음에서 우러나는 호기심	머리에서 나온 호기심
침착함	침착함
연민	공감
부분들과 연결	어떤 연결이 이루어져도 다른 부분들을 치유할 수 없음
부분을 변화시키려 하지 않음	종종 다른 부분을 변화시키려 함
의제를 갖지 않음[15)]	의제를 가짐
열린, 수용적 에너지	에너지가 종종 목적을 가지고 움직여 가는 것으로 나타남
열린 마음	닫힌 마음

분리하기에서의 혁신의 역할: 가학적인 보호자를 창의적으로 다루기

부모와 고등학교 교사에 의해 18년간 극심한 트라우마를 경험하면서 살아남기 위해, 론다Rhonda의 해리성 정체성 장애dissociative identity disorder: DID 체계

15) 역자 주) 원문에서는 No agenda로 나오며, 치료에서 꼭 해야 한다고 의제나 목표를 갖고 끌고 가는 것이 없는 것을 말한다.

는 가장 표면에 드러난 부분부터 숨겨진 추방자까지 다양한 이름으로 부를 수 있는 여러 역할을 가진 부분들parts을 만들어 냈다. 이러한 부분들 중 일부는, 그녀가 높은 수준의 전문직에서 일하도록 하는 데 도움을 주었고, 그녀가 거의 항상 해리 상태였음에도 불구하고 현존하고 있는 것처럼 보이도록 해 주었다. 면도날로 그녀의 피부를 긋는 자해 부분들은 극심한 내적 갈등과 자책으로부터 그녀가 즉각적인 안도감을 느낄 수 있도록 해 주었다. 내Larry가 론다에게 그녀의 자해 부분에 대해 더 알아볼 수 있도록 했을 때, 그 부분은 나쁜 것을 잘라 내 버리고 싶다고 말했다. 나는 호기심을 유지한 채로 물어보았다.

"나쁜 것에 대해 더 이야기해 주세요."

"저는[16] 멍청하고 못생기고 못됐고 사랑스럽지 않아요." 그녀가 대답했다.

"그걸 어떻게 알죠?"

"나쁜 남자가 그렇게 말했어요."

"그 나쁜 남자가 누구죠?"

"그는 존John의 목소리를 가지고 있어요."

존은 그녀의 고등학교 선생님이었고 론다가 어린 시절 심한 학대를 받았다는 취약한 점을 알아내 그녀의 고등학교 시절을 야만적인 모욕과 잔인한 성폭력의 악몽으로 만든 가학 성애자였다.

"그 나쁜 남자 부분에 대해 어떻게 느끼세요?" 나는 물어보았다.

론다가 몸을 움찔댔다.

"너무 무서워요. 그는 제가 죽어야 한댔어요."

"그래요. 많은 부분이 그 남자 부분을 두려워하는 게 정말 이해되네요." 나는 말했다.

"그는 자기 마음대로 통제하고 싶어 해요."

"그 나쁜 남자 부분에게 공간을 좀 만들어 달라고 해 봐 주세요. 여기 의자에 좀 앉아 있어도 될지 말이죠."

---

16) 역자 주) 원문에서는 이 부분에서 쓰인 단어가 we이며 론다 안의 여러 부분들이 말하고 있는 것처럼 표현되어 있다.

론다가 내면으로 들어간 후 다시 몸을 부르르 떨었다.

"그가 제 말을 듣지 않아요. 아무 상관하지 않아요."

전략을 변경해서 나는 "제가 그 나쁜 남자 부분이랑 직접 이야기해도 될까요?"라고 물어보았다.

"아니요."라고 그녀가 말했다. "그는 당신에게 말하지 않을 거예요."

"왜죠?"

"말하지 않을 거예요."

어쨌든 나는 그 나쁜 남자 부분에게 말을 걸려고 했다.

"저는 당신이 존의 목소리로 론다 안에서 말하고 있는 것을 알아요. 맞나요?"

"그는 당신과 이야기하지 않을 거예요." 론다가 되풀이해 말했다.

나는 그 나쁜 남자 부분에게 물어보았다.

"저와 이야기하면 무슨 나쁜 일이 일어날까 봐 두려운가요?" 답이 없었다. 이것은 론다와 내가 우리 둘 중 어느 쪽과도 소통하지 않는 부분을 만난 첫 번째 순간이었다. 나의 분석하는 부분은 그 나쁜 남자가 실제로 론다의 한 부분이 아니라 론다의 체계에 숨어 기생하는 존의 에너지를 나타내고 있다는 가설을 세웠다. 나는 다음 두 번의 상담 회기에서 론다를 도와 존에게 그 부분을 돌려주도록 상상하게 하여 그 남자 부분을 론다에게서 쫓아내려고 시도했다. 이러한 시도들은 실패했을 뿐만 아니라 그녀의 인생에서의 다른 사건들까지 촉발되면서 더 깊게 몸에 자해를 하는 새로운 양상이 나타났다. 그 반응으로 그녀의 다른 부분들은 더 안으로 깊게 들어가 버렸고, 나는 매우 걱정스러워졌다.

나는 이 교착 상태의 어려움에 대해 내 슈퍼비전 그룹에서 나누었고, 그곳에서 그 나쁜 남자 부분을 협력적으로 친해져야 할 보호적인 부분으로 보면 어떻겠는가 하는 이야기를 들었다. 나의 고집 세고 불안해하는 보호자 부분이 말 그대로 자해로 피비린내 나는 전쟁터처럼 되어 버린 론다를 두고 그 나쁜 남자 부분과 누가 통제할까에 대한 전쟁을 벌이고 있었다는 것을 알아차리고 나서 나는 당황스러웠다. 다음 상담 회기에서 나는 나쁜 남자 부분에게 "제가 당신을 오해하고 있었어요. 당신이 론다를 도우려고 애쓰는 것을 알아요. 이런 사실을 더 일찍 인식하지 못해서 미안합니다."라고 말했고 손을 내밀었다.

"당신과 친해지고 싶어요."

론다가 불안해하면서 말했다. "그는 당신한테 말하지 않을 거예요."

그러던 중, 나는 뜬금없이 1960년의 공상과학 영화 〈Fantastic Voyage〉[17]에서 본 아이디어가 생각났다. 영화에서는 치명적인 혈액 응고로부터 동료를 구하기 위해 동료의 몸에 들어가려고 과학자들이 몸을 작게 만든다. 나는 론다에게 물었다.

"제가 아주 작아질 수 있다고 상상이 가능하다면, 당신의 몸에 들어가서 그 나쁜 남자 부분을 찾도록 허락해 줄 수 있는지 당신과 당신의 부분들에게 물어봐 주세요."

론다는 내면으로 들어가 그녀의 부분들과 상의한 후 눈을 뜨고 "네, 좋아요. 하지만 제 안의 부분들이 그 나쁜 남자 부분이 당신을 해칠까 봐 걱정하네요."라고 말했다.

나는 "부분들이 저를 걱정해 주고 또 허락해 줘서 고맙네요. 저는 강할 뿐만 아니라, 나쁜 남자 부분이 어디에 있는지 찾아내서 이야기할 수 있도록 특별한 손전등을 가지고 갈 거예요." 나는 이어 최면과 같은 제안을 했다.

"저는 아주, 아주 작아져서 당신 안으로 천천히 들어가고 있어요."

내가 이렇게 '수축해서 작아지기shrinking the shrink' 개입을 하는 것에 대해 조심하고 싶어 하는 부분이 있었기 때문에 나는 계속 그녀를 확인했다.

"이렇게 하는 게 당신과 당신 부분들에게 괜찮나요?"

론다는 천천히 대답했다. "제 부분들이 당신을 보고 있어요. 괜찮아요."

나는 그녀의 다른 부분들과 인사하면서 "저는 나쁜 남자 부분을 찾고 있어

---

17) 역자 주) 1966년작의 영화로 우리나라에는 〈마이크로 결사대〉라는 제목으로 개봉되었던 영화. 〈바디 캡슐〉이나 〈환상 여행〉이라는 제목으로도 알려져 있다. 사람들이 실제로 축소되어 인체에 들어간다는 설정으로 1960년대의 영화이나 탁월한 특수효과를 보여 준다.

요."라고 설명해 주었다. 그리고 론다는 그녀의 부분들이 그와 접촉하게 될 것을 두려워하면서 뒤로 물러나고 있다고 이야기해 주었다. 나는 마치 숨바꼭질을 하고 있는 아이를 찾은 것처럼 빠른 어조로, "아아, 나쁜 남자 부분이 어디에 숨어 있는지 알겠네요! 안녕하세요."라고 말했다. 론다는 나쁜 남자 부분이 나를 피해 뒤로 물러났고 그가 나를 보고 있는 것이 분명하다고 말해 주었다. 나는 그것에 대해 "만나서 반가워요."라고 말했다.

나쁜 남자 부분은 나에게 "여기서 뭐하고 있는 거예요?"라고 말했다.

"저는 친구로 여기 온 거예요. 저는 당신이 론다의 체계에서 강력한 역할을 하는 것을 알고 있어요."

"론다는 아주 더럽고 나빠요. 그 나쁜 것은 잘라 내야 해요." 그는 대답했다.

"당신이 론다의 나쁜 점을 정말로 없애기를 원한다는 것을 알고 있어요." 나는 말했다.

"저도 론다를 도와서 나쁜 것을 제거할 수 있게 돕고 싶어요. 그러기 위해서는, 저는 당신을 더 잘 알고 싶어요. 아마 우리가 함께 일할 수 있는 방법을 찾을 수 있을 것 같아요."

나는 론다의 체계 안에서 글자 그대로, 그리고 비유적으로 말하자면 그에게 손을 내밀었다.

"제 손 좀 잡아 주실래요?"

론다는 다시 몸서리를 쳤고 나의 접근을 피하고 싶어 하며 몸을 떨었다. 나는 계속 나쁜 남자 부분에게 손을 내밀었다. 순간적으로 나쁜 남자 부분이 론다의 손을 뻗도록 해서 나의 손을 잡았다. 우리는 손을 잡았다. 모든 극단적인 보호자는 고통받는 추방자와 짝을 이루고 있다는 것을 기억하면서, 나는 "당신이 지난 세월 동안 견뎌 온 모든 고통에 대해 깊은 연민을 보냅니다."라고 말을 건넸다.

여전히 내 손을 잡고 있으면서 그 나쁜 남자 부분은 "저는 고통받지 않았어요."라고 되받아쳤다.

"당신이 강하다는 걸 알아요." 나는 말했다.

"그리고 저는 당신 나름대로 엄청난 고통을 겪었다고 믿어요. 그래서 당신은 론다의 나쁜 점을 필사적으로 잘라 내고 싶어 하는 거고요."

나쁜 남자 부분을 가지고 있는 론다는 고통스러운 표정을 하고 낮은 목소리로 신음소리를 내며 돌아섰다.

"아……." 우리가 잡은 손이 풀어졌다.

"저는 당신이 상처받고 있다는 것을 알 수 있어요. 그렇지 않나요? 상처를 없앨 수 있도록 론다와 제가 당신을 알 수 있게 해 주시겠어요?"라고 재차 물어보았다.

부드럽게 그가 속삭이듯 말했다. "좋아요."

계속 더 진행하기 전에, 나는 우리의 대화를 들을 수 있을 정도로 론다가 이 대화에 대해 함께 충분히 의식을 하는 상태인지 확인하고 싶었다. 그래서 나는 물어보았다.

"우리가 더 이야기 나누기 전에, 론다와 잠깐 이야기해도 될까요?"

그는 대답했다. "좋아요. 저는 그녀를 마음대로 하지만, 그녀는 저한테 그러지 못하죠."

론다가 한 부분에서 다른 부분으로, 또는 그녀 자신으로 바뀔 때 전형적으로 그랬던 것처럼 그녀는 눈을 감았고 잠시 해리 상태로 짧게 들어간 후, 그녀의 몸 자세와 표정이 바뀌었다. 그녀는 머리를 긁적이며 눈을 떠 나를 바라보았다. "안녕하세요." 하고 그녀가 말했다.

"어떠세요?"

"저는 괜찮아요."

"제가 나쁜 남자와 이야기 나누는 것을 들으셨나요?"

"약간요. 그가 너무 거대해요."

"그와 이야기 나누기 위해 다시 돌아갈게요. 그에게 당신의 크기가 좀 더 커질 수 있도록 해 달라고 물어보죠."

론다는 다시 바뀌었고 나쁜 남자 부분이 돌아왔다. 나는 "돌아와 줘서 고마워요. 론다가 우리의 대화를 들을 수 있도록 론다는 좀 크게 만들어 주시고 당신은 조금 작아질 수 있으신가요?"라고 물어보았다. 약간의 협상 후 그가 그것에 동의했다. 나는 "우리는 계속 당신을 나쁜 남자 부분이라고 불러왔어요. 이름이 있으신가요?"라고 물어보았다. (론다의 해리성 체계 내의 거의 모든 부분은 이름이 있었다.)

"로버트Robert예요."라고 그가 대답했다.

"만나서 반갑습니다, 로버트." 우리는 다시 악수를 했다.

"나이가 어떻게 되나요?"

"다양해요. 처음에는 네 살이었죠. 하지만 나는 또 자라서 커졌어요."

"당신은 네 살 때 컸었나요?"

"아니요. 하지만 저는 화가 났었죠. 다른 부분들은 저를 두려워해서 다시 뒤로 밀어 넣으려고 했어요. 그래서 저는 더 커졌어요. 존과 함께 아주 많이 커졌죠."

그는 론다의 보호자들과 추방자들을 의미하며 이야기했다.

다음 몇 회기에 걸쳐 나의 질문에 대답하면서 로버트는 자신의 이야기를 털어놓았다. 그는 론다의 세상과 상호작용을 하는 보호자들이 그 부분에게 두려움을 느끼고는 영원히 추방시켜 놓고 싶어 할 정도로 거대한 분노를 가진 어린 부분이었다. 하지만 이제 론다는 심한 무시와 고문을 견뎌 온 부분들의 극심한 정신적, 육체적 고통을 듣고 느끼고 있었고, 그녀의 보호자들은 그녀의 경험들이 그렇게 나쁜 것이 아니다라고 더 이상 이야기할 수 없었다. 그리고 로버트는 론다의 나쁜 점들을 잘라 내기로 결심했었던 깊은 곳에서 풀려나왔다. 나는 존이 살아 있다면 그의 범죄로 인해 감옥에 갇히게 될 것이라는 것과 론다를 성폭행했던 모든 이에게 내가 격노하고 있다는 것을 론다에게 확고하게 들려주었다. 훨씬 더 많은 시간이 흐르면서 우리는 서서히 트라우마를 경험한 각 부분이 짐을 내려놓고 치유되도록 도와주었고, 로버트는 점점 더 조용해지면서 성장해 갔다. 자신의 일이 그간 스트레스였고 이제는 지쳤다는 것을 인정하면서, 그는 자신의 일이 끝나서 기쁘고 휴식을 취하게 되어 기쁘다고 말했다.

이 사례에서 보여 주는 것처럼 론다의 나쁜 남자는 어린 부분이었고 그녀에게 가해한 가해자의 야만성이 기생하여 나타난 것이 아니었다. 나는 그 부분을 잘 몰랐기 때문에 그에 대해 추측을 했었고, 나는 그와 의사소통하는 것이 안전하다는 것을 확신하지 못했기에 그를 알 수 없었다. 그래서 우리는 상담에서 교착 상태에 빠졌다. 그 부분에 대한 나의 추측에서 벗어나게 되면서 나는 창조적인 도약을 할 수 있었고 판단보다는 호기심으로 손을 뻗게 되면서 마침내 그의 목소리를 찾을 수 있었다.

결론

치료사가 조율되지 않았다거나 공감적이지 않다고 내담자가 반복해서 주장하면서 치료사의 혼란스럽거나 불안한 부분을 자극하거나, 치료사의 두려워하는 부분이나 수치심을 느끼는 부분을 자극하는 공격을 하면서 치료사를 괴롭힐 때, 또는 치료사를 무시하고 부정하면서 무기력한 부분이나 화난 부분을 건드릴 때 치료사는 견디기 힘든 교착 상태에 빠지게 된다. 이러한 난국에 대한 IFS에서의 답은 당연히 "치료사들이여, 자기 자신의 부분들을 분리하여 참자기 상태가 되도록 하라! 자신의 추방자를 찾아내 치유하라."이다. 하지만 우리가 이미 알고 있는 바와 같이 그것은 항상 쉽지는 않다. 이 장에서는 여러 가지 방법이 제시되어 있다. 하지만 치료에서 발생하는 문제를 해결하기 위한 답은 한 가지로 규정되는 것이 아니다. 치료사 역할에 있어 성장에 필요한 것은 우리 자신에 대한 호기심을 갖는 것과 우리의 직관을 믿고 가는 것이다. 우리가 참자기의 주도하에 움직일 때 IFS 치료에서의 관례적인 지식과 기술에 용기 있는 혁신을 더할 수 있다. 창의성은 부분이 불가능하다고 말할 때라도 뭔가를 할 수 있다고 확신을 갖거나, 협조하지 않는 부분에 호기심을 갖거나, 우리가 기대한 대로 반응하지 않는 내담자의 부분을 수용하는 것을 의미하는지도 모른다. 숙련된 전문가와 경험이 없는 전문가의 차이는 누가 교착 상태에 빠지느

냐가 아니다. 우리는 누구나 치료에 있어 교착 상태에 빠질 수 있다. 오히려 숙련된 전문가는 교착 상태를 통해 자유로운 실험이 가능한 참자기-에너지를 경험할 수 있는 더 많은 기회와 시간을 갖게 된다. 참자기가 주도하게 되는 것은 우리가 IFS 치료를 하는 데에 있어 가장 필수적인 요소인 것이다.

참고문헌

Rosenberg, L. W. (2013). Welcoming All Erotic Parts: Our Reactions to the Sexual and Using Polarities to Enhance Erotic Excitement. In M. Sweezy & E. L. Ziskind (Eds.), *Internal family systems therapy: New Dimensions* (pp. 1–23). New York: Routledge.

Schwartz, R. C. (1995). *Internal family systems therapy.* New York: Guilford.

02

중독을 바라보는 IFS 관점

극단적인 부분에 대한 연민

씨씨 사이크스(Cece Sykes)

서문

내면가족체계IFS 치료의 관점을 적용해 본다면 중독이란 내담자의 내면 체계에 균형을 가져오려는 좋은 의도를 갖고 끊임없이 힘겨루기하는 두 개의 보호자 부분part 그룹 간의 순환적인 과정이라고 볼 수 있다. IFS에서는 이러한 부분의 그룹을 내면 체계 내에서 가장 깊은 곳에 가두어져 있는 우리의 가장 취약한 부분인 추방자exile와 그 추방자의 수치심과 무가치함 등이 불길처럼 일어나는 것을 진정시키려는 부분인 소방관firefighter, 잘 기능하고 안정되도록 하려는 역할을 가진 부분인 관리자manager로 구분한다(Schwartz, 1995). 불길처럼 확 나타나는 감정을 진화하는 역할을 넘어서서 일상생활에서의 쉼과 위로, 참신함과 즐거움을 제공함으로써 그간 삶을 주도하던 열심히 일하는 관리자를 보완해 주는 필수적인 기능을 하는 보호자라는 면에서, 이 장에서 나는 소방관이라는 용어보다는 분산시키는 부분distractor part이라는 용어를 쓴다(Sykes, 2001). 우리가 안전하고 안정적으로 되려는 욕구만을 가진다면 우리의 삶이 얼마나 따분하겠는가?

보호자들이 극심한 정서적 고통에 반응해 생존모드survival mode로 접어들게 될 때, 보호자들의 욕구는 강화된다. 관리자가 안정에 대한 욕구가 커지면 커질수록 점점 거칠게 자기 자신을 비판하게 되고 완벽주의와 강한 책임감을 느끼게 된다. 하지만 내담자들은 그 특성에 점점 익숙해져 해로운 것으로 인식하지 못한다. 분산시키는 부분의 의도는 이 책임으로부터 주의를 돌려 기분을 전환하는 약물이나 음식, 성적인 활동 또는 다른 해리하도록 하는dissociative 활동을 향해 강박적인 열망을 갖도록 함으로써 휴식을 강화하려는 것이다. 나는 중독 과정을 정서적 고통을 통제하려고 하는 보호자 그룹과 약물을 투여하려고 하는 보호자 그룹 간의 양극화된 갈등이 증가하면서 일어나게 되는 과정이라고 부르고 있다([그림 2-1] 참조).

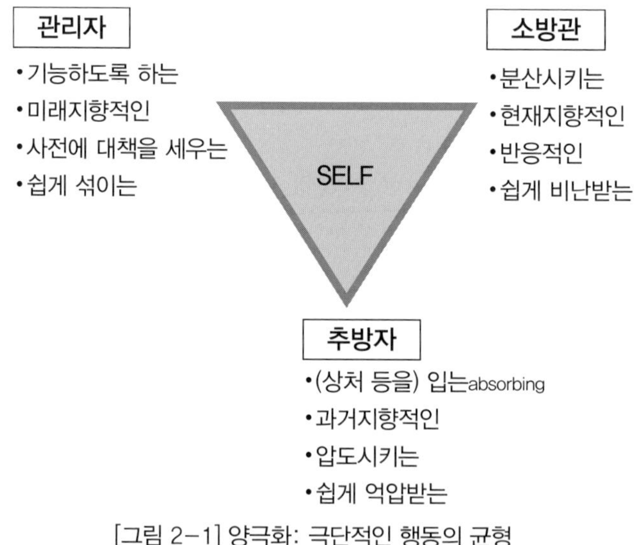

[그림 2-1] 양극화: 극단적인 행동의 균형

개요

이 장에서는 어떻게 내담자의 전체 체계와 연민 어린 상호작용을 하며 중독 과정의 핵심에 있는 양극화에 안전하게 개입할 것인가에 대해 설명하고 있다. 여기에서 모든 중독 행위 종류를 다루기는 어렵지만, 나는 물질 중독substance addictions, 섭식장애, 자해, 자살 충동과 도박 등에 동일한 치료 패러다임을 적용하고 있다. 분산시키는 부분의 행동이 강도를 더해 가면서 긍정적이든 부정적이든 그 행동이 점점 강박적으로 되어 갈 때 어떤 것이든 그 반복적인 행동의 밑에 있는 의도가 무엇인지 이해하는 것이 중요하다. 따라서 나는 종종 내담자들이 스트레스로부터 긴장을 풀기 위해서나 분산하기 위해 사용하는 모든 방법이 무엇인가를 알아보기 위해 그들이 평상시에 자주 하는 활동이 무엇인가라는 것을 탐색해 보도록 하고는 한다. 예를 들면, 일하거나 운동, 수면, 몽상하기, SNS나 소셜 미디어 사용하기 등이 바로 그것이다.

이 장에서는 또한 치료사의 역할이 무엇인가에 대해 알아보고 있다. 중독 과정의 강력한 특성은 치료사로 하여금 서둘러 구원자나 지도하는 역할을 하게 하는, 사명감에 불타는 돌보는 부분이나 통제하는 부분을 갖기 쉽게 만든다는 것이다. 그렇게 구해 주려는 노력은 잠깐 효과가 있는 것처럼 보일지도 모르지만, 일시적일 뿐이다. 그에 반해, 내담자가 참자기의 주도성과 연민을 발달시키게 되는 것이 훨씬 더 지속성 있는 효과를 발휘한다. 다음의 사례는 순간순간 어떤 것을 향해 진행해 가야 하는지 그리고 무엇을 피해야 하는지와 내가 어떻게 나의 활성화된 부분을 도왔는지 결정한 것에 대한 해설을 포함하고 있다.

중독의 원인은 각 내담자마다 다를 수 있기 때문에 여기에서는 그것을 밝히지 않았다. 중독 과정은 때로는 어린 시절의 관계 트라우마나 복합 트라우마와 그에 따른 심한 고통을 경험한 후 더 상처를 갖지 않도록 방어하려는 내담자의 치유 과정에서 생겨나기도 하지만 중독 문제를 가진 모든 이가 트라우마의 역사를 가지는 것은 아니다. 하지만 중독 내담자의 치료 시작 시 어떤 중독 내담자라도 마찬가지의 깊은 수치심과 무가치한 느낌 및 고립을 경험해 왔을 것으로 추측할 수 있다. IFS 치료에서는 내담자들이 힘들어하는 것의 원인이 무엇인가에 상관없이 그들이 내면의 대화를 들을 수 있도록 돕는다.

마일로: 변명을 하는 것이 아니라, 항상 이유가 있어요

마일로Milo는 부모가 모두 중독자였고 그들과 함께 살면서 어린 시절 관계적 트라우마를 경험했다. 그러면서 그는 청소년기 동안 자기 진정self-soothing과 자립self-reliance을 해야만 할 필요성이 극단적으로 커지게 되었다. 음주로부터는 약간 회복되었으나, 그는 나를 만나러 왔을 때 여전히 매일 대마초를 피우고 있었다. 그는 쉰두 살의 기혼남으로 회계사로서 성공한 편이어서 오로지 그의 걱정거리는 대마초를 피우는 문제였다. 그는 열 살 때부터 술과 약물을 사용하기 시작했고, 재활센터에서의 치료를 처음 시작했던 것은 30대 초반이었다. 그는 그 후 결혼을 했고 대마초를 다시 시작한 시점인 나와 만나기 5년 전까지는 어떤 약물이나 술을 사용하지 않은 채 잘 지내 왔다. 그는 자기의 일을 좋아하고 아내와의 연결이 형식적이고 침체되어 있다고 느끼기는 하지만 그럭저럭 결혼생활도 괜찮다고 말했다.

마일로는 매일 대마초를 피우고 싶은 욕구를 느꼈고 그것 때문에 매우 힘들어하고 있었는데, 주로 일을 마치고 난 밤이나 주말에 더 크게 욕구를 느꼈다. 그는 왜 그렇게 자신이 대마초에 대한 욕구를 크게 느끼는지 이유를 알 수 없었고, 대마초를 피운 자신의 모습을 좋아하지 않았다. 그는 아내에게 자신의 대마초 사용을 숨겼고, 다음 날 아침이면 우울하고 몸을 가누지도 못하는 상태로 피곤함을 느꼈다. 이런 증상은 시간이 감에 따라 점점 더 심해졌고 그는 한 번에 며칠 이상은 끊기가 어렵다는 것을 스스로 느끼게 되었다.

역사: 왜 마일로의 소방관이 시작되었는가

나는 그가 약물과 술을 사용하기 시작했을 때 그의 추방자에게 무슨 일이 생겼었는가에 대해 전반적인 것을 알아보고 싶어서 초반의 몇 회기 동안 그에게 그의 어린 시절 가족과의 생활사에 대한 것을 물어보았다. 나는 열린 마음과 수용적 태도로 듣는 것이 그의 보다 극단적인 부분이 이야기할 수 있도록 도울 수 있다는 것을 알고 있었다. 그는 자기의 유년기가 혼돈과 스트레스로 가득한 것이었다고 내게 이야기해 주었다. 그의 부모는 잔뜩 술을 마시고는 자주 싸웠고, 그럴 때면 그와 남동생은 옷장 속에 숨거나 밖에 나가고는 했다. 마일로가 아홉 살이 되기 전, 아버지가 집을 떠나 새로이 가정을 꾸렸다. 마일로가 열세 살 될 무렵, 어머니의 음주와 제어하지 못하고 화를 내는 모습은 점점 심해졌다. 그럴수록 마일로는 점점 더 집에서 시간을 덜 보내게 되었다. 방임된 다른 어린 10대들과 어울리면서 그는 주기적으로 약에 취하기 시작했고, 점차 길거리에서 마약을 사고파는 일도 하게 되었다. 결과적으로, 그는 고등학교를 그만두고 단기 아르바이트를 하면서 생활비를 벌었고 중독된 자신에게도 계속 조달하기 위해 마약을 파는 일을 하게 되었다.

첫 번째 단계: 관리자들과 시작하기

치료의 첫 시작점에서 내담자와 치료사 양쪽 모두는 당장 현재 나타나고 있는 분산시키는 부분의 활동에 주의를 기울이기 쉽다. 중독의 양극화 중 분산시키는 부분 쪽이 드러내는 명백한 역기능적인 모습에 주의가 쏠리기 쉽지만, 보통의 경우 분산시키는 부분을 다루기에는 내담자가 관리자 부분과 너무 많이 섞여 있어 관리자의 신뢰를 얻기 전까지는 그 작업을 하기 어렵다. 그러므로 일반적으로 치료는 관리자들과 강한 연결을 형성하여 강박적인 행동에 대한 관리자들의 불안을 합리적이라고 인정해 주고 그 노력에 감사하는 것에서 시작한다. 관리자들은 가혹하고 비하를 계속해 수치심을 느끼게 하고는 하지만 그들이 미쳐 있는 것은 아니다! 극단적으로 분산시키는 부분의 행동이 판단력 부족에 의한 것이며, 나쁜 결정을 만들어 내고 얼마나 끝없는 고통을 야기하는지 치료사와 내담자가 이해하고 있다는 것을 내담자의 관리자에게 알려 주어야 한다. 분산시키는 부분들이 위험한 행동을 하여 더 많은 혼란을 만들어 내고 난 후, 그 처리를 해내야만 하는 관리자들의 역할을 귀하게 여기고 있다는 것을 관리자에게 알려 주어야 한다. 치료사의 역할은 내담자가 충분한 참자기-에너지Self-energy를 가지고 호기심을 확장하여 관리자가 희망을 갖도록 돕는 것이며, 그렇게 함으로써 분산시키는 부분이 활기를 되찾고 중독적인 것 대신 대안적인 것에 관심을 가질 수 있도록 하는 것이다.

부분 언어 사용의 유용성

마일로가 가족이 어떻게 붕괴했고, 어떻게 가족 내의 상실과 외로움, 방임에 적응하려는 시도를 했는가에 관해 이야기한 후, 나는 그의 이야기를 부분 언어part language를 사용해 재구성하기 시작했다. 나는 그를 위해서 긍정적인 의도를 가지고 있던 보호자 부분인 마일로의 마약 사용 부분 및 마약 판매 부분 등과 같이 분산시키는 부분에게 각각 이름을 붙이는 데 특별한 주의를 기울였다. 또한 나는 마약을 못마땅해하는 그의 관리자 부분과 그의 (대부분) 억압되어 있는 추방자 부분에 대한 것도 부분 언어를 써서 이야기해 주었다. 부분 언어는 내담자로 하여금 자신을 압도하는 감정들도 불변의 진실이 아닌 일시적인 상태인 것으로 바라볼 수 있게 해 준다. 우리가 마일로의 부분들을 만나 가면서, 나는 특히 그의 중독의 양극화 각 양쪽의 뚜렷한 행위와 그것들이 서로에게 어떻게 영향을 미치는지를 그가 볼 수 있게 되기를 바랐다.

"지금 이야기를 들어 보니 당신 안에 모든 것을 감당해 낼 방법을 생각해 내는 영리한 어린 부분들이 있었던 것 같네요. 그 열세 살 된 아이는 친구도 만들고 돈을 버는 데 정말 능하네요."

"맞아요. 당신 말대로 걔는 조금씩 마약을 파는 것에 요령이 있던 아이 같아요."라고 마일로는 내키지는 않아 했지만, 그 부분에 대해 칭찬해 주었다.

"우리는 밖에서 아무런 도움 없이 혼자 살아남아야 했어요. 우리는 미쳐 있었죠. 우리는 학교든 뭐든 어떤 것도 신경도 안 썼어요. 그렇지만 당신한테 말할 수 있는 건, 그래도 재미도 있었다는 거예요!"

"스스로 모든 것을 감당해야 하는 건 정말 어려웠을 거예요. 부모도 없이, 집에는 아무도 없고, 문제가 생겨도 도와줄 이도 없었을 테니까요. 그게 당신에게 어떻게 영향을 미쳤나요?"

"제가 해야 했죠. 뭐, 괜찮았어요."

나는 마일로의 최소화하는 부분이 그가 겪었던 어린 시절 방임을 알아차리지 못하게 막고 있다는 것을 알아차렸다. 나는 잠시 멈추었고, 그가 당면한 위험에 초점을 맞추기 위해서 그가 이야기한 재미에 대한 언급을 내가 묵살하고 넘어갔을 때 나의 돌봄 관리자 부분이 미묘하게 그의 최소화하는 부분을 촉발시켰을지도 모른다는 것을 깨달았다. 나는 권위를 가진 이의 부재와 자기 자신에 대한 의존, 위험을 감수해 내기 위한 방법으로서의 마약 판매가 그의 분산시키는 부분에게는 흥미진진한 것이었을 수 있음을 인정해 주는 것이 중요하다는 것을 깨달았다. 그래서 나는 속도를 늦추고 그의 분산시키는 부분이 더 추억담을 이야기할 수 있도록 시간을 주었다. 나는 다시 그의 분산시키는 부분들에게 수용적인 느낌을 주어야겠다고 판단했고 부드럽게 탐색해 나가면서 그가 자신의 몇몇 추방된 취약한 부분을 알아차릴 수 있게 되기를 바라고 있었다.

"맞아요. 재미도 있었을 것 같아요. 그리고 당신은 그럴 때 어떻게 해야 할지 생각해 냈고요."라고 나는 말했다.

"반면에 홀로 자신을 돌봐야 했고 당신이 뭘 하고 있었는지를 아무도 알아주지 않았다는 것이 당신에게 정말 어땠는지 궁금하네요."

"글쎄요. 맞아요. 힘든 일이었어요. 제가 집에 가 보면 어머니도 정신이 나가 있고 술에 취해서 미친 짓을 하고 있었죠. 곧바로 다시 저는 집을 뛰쳐나오곤 했어요."

"그래요. 당신이 집에서 어머니의 술 마신 모습과 광기 어린 행동을 경험했을 때, 혼자라고 느끼거나 버려진 느낌을 갖는 부분이 있었다는 거지요? 그랬을 것 같아요. 어머니가 당신을 돌볼 수 있는 상태가 아니었던 것처럼 들려요."

나는 마일로의 부분들을 감지해 냈고, 그가 자신의 분산시키는 부분과 그 분산시키는 부분이 보호하고 있는 추방자 사이에서 분화하는differentiate 것을 도우려 하고 있었다. 나는 마일로가 이 치료의 초기 단계에서 그의 소외되고 버려진 부분에 크게 주의를 기울일 수 있을 것으로 기대하지 않았다(확장된 목격하기extended witnessing를 하기에는 너무 초기 단계였다). 하지만 나는 그가 그의 참자기 상태에서 어린 시절이 얼마나 힘든 것이었는가를 알아차릴 수 있는 시간을 주고 싶었다.

“그래서 당신의 어떤 강한 부분이 나타나서 집을 나서서 친구들과 있도록 하고, 더 약한 부분은 다시 밑으로 들어가 버렸던 것 같아요. 맞나요?” 나는 덧붙였다.

마일로는 고개를 끄덕였다.

“그랬던 것 같아요. 저는 집에 있는 게 싫었어요. 아무도 저에게 신경도 안 썼어요.”

이 시점에서 우리는 그가 마약을 사용하기 시작했을 때 심각한 스트레스와 방임의 환경에 처해 있었다는 것에 대해 명료하게 알 수 있었다. 이제 나는 그가 그의 외로운 열세 살 소년 부분과 친해질 수 있기를 바랐다.

“맞아요. 집에 있기가 정말 어려웠었던 것처럼 들려요. 그래서 그 길거리 소년 부분이 다시 친구들을 찾아서 길거리로 돌아가도록 당신을 도왔을 것 같아요. 그러고 나면 당신은 집에 있는 게 어떤 기분이었는지 그렇게 많이 신경 쓰지 않아도 됐을 것 같거든요.”

나는 그의 체계에 무슨 일이 일어나고 있었는지 퍼즐을 맞춰 갈 수 있도록 천천히 회기를 끌어 나갔다. 나는 마일로의 부분들에게 무슨 일이 일어났는지에 대해 모든 것을 다 알고 노련하다고 여기는 내 부분이 끼어들어 주도하도록 하고 싶지는 않았다. 나의 역할은 그로 하여금 그의 분산시키는 부분과 그의 추방자가 연관이 있다는 것을 알아차리도록 돕는 것이었다.

마일로는 지난날을 되돌아보며 고개를 끄덕였다.

“맞아요. 우리는 사실 사회에 부적합한 아이들이었지만, 그 아이들과 함께 있으면 기분이 좋았죠. 게다가 저는 마약 파는 데 재주가 있었어요. 돈을 잘 벌었어요.”

자기파괴적인 분산시키는 부분과 연결하기

치료사와 내담자들은 종종 이 분산시키는 부분을 일차원적이고 나쁜 것이며 거칠고 이상한 것으로 보고는 한다. 그러나 우리가 내담자에게 이 부분이 어떤 역할을 하는지에 관해 물어보도록 하면, 이 부분은 자신의 역할이 고통을 줄여 주고 위로하기 위한 것이며, 만약 그런 역할을 하지 않는다면 심각한 결과가 생길 거라는 두려움을 가지고 있다고 종종 표현하고는 한다. 이 분산시키는 부분이 이상하게 보이거나 외골수처럼 전혀 바뀌지 않으려는 모습을 보일지라도, 관리자 부분이 매우 적대적으로 대하는 데도 불구하고 이 부분이 추방자의 정서적 고통을 줄이기 위해 너무나 애쓰고 있다는 것을 우리가 감사하게 받아들이고 나면 이 부분의 용기와 힘을 존중할 수 있게 된다.

"당신이 방금 표현한 것처럼 그 열세 살 된 소년이 길거리에서 친구들과 어울려 있는 장면을 마음속에서 그려 볼 수 있을까요?"

"그러죠." 마일로는 어깨를 으쓱했다.

"가능해요."

"좋아요. 마음의 눈으로 이미지를 떠올려 보세요. 그리고 소년과 마음으로 연결하는 게 가능하다면 그 소년에게 당신이 소년 근처에 함께 있다는 것을 알려 줘 보세요."

마일로는 눈을 감고 고개를 끄덕였다.

"그 소년을 보면서 어떤 느낌이 드세요?"

"이 아이는 정말 나쁜 아이예요. 얘는 엉망진창이에요. 뭘 우리가 할 수 있는 게 딱히 없어요." 그는 이야기했다.

이제 우리는 마일로의 판단적인 비난자 부분으로부터 나오는 이야기를 듣고 있었고, 이 비난자 부분은 마약을 팔고 사용하는 열세 살 소년 부분에게 부정적인 반응을 보이는 관리자였다. 나의 돌보는 관리자 부분caretaking manager은 그 소년 부분에게 그렇게 너무 나쁘게 말하지 말라고 마일로에게 말함으로써 이 관리자 부분에게 도전하고 싶은 마음을 갖고 있었다. 하지만 나는 그 대신 마일로의 중독 과정에 있어 필수적인 부분에 해당하는 비난하는 부분을 수용하고 이름을 붙여 주는 것이 더 중요하다고 판단을 내렸다.

"그러니까 당신의 다른 부분은 이 소년에 대해서 비난하면서 나쁜 아이고 엉망이라고 믿고 있는 거네요?" 나는 말했다.

치료는 보통 마음속의 비난하는 부분으로부터 시작하게 되는데, 마일로 역시 "맞아요! 이 아이는 사기꾼이고 범죄자예요."라고 말했다.

이 관리자 부분은 소년이 실제의 삶에서 겪는 어려움에 대해 인내심이 없었고 소년이 위험을 무릅쓰고도 그렇게 행동해야 하는 이유를 이해하지 못했다.

"맞아요. 사실이죠."라고 나는 말했다.

"이 소년은 사실 아주 거칠게 행동했죠. 소년이 엉망이다라는 이야기가 이해돼요. 당신의 비난하는 부분이 맞아요. 그런데 마일로," 하고 나는 소년이 엉망이다라는 그의 말을 다시 새로운 관점으로 보게 함으로써 소년에게 연민을 갖도록 할 수 있지 않을까 하는 희망 속에서 말을 이었다.

"비난하는 부분에게 이 열세 살 된 소년이 어려움에 부닥쳐 있다는 것을 좀 알려 주시면 어떨까 싶네요."

우리는 내가 다시 이야기를 이어 나가기 전 잠시 되돌아볼 시간을 가졌다.

"그 열세 살 된 소년을 비난하지 않으면 무슨 일이 생길 거라고 생각하는지 비난하는 부분에게 물어보죠."

"글쎄요. 제가 했던 일은 좀 엉망진창인 일이었어요."

"맞아요. 몹시 나쁜 상황이었죠. 비난하는 부분에게 약물에 대해서 걱정하는 것을 들었다고 좀 안심시켜 주세요. 하지만 그 열세 살 된 소년이 필요로 했던 것에 대해 호기심을 가지고 우리가 만나볼 수 있도록, 비난하는 부분이 지금 좀 자리를 만들어 줄 수 있는지 보세요."

마일로는 어깨를 으쓱해 보였지만 다시 눈을 감았다.

"흠, 그 소년이 좀 안됐다 싶네요. 어디 다른 갈 곳이 있겠어요?"

"소년이 좀 안됐다고 느끼고 계시네요. 그런데 그 안됐다는 것이 그 소년이 겪었던 일에 대한 슬픔과 연민을 느끼시는 건가요, 아니면 그 소년을 좀 고쳐서 기분이 더 나아지게 해 주고 싶다는 건가요?"

"글쎄요, 소년을 도와서 기분이 좋게 만드는 게 뭐가 문제가 있나요?" 하고 마일로는 눈을 뜨며 물어보았다. 내가 설명을 시작했는데도 그는 황급히 말을 가로막으며 "그 소년은 도움이 필요해요, 그렇지 않아요? 저는 그 소년을 돕고 싶다고요!" 하고 말을 이었다.

나는 그 소년을 구출해 내고 싶어 하는 부분이 마일로와 섞여 있다는 것을 깨달았다. 이 구출해 내려는 부분은 내담자가 트라우마 상황에 갇혀 있는 부분을 처음 만났을 때 흔히 나타난다. 나는 마일로가 이 구원자 부분(또한 이 부분은 중독치료에서 동반 의존으로 나타나기도 한다.)을 인식할 수 있었으면 했다. 동시에 내 안의 한 목소리는 '네가 이 구원자 부분에게 분리하라고 밀어붙이면, 마일로의 부분들이 저항을 할 거야.'라고 경고하고 있었다. 나는 이 경고를 마음에서 받아들였고, 마일로가 참자기 상태에서 열세 살 소년 부분을 만날 수 있도록 하기 위해 구원자 부분을 분리하기 전에 마일로의 구원자 부분에게 감사함을 표현하기로 마음먹었다. 잠시 숨을 가다듬은 후 나는 다시 말을 시작했다.

"그래요, 맞아요. 그 소년은 정말 도움이 필요해요. 소년을 도우려는 부분이 정말 고맙네요. 하지만 우리가 할 수 있는 가장 최선의 연민 어린 행동은 그의 이야기를 듣는 거예요. 소년이 우리에게 알려 주고 싶은 것이 뭔지 일단 우리가 듣고 알게 된 후에, 그를 도와줄 거라고 약속할게요."

"그래요. 좋아요, 알겠어요." 하고 마일로는 대답했다.

"도우려는 부분에게 제가 대신 들어 보고 나서 아이를 도울 거라고 알려 줄게요. 아이가 기분 나빠하는 게 보이네요……. 됐어요. 제가 자기를 도울 것을 믿는다고 아이가 말하네요."

"좋아요, 소년에게 고마움을 표현해 주세요. 이제 그 열세 살 된 소년에게 혼자가 아니라는 것을 좀 알려 주실래요? 그는 당신과 함께 있어요. 그리고 아이에게 마약을 팔러 길거리로 나갔을 때 당신을 위해서 아이가 뭘 하려고 했던 건지 물어봐 주세요."

마일로는 머리를 흔들었고 갑자기 눈물이 눈에 고였다.

"아이가 불쌍해요!" 그는 잠깐 말이 없었다.

"아이가 자기는 무섭지 않대요. 혼자서 자신을 스스로 돌볼 수 있대요."

"맞아요. 그럴 거예요." 나는 조용히 그 이야기를 반영해 주었다.

"당신이 이해하고 있다는 것을 알려 주세요. 아이가 자신을 돌보는 일을 너무나 잘하고 있다고요. 아이에게 당신이 어떻게 느끼고 있는지를 알려 주세요. 그가 정말 힘든 일을 하고 있네요."

그가 작업하는 것을 기다리는 동안 나는 혼자서 너무나 큰 짐을 지고 있는 이 소년에게 나 자신의 과도하게 사립적인 부분이 반응하고 있다는 것을 알아차렸다. 나는 그것을 알아차리고 난 후 마일로의 내면 작업을 따라갈 수 있도록 나의 부분과 잠시 조율하는 시간을 가진 뒤 다시 집중했다.

"그 소년에게 물어보세요. 그렇게 약에 취해서 당신을 위해 돈을 벌지 않으면 무슨 일이 생긴다고 하나요?"

나는 마일로가 자신의 열심히 일하는 분산시키는 부분의 긍정적 의도를 들을 수 있기를 바랐다.

"나는 해내지 못할 거야."라고 마일로가 말했다.

"그렇게 되면 제가 무너져 버릴 거라고 소년이 말하네요."

나는 소년 부분이 언급하고 있는 것이 완전히 무너져 내릴 위험에 처해 있는 마일로의 다른 부분인 추방자에 대한 것이라는 것을 알 수 있었다.

나는 그에게 "아이가 지금 말하고 있는 것이 살아남지 못하거나 그 상황에 압도되어 버릴까 봐 걱정하고 있는 다른 부분에 대한 건가요?"라고 물었다.

마일로는 눈물을 흘리며 고개를 끄덕였다.

"아, 맞아요, 맞아요."

"좋아요. 그게 얼마나 두려운지 당신이 알고 있고, 이제 아이와 당신이 함께 할 거라는 것을 알려 주세요." 마일로는 고개를 끄덕였다.

"그 아이는 고작 다섯 살이에요. 아이가 차고 뒤에 숨어 있어요."

"그 아이와 함께 있어 주실 수 있으신가요?"

이 시점에서 나는 어느 방향으로 갈 것인지에 대해 망설여졌다. 한 가지 선택지는 분명히 많은 사랑과 관심을 필요로 하는 다섯 살 추방자와 함께 머물러 주는 것이었다. 하지만 우리는 열세 살 소년 부분에게 이야기를 막 듣기 시작한 상황이었고 그 소년 역시 깊은 이해와 연민을 필요로 하고 있었다. 나는 마일로의 내면세계가 얼마나 많은 것을 필요로 하는가에 대해 나의 부분들이 압도되려고 하는 것을 느꼈다. 나는 깊은 들숨을 들이쉰 후 날숨을 내쉬면서 그 숨을 나 자신 안의 구원자 부분 및 문제해결 부분이 있는 가슴의 불안에게 보내 주었다. 그러고 난 후 나는 그 부분들에게 '그래, 맞아. 해야 할 일이 많이 있어! 하지만 지금 한 번에 다할 수는 없어.'라고 말해 주었다. "그러니까 당신의 다섯 살 아이 부분이 여기 있고 그 아이에게 무슨 일이 일어나고 있는지 우리가 조금 알게 되었네요. 그리고 당신의 열세 살 아이 부분도 여기 있고요. 두 아이가 모두 상처가 있고 당신의 도움을 필요로 하고 있네요. 이 시점에서 저는 열세 살 아이 부분과 좀 더 이야기를 나누는 쪽으로 마음이 가지만, 어느 쪽이든 당신이 선택하는 방향으로 갈 수 있어요."

마일로는 고개를 끄덕였다. "길거리 아이 쪽 이야기를 더 들어 볼게요."

"좋아요. 그렇다면 당신이 지금 만난 다섯 살 아이 부분에게 나중에 다시 돌아와도 괜찮은지 물어봐 주세요." 마일로가 고개를 끄덕였다. "마일로, 지금 당신은 열세 살 아이와 함께 있나요? 그 아이에게 그 아이가 죽음을 두려워하고 있는 다섯 살 어린아이와 얼마나 가까웠는지 알겠다고 알려 주세요."

"제가 그렇게 죽지 않도록 한 이 소년 부분이 얼마나 강했던 건지 이제 알겠다고 말하는 중이에요."

"그가 맞서야 했던 일을 보면서 이 열세 살 아이 부분에게 어떤 느낌이 드세요?"

"아, 기분이 나빠요. 정말로요! 이 아이는 정말 다른 선택이 없었어요."

"아이에게 그렇게 마약을 팔고 그 돈으로 생활비를 조달해야 했던 것이 어땠는지 더 알려 달라고 물어봐 주세요."

마일로는 잠시 후, "아이가 그러는데 그러는 것을 좋아했대요. 그렇게 스스로 돈을 버는 것이 좋았대요."라고 말했다.

"아이가 자급자족해서 스스로 벌어서 쓰는 것을 즐겼네요, 맞나요?"

"글쎄요. 어머니한테 돈을 받을 수 있는 것도 아니었어요. 어머니도 그 돈을 썼어요."라고 마일로는 말했다.

나는 마일로의 어머니가 그 돈을 같이 쓰는, 사실상의 동료 관계였던 것에 대해 마일로의 부분들이 어떻게 느꼈는지를 나중에 탐색해야겠다고 기억해 두었다. 그것은 탐색해 볼 만한 시작점trailhead이기는 했지만 나는 열세 살 아이 부분과 함께 있어 주는 것이 지금 더 중요하다고 느꼈다. "그 아이가 자기가 해야만 했던 일을 얼마나 혼자서 잘 해냈는지에 대해 고마움을 표현해 주세요." 나는 말했다.

"맞아요. 정말 그랬어요." 마일로가 말했다.

"그리고 물어봐 주세요." 하고 나는 이어서 그 부분의 긍정적인 의도를 더 조명하는 작업을 했다.

"아이가 당신이 약에 취하게 도와주었을 때, 당신을 어떻게 돕고 싶어 했다고 하나요?"

"그 아이는 저를 기분 좋게 해 주고 싶었대요." 마일로는 즉시 대답했다.

"좀 재미를 느끼게요."

"맞아요. 우리 모두는 기분이 좋아지고 재미도 느끼는 것이 필요하죠. 그리고 그에게 또 물어봐 주세요. 그렇게 당신을 도와서 기분이 좋아지고 재미를 느끼지 않으면 어떤 일이 생길까 봐 두려워했다고 하나요?"

"기분이 나빠질 거예요!" 마일로는 당연하다는 듯 대답했다.

"맞아요. 그렇게 되겠죠. 정말 기분 나빠하고 있던 다른 부분이 있었네요. 열세 살 아이에게 물어봐 주세요. 그렇게 기분 나빠했던 어린 소년을 당신이 돌봐주기를 바라나요?"

마일로는 잠깐 침묵을 지켰다. "맞아요. 저는 집에서 정말 기분이 더러웠어요."

"그렇다면 열세 살 아이 부분에게 그 부분이 집에서 기분 나빠하고 있는 작은 아이를 보호하고 있었다는 것을 이제 이해하겠다고 알려 주세요. 이 열세 살 아이가 무엇을 하고 있었는지 알고 난 지금, 이 아이에게 어떤 느낌이 드시나요?"

"이 아이는 대단한 아이였어요. 그렇지 않나요?" 마일로가 감탄하는 투로 이야기했다.

"맞아요. 그래요. 그 아이는 해야 할 일을 했어요. 당신이 정말로 그걸 이해하고 있다는 걸 아이에게 알려 주세요. 이 아이는 아주 거친 일에 연루되어 있었고 많은 위험을 무릅써야 했어요. 하지만 이 아이는 당신을 위험으로부터 많이 보호했죠. 그렇지 않나요?"

마일로는 그 말에 동의했고 열세 살 아이 부분과 함께 충분히 시간을 가졌다. 그는 이 소년이 얼마나 보호하는 역할을 해 왔는지와 그가 맞서 싸워야 했던 모든 것을 알게 되었고 소년의 용기에 감탄했다. 분산시키는 부분이 위험을 감수해 왔다고 해서 해로운 결과를 초래한 것에 대해 용서를 받을 수 있는 변명거리가 될 수 있는 것excused은 아니다. 하지만 이 부분과의 관계에서 연민 어린 내면 탐색을 지속하는 동안, 우리는 분산시키는 부분이 그렇게 역할을 하게 된 동기와 그 부분의 희생에 대해 감사할 것도 있다는 것을 발견하게 된다.

자기자각과 참자기-에너지의 스펙트럼

IFS 치료에서 말하는 참자기 상태에 있다는 것은, 자기자각self-awareness과 자

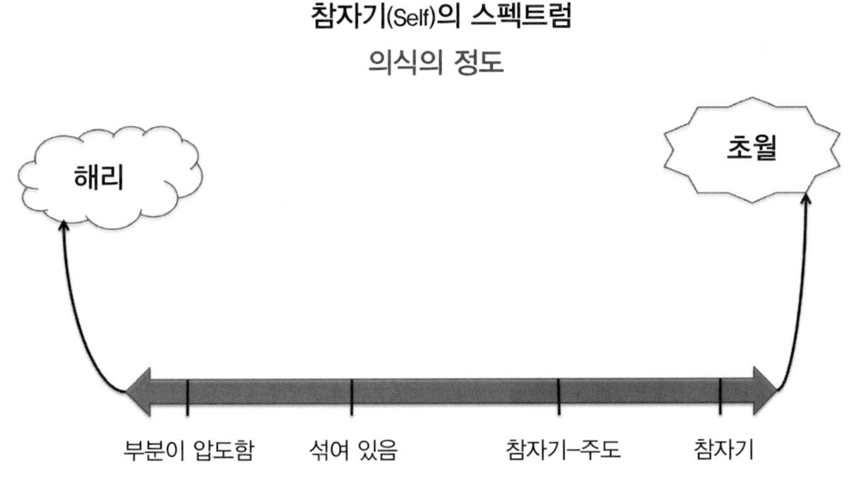

[그림 2-2] 참자기(Self)의 스펙트럼: 의식의 정도

기수용self-acceptance이 체화되고embodied 다른 사람들과 어떻게 연결할 수 있는가에 대해 깊은 자각을 느끼고 있는 중심 잡힌 상태를 말한다. 마일로가 자신의 어린 부분들에게 느꼈던 연민은, 부분이 우리와 섞인 상태에서부터 참자기 대 부분의 연결Self to part connection에 이르기까지의 연속된 그림으로 나타낼 수 있다. 중독 과정을 겪는 많은 내담자는 참자기-에너지가 충분하지 않은 경우가 많다. 오히려 그들은 항상 자신들의 안에는 부분들이 지나치게 많다고 느끼고 변화가 진정 일어나지 않을 것이라는 공포에 시달린다. 나는 처음에는 훈련의 목적으로 [그림 2-2]의 참자기 스펙트럼 그래프를 개발했다. 하지만 이 스펙트럼의 연속성은 내담자가 부분과의 내면 연결을 이루어 내고 다른 사람들과의 관계에서 작은 전환점을 생성하는 각각의 진행 정도를 알아볼 수 있는 측정기 역할을 하기도 한다. 이것은 특히 회복 속도가 느린 이들에게 유용한데, 이 그래프가 부분을 찾아내고 분리하는 것을 통해 참자기-에너지를 점점 만들어 나가는 과정을 강조하고 있기 때문이다.

의도의 중요성

마일로가 경험한 어린 시절의 방임은 냉소적이고 거친 관리자와 길거리 한 구석에서 살아야 했던 자기파괴적인 열세 살의 마약을 쓰는 부분을 포함한 극단적인 보호자에 의해 움직이는 내면 체계를 만들어 냈다. 이 부분들은 마일로를 압도하여 위협적으로 느끼게 했던 두렵고 외로운 다섯 살 아이의 날 것 그대로의 정서로부터 주의를 돌려 마일로가 기능하도록 하기 위한 힘든 임무를 맡았다. 관리자들과 관계를 형성해 가면서 마일로는 관리자들의 목적이 마일로를 생존하고 자립해 긍정적으로 되도록 하기 위해서였다는 것을 알게 되었다. 그가 관리자들을 더 이해함에 따라 관리자들은 서로에 대한 불신을 떨쳐 버리고 마일로에게로 집중했다. 보호자 부분들과 강한 연결이 생겨나면 점점 내면에 신뢰가 자라나게 되며, 자기조절self-regulation이 너무나 중요한 내담자들에게 있어 먼저 필요한 것은 추방자의 취약함과 필요성을 막아서기 전에 먼저 그것을 느껴보는 것이다.

통제하는 것이 아닌 관계 맺기

마일로와 같이 어린 시절부터 중독 과정이 시작된 내담자들의 경우 종종 성인기에 이르러 이해하기 어려운 자기파괴적 성향을 드러내고는 한다. 내면 탐색을 시작하기 전까지는, 그들의 취약성은 너무나 추방된 상태로 있기 때문에 그들은 분산시키는 부분이 왜 그렇게 그 행동을 멈추지 못하는지, 특히 위험이 커질 때 더 그런 모습을 보이는지 알지 못한다. 동기가 무엇인지에 대한 단서가 주어지지 않는 상태에서 매일의 선택을 하게 되면 자연스럽게 더 강한 내부 비판을 유발하게 되고, 결국 분산하는 행동을 통제하려는 욕구를 강화시키게 된다. 이런 통제는 가끔은 성공적으로 보이지만 실패와 성공을 계속 반복하게 된다. 우리는 내담자들에게 이렇게 문제가 되는 행동을 통제하려는 욕구를 갖기보다는 문제가 되는 부분과 관계를 맺도록 돕는다. 내담자가 IFS 치료 모델의 중심에 있는 추방자와 보호자에게 연민 어린 관심을 갖게 된다면 절실히 필요했던 자기자각과 이해가 가능해진다.

마일로의 작업

우리의 상담 회기 작업을 요약하자면, 마일로는 마리화나를 피우는 것을 멈추지 못하는 것으로 힘들어할 때 치료를 시작했고, 그의 내면은 양극화된 보호자 그룹들이 서로 팽팽하게 밀고 당기기를 하는 상태여서 그것에 대한 개입을 조금 진행했다. 나는 그가 내면의 목소리를 듣고 그 목소리들이 가진 행동의 욕구를 알아차릴 수 있도록 도왔다. 비난하는 부분은 그의 약물 사용에 대해 평가하면서 못마땅해하고 있었고, 분산시키는 부분은 약물의 위험성을 회피하고 사용하는 것으로 그의 외로움을 줄일 수 있기를 바라고 있었다. 이들 보호자들의 동기에 대해 마일로가 호기심을 가지게 되면서 그는 한쪽은 약물 사용을 하는 것에 대해 두려움을 느꼈고, 다른 한쪽은 친구들과 함께 길거리에서 생존하는 것에 대해 스릴을 느끼게 해 주었다는 것을 인식하게 되었다. 그의 보호하는 부분이 분화될 수 있도록 돕는 과정을 통해 결국 마일로는 추방된 그의 다섯 살 어린아이 부분과 연결할 수 있었다. 이 시점에서 그는 자기의 어린 시절 동안의 위험과 방임의 영향이 어땠느냐는 것을 충분히 이해할 수 있었다. 마일로는 계속 얼마 동안 상담을 이어 나갔으며 관심을 필요로 하던 다양한 어린 추방자 부분과 연민의 마음으로 깊은 연결을 만들어 낼 수 있었다. 그는 결과적으로 마리화나 사용을 중단했고, 아내와 함께 부부상담을 받았으며, 그의 음악에 대한 사랑을 회복하고 밴조[1]를 다시 들 수 있었다.

댄: 외부적 양극성

마일로가 적어도 마약 사용이라는 하나의 행동을 변화시키고 싶어서 치료를 시작한 반면, 다음 설명에 나오는 댄Dan은 처음에는 자신이 중독이라는 것에 대해 무의식적으로 불만족스러워하면서 인정하지 않았다. 그는 자기의 중독이 즐겁고 자신을 위로해 주는 것이라고 느끼고 있었고 오로지 자신은 아내와 부부상담사의 권유로 상담을 받게 된 것뿐이라고 주장했다. 이것은 내게는 도전이었다. 어떻게 하면 그가 처한 외부적인 관리자들, 즉 그의 아내와 부부상담사와 한편이 되는 것을 피하면서, 그가 그의 마음속에서 관리자manager 부분과 분산시키는distractor 부분 사이의 양극화에 처해 있다는 것을 인식할 수 있도록 도울 수 있을까 하는 것이었다.

댄은 마흔여덟 살로 매력적이고 밝은 성격의 광고업계 간부였고 끊임없이 외도를 저지르고 있었다. 그 외에도 그는 만성적으로 일을 지나치게 많이 하고 있었고(관리자 그룹), 주기적으로 술을 마셨으며(분산시키는 부분 그룹), 위험이 따르는 성적인 행동을 하는 상황이었다. 세 번째로 외도가 발각된 후, 그의 아내는 거의 포기 상태였고 그가 받던 부부상담의 상담사는 그가 개인 상담을 받을 것을 권유했다. 그의 분산시키는 부분은 자신은 단지 당연한 행동을 하는 것일 뿐이라고 했고, 계속 나의 관리자 부분과 힘겨루기할 기회를 노리며

1) 역자 주) 목이 길고 몸통이 둥근 현악기

도전하는 모습을 보이고 있었다.

처음에 댄의 분산시키는 부분은 혼외정사가 그에게 미치고 있는 영향을 축소하는 모습을 보였다. 그는 결혼에 충실할 수 있을지, 그게 가능할지 확신하기 어려워했다. 그는 진행 중인 여러 성적 관계를 유지하고 있었고 그러지 않고도 살 수 있다는 것을 상상하지 못했다. 하지만 그는 왜 자신이 심지어 고등학교 시절이나 혼인 관계로 속박을 받기 전에도 항상 여자 친구들을 속이고 있었고 거짓말을 하고 있었는지에 대해 궁금함을 가지고 탐색해 볼 것에 동의했다.

분산시키는 부분이 중독 과정에 연관되어 나타날 때 오히려 다른 이에게 탓을 하는 경향이 많이 나타나므로 치료에서의 첫 번째 목표는 댄이 그의 아내와 부부상담사의 걱정이 오히려 문제라고 규정하는 것을 막는 것이었다. 나는 그가 아내나 부부상담사와는 별개로 자신을 위해 스스로 치료 목표를 정하는 것이 필요하다고 명확하게 이야기를 했다. 댄은 희미하기는 하지만 약간 호기심을 가지고 있었고 다음과 같이 말했다.

"글쎄요. 뭐, 사실 여자들과 사귀게 하는 이 부분을 알아보는 것도 괜찮겠죠."

나는 그의 부모님과의 어린 시절 경험과 여자들과 데이트를 했던 역사를 포함한 어린 시절에 관해 물어보는 것으로 상담을 시작했다. 그의 아버지는 재정적으로 성공했지만 화가 많고 비난을 잘하는 사람이었다. 그의 아버지는 아주 오랫동안 상당히 공공연하게 외도를 했고 댄과 그의 형에게 어머니에게는 비밀을 지키라고 경고하면서 그 비밀에 끌어들였다. 반면, 그의 어머니는 아파서 침대에서 시간을 많이 보냈고 댄은 어머니에게 가깝게 느낀 적이 한번도 없었다.

나는 종종 내담자들과 가족의 트라우마 역사와 대물림된 중독적 행동의 패턴을 나타내는 다세대에 걸친 가계도를 그리고는 한다. 그렇게 할 때 나의 목표는, 세대에 걸쳐 대물림되어 전수된 신념의 짐을 찾아내고 그간 가족들이 다뤄오지 않은 행동을 솔직하게 직면하는 자신의 노력에 대해 내담자가 연민과 자기존중self-respect을 느낄 수 있도록 하기 위해서이다. 댄은 가계도를 보며 다양한 확대 가족 구성원과 그의 형 두 명이 모두 심각한 알코올 문제가 있는 것을 볼 수 있었다. 운이 좋은 내담자들의 경우 가족이 문제가 있었더라도 회복의 대물림이 일어나기도 한다.

댄은 연애를 시작한 것이 고등학교 때부터였고, 아내를 대학 시절에 만났으며 그때 역시 다른 여성과 외도를 하는 중이었는데 빨리 결혼을 했다고 했다. 그가 위험을 감수하고 벌이는 여러 행동을 우리가 더 탐색해야 할 부분으로 규정한 이후에 나는 여자 친구들과 섹스하게 하는 부분을 어떻게 부르기를 원하는지 댄에게 물어보았다.

"글쎄요, 섹시 가이라고 부르죠."

"멋지네요. 마음의 눈으로 그를 볼 때 당신의 그 섹시 가이에게 어떤 느낌이 드세요?"

"그가 너무 좋아요!" 댄은 즉시 눈을 감았고 활짝 웃으며 최근에 가졌던 성관계에 대해 이야기하기 시작했다.

지금 이 부분이 다시 활성화되는 것을 바라지 않았기에 나는 이야기에 끼어들었다.

"마치 이 부분이 당신의 전부인 것처럼, 당신이 지금 이 부분의 눈을 통해 세상을 보고 있다고 말할 수 있겠네요. 이 부분은 당신이 즐거운 시간을 갖도록 도와준 것 같아서 정말 즐거워하고 있고 자랑스러워한다고 하는 것 같아요. 맞나요?"

비록 내가 이성적으로 질문을 하고 있었지만 나는 그의 환희에 찬 목소리를 듣고 댄을 비난하고 있는 내 부분이 나타난 것을 알아차릴 수 있었다. 나는 마음속으로 그 부분을 수용해 주고 좀 뒤로 물러나 줄 것을 부탁했다. 비록 내가 판단하는 듯한 어조로 그에게 말했지만, 그의 환한 미소는 사라지지 않았다.

"맞아요. 그는 제가 재미를 보게 해 줘요. 엄청난 재미 말이에요!"

내 유머러스한 부분이 판단하는 부분을 뒤로 물러나도록 도와주었고 나는 미소를 지으면서 고개를 끄덕이며 말했다. "뭔 이야기인지 알겠네요."

댄의 미소는 결국 누그러졌고 그의 의기양양해하는 부분은 조금 사라진 것처럼 보였다. 나는 이미 댄의 섹시 가이 부분에 대해 치료사/관리자 부분 대 내담자/분산시키는 부분의 양극성이 얼마나 쉽게 만들어질 수 있는가를 알아차리고 있었다. 나는 더욱 나의 참자기-에너지를 모아 이야기를 이었다.

“제가 바라는 것은 당신의 그 섹시 가이에 대해 당신이 더 알아가도록 하는 거예요. 제 말은, 그가 당신을 위해서 뭘 했는지에 관해 이야기하는 것을 듣는 것보다는 정말 그를 알아가 보자는 거예요. 그는 정말 재미있는 부분인 것 같아요. 하지만 때로는 그가 나타날 때면 당신한테는 꽤 힘든 상황이 되기도 하는 것 같거든요. 그러니 그를 알아가는 것은 당신에게 도움이 될 거예요. 가끔 힘든 일이 생기기도 한다는 걸 그 부분이 좀 이해하고 있을까요?”

“아마 가끔은요.” 하고 머뭇거렸지만 방어하지는 않는 말투로 댄이 말했다.

“당신은 여자들과 잘 소통하는 방법을 정말 알지 못한다고 말했었던 것 같아요. 맞나요? 당신 안에 정말 잘 모르고 있는 무언가를 여러 번 반복해서 하는 부분이 있을 때, 느낌이 어떠세요?”

나는 그의 아마도 마음속 깊이 있을, 바람피우는 부분과 관련해 비난하는 부분이나 두려워하는 추방자 부분을 만날 수 있게 되기를 희망하면서 밑밥을 깔아 보았다. 하지만 소용이 없었다.

“저는 그런 생각 안 하는 것에 아주 능해요.” 댄은 빨리 대답했다.

“맞아요. 그렇죠. 그럴 수 있죠.” 나는 판단하는 말을 하지 않고 미소를 지었다.

“하지만 당신이 제게 말하길, 당신이랑 여자들 사이에 무슨 일이 일어나고 있는 건지 좀 더 알아보고 싶다고 말한 것 같은데요, 맞나요?” 댄은 장난스럽게 고개를 끄덕였다.

“좋아요. 그렇다면 섹시 가이에 다시 연결해서 그의 말을 좀 들어 보죠. 댄, 그를 볼 수 있나요? 마음의 눈으로 그의 이미지를 그려 보세요.”

“제가 말한 것처럼 그는 제가 좋은 시간을 보내게 도와주고 있어요. 제가 열심히 일하는 거 당신도 알잖아요. 저는 이걸 누릴만 하다고요. 저도 가끔 쉬면서 즐기는 게 필요해요!”

이는 관리자가 얼마나 일을 열심히 하는지 불평하면서 그의 분산시키는 부분이 쓰는 아주 흔한 방어의 표현이다. 그리고 댄의 경우처럼, 내담자가 만성적으로 과로하고 그것을 억울해하는 관리자 부분을 가지고 있을 때 그 관리자가 하는 말은 기본적으로 사실이다.

"맞아요. 당신 안에 일을 열심히 하는 부분이 있고, 연장 근무 등을 해서라도 일을 확실하게 하려고 당신을 엄청 밀어붙인다고 제게 말해 줬었죠. 그러고 나면 지치고 억울해하는 부분도 올라온다는 것도요. 그러니까 당신이 지금 말하는 건, 그렇게 과로해서 일하고 나면 이 부분이 당신을 기분 좋게 해 주려는 의도로 여자 친구를 찾게 한다는 거죠, 맞나요?"

"맞아요." 댄이 말했다.

"일을 엄청 열심히 하는 부분을 알아볼 시간을 좀 가질 수 있을까요?" 하고 나는 물어보았다.

"이 부분도 당신의 관심이 꼭 필요한 것 같네요. 우리가 관심을 갖고 나중에 다시 들어 볼 거라고 이 부분에게 말해 주세요." 댄이 자기 일을 열심히 하는 부분을 인정해 주었다.

"이제 다시 섹시 가이에게 돌아가도 괜찮을까요? 그가 거기 있나요? 당신이 이야기한 것을 들어 보면, 그가 당신을 많이 도와왔던 것 같네요. 당신을 좀 위험한 상황에 처하게 하기도 한 것 같고요. 지금처럼 아내가 당신을 집에서 내쫓는 것 같은 다루기 쉽지 않은 상황 말이에요."

이 시점에서 댄이 결과에 관한 이야기를 나누기에는 아직 준비되지 않았다는 것을 알고 있었지만, 나는 그가 중독 부분과의 관계 형성이 가져다주는 이득에 대해 주의를 돌릴 수 있도록 시도하고 있었다. 그렇게 되면 결국 그에게 폐를 덜 끼치게 된다는 것이 바로 그것이었다.[2] 그가 한숨을 내쉬면서 마치 들켰지만 별로 개의치 않는 듯이 고개를 끄덕였다.

"알았어요, 씨씨Cece! 좋아요. 맞아요! 섹시 가이가 좀 지나치네요." (아주 조금 분리하기가 이루어졌다.)

"하지만 당신한테 말하는데, 그는 여전히 좋은 시간을 보내고 있어요!"(다시

2) 역자 주) 중독 부분과 참자기 관계가 형성되어야 중독에서 벗어나게 된다는 의미이다.

섞인 상태이다.)

나는 내 과거의 관계에서 배신을 당했을 때의 추방자 부분을 가슴에서 느껴지는 미미한 통증으로 알아차렸다. 나는 '지금은 아니야. 나중에 너를 다시 만날 거야.'라고 말하면서 깊은 숨을 그 부분에 보내 주었다. 내 안의 경계하는 여성주의자 부분에게 사라지라고 하지는 않았지만 나는 그 부분에게 조금만 뒤로 물러나 달라고 이야기를 했다. 나는 다시 시작했고, "좋아요, 댄. 여자들을 만나는 것이 당신에게 좋은 시간이라는 사실에 동의해요. 정말 그렇죠!"라고 말해 주었다.

댄은 미소를 지었고 그의 섹시 가이 부분은 더 멋진 이야기를 늘어놓을 준비를 하고 있었다. 하지만 나는 가벼운 어조로 그의 이야기를 살짝 다시 가로막았다.

"알았어요. 정말 알겠어요! 좋은 시간이었을 것 같아요. 사실일 거예요."

나는 섹시 가이가 절망적으로 도움을 필요로 하고 있다는 것과 그가 분리되면 댄이 섹시 가이를 도와주기 위해서 거기 있어 줄 것이라는 것을 알고 있었다. 그렇게 되기 위해서 나는 그의 성적 몽상을 깨뜨려야만 했다.

"제가 당신 말을 방금 자른 것을 알고 있어요."

나는 그의 섹시 가이 부분에게 직접 이야기를 하고 있다는 것을 느끼면서 그 부분의 기분을 인정해 주었다.

"하지만 우리 이렇게 해 보죠. 저는 당신이 나쁜 사람이라고 도덕적인 판단을 내리고 싶지 않아요. 게다가 당신이 추억을 떠올리면서 즐기는 것을 막으려고 하는 것도 아니에요. 저는 어떤 것도 당신에게서 가로막으려는 것이 아니랍니다. 하지만 당신의 섹시 가이를 더 잘 이해할 수 있도록 할 뭔가 새로운 것을 좀 해 보면 어떨까 싶은 거예요. 뭔가 섹시 가이가 더 다루고 싶은 스토리가 그 뒤에 있을 거 같은데 그런 것들은 어떤가요?" 나는 가만히 앉아서 그의 대답을 기다렸다.

나는 댄의 내면에서 복잡한 여러 마음이 각축을 벌이고 있을 장면이 그려졌다. 분산시키는 부분의 쾌락에 그냥 탐닉하거나 아니면, 그 분산시키는 부분의 세계가 무너져 내리는 것을 받아들여 아마도 어쩌면, 정말 어쩌면, 이득이 될 뭔가 다른 것을 시도해 볼까 하는 마음 사이에서 말이다.

"좋아요, 씨씨." 하고 그가 마지못해 이야기했다.

"좋아요, 좋아. 당신 방식대로 해 보죠."

댄의 목소리는 협조적인 느낌을 담고 있었고, 나는 그가 이제 더 많은 참자기-에너지를 가지고 있음을 알 수 있었다. 하지만 나는 뭔가 무력한 것처럼 가장하는 짜증이 난 부분도 있다는 것 역시 느낄 수 있었다. 그 부분은 내 요청 때문에 어쩔 수 없이 떠밀려 댄이 이 결정을 내린 것처럼 하면서 댄이 책임지기를 원하지 않고 있었다. 내가 책임져야 할 문제가 아니었으므로 나는 다시 댄이 자신의 책임하에 결정할 수 있도록 이야기를 이어 나갔다.

"음, 좋아요. 당신이 옳아요."라고 나는 말했다.

"저는 당신이 당신의 섹시 가이와 다른 방법으로 관계를 맺어 보도록 돕고 싶어 하고 있고, 그렇게 하는 게 좋겠다는 마음을 갖고 있어요.[3] 그래요. 그건 제 방식이죠. 당신이 전적으로 옳아요. 하지만 결정하는 건 당신이에요. 당신에게 그렇게 하라고 압력을 주고 있는 것은 아니랍니다. 제 방식대로 당신이 상담하면서 분명히 뭔가 성과가 있을 거라고 생각하지만 여기서 멈춰도 괜찮아요. 당신 결정에 따를게요."

그의 미소와 웃음이 불편한 구석을 내비쳤다. 그는 곧바로 대답하지 않았다. 마침내 그가 "좋아요."라고 말했다.

"그러니까 섹시 가이와 함께 작업하면 되는 거죠, 맞나요?"

"맞아요. 그거예요."라고 나는 말했다.

"그냥 그 부분의 이야기를 들어 주세요."

"음……. 그거 좋겠네요. 오래전부터 있었던 부분이거든요."

내 마음 안에서 '오케이, 이제 제대로 시작하게 됐다!'라고 말하는 소리가 들렸다.

---

3) 역자 주) 원문에는 "I do have an agenda"라고 되어 있으며 IFS 치료에서 일반적으로는 의제를 갖지 않지만, 저자인 씨씨가 치료를 해 나가고 싶다는 의제를 가지고 있음을 내담자인 댄에게 솔직하게 드러내고 댄이 직접 선택하게 하는 부분이다.

"그 부분에게 물어봐 주세요. 당신이 여자 친구를 더 만들도록 그 부분이 돕지 않으면 어떻게 된다고 하나요?"

"그가 말하기를, 제가 아주 따분해 할 거래요." 댄이 대답했다.

따분해지는 것에 대한 두려움, 주의를 분산하지 못하는 것, 아드레날린의 분비가 없다는 것은 중독 과정의 강도에 익숙해진 부분들이 흔히 하는 이야기이다.

"그에게 물어봐 주세요. 당신이 따분해지면 어떤 일이 생기나요?"

"글쎄요. 할 일이 없겠죠. 갈 곳도 없이 그냥 아무 할 일도 없을 거예요." 그가 대답했다.

나는 이어 계속 물었다. "그에게 다시 물어봐 주세요. 아무 데도 갈 곳이 없으면 무슨 일이 생기나요? 그게 무엇이 나쁜 건가요?"

"음, 정말 짜증이 날 거예요. 그렇다고요! 저는 할 일도 없고 그러면 마치 인생 패배자처럼 느낄 거라고요!" 댄이 소리를 질렀다.

"고등학생 때 저는 침대에서 혼자 시간을 오래 보냈어요. 사실 저는 엄청 우울했어요. 하지만 제가 뭘 할 수 있었겠어요? 아버지는 쓰레기였고, 어머니는 아무짝에도 쓸모가 없었어요. 저는 정말 유명했고 엄청난 농구 스타였어요!" 그는 자기의 머리를 흔들었다.

"하지만 그건 아무 소용이 없었어요. 저는 그냥 완전 빌어먹을 인생 패배자 같은 느낌이었다고요. 그리고 제가 할 수 있는 건, 제기랄 아무것도 없었어요."

나는 댄이 이런 정도 수준의 취약함을 감당할 수 있을지 의문이었지만 그의 기억이 강하게 마구 떠오르고 있었기 때문에 나는 그가 그 고등학생 부분과 연결을 유지할 수 있을지 좀 더 보고 싶었다. 그래서 나는 고개를 끄덕이고 말했다.

"그때가 정말 당신에게 결정적인 시기였네요. 정말 강한 감정이 느껴졌을 것 같아요. 그 고등학생 소년에게 지금 당신이 그 소년을 보고 있다고 좀 말해 주실래요?"

댄은 그 부분의 무게가 그를 내리누르는 것처럼 어깨를 축 늘어뜨린 채 고개를 숙이고 자리에 앉았다. 무력감, 아무것도 할 수 있는 게 없다는 느낌, 그리고 절망감, 가능한 행동이 아무것도 없다는 신념은 중독 과정에서 작업할 때 자주 나타나는 마음 상태 또는 부분이다. 이것은 두말할 필요 없이 전염성이 있으며 슬그머니 숨어들어 사기를 떨어뜨리고는 하는 것들이다. 내담자들은 견고한 짐들과 아무 변화도 일어나지 않을 거라는 두려움에 압도되고는 한다.

"그 소년은 당신이 그와 함께 있다는 것을 아나요?" 나는 물었다.

"맞아요." 댄은 조용히 중얼거렸다. 그런 다음 그는 자리에서 일어나 능청스러운 미소를 지으며 나를 바라보았다.

"그래서 저는 여자 친구들이 많이 있었어요."

"그 섹시 가이가 이 슬퍼하는 10대 소년을 그 당시에 도왔던 건가요?" 나는 말했다.

"맞아요. 그는 아직도 그렇게 하고 있어요."

"그렇죠. 그는 돕고 있을 거예요. 정말 그럴 거예요. 그렇지만 저는 지금 당신이 그렇게 인생 패배자처럼 느끼고 슬퍼하는 그 부분에 아직도 가깝게 느끼고 있는지 궁금하네요. 그런가요?" 하고 나는 물어보았다. 댄은 고개를 끄덕였다.

"괜찮겠어요?" 그는 다시 고개를 끄덕였다.

"그렇다면 그에게 당신이 이해하고 있다고 좀 알려 주세요." 댄은 자기의 머리를 흔들었다.

"저는 평생 이렇게 느껴 왔어요."

어머니는 병으로 아프고 우울해하는 상태이고 아버지는 거부적이고rejecting 행동화acting out[4]하고 있는데, 그런 그의 상황을 바꿀 수 없어 무력해하며 패배자처럼 느끼고 외로워하는 10대 소년 부분을 알아냄에 따라, 댄은 그의 섹시 가이 부분이 그런 절망적인 느낌을 떨쳐 버리기 위해서 정말 열심히 애써왔다는 것을 알게 되었다. 이 회기 이후에 댄이 계속해서 그의 섹시 가이 부분에게 감사해하는 모습이 나타나기는 했지만, 그의 추방자 부분이 느끼고 있는

4) 역자 주) 일반적으로 행동화는 무의식적인 욕구와 충동을 직접적 행동으로 표출하는 행위를 말하며, 여기서는 아버지가 성적 욕구에 의해 외도를 한 것을 말한다.

취약함과 고통을 이해하게 되면서 그는 어린 시절에 겪었던 고통을 내면 작업하게 되었고 새로운 자기연민을 느꼈다. 이것은 결국 섹시 가이가 긴장을 누그러뜨리게 되면서 댄이 하나씩 그의 외도 관계를 정리할 수 있게 해 주었다. 하지만 이 시점의 치료 과정에서 그의 10대 소년 부분의 무거운 슬픔을 다루는 것이 꼭 필요했고 나는 이 부분이 댄과 연결되도록 하고 있었다. 나는 그에게 "좋아요, 그 아이 부분에게 당신이 항상 언제든 가까이 있을 거라고 말해 주세요. 숨을 좀 들이마셔 보세요. 그리고 잠깐 멈추었다가 당신이 그 아이와 함께 있어도 괜찮은지 보세요."라고 말했다. 그는 고개를 끄덕였다.

"아이를 보면서 어떤 느낌이 드시나요?"

"아이가 안쓰러워요."

"좋아요, 그래요. 당신이 그렇다는 걸 알겠어요. 당신이 안쓰러운 마음이 든다는 걸 아이에게 마음으로 전해 줄 수 있을까요? 그리고 아이가 어떻게 느끼는지 알겠다고 말해 주세요." 눈을 감은 채 댄은 고르게 숨을 쉬었다.

"그리고 당신에게 더 보여 줄 것이 있는지 아이에게 물어봐 주세요."

"글쎄요. 아이가 그냥 거기 앉아 있어요. 아이가 저한테 말을 할 수 있는지 모르겠어요."

"그렇다면 그냥 아이가 어떻게 하는지에 관심을 두고 당신이 아이와 함께 있다는 것을 알려 주세요." 댄은 눈을 탁 떴다.

"아이는 잘 지내고 있지 않아요. 당신도 알겠지만 저는 어머니가 빌어먹을 제 침대방으로 걸어올 거라고조차 생각하지 않아요! 어머니가 집 어딘가에 있기는 했지만, 어머니랑 얘기를 할 수 있었던 것 같지는 않거든요."

그의 어머니가 침대에 오래 있었고, 댄과 그의 형이 수업을 마치고 와도, 아침에도 일어나지 않았다는 것 이외에 그는 어머니에 대한 것을 많이 이야기하지 않았다. 나는 고무적으로 고개를 끄덕였다.

"제가 여섯 살 때 어머니가 병원에 갔어요." 댄이 더 화난 얼굴로 말을 이었다.

"아마도 이 10대 부분이 느끼는 외로움이 그 여섯 살 부분의 느낌과 연관이 있는 것 같네요. 10대 아이 부분에게 이제 여섯 살 부분을 만나도 괜찮을지 물어봐 주세요." 댄이 고개를 끄덕였다.

"이 여섯 살 부분에게 어떤 느낌이 드시나요?" 나는 물어보았다.

"아이가 그냥 침대에 혼자 앉아 있어요." 댄이 말했다.

"무엇이 보이세요?"

"TV를 보면서 멍하니 있어요."

"아이가 방에서 홀로 멍하니 TV를 보고 있는 것을 보면서 아이에게 어떤 느낌이 드세요?"

"어머니가 가 버렸어요. 어디 있는지 몰라요. 빌어먹을 아버지는 아무것도 저한테 말해 주지 않아요!"

"어린아이가 무섭고 외로워하고 있네요, 맞나요? 마음속으로 아이에게 당신이 이제 함께하고 있다고 알려 주세요. 어머니에게 무슨 일이 생겼는지 알지 못하는 채로 혼자서 있는 게 아이가 어떤지 물어봐 주세요."

"어머니가 다시는 오지 않을 거라고 아이는 생각하고 있어요. 아무것도 알 수가 없어요. 아버지는 나중에도 우리한테 아무것도 말해 주지 않았어요."

댄은 눈을 감았다 떴다 하면서 내면을 탐색하기 위해 집중했다가도 다시 집중하지 못하는 모습을 보였다. 나는 이렇게 하는 이유가 댄의 체계가 그 어린아이가 느끼는 두려움과 미처 처리되지 않았던 애도의 깊이를 감당하는 것이 어려워서일 것으로 추측했다. 나는 고개를 끄덕였다.

"그건 정말 끔찍했을 거예요. 그리고 그 아이를 대신해 화를 내는 부분이 있네요. 당연한 일이죠! 그 아이는 돌봐 줄 사람과 편들어 줄 사람이 필요했어요. 그 아이에게 다시 가 봐도 될지 화난 부분에게 물어봐 주세요. 그 아이는 무슨 일이 벌어지는지도 모르는 채로 혼자 있는 게 어떤지 당신에게 보여 주고 싶어 할 거예요."

"아이가 말하지 않아요!" 댄이 어쩔 줄 몰라 하며 이야기했다.

"괜찮아요. 누군가에게 이야기하는 것이 익숙하지 않을 거예요. 천천히 부드럽게 당신이 거기 있다는 걸 알게 해 주세요." 나는 이야기해 주었다.

“알았어요. 제가 거기 있다는 걸 아이가 알고 있어요.”

“자신에 대해서 당신이 알아주었으면 하는 것이 있나요? 아이가 자신을 보여 주거나 무언가를 말하거나 당신을 더 가까이 오게 해 주는지 보세요.”

“네, 아이가 저와 함께 있고 싶어 해요.”

“그렇게 해도 괜찮으세요?”

“네, 네, 그럼요. 아이와 함께 TV를 볼 거예요.”

“아이한테 얼마나 가깝게 있으세요?”

“아이가 제 바로 옆에 있어요. 우리는 침대에 같이 있고요.” 댄이 말했다.

“좋아요. 둘이서 충분히 시간을 가지세요.” 나는 덧붙이기 전 잠시 기다렸다.

“그리고 댄, 가능하다면 그냥 같이 숨을 쉬면서 당신이 바로 그 아이 옆에 있다는 것을 알려 주세요.”

댄은 계속 눈을 감고 고르게 숨을 쉬고 있었고, 얼굴이 편안해졌다. 나는 아무 말을 하지 않고 그를 그냥 쳐다보면서 기다렸다.

“지금이 적당한 때가 아닐 수도 있어서 결정은 당신과 아이에게 맡길게요. 하지만 괜찮다면, 당신이 함께 있기 전 혼자 있을 때 그게 아이한테 어땠는지를 더 보여 주고 싶은 게 있는지 물어봐 주세요.”

댄은 고개를 끄덕이면서 앉은 자세를 바꾸었다.

“제가 같이 있는 걸 아이가 정말 기뻐해요.” 그의 뺨에 눈물이 흘러내렸다.

“아이가 저를 필요로 해요! 아이가 저를 정말, 정말 필요로 해요.”

“맞아요. 그래요. 뭐가 필요한지 당신에게 알려 줘서 너무나 용기 있다고 아이에게 말해 주세요. 전에는 아이가 누군가를 몹시 원했어도 이야기할 사람이 없었죠. 정말 그랬을 거예요! 어떤 아이든 그랬을 거예요. 아이가 당신에게 의지해도 된다는 걸 알려 줄 수 있으세요?”

“네, 그래요.” 댄이 대답했다.

“아이에게 이제는 달라질 수 있다고 알려 주세요. 아이가 당신과 함께 있는 것을 선택하거나 당신이 아이와 함께 있거나 우리가 아이에게 다시 돌아올 수 있어요. 아이가 뭘 원하든 간에요.” 댄이 고개를 끄덕였다.

"네, 그래요. 제가 아이에게 말해 줬어요. 맞아요. 그게 아이가 원하는 거예요. 아이가 좋아하네요. 아이가 저에게 의지하고 싶어 해요."

절망

중독적인 체계를 가지고 있는 사람에게는 항상, 무력하고 희망을 찾지 못하며 절망스러워하는 부분들이 있다. 그들은 바뀌기 위해 자주 노력하지만 그때마다 실패를 경험한다. 또한 그들은 회복되지 않는 자신에게 느끼는 가족의 고통을 함께 경험한다. 중독 문제를 다루는 전문가는 이렇게 내담자들의 절망을 느끼는 부분과 내담자들을 구출하고 싶어 하는 전문가 자신의 돌봄 부분을 볼 수 있는 시각이 필요하다. 만약 당신이 내면 체계 내의 절망을 참지 못하는 부분을 알아차린다면 오히려 그것이 자신의 작업을 위한 좋은 시작점이 될 것이다. 치료사의 절망을 두려워하는 부분은 내담자의 참자기가 합당한 애도와 슬픔을 목격하는 것을 허용하기보다는 내담자를 기분 좋게 하려는 미묘한 욕구를 가질 것이다. 이러한 고통받는 부분들이 마땅히 받아야 할 조율attunement을 제공하는 것은 그들이 현재 느끼고 있는 고통을 받아들이는 것을 의미한다. 결과적으로는 그렇게 함으로써 그들은 짐을 내려놓고 더 강해질 수 있을 것이다.

증상이 아닌 체계 다루기[5)]

댄과의 치료 회기를 요약하자면, 그가 치료를 시작했을 때 몇몇 분산시키는 부분이 그와 섞여 있었고 그중에는 그의 여러 차례에 걸친 외도와 관련된 섹시 가이 부분도 포함되어 있었다. 그의 성적 행동이 그에게도 큰 스트레스를 만들어 내고 있었지만 치료 회기에서 그의 분산시키는 부분뿐만 아니라 전체 체계를 다루는 것이 필요했다. 우리가 치료해 나가면서 그의 중독 과정에 대해 알아 감에 따라, 그는 일을 열심히 하는 많은 부분을 규명해 냈고 그 부분들이 그의 체계를 어떻게 불균형 상태로 만들게 되는지를 알게 되었다. 그가

5) 역자 주) 원문에는 Treating a System, Not a Symptom이라고 되어 있으며, 체계(system)와 증상(symptom)의 발음이 비슷한 것을 빗대어 표현한 것이다.

그 양극성에서 분화할 수 있게 되면서, 댄은 그의 섹시 가이 부분이 지나치게 기능하고 있는 부분인 일을 열심히 하는 부분의 균형을 이루어 주며 그의 외로운 고등학생 농구 스타 부분을 보호하고 있었다는 것을 알게 되었다. 그리고 그는 비참함과 외로움, 두려움으로 댄의 기능하는 능력을 위협하고 있었고 돌봄을 받지 못하며 깊은 외로움을 느끼던 더 어린 부분인 아이 부분을 발견하게 되었다. 댄의 체계 내에 있는 이러한 일련의 보호자들은 숨겨진 정서적 고통으로부터 댄을 보호하려고 계속해서 노력해 왔다. 이것은 댄의 중독 과정의 핵심 삼각형[6]을 만들어 냈다.

그와의 상담 관계 안에서, 나는 그의 부분들이 추방자 부분의 무서운 감정을 피하려고 외부적으로 나와 생생한 양극화를 만들려 한다는 것을 알고는, 내 보호자들(그리고 추방자들)이 긴장을 늦추고 댄의 분산시키는 부분에게 열린 마음 상태를 유지할 수 있도록 돕는 데 초점을 맞추었다. 만약 나의 관리자 부분들이 내가 취약하다라고(과거에 그랬던 것처럼) 나를 비난했다면, 아마도 댄을 도우려는 것에 너무 매달리게 되기 쉬웠을 것이다.[7] 만약 내 부분들이 댄이 여자를 밝히는 것에 대해 그를 수치스럽게 여겼다면, 나는 그의 문제에 말려들었을 것이고 그의 보호자들은 그를 보호하려고 나서게 되었을 것이다. 어떤 경우이든, 내 부분이 나와 섞이게 되면 치료사와 내담자 모두를 불안정하게 만들게 된다. 그렇지 않고 치료를 잘해 나가기 위해서는 나는 우리 모두를 지탱해 줄 수 있는 충분한 연민과 참자기-에너지가 필요했다.

나는 너에게서 이걸 뺏으려고 여기 온 것이 아니야

댄의 사례에서 보듯, 내담자의 관리자 부분과 분산시키는 부분 간의 내면적 갈등은 외현화하여 배우자와의 사이에서나 부모-자녀 간 또는 치료사와 내담자 간의 역동으로 드러나기도 한다. 내담자가 강박적이거나 자기파괴적이라

6) 역자 주) 추방자, 관리자, 소방관의 삼각형을 말한다([그림 2-1]을 참조).

7) 역자 주) 무가치함이나 무능력함과 같은 취약함을 비난하는 치료사의 부분에 의해, 댄에게 과하게 개입하고 치료하려고 나서게 되었을 것이라는 의미이다.

면, 그를 지지하는 역할의 사람들 내면에 있는 능력 있고 관리하려는 부분들이 쉽게 내담자가 판단력이 부족하다고 보고 뭔가 행동을 하게 만들기 쉽다. 이럴 때 반드시 생각해 보아야 하는 중요한 질문은 바로 '어쨌든 이 문제가 누구의 문제냐?'라는 것이다.

심각한 위기 상황에서 행동화하여 나타나는 모습들이 삶을 위협하게 되는 순간이라면, 분명히 다른 이들이 개입해야 할 필요성이 있다. 하지만 내담자가 결정을 내릴 것에 대해 다른 이들이 주기적으로 관리하고 결정을 대신 내려 주는 것은 궁극적으로는 오히려 역효과를 가져올 수 있다. 하지만 실제로는 많은 중독치료센터에서 이런 일이 일어나고 있는 것 같다. 그럴 때의 위험성은, 그렇게 외부적으로 많이 통제하는 것이 내담자가 자신의 내면에 집중하여 중독물질의 사용을 정말로 중단하고 싶어 하는 자신의 부분을 발견하는 데에 오히려 혼선을 가져올 수 있다는 것이다.

나는 마일로 및 댄과의 치료에서 마리화나, 알코올 등의 사용이나 외도를 판단하고 통제하는 것은 나의 역할이 아니라는 것을 그들에게 처음부터 명시했다. 그렇다고 해서 내가 그 영향을 축소했다는 것은 아니다. 그들의 보호하는 부분이 궁극적으로 가지고 있던 의도를 이해하기 위해 우리는 중독 과정의 주기cycle가 어떻게 움직이는지 뿐만 아니라 그들의 행동에 대한 위험성과 결과를 규명해 냈다. 내담자들은 각자의 분산시키는 부분이 심각한 문제도 만들어 냈지만, 반면 내담자들의 정서적 고통을 덜어 주는 보호적인 작업도 해 왔다는 것을 인식하게 되었다. 변화의 과정은 다른 사람들이 끌고 나가거나 지시한다고 해서 일어나는 것이 아니라고 나는 믿는다. 그보다는 내담자가 내면 안에서 관계를 형성해 나갈 수 있도록 하여, 그들이 보다 더 안전한 방법으로 자신의 고통을 감당할 수 있는 희망을 갖도록 하는 것이 치료사인 나의 역할인 것이다. 요점은, 분산시키는 부분을 내담자 안의 관리자 부분이나 배우자 또는 좋은 의도를 가진 치료사, 더 나아가 치료센터가 통제하려고 하는 것은 궁극적으로는 중독 과정에서 내담자 내면에서 일어나는 양극화를 더 크게 만들게 되어 내담자의 교착 상태를 더 단단하게 만들게 된다는 것

이다. 부분만이 다른 부분을 활성화할 수 있다.[8)]

외부 지원

중독 과정을 다룰 때, 일주일에 한 시간의 심리치료로는 충분하지 않을 수 있다. 자조 모임이나 구조화된 집단상담은 내담자들에게 환영받는 피난처 역할을 하여 고립에서 벗어나게 할 뿐만 아니라 이해와 인정을 받는다고 느끼게 해 준다. 자원이 될 수 있는 다른 것으로는 글쓰기, 그림그리기, 뜨개질, 춤추기, 음악 연주 등의 예술과 요가, 운동, 스포츠 등의 신체 중심 활동, 그리고 명상이 있다. 이런 활동들은 자기 수용력을 높이고, 위험한 행동을 하지 않고도 안전하고 건강하게 분산distraction하는 방법을 제공하며, 내담자가 창의적으로 될 수 있도록 한다. 또한 이러한 활동들은, 중독 문제를 가진 많은 이가 어린 시절 정상 발달 단계의 중요한 시기를 놓쳐 버리기 쉽다는 면에서 어린 시절에 미처 경험하지 못한 발달 단계를 거쳐 나이에 걸맞은 기술을 습득하고 자신감을 형성하며 세상으로 나가기 위한 자신감을 만들어 나갈 기회를 얻게 한다. 마지막으로, 중독 내담자의 치료 과정에 있어서 특정 시기에는 중독을 잘 알고 있는 정신과의 상담 및 약물치료를 병행하는 것도 도움이 될 것이다.

결론

중독을 행동화하는 부분의 행동으로 규정하기보다는, 나는 내면 체계 내의 균형을 유지하려고 용감하게 나서는 두 보호자 그룹 간의 체계적이고 순환적인 힘겨루기 과정으로 정의한다. 한 보호자 그룹은 비판적이고 판단적이다.

---

8) 역자 주) 양극화 구조 안에서 한 부분이 활성화되면 다른 부분 역시 커지게 된다는 의미이다.

다른 한쪽은 충동적이고 강박적이다. 두 보호자 그룹 간의 만성적이고 고조되는 투쟁은 트라우마 경험이나 아직 처리되지 않은 수치심의 정서적 고통을 차단하기 위한 것이지만, 실제로는 극심한 고통을 가중시킨다. 결과적으로 중독을 다루는 데에 있어서, 추방자 부분과 작업하는 것과 마찬가지로 이렇게 일을 열심히 하는 두 보호자 그룹과의 견고한 연결을 구축하는 데 많은 시간을 들일 필요가 있다.

중독 문제에 대한 IFS 치료의 첫 번째 단계는 안전한 환경을 만들고 치료사가 내담자의 행동을 통제하는 책임을 지지 않는다는 것을 명확하게 하는 것이다. 그 대신 우리는 그(내담자)를 도와(내 경험상 남성 내담자들이 많았으므로 남성 대명사를 써서 표현한다. 그러나 이 모든 것은 여성에게도 똑같이 적용된다.) 중독 주기를 밝혀내고 내담자의 내면 안에 공고하고 수용적인 관계를 형성하도록 한다. 우리는 일반적으로 분산시키는 부분의 파괴적 힘을 두려워하는 비판적인 관리자부터 치료를 시작하게 되지만, 가능한 한 치료 초기부터 추방자의 존재와 그 추방자가 보호자의 행동을 촉진한다는 것에 주목하고 싶다. 내담자가 보호자들의 행동을 통제하려고 하기보다는 자신의 보호자와 관계를 형성해 나갈 때, 중독적인 양극성으로부터 에너지가 점차 감소하여 추방자에게로 접근할 수 있게 된다. 이 과정 전반에 있어 나는 극단적인 부분을 가진 내면체계는 무력, 절망과 희망 없음에 짓눌리게 된다는 것을 꼭 기억하고 치료에 임한다. 이러한 극단적인 부분들이 치료 과정에 있어 미묘하게 걸림돌이 되는 것을 막기 위해 나는 극단적인 부분들의 경험을 인정해 주고 치료 시작부터 연민을 베푼다.

내담자가 중독이 너무 심한 상황이어서 치료에 진전이 없을 때가 초점을 전환할 때이다. 내담자의 현재 상황에 대해 내가 보고 있는 위험성에 대해 솔직하게 평가한 것을 알려 준다. 그리고 재활센터나 구조화된 외래 환자 프로그램 또는 심리치료가 다시 도움이 되기 위한 다른 필요 변수가 무엇인지 등과 같은 선택 가능한 옵션에 대해 의논한다. 비록 내담자가 치료를 받고 있을 때라 할지라도, 나는 중독물질 사용이나 행동화의 문제가 극적으로 경감될 것이라고 가정하지 않는다. (비록 그렇더라도 경감은 일어난다!) 그리고 치료 과정 중에 재발이 일어날 거라고 가정한다. 재발이 될 때, 나의 목표는 내담자의 비난하는 부분이 진정할 수 있도록 도와 수치심을 주지 않고 취약한 지점을 찾아낼 수 있도록 하는 것이다. 전반적으로 나는 치료가 내담자의 기능 면에서 작은 변화들을 나타내며 진행되어 갈 거라고 예상한다. 그 변화들이란 비난하는 부분이 좀 더 부드러워지고, 행동화가 줄어들며, 내담자의 내면 체계 안에서 정서적인 부담을 덜 느끼면서 더 나은 결정을 내리는 것이 점점 더 늘어나는 것이다. 분산시키는 부분들의 변화는 보통 지속적으로 계속 나타나지만, 그 속도가 느려지거나 변화가 없이 오히려 되돌아가는 것처럼 나타나기도 하며, 완전한 변화가 일어나기까지는 많은 시간이 걸린다.

아마도 가장 중요한 것은 치료사가 내담자의 중독적 양극성에 말려들지 않고 중심을 잘 잡는 것이 중요한 도전이 될 것이라는 점이다. 중독 과정을 판단하는 부분들(그리고 사람들)은 내담자의 중심 교착 상태를 강화하고 문제를 가중시킨다. 우리가 내담자의 부분들에 대해 비판단적이고 비병리적으로 바라볼 수 있도록 우리 안의 부분들에 대한 작업을 해 나갈 때, 내담자가 자신의 자율성을 외부적으로 위협받지 않으려고 나타내기 쉬운 방어를 내려놓고 자신의 내면 작업에 집중하도록 할 수 있다. 내가 치료에서 초점으로 두는 것은 내담자가 강박적으로 위험을 감수하는 행동이 해로운 결과를 가져온다는 것을 부정하지 않고 자신의 부분들과 그들의 긍정적 의도를 이해해 나갈 수 있도록 돕는 것이다.

마지막으로, 나는 모든 이가 거치는 치유 과정이 하나singular이며, 그 변형transformation은 내담자 각자의 속도에 맞춰 일어난다는 것을 꼭 염두에 둔다. 비록 매우 오랜 투쟁을 필요로 하는 이도 있지만, 나는 모든 이가 태어나면서부터 온전성wholeness의 능력을 갖추고 있다고 강하게 믿고 있다. 또한 나는 깊은 치유와 완전한 회복이 일어나는 것을 보아 왔으며, 부분적으로만 치료가 가능한 깊은 고통 역시 목격해 왔다. 그렇게 내담자마다 속도가 다르고 차이가 있지만, IFS 치료 모델은 내담자가 자신의 양극성을 발견하고 부정적 행동의 긍정적 의도를 이해하고 자기연민을 경험하도록 돕는다. 그리고 이러한 방법은 자기신뢰와 치유, 내면의 균형을 향한 자신만의 여정을 안전하게 안내할 수 있는 최고의 방법인 것이다.

참고문헌

Schwartz, R. C. (1995). *Internal family systems therapy*. New York: Guilford.

Sykes, C. C. (2001). Why I love my firefighters. *Self to Self IFSA Journal*, *5*(6), 1-3.

03

IFS와 섭식장애

잘 드러나는 곳에 숨은 부분 치료하기

제니 카탄자로(Jeanne Catanzaro)[1]

서문

내면가족체계IFS 치료의 관점에서 섭식장애eating disorders: EDs는 음식과 신체에 집중함으로써 압도적이고 부정적인 감정으로부터 내담자를 보호하려는 보호적인 부분들protective parts의 결합된 작용combined actions에서 비롯된다. 극단적인 섭식장애는 정신과 진단에서 가장 치명적인 것 중 하나이지만, 일반적으로 중등도moderate 섭식장애 행동들도 심각한 신체 · 정서적 손상을 일으킨다. 그 결과, 가족, 친구 그리고 치료 제공자들은 두려움, 무력감, 혐오감과 같은 강한 감정으로 대응response[2]하는 반면, 전통적 치료에서는 행동소거eliminating나 안정화stabilizing에 초점을 맞추는 경향을 보인다. 그들이 일반적으로 하는

1) 역자 주) IFS 창시자인 Richard Schwartz의 아내이다.

2) 역자 주) response를 '대응'이라고 번역한 이유는 '의식적이고 선택적으로 하는 반응'이라는 의미를 강조하기 위해서이다. 반면, reaction은 '무의식적이고 습관적으로 나타나는 반응'이라는 의미를 담아서 '반응'이라고 번역하였다.

힘겨루기power struggle가 뒤따를 때, 섭식장애 증상은 증가하고 내담자는 더욱 무력감과 수치심을 느끼게 된다. IFS는 힘겨루기를 완화하고 섭식장애 부분들ED parts의 근본적인 동기를 해결하는-내 견해로는 보다 효과적인-다른 접근 방식을 제공한다.

개요

이 장에서는 섭식장애 보호자들ED protectors[3)]의 협력을 얻어 내담자가 근본적인 취약성을 드러내고 치유할 수 있도록 돕는 방법에 대해 설명한다. 나는 내담자, 치료사, 가족 그리고 관련된 의료 전문가들 사이에서뿐만 아니라 내담자 내면에서의 특징적인 양극화polarizations에 특별히 관심을 기울일 것이다. 복잡한 외부 체계와 관련된 몇 가지 전형적인 문제들을 살펴보면서, 나의 반응적인 부분들reactive parts과 작업하는 방법도 설명하고자 한다. 끝으로, 완전히 발현된full-fledged 섭식장애의 불가피한 손상에 대한 애도의 필요성과 함께 회복을 방해하는 일반적인 장애물들에 대해서도 논의할 것이다.

섭식장애의 병인론

연구를 통해 섭식장애 발생의 원인이 되고 이와 상호작용 가능성이 있는 많은 요인, 예컨대 유전적 취약성, 성격적 변인, 애착 문제, 정신과적 쟁점, 문화적 맥락 등이 밝혀졌다(Keel & Forney, 2013; Striegel-Moore & Bulik, 2007). 그러나 분명한 것은 날씬함에 대한 이상thin ideal을 내면화internalization하는 것이 일차적인primary 위험 요인이라는 것이다. 오랫동안 미국 백인 여자 청소년들 사

3) 역자 주) 섭식장애 증상을 통해 추방된 다른 부정적인 감정으로부터 내담자를 보호하려는 부분들을 의미한다.

이에서 악명 높았던 섭식장애 행동이 남성들(근육질 체형 또는 마른 체형으로 상징이 됨; Bunnel, 2010)에서 후기 청소년post-adolescent 여성들(Maine, 2010) 그리고 전 세계로(Pike, Hoek, & Dunne, 2014) 확산되고 있다.

대부분의 사람이 어느 시점에서 미美, beauty에 대한 문화적 기준으로 갈등을 겪지만, 그렇다고 그것이 신체적 또는 성적 학대, 방치neglect, 괴롭힘bullying, 그리고 출산 전후 트라우마를 포함한 애착 문제와 대인관계적 상처가 선행되는(항상은 아니지만), 임상적으로 유의미한 섭식장애를 일으키지는 않는다(Ackard & Brewerton, 2010; Brewerton, 2007). 트라우마는 신체 자체가 직접적으로 피해를 받지 않은 경우라 할지라도, 트라우마 생존자들이 제 기능을 유지하기 위해 단절해야 하는 감정과 감각을 불러일으킨다. 심리적 외상을 입은 사람들(때로는 불안전 애착인 사람들)의 몸은 "본능적인visceral 경고 신호에 의해 지속적으로 폭격을 당하고, 이러한 과정을 통제하기 위해 그들은 종종 그들의 직감적인 감정들gut feelings을 무시하고 내면에서 일어나는 것들에 대한 자각을 무감각하게 만드는 데 전문가가 된다"(van der Kolk, 2014, p. 97). 반 데르 콜크van der Kolk가 말했듯이, 그들은 자신으로부터 숨는 법을 배우지만, 다른 사람들로부터 숨기도 한다. 섭식장애는 사람들, 특히 대부분의 여성이 잘 드러나는 곳에 숨는 것[4]을 돕는다.

사람들이 숨고 싶어 하는 이유는 여러 가지가 있는데, 그중 하나가 두려움fear이다. 내담자들은 섭식장애 부분을 통해 몰두preoccupying하는데, 그것은 종종 자신이나 타인으로부터 안전한 거리를 유지할 수 있게 해 주는 위안이 되는 완충장치buffer가 된다. 그래서 거식증anorexic 내담자는 하루하루 그날 먹은 것과 먹지 않은 음식의 목록을 확인하는 데 빠져 있는engaged 것처럼 보일 수 있다. 그러나 친밀한 관계로부터 숨는 것이 평화를 가져오지는 않는다. 시간

4) 역자 주) '잘 드러나는 곳에 숨다(hidden in plain sight)'는 눈에 잘 띄는 곳에 있지만, 사람들이 쉽게 알아차리지 못하는 것을 의미한다. 즉, 대부분의 여성이 섭식장애라는 잘 드러나는 곳에 자신을 숨기지만, 사람들은 오히려 잘 드러나기 때문에 섭식장애를 문제라고 알아차리지 못함으로써 사람들로부터 숨는 방법이 된다는 의미이다.

이 흐르면서 개인은 더 외로워지고, 더 깊은 수치심을 느끼게 된다. 내면 비판자inner critic[5)]가 음식, 체중, 신체 이미지 그리고 다른 인식된perceived 실패에 대해 지속적으로 비난commentary하기 때문이다. 예를 들어, 음식물 섭취를 제한하는 부분restricts part이 정해 놓은 것을 숨어서 먹거나 또는 완전 폭식을 함으로써 위반할 때 비판적인 보호자critical protector는 그 반란을 진압하기 위해 반복적으로 "이 뚱뚱한 돼지야!"라고 외침으로써 내담자를 다시 음식 조절 궤도track로 돌아오게 할 것이다. 반면, 내담자들이 종종 캡틴captain, 작업반장taskmaster, 혹은 보스boss라고 부르는 다른 부분은 보다 경직되고 엄격한 행동 계획을 세운다. 이러한 끊임없는 소비적인 주기all-consuming cycle로 인해 내담자는 다른 많은 것들을 인식하지 못하게 된다.

섭식장애에 대한 IFS 관점

슈워츠Schwartz(1995)는 내면 체계internal systems에 두 가지 형태의 보호자protectors가 있다고 했다. 원치 않는 감정의 자각을 막으려는 관리자manager와 일단 그 감정이 의식되었을 때 억압하려는 소방관firefighter이 그것이다. 섭식장애 행동들은 어느 범주에도 속할 수 있다. 예를 들면, 말다툼에 대응하여 토하는 부분purging part은 고통스러운 감정에 반응하고 있는 것으로 소방관이라고 부를 수 있다. 그러나 구토에 따른 안도감이 매번 효과적으로 감정을 억누르는 일상의 구토 습관에 동기를 부여한다면, 토하는 부분은 관리자로서의 역할을 하는 것이다.

섭식장애 부분이 내담자를 예방적proactively으로 보호하려 했는지 혹은 반응적reactively으로 보호하려 했는지를 확인하는 것은 내담자의 웰빙well-being에 대한 부분part의 공헌을 존중하고 감사하는 데 도움이 된다. 그러나 더 중요한

5) 역자 주) 내면에서 일어나는 비난의 목소리, 즉 내면에서 비난을 통해 체계를 보호하려는 부분을 '내면 비판자'라고 칭한다.

것은 섭식장애 보호자들이 항상 두 진영, 즉 신체를 제한하고 통제하는 부분들과 이 통제를 거부하고 제한을 줄이려는 부분들로 양극화된다는 것을 인식하는 것이다. 내담자들은 그들의 줄다리기로 인해 추방된 부분들exiled parts의 강렬한 부정적 감정과 기억을 인식하지 못하게 된다. 개인의 구체적인 섭식장애 진단은 주어진 시간에 어떤 부분이 지배하느냐에 따라 달라지지만, 전반적인 증상의 양상은 설령 내담자의 신체적 외모나 자기보고self-report에서 명확하게 나타나지 않는다 하더라도 항상 제한과 그 제한에 대한 반항 사이의 변증법dialectic을 수반한다.

양극화된 부분들 간의 첨예한 갈등 이외에도 섭식장애를 다룰 때 가장 큰 도전이 되는 것은 문제를 부정deny하거나 최소화하는 부분들의 무리cluster이다. 의학적인 문제들과 동반발생하는co-occurring 정신질환과 같은 부정적인 결과가 누적되고 악화될 때, 혹은 섭식장애에 실제적인 도움이 필요없다고 느낄 때에도, 대부분의 내담자는 단지 가족, 친구 혹은 학교 관계자들이 도움을 요청하거나 강요하기 때문에 치료를 받으러 온다. 물론 어떤 내담자들은 그들 스스로 치료를 시작한다. 하지만 그때에도 행동을 바꾸고 싶지 않은 그들의 헌신적인 섭식장애 부분들이 곧 나타날 것이다.

메레디스: 섭식장애 치료 시작

메레디스Meredith가 대학교 1학년이었을 때, 치료사는 그녀에게 그녀의 섭식장애가 어머니로부터 분리하려는separating 방법이라고 말했다. 8년 후에 나에게 왔을 때, 메레디스는 어깨를 으쓱하며 말했다. "그 말이 일리가 있어요. 저는 어머니와 친했고 대학 다닐 때는 어머니를 그리워했어요." 그러나 섭식장애에 관한 이 설명이 그녀의 행동에 영향을 미치지는 못했다. 도움을 받기 위해 한 학기를 휴학했다가 복학했지만, 그녀는 음식을 제한하고 토하기를 계속했다. 그녀는 사회복지학 석사과정 2년 차 때 나를 찾아와서 절망하면서도 단언하듯 "치료가 도움이 될 수 있을지 의문이에요. 그게 습관이 되어 버렸어요. 단지 그것만 해요."라고 말했다.

나는 그녀의 현재 영양사를 통해 그녀가 두 번째 재활거주치료residential treatment[6] 중에 살이 많이 쪘고, 이 치료는 섭식장애 행동을 포기하는 것에 대한 그녀의 두려움을 증폭시켰으며, 어떤 외래 치료도 받지 못하게 했다는 것을 알게 되었다. 그녀의 걱정하는 부분들concerned parts을 인정하기 위해 나는 "그 부분들이 왜 이 작업이 도움이 될 거라고 믿는 데 어려움을 겪는지 이해해요. 그렇지만 그것은 또한 당신이 당신의 몸이 필요로 하는 것보다 더 고열량의 식단 계획을 세운 것처럼 들리기도 해요."라고 말했다.

메레디스는 몸을 앞으로 기울이면서 이렇게 외쳤다.

"그 식단이 저한테 너무 과하다고 생각했지만 아무도 들어 주지 않았어요. 저는 항상 폭식을 하고 있는 기분이었어요. 그건 정말 역겨웠어요. 그곳에서 나오자마자 살이 빠졌어요."

그리고 그녀는 다시 몸을 뒤로 기대며 한숨을 쉬었다.

"하지만 그 후 다시 예전 습관으로 돌아왔어요. 저는 이것을 어떻게 바꿀 수 있을지 정말 모르겠어요."

"저는 지금까지의 치료가 당신의 섭식장애 행동을 멈추게 하려는 노력이었다는 것을 압니다." 나는 말했다.

"그러나 제가 다음 두 가지에 대해서 매우 분명한 입장을 취하고 있다는 것을 당신이 알아주셨으면 해요. 첫째, 당신의 섭식장애 부분들은 우리가 이해할 필요가 있는 방식으로 당신을 도우려고 애쓰고 있다는 겁니다. 둘째, 그들은 더 이상 이러한 방식으로 당신을 돌볼 필요가 없다고 느낄 때에만 변화하기로 동의할 거라는 겁니다. 저와 우리 모두는 그들을 변화시킬 수 없어요."

---

6) 역자 주) 거주치료로 번역되며, 거주치료는 시설의 집단 사회사업가가 시설 안에서의 생활을 지역 사회의 생활 환경과 밀접하게 연관시켜, 장애 때문에 사회 활동에 어려움을 겪는 사람이 사회에 복귀할 수 있도록 돕는 활동이다. 그러나 중독이나 섭식장애 등의 경우, 미국에서는 재활을 목적으로 거주하면서 치료하는 것으로 사용되고 있어서 거주치료보다는 재활거주치료라고 번역한다.

그녀는 한참 동안 나를 쳐다보다가 "이전까지 저에게 그런 말을 해 준 사람은 아무도 없었어요."라고 말했다.

메레디스가 몇 회기에 걸쳐 그녀의 생활에 대해 이야기했을 때, 나는 나를 평가해 오던 그녀의 보호자들protectors이 내가 그들을 통제하지 않을 것이라고 믿기 시작했고, 그래서 긴장을 풀고 있다는 것을 감지했다. 나는 그녀의 부모에 대해 알게 되었는데, 그녀의 아버지는 여행을 자주 다니는 성공한 사업가였고, 그녀의 어머니는 발달지체로 집에서 생활하고 있는 메레디스의 오빠 바비Bobby를 돌보는 데 전념하기 위해 몇 년 전에 일을 그만두었다. 그녀의 가족은 외적으로는 갈등이 거의 없었고, 학교생활 적응과 긍정적 감정 표현을 강조해 왔다. 메레디스가 상담 초기에 자신의 섭식장애에 관해 말했을 때, 스스로를 게으르다고 표현했고 섭식장애는 단지 '적정한reasonable' 체중을 유지하기 위한 하나의 방법일 뿐이라고 말했다.

인내심

몇 회기 후에 무엇인가를 바꾸기 바라는 메레디스의 한 부분part이 소리쳤다.

"저는 폭식과 구토, 이 모든 것이 지겨워요."

나는 "당신을 그렇게 하도록 만든 그 부분에게 마음을 열고 이야기를 좀 들어 보면 어떨까요?"라고 물었다.

"말도 안 돼요!" 그녀는 내 질문을 무시한 채 외쳤다.

"저는 온라인으로 이 모든 음식을 주문하고, 그것을 버리고, 또다시 웹 서핑surfing을 해서 더 많은 음식을 주문해요. 그리고 결국 무너져서 폭식하고 토해요. 정말 기진맥진이에요."

"음식을 주문하고 그것을 버리게 하는 부분에 대해 알아볼 수 있을까요?" 나는 다시 말했다.

"아마도요." 그녀가 말했다.

"반대하는 부분들이 있나요?"

"네, 하지만 괜찮아요. 정말 어이없네요."

나는 이 어이없는 부분ridiculous part이 더 할 말이 있는지 보기 위해 잠시 기다렸다. 그리고 나는 계속했다. "음식을 주문하고 그것을 버리는 부분들을 당신의 몸 어디에서 찾을notice 수 있나요?"

"여기서는 조임이, 여기에서는 긴장이 느껴져요."라고 말하면서, 그녀 자신의 목구멍과 심장을 가리켰다.

"그 두 곳에 대해 호기심을 좀 가져도 괜찮을까요?"

"그들이 왜 그렇게 하는지 알고 싶어요!"

"그들을 없애기 위해서요?" 그녀는 고개를 끄덕였다.

"좋아요. 그런데 그들을 없애려는 부분이 그렇게 하는 것 대신에 우리가 그들과 대화할 수 있게 공간을 좀 만들어 줄 수 있을까요?" 나는 물었다.

"네." 그녀는 대답했다.

"어떤 부분이 먼저 말하고 싶어 하나요?"

"그들은 항상 한 부분은 저에게 음식을 사도록 하고 다른 부분은 그것을 버리게 하는 방식으로 왔다 갔다 싸워요. 그렇게 하고 나면, 저는 돌아서서 다시 주문을 더하죠. 그 부분들은 저를 계속 바쁘게 만들어요."

대체로 보호자들protectors은 긴장을 늦추면relaxing 반대편 보호자나 추방자가 장악할 것이라고 확신한다. 이 두 보호자가 함께 일해 왔다고 말했기 때문에, 나는 그들이 한 추방자에 대해 걱정하고 있다고 추측했다. 나는 양극화된 부분들을 탐지하는 데 가장 효과적인 가상 질문hypothetical을 사용하여, "만약 그들이 당신으로 하여금 음식을 주문하고 그것을 버리는 데 매달리게 하지 않는다면 무슨 일이 일어날 것 같은가요?"라고 물었다.

"그걸 생각하니까 불안해져요."

"불안에 머물러 볼 수 있을까요?"

"그렇게 하고 싶지 않아요. 불안을 느끼는 게 싫어요."

"좀 더 이야기해 주시겠어요."

"그것은 너무 불편해요. 어떻게 해야 할지 모르겠어요."

"폭식할 때 올라오는 감정이 불안인가요?"

"네, 그러나 저는 이미 그것을 알고 있었어요."

"만약 우리가 불안을 느끼는 부분을 도울 수 있다면 어떨까요? 그렇게 해 보시겠어요?"

"그것이 너무 커요."

"그것이 당신을 압도하지 않도록 우리가 도울 수 있다고 확신합니다."

"어떻게요?"

"먼저, 불안을 느끼는 그 부분에게 당신이 돕고 싶지만 당신을 압도하면 그렇게 할 수 없다고 말하세요. 그리고 멈춰 줄 의향이 있는지 살펴보세요."

메레디스는 "그 부분이 동의했어요. 그리고 불안을 싫어하는 부분들은 그것이 그렇게 강렬하지 않아서 기분이 더 나아지는 것이 보여요."라고 말하면서 놀라워하는 듯 보였다.

"지금은 그 불안한 부분에 대해 어떤 기분이 드나요?"

"계속 불안하고 싶지는 않기 때문에 그 부분을 이해하고 싶어요."

"그 부분은 당신이 무엇을 알기 원하나요?"

"글쎄요. 제가 항상 그것을 없애려고 하고 있어서 그렇게 질문받는 것을 좀 다르다고 느끼고 있어요."

나는 고개를 끄덕이며 잠시 기다렸다가 "그 밖에 또 뭐가 있나요?"라고 질문했다.

"저의 불안은 항상 모든 사람을 불편하게 만들어요. 제가 불안할 때 아버지는 저를 무시하거나 저에게 화를 내고, 어머니는 저에게 음식을 주면서 그것을 해결하려고 하죠."

"한번도 말한 적 없던 얘기네요."

"네! 그런 다음 어머니는 제 몸무게에 관해 말하며 제 옷이 너무 꽉 끼는 거 아니냐고 말해요. 아이러니하죠."

"당신은 어땠나요?"

"글쎄요. 혼란스럽네요. 그로 인해 저는 불안하거나 화가 날 때마다 무엇인가 먹는 습관을 갖게 되었어요."

"지금은 그 불안한 부분에 대해 어떤 기분이 드세요?"

"엉망이네요. 슬퍼요."

"불안한 부분이 누군가를 보호하고 있나요?"

"아니요."

"그 부분을 볼 수 있나요?"

"그 부분을 볼 수 없어요. 단지 그것을 느낄 뿐이에요."

"그 부분은 지금 어떻게 하고 있나요?"

"그 부분이 제가 어디에 있었는지 알고 싶어 해요."

"당신은 뭐라고 말하나요?"

"미안해! 다른 사람들이 그렇게 했던 것처럼 혼자 내버려 두려고 했던 것은 아니야."

"그 부분이 지금 당신에게 필요로 하는 것은 무엇인가요?"

"무엇이 필요한지 말하지는 않고 단지 저와 함께 있기를 원해요."

"그렇게 해 줄 수 있나요?"

"네." 메레디스는 내가 지금까지 본 그 어느 때보다 더 많은 참자기-에너지를 그 부분을 향해 드러내면서 대답했다.

메레디스는 그녀의 불안이 어린 추방자로부터 왔다는 것을 알아차렸다. 그 어린 추방자는 그녀의 욕구가 가족 중 가장 나중이 되어야 한다는 것을 알고 있었고, 그것에 대해 불만을 토로하는 것을 수치스러워해 왔다. 그녀의 폭식하는 부분은 불안한 부분을 차츰 음식으로 달랬다. 그리고 음식을 제한하고 토하는 부분은 메레디스가 폭식을 함에도 불구하고 체중을 줄이려고 노력해 왔다. 이러한 부분들이 분리되면서unblended 그녀는 그 부분들의 이야기를 들을 수 있었고, 섭식장애의 기능에 대한 관점도 바뀌었다. 그녀는 더 이상 자신을 게으르다고 생각하지 않았고, 자신의 섭식 행동이 단지 체중 관리를 위한 도구라고도 생각하지 않았다. 그리고 불안한 부분이 메레디스와 연결감을 더 느낄수록, 그녀는 더 차분해지는 것을 느꼈다.

또 다른 추방자 출현

"제가 더 이상은 폭식과 구토를 하지 않지만, 여전히 음식에는 강박적이에요. 그리고 지난밤에 일이 있었어요. 어머니가 전화를 해서 오빠에 대해 얘기를 했는데, 저는 매우 화가 났어요. 어머니가 '적어도 너는 생활은 할 수 있잖아.'라고 말했을 때 저는 통화를 계속할 수가 없었어요."

"화난 부분의 이야기를 좀 들어 볼 수 있을까요?"

"별로요. 정말 어이없지 않아요? 바비는 절대 나아지지 않을 것이고, 저는 여기서 제 자신을 아프게 하고 있어요."

"그래서 당신이 화내는 것에 대해 못마땅해 하는 부분이 있군요?"

메레디스는 한숨을 쉬었다. "부모님 말씀이 맞아요. 저는 살아내야 해요. 제가 어떻게 이렇게 나약해질 수가 있어요?"

"누가 당신의 관심을 가장 먼저 바라나요?" 나는 물었다. "죄책감 부분인가요? 아니면 화난 부분인가요?"

우리의 작업은 이런 맥락에서 여러 회기에 걸쳐 계속되었고, 점차 메레디스는 부모에게 수용받지 못할 것이라고 믿고 있는, 내적으로 추방된 부분에게 접근할 수 있도록 보호자들로부터 허락을 받았다. 이것은 메레디스에게 특별히 더 힘든 일이었다. 왜냐하면 그녀의 부모는 딸의 치료에 관여하기를 원했고, 그녀에게 자주 전화했으며, 가족 상담을 받기 위해 장거리 운전을 하고 왔기 때문이다. 그들에게는 그녀가 더 좋아지도록 압박하는 부분이 있었지만, 그들이 걱정하고 관심을 기울이고 있는 것 또한 분명했다. 하지만 그들이 압박하면 할수록 메레디스는 분노와 죄책감 사이에서 점점 더 괴로워했고, 그 부분들을 분리하는 데 어려움을 겪었다. 이것은 그녀의 섭식장애 증상을 악화시켰고, 결국 부모의 두려움과 걱정을 자극했다. 섭식장애 치료사들은 종종 내담자 주변의 관계적으로 복잡한 다양한 체계의 압력에 의해 도전을 받는다. 여기에서 소개하는 메레디스와 그녀의 부모를 함께 치료한 가족 회기는 내가 참자기-주도적Self-led 상태에 머물러 '폭풍 속의 나the I in the storm'[7]가 되어야 할 필요성을 잘 보여 준다(Schwartz, 1995).

가족 역동: 물려받은 짐들과 섭식장애에 대한 압력

친구들, 가족 그리고 치료 제공자들이 극단적인 섭식장애 부분들을 대할 때 개방적이고 연민 어린compassionate 자세를 유지하는 것은 어려울 수 있다. 누군가 굶고 그것을 부정deny하고 혹은 반복적으로 폭식하고 토해 내는 것을 보는 것은 두려움과 무력감을 유발한다. 나는 지지적이었던 가족, 친구들 그리고 치료 제공자들이 갑자기 화를 내고 거부적인 사람으로 돌아서는 것을 종종 봐 왔다. 몇 시간 동안 운전을 하고 온 메레디스의 부모는 우리와 함께 자리에 앉았지만, 내가 회기를 시작하기도 전에 그녀의 아버지 단Dan은 폭발했다.

"네가 토하는 걸 치료하느라 연금공단에서 돈을 빌려 은퇴도 늦췄는데, 그것이 말 그대로 수포로 돌아가고 있어!"

메레디스와 그녀의 어머니는 얼어붙었다. 고통스러운 침묵이 흐른 후, 나는 그에게 부드럽게 말했다.

"당신의 화난 부분을 대변해서[8] 말씀해 주시겠어요?"

"너무 좌절스러워요!" 그는 외쳤다.

"몇 년이 지났어요! 이대로는 안 돼요. 우리는 도움이 될 것이라고 생각했던 마지막 치료를 위해 담보 대출을 받아 치료비를 마련했어요."

"메레디스가 여전히 도움support이 필요하다는 말을 듣고 얼마나 화가 났을지 알겠어요. 당신 마음 안에 낙담하는 부분도 있고 메레디스를 경제적으로 계속 도울 수 있을지 걱정하는 부분도 있다는 것처럼 들리네요." 그는 고개를 끄덕였다.

"이 좌절감을 느낀 부분이 더 많은 것을 말해 줄까요?" 그는 대답했다.

"저는 무엇을 해야 할지 모르겠어요! 당신 말을 듣고 있자니 일리가 있습니다. 그 애는 당신을 좋아해요. 그리고 그 자체가 좌절스러운setback 것은 아니

---

7) 역자 주) '태풍의 눈(eye in the storm)'이 '태풍 안에서도 고요함을 유지한다'라는 의미임을 이용해, 참자기의 특성을 비유해 eye와 같은 소리를 내는 단어인 'I'를 중의적으로 사용한 표현이다.

8) 역자 주) '부분을 대변해서 말한다(speak for parts)'는 부분과 섞이지 않고 분리되어 부분(parts)을 대변해서 말하는 것을 의미한다. 그 반대는 '부분으로부터 말하는 것(speak from parts)', 즉 부분과 섞여 있는 상태로 말하는 것을 의미한다.

에요. 그러나 저의 한 부분이 '이번에는 어떻게 좀 달라질까?'라고 걱정하는 것 같네요. 제가 계속 일을 할 수 있는 것은 아니에요. 5년 내에 은퇴할 계획이거든요. 어느 시점에서 딸아이의 치료를 멈춰야 합니다."

메레디스와 그녀의 어머니는 미동도 없이 마룻바닥만 쳐다보고 있었다.

"우리 모두 잠시 호흡을 좀 하고 내면에서 무슨 일이 일어나고 있는지 알아보는 것은 어떨까요?" 나는 말했다.

"우리 내면에서 대변해 주기 바라는 부분들이 있는지 봅시다."

그러나 단은 너무 흥분해서 멈추기가 어려웠다. 그는 자신을 쳐다보지 않고 있는 아내와 딸을 보았다.

"아마 치료가 안 될까 봐 제가 겁을 내고 있는 것 같습니다. 우리는 이 섭식장애로 인해 너무 많은 시간을 허비했어요. 딸아이가 자신의 인생에서 많은 것을 놓치고 있어 두렵고, 제가 딸아이를 돌봐 줄 수 없을 때 무슨 일이 일어날까 봐 걱정이 됩니다." 메레디스가 아버지를 올려다봤다.

"미안하다, 얘야." 그가 계속 말을 이어 갔다.

"너를 사랑해. 나는 네가 걱정이 된다. 그리고 네가 잘 지냈으면 좋겠어."

"감사합니다." 메레디스가 말했다.

"나는 단지…… 겁먹은 것뿐이야." 그가 말했다.

메레디스는 의자에 앉아서 그녀의 어머니를 힐끗 쳐다보고 나서 단에게 말했다.

"제가 배워 가고 있는 것은 우리 모두가 감정을 가져도 괜찮다는 거예요. 아버지가 이렇게 하려던 게 아니란 걸 알고 있어요. 하지만 두 분 다 너무 유능하고 모든 일을 능숙하게 처리하시고 낙관적이시죠……."

그녀는 나를 힐끗 쳐다보고 깊게 숨을 들이마신 후 계속 말을 이어 갔다.

"단지, 제가 하고 싶은 것은 우리 가족 내에서는 감정을 가져서는 안 된다고 느꼈던 부분을 대변하고 싶은 거예요."

"그건 말도 안 돼."라고 페그Peg가 날카롭게 말했다.

"당연히 우리도 감정이 있어."

"제가 나쁜 사람 같았어요." 메레디스가 강하게 말했다.

"엄마는 너무 많은 것을 희생하셨고, 불평도 하지 않으셨어요. 저도 엄마처럼 되고 싶었지만, 그렇게 잘 안 돼요. 아마 저는 그렇게 강하지 않은 것 같아요. 저는 그것을 받아들여야 해요."

그녀의 어머니는 뻣뻣하게 앉아서 우리 중 그 누구도 쳐다보지 않았다. 보호자가 추방자를 차단shutdown하기 위해 그녀로 하여금 수치심을 느끼게 만들지 않을까 걱정하면서, 나는 그녀에게 말했다.

"메레디스가 자신의 경험에 대해 말할 때, 당신 내면에서 무슨 일이 일어나는지 알아봐도 괜찮을까요?"

"내면에서요?" 그녀는 메레디스를 올려다본 후, 단을 보았다.

"무슨 일이 일어나고 있는지 말할게요. 저는 몹시 화가 나요! 저는 이렇게 징징대는 모든 것이 지긋지긋해요. 저는 주고 또 주고, 유령처럼 살아요! 저는 절대 불평하지 않아요. 저는 메르디스와 단 그리고 바비를 돌봐야 해요. 그게 제게 주어진 제 인생의 전부입니다. 제 기분이 어떨 것 같아요?"

메레디스는 몸을 숙여 어머니를 껴안았다.

"엄마가 그렇게 말해 주니 고마워요!"라고 그녀가 외쳤다.

"저는 엄마의 기분이 어떤지 정말 알고 싶었어요."

이때 페그는 눈물을 흘렸다. 하지만 눈을 크게 뜬 채 창백해진 단은 나를 바라보았다.

"이제 당신의 내면에서 무슨 일이 일어나고 있는지 알아봐도 될까요?"

"저는…… 두려워요." 그가 자신의 감정을 허용했다admitted.

이 회기 이후부터 우리는 가능한 한 정기적인 만남을 갖기로 합의했고, 나는 단과 페그에게 고향에서 개별적으로 IFS 치료를 받도록 의뢰했다. 물론 몇 번의 가족 회기 후에 페그는 분노와 슬픔을 표현할 수 있었으며, 단에 대한 압력이 너무 심해지면 문제가 악화될 수 있다는 두려움과 이러한 감정에 대한 죄책감도 표현할 수 있었다. 나는 그녀의 보호자들이 단을 실제보다 더 취약하게 보고 있다는 것을 알게 되었다.

마침내 단은 메레디스의 욕구에 대한 어떤 정보가 주어질 때 그것에 대응하는 자신의 패턴을 알아차렸는데, 그것은 그의 한 부분이 그를 실망으로부터 보호하기 위해 좋지 않은 소식을 확대 해석하는 것이었다. 이 부분은 단에게 메레디스가 여전히 치료가 필요하다면 지금까지의 섭식장애 치료는 유용하지 않았고, 앞으로도 결코 회복될 수 없을 것이라고 말했다. 이러한 추론은 어린 시절 그의 어머니가 불치병에 걸렸을 때, 그리고 이후에는 바비가 발달장애 진단을 받았을 때 느꼈던 공포와 무력감을 불러일으켰다.

단은 자기충족적인self-sufficient 야심찬 관리자들에게 의지해 왔는데, 그 부분들은 그를 취약한 감정으로부터 잘 보호해 왔다. 그래서 그가 메레디스의 병을 알게 되었을 때, 그들 관리자들은 그로 하여금 더 오래 일하게 했고, 더 많이 여행하게 하고, 그녀를 고치려고 더 열심히 노력하도록 몰아붙였다. 그가 치료 회기에서 그의 추방자들에게 가까이 다가갈 수 있었을 때, 그는 자신의 어머니가 그랬던 것처럼 두 아이의 운명이 그의 잘못이라는 믿음과 함께, 두 아이의 행복welfare에 대한 끊임없는 걱정의 배경을 알아차리기 시작했다. 그가 자신의 부분들이 짐을 내려놓을 수 있도록 돕게 되면서 메레디스를 두렵게 만들거나 수치심을 느끼지 않게 하면서 재정적 한계에 대한 그의 걱정을 보다 더 잘 대변할 수 있었다. 결과적으로, 그녀는 단의 추방자에 대해 알게 되고 그의 추방자들이 비판적이고 화난 보호자들을 어떻게 움직였는지를 이해함으로써 자기공격self-attack 없이 현실을 직시check할 수 있게 되었다.

메레디스의 폭식하고 토하는 보호자들은 부정적 감정을 부인하는denying 가족체계 속에서 환영받지 못한 감정들을 없애기 위해 열심히 일해 왔다. 가족치료는 그녀를 그녀의 부모로부터 분화하도록 도왔고, 그녀의 부모에게는 그들 자신의 취약성을 추방하도록 이끈 두려움과 상처를 살피도록 하는 열쇠가 되었다. 이것은 메레디스의 보호자들로 하여금 긴장을 풀게 했고, 마침내 그녀는 질투, 분노, 슬픔 그리고 외로움과 같은 감정들이 용납될 수 없다고 믿어왔던 그녀의 추방된 부분을 도울 수 있었다. 그녀와 그녀의 부모가 그들의 추방자를 치유하기 위해 작업하면서, 가족의 역동은 개방적이 되고, 보다 더 참자기-주도적으로 바뀌기 시작했다. 그리고 메레디스의 섭식장애 부분들은 더 이상 이런 방식으로 그녀를 보호할 필요가 없다는 것을 믿기 시작했다.

피오나: 하나의 극단적인 주의분산[9)]을 다른 것으로 대체하기

섭식장애 보호자들이 있는 내담자들은 치료 과정 중에 종종 하나의 주의분산을 다른 주의분산으로 대체하는 경우가 있다. 현재 스물아홉 살 변호사인 피오나Fiona는 대학 기숙사에서 생활하는 동안 체중이 증가해 다이어트를 시작한 후 거식증을 앓게 되었다. 날씬했었을 때 그녀는 룸메이트들로부터 긍정적인 관심을 받았었기 때문에 한 부분part이 그 행동을 유지하고자 했다. 그녀는 대학교 3학년 때 높은 성취에 대한 부모님의 굽히지 않는 기대를 대표하는 부분들representing parts에 대해 IFS 치료를 사용한 재활거주치료를 3개월간 받았고, 그렇게 삶을 계속 살아갈 수 있었다. 그녀는 법학 학위를 받으며 대학을 졸업한 후 로펌에서 일했으나, 그것은 금융계에 들어가던 가족의 오랜 전통에서 벗어난 일이었다. 그녀는 몇 년 동안 음식이나 몸에 지나치게 집중하지 않고도 건강한 체중을 유지하며 잘 지냈다. 하지만 그녀는 모든 에너지를 일에 쏟았기 때문에 친구가 거의 없었고, 남자 친구가 갑자기 그들의 관계를 끝냈을 때는 매우 취약해졌다. 외롭고 소외된 그녀는 우울증에 빠졌고 도움을 청하기 위해 다시 나에게 왔다.

이 무렵, 그녀를 걱정하던 한 친구가 그 도시에서 매우 인기 있었던 스핀 클래스spin class[10)]를 소개했다. 이 수업을 제공하는 스튜디오studios는 고객들의 신체를 극단으로 몰아넣음으로써 특별한 공동체 구성원처럼 느끼게 하는 데 초점을 맞췄다. 피오나는 곧바로 이 환경의 강렬함, 에너지, 동지애camaraderie

9) 역자 주) 주의분산(distraction)은 취약한 부분들, 즉 추방자들(exiles)의 정서적 고통에 대한 주의를 다른 곳으로 분산시키고(distracting), 이를 통해 유기체를 보호하려는 보호적인 부분을 의미한다.

10) 역자 주) 실내 자전거를 사용하는 유산소 운동 강좌

를 사랑하게 되었다. 한 수업이 갑자기 5교시로 바뀌었고, 곧 그녀는 우리의 주간 약속 시간이 좋아하는 강사의 일정과 상충된다며 바꿔 달라고 요청했다. 내가 그녀의 삶을 스핀 클래스 중심으로 만들어 나가고 있는 그 부분에 대해 호기심을 표현했을 때, 그녀는 대화를 중단했다.

"이것에 대해 부정적인 것은 아무것도 없어요. 저는 기분이 좋아요. 감정 상태mood도 좋아요. 기운이 나요. 이 수업의 나쁜 점은 아무것도 없어요."

"스핀 클래스가 당신의 기분을 어떻게 돕는지 알겠어요. 그것에 관해서 얘기할 수 있을까요?"

"제가 기분만 좋은 것이 아니에요. 저를 아는 모든 사람이 제가 행복해 보인다고 말해요." 그녀는 항상 복부가 나오는 것이 문제였는데, 지금은 다이어트를 하지 않고도 원하던 복부를 갖게 된 것에 대해 계속해서 설명했다.

"이것이 당신에게 매우 큰 의미가 있는 것처럼 들리네요. 당신이 갈구하던 복부를 갖게 된 것에 대해 좀 더 이야기를 해 주시겠어요."

"마치 제가 해낸 것 같은 기분이 들어요. 저는 수업도 뒤처지지 않고 있어요. 소속감을 느껴요. 그리고 덜 외로워요."

"그래서 이 운동이 데이브Dave와 헤어진 이후 느끼게 되었던 외로움과 슬픔에 도움이 된다는 건가요?"

"저는 관계가 특별해지고 있다고 생각했어요. 그런데 갑자기 아무것도 아닌 게 되어 버렸어요. 일도 싫고, 잘되지 않고 있어요. 그러나 스튜디오에 있을 때는 소속되어 있는 느낌이 들어요. 저는 매일 그곳에 가서 똑같은 사람들을 만나고 있으니 실제로 공동체가 생긴 거죠."

"두 사람의 관계가 끝났을 때 많이 외로웠군요."

"물론이죠." 그녀가 대답했다. "저의 우울은 스피닝 클래스에서 다른 사람들과 함께 있을 때 풀렸어요."

"이 부분은 당신에게 많은 것을 해 주고 있네요. 기분을 좋게 하고, 외모에 대해서도 좋은 기분을 느끼게 하고, 당신의 하루 일과도 만들어 주네요. 그리고 데이브가 떠난 고통도 느끼지 않도록 도와주네요. 맞는 말 같나요?" 피오나는 고개를 끄덕였다. "비슷하게 들리죠, 그렇지 않나요?" 나는 수사적으로rhetorically[11) 물었다. "당신이 슬픔을 느끼지 못하도록 한 가지 일에 집중하게 하는 부분이 있네요."

"네, 그렇네요."라고 그녀가 말했다. "하지만 이건 완전히 달라요. 저를 행복하게 만들어요. 그리고 저는 잘 먹고 있어요. 이제는 제 몸 관리도 잘하고 있고 정크 푸드junk food를 먹고 싶어 하지도 않아요."

나는 그녀의 최근행동(스피닝spinning)과 과거행동(음식제한restriction)을 연결하려는 내 시도가 오류였다는 것을 깨달았다. 그녀가 대부분의 여가시간(그리고 돈)을 사이클링 스튜디오cycling studio에서 보내도록 몰아가던 부분은 내가 그것이 바뀌기 바란다는 것을 감지하고 그것이 도움이 되는 모든 이유를 나열하는 것으로 대응했다. 나의 한 부분이 섞였다는 것을 알게 되었을 때, "피오나, 미안해요. 저에게 당신이 스피닝에 집중하는 것을 걱정하는 부분이 있어요. 다시는 이 부분이 저를 장악하지 않도록 제가 이 부분과 작업을 할게요."라고 말했다.

내가 회기와 회기 사이에 나의 걱정하는 부분에 초점을 맞췄을 때, 그 부분은 피오나가 대학에 다니면서 얼마나 아팠는지 그리고 그 부분이 재발을 방지하기 위해 얼마나 큰 책임감을 느끼고 있었는지를 알려 주었다. 내가 참자기-주도적 상태를 유지할 수 있다면, 피오나도 분명 이 섭식장애 부분이 그녀와 어떻게 섞여 있는지 알게 될 것이라고 그 부분에게 상기시켜 주었다. 다음 회기에서 나는 피오나에게 말했다. "제게 당신에 대해 책임감을 느끼는 어떤 부분들이 있다는 것을 알게 되어서 그들에게 좀 뒤로 물러서 달라고 부탁했답니다. 저는 스피닝과 거식증 간에 비슷한 점이 있다고 생각하고 있지만, 그것에 관해서는 당신이 원할 때 언제든지 살펴볼 수 있을 것이라고 믿어요."

이제 피오나는 그녀가 다니는 체육관[12)]을 통해 사회생활을 시작했다. 그녀

---

11) 역자 주) 수사적 질문은 답변을 요구하지 않는 요점을 강조하는 질문으로, '수사적'이라는 단어는 질문이 비유적 표현이라는 의미이다(출처: 네이버 국어사전).

12) 역자 주) 저자가 체육관(gym)이라고 표현하고 있는데, 스핀 클래스 스튜디오를 의미한다.

는 외식에 초대받는 것을 좋아했지만 건강에 좋지 않는 음식을 먹고 살이 찌는 것을 두려워했다. 과거에도 그랬듯이, 그녀는 식사를 하는 사교활동에 참여하면서 그날 먹거나 먹지 않은 음식에 대해 정신적으로 확인을 하였는데, 이것은 그녀가 음식을 적당하게 먹으면서 사람들과 함께 있는 것을 견디는 데 도움이 되었다. 폭식증bulimia과 달리, 지금은 보다 솔직하게 그 양상을 드러내고 있는 거식증은 엘리트 집단에 속해 있다라는 소속감과 자부심을 불러일으키는 경향이 있다. 피오나의 비섭식장애 부분들non-ED parts 중 일부가 칼로리 섭취를 조심하는 것에 대해 피할 수 없는 반란rebellion을 일으키자, 피오나는 한발 더 나아갔다. 그녀는 그 지역에서 가장 퇴폐적인decadent 제과점[13)]에서 페이스트리pastries를 사서 카운터에 놓아두었다가 며칠 후에 그것을 내다 버렸다. 그녀는 이렇게 자제력이 강해진 것에 대해 기분이 좋다고 말하면서, 이 섞인 부분blended part은 더 나아졌다는 징조라고 말했다.

외부 체계 구성원들 간의 통제를 위한 갈등

피오나의 치료기간 동안 나는 그녀의 영양사와 정기적으로 연락을 취했다. 그녀는 스피닝 수업을 시작한 이후 몸무게를 10파운드 감량했지만, 그녀의 식습관은 여전했었고 나는 놀라지 않았다. 그러나 그녀의 영양사는 놀라서 피오나가 회복에 전념하고 있는지에 대해 의문을 품기 시작했다. 영양사는 피오나에게 음식 일지를 작성하라고 독촉했고, 마침내 더 집중적인 치료를 제안했다. 내가 동의하지 않자, 영양사는 내가 피오나에게 '책임accountable'을 묻지 않는다고 걱정을 표현했다. 나는 내 안에 영양사에 대해 비판적인 감정을 느끼는 부분이 있다는 것을 알아차렸는데, 그 부분은 영양사의 평가는 부정확하고 말투는 상대를 부끄럽게 만든다고 판단하고 있었다. 내가 나의 비판자critic를 진정시킬 수 있게 되자, 내가 왜 놀라지 않았는지 그리고 우리가 치료에서 무엇을 하고 있었는지를 영양사에게 친절하게 설명할 수 있었다. 이것은 영양사

13) 역자 주) 가장 칼로리가 높고 지방이 많고 달콤한 빵들을 파는 제과점을 의미한다.

의 보호자들을 진정시켰고 피오나에 대한 우리의 상호 관심사를 조정하는 데 도움을 주었다. 그러나 나는 피오나의 섭식장애 보호자들이 우리의 차이점에 주목했다는 것을 알았다.

"이런 상황이 어떤가요?"라고 나는 물었다.

놀랍게도, 피오나는 "좋아요."라고 말하며 웃었다.

"오?"

"왜냐하면 이제 당신이 영양사가 어떤 사람인지 알게 되었으니까요."라며 행복하게 말했다.

"그것이 어떤 점에서 좋은가요?"

"외롭게 느껴지지 않아요." 그녀는 말했다.

"당신이 제 편이 되어 주는 게 좋아요. 하지만 체중과 숫자에 그렇게 집중하지 않는 새로운 영양사를 찾아야 할 것 같아요. 저는 더 이상 거식증이 아니에요. 저는 그 어느 때보다 건강해요. 저는 단지 제가 균형 잡힌 선택을 할 수 있도록 도와주기를 원해요. 누구 아는 사람이 있으세요?"

나는 고개를 끄덕였고 그녀의 추천 요구에 회의적인 부분들을 알아차렸다. 그녀의 결정이 참자기-주도적인 것일까? 아니면 행동 변화에 집중을 덜하는 영양사를 찾아 음식 섭취를 늘려야 하는 것을 피하면서 나를 기쁘게 해 주려는 한 부분의 결정인 것일까?

섭식장애의 효과적인 치료를 위해서는 일반적으로 다학제적multidisciplinary 치료 팀의 협력적인 노력이 필요한데, 그것은 생물학적 증상과 심리적 증상 사이에 상보적reciprocal이고 때로는 점진적인progressive 관계가 있기 때문이다. 일반적으로 팀의 모든 사람이 최종 목표에 동의한다 할지라도, 그 과정에서 철학과 방법은 상충될 수 있다. 내과 의사와 영양사가 사용하는 체중, 음식의 대체[14] 및 행동 계약behavioral contracts 등의 정량적 측정은 내적 경험을 이야기하고 정서적 불편함을 견디는 능력과 같이 치료사가 사용하는 보다 모호한 변

14) 역자 주) 음식의 대체(food exchanges)는 고열량에서 저열량으로의 변화를 의미한다.

화 지표들과는 극명하게 대조를 이룬다. 이러한 차이는 내담자에 대한 걱정과 각 분야의 책임 영역에 대한 우려와 함께 서로 간의 힘겨루기와 비난finger pointing을 야기할 수 있어서, 치료사는 참자기-주도적이 될 수 있도록 자신의 내면 작업을 하는 것이 무엇보다 더 중요하다. 나는 나의 부분들의 걱정을 회기와 회기 사이에 좀 더 알아보기로 하였다.

그 작업을 하면서, 나는 피오나가 자신을 불편하게 했던 영양사의 방식에 대해 치료 초기부터 걱정했었던 것이 생각났다. 그러나 그녀는 자신의 내면 비판자들이 그녀가 '잘못된' 결정을 내릴 수 있다고 경고하고 있었기 때문에 변화를 꺼려 하고 있었다. 나와 영양사가 우리의 차이점들로 인해 갈등하는 것을 보면서 피오나는 자신의 선택에 더 자신감을 갖게 되었고, 이것은 이들 부분들이 긴장을 푸는 데 도움이 된 것 같았다. 나는 나의 부분들의 이야기를 듣고 피오나에게 그녀의 의사결정 과정이 참자기-주도적인지 다시 한번 확인한 후에, 그녀에게 다른 영양사들의 이름을 알려 주었다.

한편, 피오나의 섭식장애 부분은 매주 체육관에서 열리는 마라톤 스피닝 수업의 대기자 명단 때문에 피오나의 행동을 극단적인 것으로 보지 못했다. 그녀에게는 이 모든 스피닝 수업의 비용을 걱정하고 피곤함을 호소하는 부분들이 있었으나, 스피닝 부분spinning part은 여전히 그녀와 많이 섞여 있었다. 나는 그녀의 비판자 편을 들기보다는 호기심을 유지해야 한다는 것을 스스로에게 상기시켰다. 나는 스피닝 부분이 그 부분의 숨은 조력자shadow ally인 거식증 부분anorexic part과 함께 충분히 목격되고 그 고마움을 인정받기 전까지 변하지 않을 것을 알고 있어서, "스피닝 부분이 더 이야기하고 싶어 하는 것이 있나요?"라고 물었다.

"섭식장애를 겪기 전에는 운동신경이 뛰어났었는데 몸이 완전히 나빠졌어요."라고 그 부분이 대응했다.

"제 자신에게 정말 감동했어요. 저는 정말, 정말 이것을 잘해요. 제가 할 수 있는 것을 다른 사람들은 못해요. 강사는 이번 주에 저를 두 번째 열에서 첫 번째 열로 옮겼어요!"

이 부분이 그녀의 기분을 나아지게 하려고 얼마나 애써 왔는지에 대한 고마움을 전한 후에 "스피닝 부분이 당신에게 탄탄한 신체를 회복하도록 도움을 주었다는 것을 알겠어요. 매주 수강하는 수업이 줄어들면 당신은 어떻게 될 것 같은가요?"라고 물었다.

"나는 평범함mediocrity이 정말 싫어요." 그녀가 대답했다.

어떤 이유에서인지, 이 순간에 피오나는 그녀의 섭식장애의 중심이었던 비판자의 익숙한 목소리를 알아차렸다. 그녀가 재활거주치료를 받는 동안 부모의 기대에 부응하지 못해 수치심과 열등감을 느꼈던 추방자들을 치유할 수 있었기 때문에 섭식장애 부분이 바뀌었고 비판자는 긴장을 풀었었다. 그녀는 그 비판자의 재출현이 다른 추방자들의 존재를 암시한다고 보았다. 그래서 우리는 그것에 관하여 탐색해 나갔고, 그녀는 스피닝 부분과 거식증 부분이 데이브와의 갑작스러운 이별에 절망감을 느끼고 피오나(와 그들)가 충분하지 않다고 믿는 더 취약한 부분들로부터 주의를 분산시키고 있다는 것을 알아차리게 되었지만 놀라지는 않았다.

극단적인 부분들과 참자기-주도 상태에 머무르기: 섭식장애 관련 역전이

이런 사례vignette에서 알 수 있듯이, 하나의 섭식장애 행동은 과도한 운동과 같은 다른 행동으로 이어질 수 있다. 하나의 섭식장애 행동에서 차례로 다른 행동으로 이어지는 바람개비 효과spinning pinwheel effect는 치료사의 부분이 치료에 대해 실망과 공포를 느낄 때 치료사의 인내심을 시험하는 것이 될 수 있다. 피오나가 지나친 운동으로 돌아섰을 때, 나는 치료가 실패해서 재발된 것이라고 두려워하는 부분이 되어speak from parts 이야기했었다. 그녀 내면에 있는 보호자들의 신뢰를 되찾기 위해 나는 내 안에 섞여 있는 부분들을 분리했고, 그래서 나는 그녀의 섭식행동이 그녀에게 어떤 도움을 주고 있는지에 대해 다시 호기심을 갖게 되었다.

일반적으로, 나는 내 안의 부분들에게 그들이 내담자의 증상을 관리하려는 시도를 중단한다면 내가 내담자로 하여금 자신의 참자기에 다가갈 수 있도록 도울 수 있을 것이라고 상기시킴으로써 나의 부분들과의 분리를 촉진한다. 그러나 어떤 내담자들과 작업할 때는 책임감에 대한 내적 대화가 계속된다. 만약 섭식장애 보호자들이 내담자의 신체 혹은 정서적 상태를 점점 더 걱정스러운 상태로 계속 몰아간다면, 내 안의 치료사 부분은 내담자가 회복할 수 없는 신체적 손상을 입고 중요한 발달단계와 기회를 놓치게 되거나 혹은 실제로 죽을까 봐 불안과 경계심이 쉽게 증가될 것이다. 가족 구성원, 학교 관리자 그리고 나와 유사한 두려움 때문에 나에게 내담자를 고치도록 압박하는 다른 치료제공자들과의 상호작용은 확실히 상황picture을 복잡하게 만들 수 있다. 게다가 나는 재정적 한계 때문에 섭식장애에 매우 중요할 수 있는 영양사나 집단치료 또는 집중 외래 프로그램 같은 부가적인 치료를 받을 수 없는 내담자들을 걱정한다.

그래서 치료의 효과를 위해 나는 나의 부분들을 알아차리고 작업할 필요가 있다. 내가 이런 작업을 하지 않으면, 나의 부분들은 관련된 사람들에 의한 압박감을 훨씬 더 느끼게 되고, 섭식장애 부분이 바뀌거나 사라지기 바라는 누군가의 요구를 경계하는 내담자의 섭식장애 보호자들과 힘겨루기에 빠질 가능성이 훨씬 더 높아진다. 섭식장애 부분들은 끊임없이 치료사를 살핀다. 예를 들면, 치료사가 섭식장애 보호자들에 대해 알고 싶다고 말하지만, 섭식장애에 지친 치료사 부분들이 나타나 치료사가 흥분한다면, 내담자의 섭식장애 부분들은 이를 알아차리게 될 것이다. 요컨대, 양극화의 회복을 촉진하는 쪽에 우선순위를 두는 것은 섭식장애 보호자들을 적대시하고 회복을 방해한다는 것을 알아야 한다.

내담자의 보호적인 부분들protectors은 치료사에게 의제agenda가 있다는 신호를 살피는 것뿐만 아니라, 치료사가 섭식장애를 가지고 있는지의 여부도 알아내고자 할 것이다. 섭식장애 부분들을 효과적으로 감지하고 작업하려면, 우리는 음식, 체중 및 외모에 대한 개인적인 짐burden뿐만 아니라 자기통제 및 과잉에 대한 전반적인 태도를 알아야 한다. 치료사가 자기 자신 안에 있는 제한적인 부분들restrictive parts을 축소하거나 부인denies하면 내담자의 제한하는 보호자들을 알아차리지 못하거나 실제로 경쟁하게 될 수도 있다. 내담자의 체중 증가를 자제력 부족 탓으로 돌리는 치료사는 자신의 체중 조절에 대해 너그럽지 못한 부분이 있다는 것을 발견하게 될 것이다. 두 경우 모두, 내담자의 섭식장애 부분은 더욱더 확고해지는 것으로 대응할 것이다. 반면, 치료사가 섭식장애 행동을 판단하는 자기 내면의 부분들과 작업할 때, 치료사는 내담자의 섭식장애 부분들의 신뢰를 얻게 된다.

젠과 그녀의 어머니: 내담자의 더 큰 체계와 작업하기

대중매체는 과잉excess과 절제deprivation라는 섭식장애 양극화의 혼합된 메시지에 의해 유지된다. 과잉인 입장에 있는 가족에게 음식을 거절한다는 것은 생각할 수 없는 일이다. 절제의 입장에 있는 가족은 음식을 제한하는 것과 운동을 과하게 하는 것을 건강한 것으로 본다. 무절제한 식습관eating disordered perspective을 지지하는 환경에서 사는 내담자는 자신의 생각이나 행동이 극단적이라는 의견에 종종 혼란스러워한다. 열일곱 살 젠Jen의 사례가 좋은 예이다. 내가 그녀와 함께 치료를 막 시작하려 할 때, 그녀의 어머니로부터 전화가 왔다.

"젠을 좀 어떻게 해야 합니다." 그녀의 어머니가 다그쳤다.

"그 애가 당신에게 음식을 제한하고 있다고 말하겠지만 실제로는 그렇지 않아요. 저는 그 애가 항상 먹고 있는 것을 봐요. 그 애는 먹기만 해요. 그 애는 자신이 아프다고 말하지만 그 애를 보세요! 그 애가 정말 음식을 제한하고 있다고 생각하세요?"

이러한 오프닝 게임[15] 덕분에 나는 가족역동치료를 준비할 수 있었을 뿐만

15) 역자 주) 오프닝 겜빗(opening gambit)은 회의나 연설 따위를 할 때 첫머리에 하는 말로 모두 발언(冒頭發言)이라고 할 수 있다. 여기에서는 대화 초반에 자신의 입장을 확보하기 위한 말이나 행동을 하는 모습을 의미하는 것으로 오프닝 게임이라고 번역하였다.

아니라, 젠의 어린 시절과 그녀의 현재 환경에 대한 중요한 정보도 파악할 수 있었다. 어머니와의 전화 직후에 젠은 나에게 "제가 몸무게를 걱정해야만 한다고 부모님이 생각하고 계시는데, 거기에 대고 제가 치료를 받아야 한다고 말하는 학교 상담사와 의사를 이해할 수가 없어요."라고 설명했다.

매일 몸무게를 재고 체중을 줄이라고 다그쳤던 젠 부모의 제한하는 부분은 그녀의 섭식장애 행동을 문제로 인식할 수 없었다. 결국, 가족에 대한 젠의 충성심loyalty은 그녀의 섭식장애 부분들로 하여금 그녀의 부모가 그저 옳은 일을 하고 있다고 믿게 만들었다. 언제나 그랬듯이, 나의 일은 젠의 관계적 체계relational system에 반대하지 않고 그녀와 작업할 수 있도록 나의 판단적인 부분이 느슨해지도록 돕는 것이었다.

사만다: 순응하는 부분은 치유의 장애물

성취하려 하거나 사람들을 기쁘게 해 주려는 섭식장애 보호자들을 가진 사람들은 규칙에 순응함으로써 많은 긍정적 피드백을 받는 재활거주치료를 잘 받는다. 사람들을 기쁘게 하는 부분들people-pleasing parts은 명확한 목표를 향해 나아갈 수 있는 구조를 즐기고 '좋은' 사람으로 보여지는 것을 좋아한다. 그러나 이러한 내담자들은 일반적으로 퇴원 후에 섭식장애 보호자들이 고립되고 불행한 상태로 남아 있는 취약한 부분들을 다시 돌보려 할 때 재발한다.

재활거주 섭식장애 프로그램residential eating disorder program을 통해 나에게 의뢰되었던 스물한 살의 사만다Samantha는 다시는 폭식과 구토를 하지 않을 것이라고 단호하게 말했다. 가족 구성원들과 치료 담당자들은 그녀가 음식을 제한하고, 폭식과 구토를 매우 빨리 멈출 수 있었다고 칭찬했다. 퇴원 후에 그녀는 치료 계획의 어떤 요소라도 바뀌면(예를 들어, 내가 일주일에 두 번씩 그녀를 만날 수 없거나, 그녀가 작성된 식사 계획을 따르지 못하면) 매우 불안해졌다.

그녀에게 무엇을 하고 싶은지 물었을 때, 그녀는 항상 "계획대로 하는 것"이라고 대답했다.

"당신이 계획대로 하고 있는지 확인하고 싶어 하는 부분의 말을 들을 수 있을까요?" 나는 물었다.

"저는 또다시 폭식하고 토하는 그런 사이클cycle로 돌아가고 싶지는 않아요." 그녀는 단호하게 말했다. "그 계획이 저를 보호해 줘요."

"폭식하고 토하고 싶은 충동이 느껴지나요?"

그녀는 나를 조심스럽게 쳐다보며 말했다.

"사실은, 저는 무엇보다 토하고 싶어요. 저는 그것이 저의 치아를 망가뜨리고 있다는 것을 알고 있고, 제 마음 한구석에서는 그것을 역겹다고 생각하는 부분도 있지만, 다른 한편으로는 그것을 좋아하는 부분도 있다는 것을 알고 있기에 이런 말을 하는 것이 쑥스럽네요."

나는 그녀의 부분에게 이것을 인정하는 것이 얼마나 어려운지에 대해 고마움을 전하며, 관심을 가지고 고개를 끄덕이며 물었다.

"이 부분이 토하는 것에 대해 가장 좋아하는 것은 무엇인가요?"

"그것을 뱉어 낸다는 거예요!"

"'그것'이 뭐죠?" 나는 물었다.

"모르겠어요." 잠시 어리둥절해하며 그녀가 말했다.

"하지만 그것이 현재 일어나고 있는 일이고 저는 많은 안도감relief을 느껴요. 나중에는 기분이 좋아지고 둥둥 떠다니는 기분이에요. 달리 뭐라 표현해야 할지 모르겠어요. 저는 이제 토하지는 않지만 생각은 많이 나고 그런 제 자신이 혐오스럽게disgusting 느껴져요. 당신도 제가 혐오스럽다고 생각되죠?"

"전혀요." 나는 대답했다.

"안도감은 신체적으로나 정서적으로 매우 힘이 되죠."

혐오감을 느끼는 치료사는 내담자의 경험에 진정으로 관심을 기울일 수 없다. 하지만 만약 당신에게 혐오감을 느끼는 부분이 있다면, 이들 보호자들에 대한 호기심과 진정 어린 존중감을 전하는 질문을 함으로써 그 부분과 분리할 수 있도록 도와야 한다. 토하는 것과 관련하여 내가 하는 질문은 다음과 같다:

구토가 숙달된 느낌, 안도감, 수치심, 슬픔, 또는 이들 모두의 혼합된 감정을 제공합니까? 토하는 것이 우울이나 불안을 중재합니까? 어떤 내담자들은 토한 후에 기분이 좋아졌고 그것이 우울을 조절한다regulates고 묘사하는 반면, 어떤 내담자들은 졸림을 느끼는데 그것이 불안을 조절한다고 보고한다.

"어쨌든, 저는 그것을 다시 겪을 수는 없어요." 샘[16]이 말했다.

"만약 당신이 그렇게 한다면 무슨 일이 일어날 것 같은가요?"

"모두가 제게 실망할 것 같아요. 당신도 저에게 정말로 화가 날 거예요. 모두가 그럴 것 같아요. 제 인생이 망가질 거예요."

"당신에게 토하고 싶어 하는 부분이 있고, 제가 당신에게 화를 낼 것이라고 느끼는 부분과 다른 사람들을 실망시키는 것이 당신의 인생을 망치는 것이라고 느끼는 부분도 있다는 말로 들리네요."

"네." 그녀가 슬프게 말했다.

"어떤 부분이 당신의 관심을 필요로 하나요?"

"왜 제가 토하고 싶어 할까요? 모든 것은 아주 잘되고 있는데요."

"당신이 물어볼 수 있나요? 아니면 제가 물어볼 수 있을까요?"

"토하기를 좋아하는 부분이 '누구를 위해 잘되고 있어?'라고 말하네요."

"당신은 뭐라고 말하나요?"

"누군가를 위해서야. 그게 나일 거야. 난 이것을 올바른 방식으로 하고 싶어."

"이것이 계획을 고수하고 싶어 하는 부분이 될 수 있을까요?"

"물론이죠."

"우리가 그 부분의 이야기를 좀 더 들을 수 있을까요?"

"만약 우리가 한 번만이라도 바르게 행동하면 모든 것은 괜찮아질 거라고 말하네요."

"그렇다면 잘못된 행동은 무엇일까요?"

"화내고 고집불통이고 멍청한 것이요. 당신도 알잖아요!"

"알겠어요. 우리가 그렇게 느끼는 그 부분을 도울 수 있다면 어떨까요?"

---

16) 역자 주) 샘(Sam)은 사만다(Samantha)를 저자가 약칭으로 사용한 이름이다.

"하!"

그래서 우리는 그녀의 추방자를 도울 수 있도록 허락을 받을 때까지 몇 번의 회기를 더 진행하였다. 그녀의 추방자는 가족과 그녀가 다녔던 가톨릭 학교의 수녀들로부터 '다루기 힘든' 아이로 여겨졌던(그리고 처벌받아 온) 혈기 왕성한 어린 소녀였다. 그녀의 토하는 부분purging part은 그녀가 아주 어렸을 때 그녀의 체계가 만들어 낸 '나쁜 것을 없애는' 것에 대한 환상을 시행했던enacted 것이다. 샘의 관리자들은 내가 이 '나쁜' 어린 소녀를 수용하고 그 소녀가 샘의 생활을 망치지 않을 것이라고 믿을 수 있게 된 지 몇 주가 지나서, 그녀의 참자기가 어린 소녀와 시간 보내는 것을 허락하기 시작했다.

아이러니하게도, 순종적이고 '착한' 사람이 되기 위해 이 부분을 추방한 것은 샘이 10대 때 어떤 남자들과 외상적인traumatic 상호작용을 하도록 만들었다. 그러나 이것에 대해서도 어린 소녀를 비난했던 그녀의 비판적 관리자들critical managers은 그녀의 참자기가 안정적으로 현존한 후에야 지나치게 순종하는 것의 위험성을 이해할 수 있었다. 그즈음에 비판적 관리자들은 사회적 상황에서 샘이 말하는 모든 것을 제한하고 감시하는 것뿐만 아니라 엄격하게 감독하는 것이 그들이 경멸하는 폭식과 구토 부분을 부추겼을 뿐이라는 것을 인정할 수 있었다. 그들이 샘에게 분노, 수치심 그리고 제한 대신에 연민과 호기심으로 폭식과 구토 에피소드에 대응할 충분한 공간을 주었을 때, 그들은 폭식과 구토 부분이 편안해지는 것을 보고 만족해했다. 그녀의 섭식장애 양극성의 양쪽 보호자들이 진정되고 사만다의 참자기와 관계가 형성되면서, 그들은 결국 '나쁘고 고집스러운' 부분이 단지 활기찬 어린 소녀였다는 것을 인정할 수 있게 되었다.

이 사례에서 알 수 있듯이, 보호자들은 그들이 두려워하는 감정, 기억 그리고 비밀에 대한 접근을 막기 위해 지치지 않고 일을 하지만 그것이 더 고통스러운 결과를 가져온다. 그들의 의도는 좋지만, 그들은 어떤 전략을 선택하든 그들이 피하고 싶어 하는 그 위험을 만들어 내는 경우가 많다. 우리의 일은 부분들의 좋은 의도를 검증하고, 그들이 그들의 전략의 한계를 인정하고 새로운 것을 시도할 수 있을 만큼 충분히 안전하다고 느끼도록 돕는 것이다.

마야: 내담자와 치료사가 치료적 선택에 합의할 수 없는 경우

향후 힘겨루기의 위험을 줄이기 위해, 나는 치료를 시작할 때 내담자에게 일정 수준 이하로 체중이 감소하거나 일정 수준 이상의 폭식 또는 구토를 계속할 경우 더 높은 수준의 관리를 받게 할 것이라고 말한다. 내담자에 따라서는 의사의 정기적인 모니터링, 섭식장애 전문 영양사의 방문, 정신과적 약물이나 집중적인 외래 또는 입원치료 등 더 높은 수준의 진료가 포함될 수 있다. 일단 우리가 이러한 기본 규칙을 세우면, 나는 섭식장애 보호자들을 모니터링하지 않는다. 대신 나는 추방되고 취약한 부분들을 내담자의 참자기가 도울 수 있도록 보호자들의 허락을 구하는 일을 한다.

내 경험에 의하면, 치료에서 중요한 감정적 연결은 가능하지만 행동 변화를 만들기 위한 내외적 자원들이 부족한 내담자들은 외래환자 기준에서 볼 때 많은 시간과 노력 그리고 금전적 낭비를 할 수 있다. 나는 내담자들이 영양실조 또는 탈수로 인한 영양 결핍으로 치료를 받을 수 없을 때에도 계속해서 치료treat를 하는 것은 이와 비슷한 맥락에서 비윤리적이라고 생각한다. 나는 만약 더 높은 수준의 치료가 필요하다고 생각되면, 내담자에게 우리의 첫 대화를 상기시키고, 내담자의 섭식장애 보호자들의 동기를 이해한다고 말하며, 내담자로 하여금 내가 설정하고 있는 한계에 관하여 말하도록 권한다. 나는 내담자의 보호자 부분과 협상을 계속할 의향이 있지만, 이 시점에서 치료를 멈출 의향 또한 있다.

성학대 전력이 비밀에 부쳐진 열여덟 살의 폭식증bulimic 여성 마야Maya는 그녀의 부모와 함께 살고 있었는데, 그녀의 부모는 아직도 자신들의 트라우마로 인한 짐을 지고 있었고 그들 자신의 욕구에 몰두하고 있었다. 나와 작업을 하기 이전에 마야는 두 번이나 병원에 입원했었다. 그 이후로 그녀는 정신과 치료를 거부하고 경계해 왔다. 그녀는 부모에 대한 분노와 충성심 간의 양극화가 커서 치료를 받기로 했지만, 부모에게 충성심을 느끼는 부분이 부모와의 경험을 이야기하지 못하게 막았다. 그녀의 증세가 약화되었다면 나는 참을 수 있었다. 그러나 그녀가 이웃의 강력 범죄를 목격한 이후, 토하는 부분의 활동이 증가했고 마침내 그 부분이 그녀를 장악했다.

"저는 당신에게 재활거주치료에 대해 좋지 않게 생각하는 부분들이 있다는 것을 알아요."라고 말했다.

"하지만 저는 어떤 다른 부분들은 겁을 먹기도 하고 또 다른 부분들은 안도감을 느낄 수도 있다는 것을 알고 있어요." 마야는 고개를 끄덕였다.

"제가 치료받는 동안 부모님이 계속 일을 하고 있다는 사실에 화가 나요."

"그것이 재활거주치료에 대해 반대하는 주된 이유인가요?"

"엿 같아요! 마치 가족 중에 저만 문제가 있는 것 같잖아요."

"그 부분은 우리가 그것에 관하여 무엇을 알기 원하나요?"

"재활거주치료를 받는 것은 가족이 저를 문제가 있는 사람이라고 생각할 수 있게 하는 또 다른 이유가 될 겁니다."

"그 부분이 왜 그렇게 강한 감정을 느끼는지 알겠네요. 가족은 치료를 받지 않고 당신만 더 많은 도움을 받아야 하는 것이 불공평하고 화가 나는 부분에 대해서도 이해가 되네요."

"저는 가지 않을 거예요." 마야가 말했다.

"좋아요. 우리가 치료를 시작할 때, 제가 당신과 작업하기 위해서 필요한 치료 요소들에 대해 설명했었죠. 저는 당신에게 재활거주치료를 반대하는 부분이 있다는 것을 존중해요. 그래서 이것이 당신의 결정일까요? 이미 논의한 바대로 우리는 오늘 이것에 대해 결정을 해야 할 것 같네요."

"저는 재활거주치료를 받고 싶지 않아요. 제 스스로 할 수 있어요."

"만약 당신이 다시 생각해 준다면 저는 기꺼이 우리의 작업을 계속해 나갈 겁니다. 여기 섭식장애를 전문으로 하는 몇몇 다른 치료사들의 명단도 있어요. 제가 다른 치료사들과 이야기할 수 있도록 당신이 허락해 준다면, 우리가 했던 작업과 함께 치료를 위한 권고 사항들을 검토해 볼 것입니다."

마야는 내가 내밀었던 종이를 받아 들고, 나를 노려보고는 사무실 밖으로 걸어 나갔다. 한 달 후 그녀는 다시 와서 재활거주치료를 받기로 동의했다. 이 사례에서 알 수 있듯이, 섭식장애 내담자와 치료를 시작할 때는 무슨 일이 일어날지 가능한 다양한 시나리오를 예상하고, 그러한 시나리오 중 하나가 발생하면 단호하게 행동해야 한다.

아나벨과 크리스틴: 섭식장애 보호자들 없이 사는 것

섭식장애 보호자들과 긴밀한 관계를 구축하여 외상 후유증을 관리해 온 내담자들은 추방자가 목격되고 보호자가 바뀌면 종종 심각한 상실감을 보고한다. 나의 내담자인 아나벨Anabelle이 "거식증은 제가 다른 어느 곳에서도 가질 수 없었던 관계였어요. 그것은 제게 평화로움을 주었어요."라고 말했다.

어떤 내담자들에게 섭식장애는 그들의 트라우마를 목격하는witness 유일한 방법이었기에, 그들은 섭식장애에 의존하지 않으면서도 그들에게 무슨 일이 일어났는지를 인정할 수 있는 다른 방법을 찾아야 한다. 나의 내담자들 중 많은 사람이 글쓰기, 춤, 미술 또는 음악과 같은 표현 치료나 활동을 통해 자신들의 경험을 존중할 방법을 찾는다. 또 다른 내담자들은 동기부여 연설가, 멘토 또는 치료사가 되기도 한다. 마지막으로, 일부 내담자들은 그들의 회복 과정에서의 변화가 가족 및 친구들과의 현재 상태the status quo를 방해한다는 것을 알게 되는데, 이것은 고통스럽고 슬프고 더 많은 상실에 대한 위협감을 느끼게 한다.

크리스틴Kristen은 "몇 년 동안 이렇게 안전하지 않다고 느껴본 적이 없어요! 예전부터 저를 알아온 여자들이 자꾸 어떻게 살을 뺐냐고 물어요. 그리고 가족은 제가 먹는 것을 지켜보고 있어요. 제가 먹잇감이 된 느낌이에요."라고 말했다.

에리카: 섭식장애의 물리적 비용에 대한 애도

섭식장애 사이클cycle은 신체에 대한 인식된 혹은 실제적 손상에 대한 죄책감, 두려움, 수치심에 의해 지속될 수 있다. 섭식장애로 인해 발생한 많은 신체적인 결과는 치료되거나 회복될 수 있기 때문에(Tyson, 2010) 나는 내담자에게 그 행동이 계속되는 동안에도 치과 의사 및 내과 의사에게 자문을 받도록 한다. 예를 들어, 토한 후에 양치질을 자제하고 보호용 헹굼protective rinses을 하는 것은 추가적인 에나멜enamel 침식을 예방하는 데 도움이 될 수 있다. 하지만 골다공증osteoporosis과 같은 상태는 되돌릴 수 없다. 섭식장애와 관련된 다른 손실들(관계적 기회 누락, 불임 및 학교 또는 업무의 중단 등)이 그렇듯이, 많은 내담자는 그들의 혹독한 자기치료self-treatment와 그 대가에 대해 깊은 슬픔을 느끼고, 그들의 비판적인 부분들critical parts은 그러한 손실을 발생시킨 것에 대해 가차없는 공격을 할 수도 있다. 내 경험상 비판적인 부분들은 추방자들이 짐을 내려놓고 내담자들이 슬퍼한 후에야 멈춘다.

마흔 살 내담자인 에리카Erica는 두 무릎이 심각하게 손상되어 마라톤을 중단해야 했기 때문에 치료에 왔다. 그녀가 내게 한 첫마디는 "제 몸에 한 짓을 생각할 때마다 무슨 의미가 있나 싶어져요. 제 몸이 엉망이 되었으니 좋아져봐야 소용없어요." 3년 후, 그녀는 그 상실을 애도grieving하고 있었다. "달리기는 제가 기댈 곳이었어요." 그녀가 말했다. "달릴 때는 강간에 대해 생각할 필요가 없었어요. 갇힌 느낌, 움직일 수 없는 느낌, 공황상태 등 그 어떤 것도요. 저는 단지 그냥 힘을 느꼈어요. 빌어먹을 그게 다예요."

종종 몸이 더 이상 견딜 수 없어서 섭식장애가 출현한 것처럼, 애도mourning란 적어도 부분적으로는 참자기-주도적 인식 과정이고 전략이 고갈된 보호적인 부분들에 대한 감사의 과정이다. 에리카는 어린 시절 심각한 신체·정서적 외상에서 살아남기 위해 달리기를 시작했고, 그 후 대처하는 데 드는 신체적 비용을 평가하고 있던 비판자에 의해 내적인 비난을 받았다. 관련된 모든 부분에 대해 그녀의 참자기의 연민compassion을 느끼는 것은 그녀의 비판자가 진정되는 데 도움이 되었다.

▌결론

기존의 섭식장애 치료에서는 섭식 행동의 감소나 안정화가 포함되며, 외래 치료를 받는 내담자에게는 이에 대한 약간의 관심이 필요할 수 있으나, IFS 관점에서는 음식과 관련된 행동을 줄이도록 압박하는 것은 실수이다. 그 대신, 지금까지 설명해 왔듯이, 우리는 치료 시작부터 섭식장애 부분들이 그 행동을 더 이상 할 필요가 없다고 느낄 때까지는 변하지 않을 것이라는 것을 인정한다. 섭식장애 보호자들이 우리의 치료가 그들을 변화시키는 것에 초점을 맞추지 않는다는 것을 이해하게 되면, 그들은 긴장을 풀 수 있고 우리는 치료 초기에 내담자의 부분을 알고 이해하게 됨으로써 진전을 이루어 내는 데 집중할 수 있게 된다. 내담자가 자신 내면에 서로를 두려워하는 양극화된 보호자들(제한하는 보호자는 폭식하는 부분이 장악할 것이라는 두려움과 그 반대도 마찬가지)이 있다는 것과 또한 그들 보호자들은 긴장 이완이 추방자들의 강한 부정적 감정을 표면화시킬 것이라는 두려움을 가지고 있다는 것을 알게 됨에 따라, 치료사는 그들의 우려를 인정하고 섭식장애의 물리적 위협과 갈등을 줄여 나갈 수 있는 대안적 행동들을 협상할 수 있는 기회를 갖게 된다.

모든 보호자처럼 섭식장애 부분들도 좋은 의도mean를 갖는다. 그 부분들의 행동이 이상하고 이해할 수 없어 보이고, 금방이라도 닥칠 듯한 위험과 파괴적인 결과 앞에서 그들의 완고함과 결단력에 실망하고 격분할 수도 있지만, 그들의 사명감과 열정은 그들이 숨기는 상처에 비례한다. 만약 우리가 위험한 증상을 통제하고 섭식장애 부분들을 제거하려는 우리의 욕구를 잘 다룰 수 있을 뿐만 아니라 섭식장애 치료 과정에 산재한 장애물들을 잘 다룰 수 있다면, 우리의 내담자들은 치유에 필요한 내적 자원을 갖게 될 것이다.

참고문헌

Ackard, D. M., & Brewerton, T. D. (2010). Comorbid trauma and eating disorders: Treatment recommendations and considerations for a vulnerable population. In M. Maine, B. McGilley, & D. Bunnell (Eds.), *Treatment of eating disorders: Bridging the research-practice gap* (pp. 251-267). San Diego, CA: Elsevier Academic Press.

Brewerton, T. D. (2007). Eating disorders, trauma and comorbidity: Focus on PTSD. *Eating Disorders, 15,* 285-304.

Bunnel, D. (2010). Men with eating disorders: The art of and science of treatment engagement. In M. Maine, B. McGilley, & D. Bunnell (Eds.), *Treatment of eating disorders: Bridging the research-practice gap* (pp. 301-316). San Diego, CA: Elsevier Academic Press.

Keel, P., & Forney, K. (2013). Psychosocial risk factors for eating disorders. *International Journal of Eating Disorders, 46*(5), 433-439.

Maine, M. (2010). The weight-bearing years: Eating disorders and body image despair in adult women. In M. Maine, B. McGilley, & D. Bunnell (Eds.), *Treatment of eating disorders: Bridging the research-practice gap* (pp. 285-299). San Diego, CA: Elsevier Academic Press.

Pike, K. M., Hoek, H. W., & Dunne, P. E. (2014). Cultural trends and eating disorders. *Current Opinion in Psychiatry, 27*(6), 436-442.

Schwartz, R. C. (1995). *Internal family systems therapy.* New York: Guilford.

Striegel-Moore, R. H., & Bulik, C. M. (2007). Risk factors for eating disorders. *American Psychologist, 62*(3), 181-198.

Tyson, E. P. (2010). Medical assessment of eating disorders. In M. Maine, B. McGilley, & D. Bunnell (Eds.), *Treatment of eating disorders: Bridging the research-practice gap* (pp. 89-110). San Diego, CA: Elsevier Academic Press.

van der Kolk, B. A. (2014). *The body keeps the score: Mind, brain, and body in the transformation of trauma.* New York: Penguin.

04

반응적 양육에서 참자기-주도적 양육으로

부모들을 위한 IFS 치료

폴 네스타트(Paul Neustadt)

▌서문

나는 정신건강 문제와 약물남용으로 어려움을 겪은 아들의 아버지이기 때문에, 치료사로서 일을 할 때 부모로서의 개인적인 경험을 사용한다. 나는 치료에 온 부모들에게 다음과 같은 이야기를 종종 한다. 내 아들은 최근 30일간의 중독치료 프로그램을 마치고 캘리포니아 오클랜드에 살고 있었다. 그가 술을 끊었기 때문에, 그의 근본적인 심리적 문제들이 큰 혼란을 야기하고 있었다. 아내와 나는 아들과 긴밀한 연락을 취하면서 그의 회복을 응원하고 싶었지만, 그가 전화 통화를 싫어해서 직접 방문하기로 했다. 우리가 보스턴에서 비행기를 탔을 때, 나는 아들에 대한 나의 불안과 두려움을 알아차렸다. 나는 가능한 한 빨리 그와 의논할 필요가 있다고 생각되는 걱정거리를 적어서 호주머니에 넣었다.

첫째 날, 아들은 우리를 하이킹에 데려갔다. 하이킹을 시작하자마자 나는 질문을 하기 시작했다. 당연히 그는 차단했고, 결국 나는 절망했다. 우리가 직접 만나서 이야기조차 할 수 없다는 말인가? 하지만 그때 다행스럽게도 명료한clarity[1] 순간을 가질 수 있었다. 그 순간을 통해 나는 나의 부모 부분이 아들을 강렬하게 압도함으로써 그를 더욱 기분 나쁘게 만들고 있었다는 것을 알게 되었다. 또한 그가 우리에게 필요로 했던 것은 단지 사랑과 수용받는 느낌이었다는 것도 알게 되었다. 긴장을 풀고 함께 즐기는 것이 가장 중요한 것이었다.

IFS 언어를 사용하자면, 나는 나의 불안한 부모 부분을 분리하면서unblend 참자기-에너지Self-energy의 명료함과 지혜에 접촉access할 수 있었다. 나의 부분이 긴장을 풀면서, 나는 아들을 사랑하는 데 집중했다. 이러한 통찰을 아내와 나누었을 때, 아내도 즉시 동의했고 우리는 우리의 의제agenda를 내려놓았다. 차례로, 아들도 긴장을 풀었고 우리와 함께 있는 것을 즐겼다. 방문 마지막 날 밤, 그는 우리의 침실로 와서 마음에 있었던 것들을 이야기하기 시작했다. 결국 우리는 그의 방식terms과 주도initiative 속에서 깊이 있게 이야기를 나누며 우리의 본래 관심사들을 대부분 다루게 되었다.

나는 불안한 반응적 부분reactive part[2]에 의해 압도되는 것이 어떤 것인지 이해한다는 것을 알리기 위해 부모들에게 이 이야기를 한다. 이렇게 하는 목적은 우리가 부분들을 분리하고 참자기-에너지에 다가갈 때 무슨 일이 일어날 수 있는지를 알려 주기 위함이다. 이런 개인적인 이야기는 그 어떤 것보다도 부모들에게 더 큰 영향을 미치고는 한다. 나의 이 경험을 통해 부모들은 극도로 반응적인 양육자 부분들reactive parenting parts과 친해질 수 있고 변형transform시킬 수 있으며, 그 부분들이 자신의 상처, 즉 치유될 수 있는 짐을 진 어린 부

---

1) 역자 주) 명료함은 Self의 8가지 특질 중 하나로 극단적 신념이나 정서(무거운 짐)의 왜곡된 영향 없이 상황을 인식할 수 있는 능력을 의미한다. 슈워츠가 설명하는 Self의 특징은 8'C, 즉 Curiosity(호기심), Calm(평정심), Confidence(자신감), Connectedness(연결감), Clarity(명료함), Creativity(창조성), Courage(용기), Compassion(연민)으로 설명하고 있다.

2) 역자 주) IFS에서 "반응적 부분은 취약한 부분들을 추방하고 정서적 고통을 없애고자 하는 목표를 갖고 있으며, 관리자들의 억압적인 노력에도 불구하고 추방자들의 기억과 감정이 뚫고 나왔을 때 활성화되며 격렬해지는 경향이 있는 것"으로 본다(출처: Anderson, F. G., Sweezy, M., & Schwartz. R. C. (2017). *Internal Family Systems Skills Training Manual: Trauma-Informed Treatment for Anxiety, Depression, PTSD & Substance Abuse.* PESI Publishing & Media).

분들burdened young parts로 이어지는 시작점[3)]을 제공한다는 것을 배우게 된다.

개요

이 장에서는 반응적 양육과 참자기-주도적 양육Self-led parenting 간의 차이를 설명한다. 자녀와 함께 도움을 받으러 오는 대부분의 부모는 내면 작업을 할 생각은 없지만, 어린 시절의 경험이 양육 스타일의 기본이 되기 때문에 양육에 관한 작업은 시간을 거슬러 올라갈 수밖에 없다(Siegel & Hartzell, 2014). 사례를 통해 어떻게 부모가 그들의 반응적 부분들을 분리하고, 호기심과 창의성을 가지고 고착된 행동 패턴을 변화시켜 나갈 수 있는지를 설명하고자 한다. 또한 치료사들이 어떻게 가족 체계에서 발생하는 피할 수 없는 양극화에 쉽게 빠지는지, 그리고 어떻게 우리가 우리 자신의 부분들과 작업함으로써 이러한 양극화를 능숙하게 다루어 나갈 수 있는지를 설명할 것이다.

반응적 양육 대 참자기-주도적 양육

아마도 참자기-주도적 양육은 반응적 양육과 대조적으로 가장 잘 이해될 것이다. 반응적 양육은 우리와 섞여 있는 부분들blended parts이 현재의 상황을 마치 우리의 과거 부정적 경험인 것처럼 인식하는 상태이다. 이와 대조적으로 참자기-주도적인 부모는 보다 더 많이 현존present할 수 있고 현재 상황을 보다 분명하게 볼 수 있다. 반응적인 상태에서, 우리는 과거의 어떤 고통스러운 경험의 반복을 막는 데 초점을 맞춘 보호적인 부분들의 눈을 통해 현재의 상황을 본다. 그렇게 함으로써 보호적인 부분들은 일반적으로 아이의 보호적인

3) 역자 주) 시작점(trailhead)은 추방자를 치료하기 위해 추방자에게로 가는 길의 시작을 의미한다.

부분들child's protectors[4]과 양극화polarity를 만들고 그들이 두려워하는 바로 그것을 야기시키는 방식으로 아이를 통제하려고 한다.

시작하기: 리디아

리디아Lydia는 입양한 열두 살 아들에 대한 분노 때문에 도움을 받으러 온 한부모single parent이다. 그녀는 아들에게 소리 지르는 끔찍한 일들을 한 후에, 죄책감에 휩싸여 그에게 다른 어머니를 찾아야 한다고 말했다고 했다. 더 이상의 좋지 않은 상호작용을 두려워한 그녀는 아들과 단둘이 있는 것을 두려워했고, 그를 잃을까 봐 두려워했다. 그녀의 친구들은 아무도 이 행동에 대해 알지 못했고, 만약 그들이 알게 된다면 자신을 섬뜩해할 것이라고 확신했다. 그녀는 숱한 비명과 협박을 받으며 자라왔기 때문에, 그녀가 아들과의 관계에서 자신의 어린 시절을 재현하고 있는 것이 싫었고, 그래서 그녀는 그녀가 괴물이 되었다고 느꼈다.

인간이란 존재

리디아가 도움을 청하기 위해 전화를 했을 때, 그녀는 망설이고 불편해하는 것 같았다. 그래서 나는 "잠시 둘이서만 이야기할 상황이 되나요? 아니면 이야기할 다른 시간을 만들어 볼까요?"라고 물었다.

"아, 괜찮아요." 그녀가 말했다.

"저는 단지…… 제가 당신에게 할 말이 별로 듣기 좋은 말이 아니라서요. 제가 아들에게 하는 행동에 관한 거예요. 가끔은 제가 저를 잘 모르겠어요."

"고통스럽게 들리는군요." 나는 말했다.

4) 역자 주) protectors를 일반적으로 '보호자'라고 번역하고 있다. IFS에서는 일반적으로 '보호적인 부분(protective parts)'을 '보호자(protectors)'라고 칭하고 있으며, '비판적인 부분(critical parts)'을 '비판자(critic)'라고 칭하고 있다. 이 장에서는 자녀의 부모를 칭하는 '보호자'와 내면의 보호적인 부분을 칭하는 '보호자'의 혼란을 줄여 보고자 protectors를 '보호적인 부분'이라고 번역하였다.

"정말 끔찍해요." 그녀가 대답했다.

"저는 도움이 필요해요."

"도움이 필요하다는 것을 안다는 것은 용기 있는 일입니다. 저도 부모이고, 반응적이 되는 것에 대해 잘 알고 있습니다."

"그렇게 말해 줘서 고맙습니다." 리디아가 말했다.

"당신을 잘 몰라서 말하기가 좀 어렵네요."

양육에 대한 도움을 요청하는 대부분의 부모는 죄책감과 수치심을 느끼고 스스로를 가혹하게 판단한다. 그들이 취약하다고 느끼는 어떤 부분들parts을 잘 감추었다 해도, 그들은 여전히 다른 사람들에 의해 판단받을 것이라고 생각한다. 리디아와의 통화 목적은 나도 그녀처럼 실수할 수 있다는 것을 직간접적으로 전달하는 것이었다. 내 경험에 대해 많이 이야기하지는 않았고, 단지 내가 그녀를 공감할 수 있고 그녀를 판단하지 않는다는 것을 전달할 수 있을 정도로만 이야기했다.

지도화

약간의 배경정보를 수집하고 치료적 관계를 구축한 후, 내담자들에게 가장 바꾸고 싶은 반복적인 상호작용에 초점을 맞추라고 제안한다. 이젤(또는 화이트보드)을 사용하여, 아이들과 상호작용을 할 때 내면에서 어떤 일이 일어나고 있는지 설명해 달라고 요청한다. 이젤에 받아 적으면서, 부분들parts의 언어로 반영해 주고 그것이 맞는지를 묻는다. 그들 자녀의 부분들에 대해 그들이 어떻게 인식하고 있는지도 포함시키는데, 그들의 부분들이 무엇에 반응하는지를 이해하게 해 주기 때문이다.

리디아는 아들이 그녀의 말을 듣지 않을 때 얼마나 빨리 소리 지르게 되는지에 초점을 맞추고 싶어 했다. 가장 흔한 부모의 소방관firefighter은 화를 내는 부분이다. 이 부분이 워낙 큰 피해를 주기 때문에 긍정적인 의도를 알아차리기 어려울 수도 있다. 또한 아이를 다치게 하는 것뿐만 아니라 다른 쪽 부모(만약 있다면)와 나머지 아이들과도 멀어지게 한다. 또한 화난 부분raging part

은 부모의 다른 부분들로 하여금 수치심과 양심의 가책을 느끼게 하고, 이는 다시 화난 부분을 자극하여 그 행동을 정당화시킨다. 그럼에도 불구하고 그들의 협력을 이끌어 내기 위해서는 화난 부분의 긍정적인 의도를 인식하고 인정하는 것이 필수적이다. 리디아와 숀Sean의 관계에 대한 설명을 들으면서, 나는 그녀가 언급했던 모든 부분의 목록을 이젤에 기록했다(〈표 4-1〉 참조).

〈표 4-1〉 리디아의 부분

- 숀에게서 존중받지 못함을 느끼고 그에게 소리를 지름
- 숀을 돌보지 못했고 그에게서 사랑받지 못하는 기분
- 숀에게 소리 지른 것이 너무 미안하고 멈추고 싶음
- 그녀에게 그녀가 괴물이라고 말함
- 수치심을 느끼고 그녀가 괴물이라고 믿음
- 숀과 함께 있는 시간이 두려움
- 숀을 잃을까 봐 두려워함
- 숀과 함께 문제를 해결하려고 노력하지만 종종 문제를 더 악화시킴

초점 맞추기와 설명하기

"이 부분들의 목록을 보면서 뭐가 눈에 띄나요?" 그녀에게 물었다.

"와, 제가 숀에게서 존중받지 못한다고 느끼고 있는 것은 알았지만, 사랑받지 못한다고 느끼는지에 대해서는 생각해 보지 못했어요. 뜻밖이네요." 그녀가 말했다.

"어떤 부분이 먼저 당신의 관심을 필요로 하나요?"

"사랑받지 못한다고 느끼는 부분이요." 그녀가 말했다.

"그 부분을 당신의 몸 어디에서 찾을 수 있나요?"

"가슴에서요." 그녀가 말했다.

"그 부분에 대해 어떤 느낌이 드나요?"

"제 생각엔, 무서워요."

"겁먹은 부분이 당신에게 필요로 하는 것이 있나요?"

"그 부분은 단지 저에게 알리고 싶어 해요."

"사랑받지 못한다고 느끼는 부분에 대해서 지금은 어떤 느낌이 드나요?"

"저는 정말 그것에 대해서는 몰랐어요. 그것이 무엇인지 궁금해요."

"그 부분이 어떻게 대응respond하나요?"

"어린 시절의 일들을 보고 있어요. 어머니는 매우 비판적이고, 아버지는 폭발할 때를 제외하고는 거의 말을 하지 않으셨어요."

"그 부분은 당신이 무엇을 알기 원하나요?"

"오빠는 매일 아침, 어머니와 소리 지르기 시합을 했어요. 어머니는 매우 화를 내며 프라이팬으로 오빠를 때렸고, 그는 집에서 도망쳤어요. 부모님은 심지어 오빠를 찾지도 않았어요. 부모님은 오빠를 언급조차 하지 않았어요. 3일이 지난 후 그의 가장 친한 친구의 부모님이 전화를 했고, 오빠를 집으로 보냈어요."

"그 부분은 그것에 대해 당신이 무엇을 알기 원하나요?"

"저는 착한 소녀였어요. 오빠처럼 되는 것을 두려워했어요. 어머니는 그가 감옥에 있어야 마땅하다고 말하고는 했죠." 리디아는 빙그레 웃으며 "이제 그는 범죄자들을 감옥에서 빼내는 매우 성공한 변호사가 되었어요. 그는 열다섯 살 이후로 부모님에게 말을 하지 않았어요. 만약 부모님이 돈을 필요로 한다면 절대 도와주지 않을 거예요. 저는 알아요."

"오빠와 어머니가 싸우는 것을 보는 것이 두려웠나요?"

"매우 두려웠어요. 그리고 아버지는 종종 비열하고 무서웠어요."

"이 부분은 당신이 또 무엇을 알기 원하나요?"

"제 아들이 그녀를 무서워해요."

"당신은 그것이 이해되나요?"

"네."

"당신 아들에게 화난 부분을 우리가 확인해 봐도 괜찮을까요?"

리디아는 고개를 끄덕였고 눈을 감았다.

"그 부분을 어디에서 찾을 수 있나요?"

"턱에서요." 그녀가 말했다.

"그 부분에 대해 어떤 감정이 드세요?"

"아, 알겠어요."

"무엇을 이해하신 건가요?"

"그 부분은 착한 작은 소녀를 보호하고 있어요."

"그 부분은 소녀를 위해 무슨 일을 하나요?"

"제 아들이 예의 바른 행동을 하게 하려 해요."

"그래서 당신 아들은 이 부분이 고함치는 것에 대해 어떻게 반응하나요?"

"그도 소리를 지르거나 완전히 침묵하면서 저를 무시해요."

"그러면 화난 부분은 어떻게 반응하나요?"

"그 부분은 더 크게 소리치고 더 비열한 짓을 해요. 달리 뭘 어떻게 해야 할지 몰라 해요. 마침내 저는 걸어 나와서 제 방으로 가요. 저는 문을 쾅 닫고는 울기 시작해요."

"리디아, 이제 그 화난 부분이 당신을 어떻게 보호하려고 하는지 보셨으니, 당신이 내면에 있는 작은 소녀를 잘 돌볼 수 있도록 우리가 그 부분과 작업할 수 있다면, 그리고 그 부분이 당신 아들에게 대응할 다른 방법을 찾을 수 있도록 도울 수 있다면 좋을까요?"

"물론이죠. 그게 정말 가능할까요?"

"네, 당신은 정말 좋은 시작을 했고, 당신이 이것을 할 수 있도록 제가 도울 수 있다고 확신해요."

다음 회기에서 우리는 숀과 시간 보내는 것을 두려워하는 부분dreaded part이 그녀를 매우 긴장하게 만들었고, 그것이 우려했던 바로 그 갈등에 불을 붙이는 데 일조했다는 것을 알게 되었다. 나는 "부분들이 과거에 일어났던 어떤 것에 대응하고 있을 때, 그들은 현재를 명확하게 보지 못합니다."라고 말했다.

"그렇다 해도 그들은 좋은 의도mean를 가지고 있어요."

"저의 화난 부분은 마치 부모님과 똑같이 행동해요."라고 리디아가 말했다.

"아이러니하지 않나요? 이 부분이 저를 무섭고 수치스럽게 만들어서 모든 두려움과 수치심으로부터 저를 보호하려 하고 있네요."

"그렇게 하면서 당신에게 뭐라고 말하나요?"

"다시는 그렇게 하면 안 돼."

나는 고개를 끄덕였다. "보호자들이 종종 그렇게 말합니다. 그것이 아이러니한가요?"

"아니요. 음…… 아마 지금은 조금요……. 그러나 그 부분은 직장에서 상황이 얼마나 나쁜지를 지적하고 있어요."

이런 방식으로 나는 리디아가 그녀의 법률 사무소에 있는 남자들로부터 부당한 대우ill-treated를 받고 있다는 것을 알게 되었다. 하지만 그녀는 그곳에서 맞서 싸울 힘이 없다고 느꼈다.

"숀과 있을 때 이 부분은 이렇게 말해요. '최소한 아이는 훈육할 수 있겠지! 그가 너에게 함부로 하게 하지는 마!' 그리고 또 다른 목소리는 '그래, 만약 네가 숀이 나쁜 행동을 하도록 놔둔다면, 그는 결국 감옥에 가게 될 거야!' 그래서 저는 단지 이길 각오만 하고 있어요. 그 순간, 목적은 수단을 정당화하고 저는 숀을 막기 위해 무엇이든 할 것을 각오해요."

"한 부분은 숀에게 화가 났고, 다른 한 부분은 당신이 자신을 주장하기 바라는 것 같군요. 그리고 또 다른 한 부분은 아들이 좋은 사람이 되도록 당신이 그를 통제해야 한다고 말하고 있군요. 맞나요?" 리디아는 고개를 끄덕였다.

"화난 부분에게 있어서, 이기는 것winning이 가장 중요한 이유는 무엇인가요?" 나는 물었다.

"'나는 이런 대우를 받지 않을 거야.'라고 말해요."

"그 말을 들으니 어떤 기분이 드나요?"

"이제 알겠어요." 그녀는 슬프게 말했다.

"그래서 화난 부분은 괴물이 아니에요. 그 부분은 그 당시 당신이 피할 수 없었던 큰 문제에 의해 동기화된motivated 것이죠. 아마도 그 부분은 이 큰 문제가 오래전에 일어났었다는 것을 이해하지 못할 수도 있어요." 나는 말했다.

"이제 그 부분이 상황을 이해하기 시작한 것 같아요." 그녀가 말했다.

"저는 이 모든 것을 알게 되어 기쁘지만, 제가 절대 피할 수 없었다는 것에 대해서는 이해하기 어렵네요."

"무슨 일이 일어났든지, 그건 사실이에요. 그러나 당신의 부분들이 과거에서 살 필요는 없어요. 우리는 그 부분들을 그곳에서 데리고 나올 수 있어요."

"어떻게요?" 리디아는 놀란 듯 보였다.

"그들이 준비되면 보여 드릴게요."

"그들이 아직 준비되지 않았어요. 왜 그럴까요?" 그녀가 말했다.

"그들이 당신에게 더 보여 주고자 하는 것이 있기 때문일 겁니다. 그들은 적당한 때를 알 겁니다."

그다음 주에, 화난 부분은 리디아에게 그녀의 아들이 그녀와 함께 시간을 보내고 싶어 하지 않을 때 얼마나 기분이 나빴는지를 다시 상기시켰다.

"아들이 친구들과 시간 보내는 것을 더 좋아할 때 기분이 어떠셨어요?" 나는 물었다.

"두려움. 버림받은 기분. 슬픔. 사랑받지 못함. 화남!"

"한 부분 그 이상이네요?" 나는 물었다.

"분명히 두 부분이에요. 한 부분은, 여자가 보여요. 그녀는 착한 어린 소녀에요. 그녀는 자신에게 소리치는 아버지를 두려워해요. 다른 부분은 숀에게 화내는 부분이에요. 저는 숀이 말을 듣게 할 수 있는 다른 방법을 찾고 싶다고 말하고 있어요."

"그 부분은 어떻게 대응하나요?"

"'좋아, 그러나 너는 집에 올 때마다 대부분 피곤해하고 짜증을 냈어.'라고 말하네요. 그 부분은 제가 숀의 행동에 대해 뭔가 효과적인 조치를 취할 수 있는 에너지가 있다고 믿지 않네요."

"그래서 다른 부분들이 힘들다는 것을 지적하고 있군요. 그런가요?"

"네."

"정말 중요한 고민이군요! 그것에 대해 작업해 볼 수 있을까요?"

리디아와 나는 그녀의 일상을 자세히 살펴보면서, 숀을 학교에서 데리고 올 때 그녀를 스트레스 받게 하고 짜증 나게 하는 부분들을 발견했다. 그들가운데 주요한 부분은 그녀가 일을 잘못하고 있다고 계속 말하는 내면 비판자였다.

"내면 비판자는 당신을 비판하지 않는다면 무슨 일이 일어날까 봐 걱정하나요?" 나는 물었다.

"일을 더 엉망으로 만들 거라고 해요." 그녀는 말했다.

"당신이 일을 어떻게 더 엉망으로 만들 거라고 생각하나요?"

"이 부분은 제가 판단력이 형편없고, 스스로를 옹호stand up할 줄 모른다고 생각해요."

"그것은 판단력이 형편없다고 생각하는 또 다른 부분이 있다는 것을 의미하네요."

"착한 소녀입니다."라고 그녀가 말했다.

"그러나 그 부분은 화난 부분에 대해서도 걱정해요."

"당신이 숀과 함께 있는 것을 그 비판자는 좋아할까요?"

"그 부분은 제가 확고하지만 유연해지기를 바라네요. 숀이 원하는 것을 좀 더 할 수 있게 하고, 다른 것들에서는 제 입장을 견지하기 바라네요."

"그것이 어떻게 들리나요?"

"좋아요."

그녀의 비판자가 기꺼이 허락해 주었기에, 나는 그녀가 착한 소녀와 화난 부분에게 이야기할 수 있도록 도울 수 있었다. 내 관점에서는 예상할 수 있는 일이지만 그 비판자의 생각beliefs과는 반대로, 이 부분들은 리디아를 장악하지 않고 대화하는 연습을 하기로 즉시 동의했다.

"당신은 일주일 동안 무엇을 해 보고 싶은가요?" 나는 물었다.

"비록 몇 분 동안일지라도, 제가 좋아하는 것을 할 수 있는 시간을 매일 가질 겁니다. 또한 숀을 데리러 갈 때 내면을 확인하고 검토할 거예요."

"좋은 생각이네요. 다른 제안을 해도 될까요?" 내가 말했다.

"물론이죠."

"당신 부분들에게 당신과 매일 소통함으로써 문제를 예상하는 것이 큰 차이를 만든다는 것을 알려 주세요. 그 부분들이 당신에게 더 직접적으로 다가올수록, 당신은 그들을 더 많이 도울 수 있습니다. 그리고 만약 어떤 부분이 장악해서 피가 솟구치는 것을 알아차리게 된다면, 심호흡을 하고, 그 부분에게 가서 그 부분과 함께 있으면서 '좋아, 나는 듣기 위해 여기 있을 거야. 내가 알아차렸으면 하는 감정이나 알아야 할 것seeing은 무엇이니?'라고 말해 보세요."

보호적인 부분들의 선물

리디아의 비판자는 그녀가 화가 났을 때를 알아차리고 타임아웃time out[5] 시간을 갖도록 상기시키는 책임을 지겠다고 했지만, 그녀는 숀에게 또다시 소리쳤다.

"제 자신에게 실망했어요." 그녀는 외쳤다.

"아직 완벽하게 수행하지 못한 것 같네요."라고 내가 농담을 했다.

"고백할 게 있어요. 저도 아직 완벽한 경지에 있지 못해요. 그러나 우리가 소리 지르는 부분yelled part에 대해 마음을 열고 들을 수 있다면, 그것이 어떻게 도움을 주려고 했는지에 대해 뭔가 중요한 것을 배울 수 있을 것이라고 확신해요. 이것에 대해 호기심이 생기는지 당신 내면을 보시겠어요?"

때때로 우리의 소방관들이 너무 빨리 반응해서 우리도 리디아처럼 당황할 때가 있다.

"궁금해요." 그녀가 대답했다.

그녀가 옆을 응시하면서 내면에 집중하기 위한 시간을 잠깐 가졌다. 그런 다음 뒤를 돌아보며 나지막하게 외쳤다.

"이런, 아들이 제 생일을 잊어버렸어요. 그리고 그 애에게 소리를 지른 것은 '제가 상처받아서'라고 말하네요. 정말 몰랐어요."

"와우, 그 부분이 당신에게 그것이 보호하고 있는 상처받은 부분에 대해 알

---

5) 역자 주) 타임아웃은 '문제가 일어나는 상황으로부터 일정 시간 서로 분리하여 시간을 갖게 하는 것'을 의미한다. 행동주의 심리학에서 주로 사용되고 있는 용어로 바람직하지 않은 행동에 주어지는 다양한 보상을 제거함으로써 결과적으로 부적 행동을 감소시키는 기법을 설명할 때 사용한다.

려 주고 있네요. 그 부분이 더 이상 화낼 필요가 없도록 당신이 상처받은 부분을 돌봐 주기 바라나요?"

리디아는 화난 부분이 그렇게 하기를 원한다고 말했다. 그러나 그 부분은 그녀가 정말로 할 수 있는지 확인하고자 했다. 그래서 우리는 그것에 관하여 작업하기로 동의했다.

참자기의 눈을 통해 바라보기

곧이어 진행된 회기에서 나는 리디아에게 지혜롭고 연민 어린compassionate 참자기의 눈을 통해 아들을 보고 싶은지 물었다. 그녀가 동의했을 때, "아들의 이미지를 떠올리고 그에게 집중해 보세요. 당신이 아들을 분명하게 보는 것을 방해하는 부분들이 있는지 봅시다."라고 말했다.

그녀는 이미지가 떠올랐을 때 고개를 끄덕였다.

"그를 바라보면서 어떤 기분이 드세요?"

"그가 제 생일을 잊어버려서 마음이 좀 아프다는 것을 알아차렸어요."

"잊혀짐에 대한 아픔을 느끼는 시간을 가져보세요. 그런 후에 그 부분에게 숀을 분명하게 볼 수 있도록 옆으로 비켜 줄 의향이 있는지 물어보세요."

"아직 준비되지 않았다고 하네요." 그녀가 전했다.

"그 부분이 당신에게 더 필요로 하는 것이 무엇인가요?"

"그 부분은 제가 숀과 더 나은 관계를 만들 수 있는 방법을 찾기 원해요."

"저는 이 연습이 도움이 될 것이라고 생각해요."

"좋아요. 그럼 기꺼이 하죠."

"지금은 숀을 바라보면서 어떤 기분이 드나요?" 나는 물었다.

"그가 저에게서 멀어질까 두려워요." 그녀가 슬프게 대답했다.

"그 감정에 집중하고 그것을 당신의 몸속 어디에서 볼 수 있는지 찾아보세요." 나는 말했다.

열두 살 아이를 어떻게 양육해야 할지 몰랐던 부분, 통제할 수 없는 자신의 삶에 절망감을 느꼈던 부분, 그리고 숀과 잘 지내며 즐겁게 지냈던 시절을 상기시켜 준 부분을 포함한 몇몇 다른 부분들의 이야기를 들은 후, 그녀는 감정이 옆으로 옮겨질 때까지 그 감정에 머물렀다.

이 모든 부분의 목소리를 들은 후, 리디아는 다시 숀에게 집중했고 새로운 평온함calm을 알아차렸다.

"그를 분명하게 볼 수 있어요." 그녀가 말했다.

"숀의 어떤 부분들이 보이나요?" 나는 물었다.

"성장하려고 애쓰고 어머니에게 의존하고 싶어 하지 않는 열두 살 소년을 봐요. 제가 그 애에게 소리 질렀을 때 그 아이의 혼란, 두려움 그리고 상처를 봐요. 물론 그 아이는 제가 왜 그렇게 화를 내는지 이해하지 못해요. 그리고 지금 저를 자극하고 있는 그 아이의 한 부분을 봐요. 그 부분이 어떤 통제력을 갖기 위해 그렇게 한다는 느낌을 받아요." 그녀는 말했다.

"그 부분이 당신에게 필요로 하는 것은 무엇인가요?"

"제가 그런 바보 같은 짓을 그만두기 바라는 것 같아요." 그녀는 말했다.

"제가 화를 다스리기 위해 타임아웃을 하고 있다는 것을 그 아이에게 알려야 해요. 물론 제가 화를 참지 못한다 해도 그 아이 잘못은 아니에요. 저는 그 모든 행동을 아버지로부터 배웠어요. 그러나 저는 분노와 실망을 표현할 다른 방법을 찾아내고 있었어요. 또한 그 아이도 제가 그의 안전을 걱정할 때는 제 말에 귀 기울여 주기 바란다는 것을 알아야 해요. 그리고 만약 우리가 갈등을 겪게 된다면, 저는 그것에 관하여 이야기할 수 있었으면 좋겠어요."

리디아는 이 경험을 통해 힘을 얻게 되었다. 그녀가 참자기의 눈으로 아들을 보게 되었을 때, 어떻게 다르게 행동해야 하는지 그리고 그녀의 화난 부분이 입은 상처를 어떻게 회복시켜야 하는지에 대해 분명하게 알게 되었다. 그녀가 그 아이를 분명하게 볼 수 있게 된 후, 그녀는 그녀의 반응적인 부분들이 그녀를 도우려고 노력하는 방식에 대해 더 많이 고마워할 수 있게 되었고, 결국 그들은 그녀를 신뢰하고 그녀가 책임을 지도록 하는 것에 더 개방적이 되었다.

리디아의 경험은 현재 아이들과 관련된 문제들이 어떻게 우리의 가장 취약한 어린 부분들, 즉 우리의 보호적인 부분들이 오래전에 감금했고locked down

우리로 하여금 잊게 만들려고 했던 부분들을 활성화시킬 수 있는지 보여 준다. 그들의 감정적인 고통이 표면화되면, 우리의 보호적인 부분들은 행동하기 시작하고, 의도치 않게 어린 시절의 트라우마를 실제로 재현re-create하게 된다. 내 경험상, 일반적으로 우리는 우리가 현재 왜 그렇게 강하게 반응하고 있는지 알지 못한다. 리디아와의 작업에서 보여 주듯이, 양육에 초점을 맞춘 IFS 치료는 부모와 아이 모두에게 안전한 애착을 키워 주는 것이다.

기술 가르치기

리디아와의 작업은 또한 내가 부모들에게 어떻게 구체적인 기술을 가르치는 데 초점을 맞추어서 그들 스스로 양육에 대한 어려움들에 대처할 수 있는 능력과 자신감을 갖게 하는지를 보여 준다. 나는 부모들이 배웠으면 하는 양육기술들의 목록(〈표 4-2〉 참조)을 가지고 있고, 부모들의 고민을 다룰 때 그것들 중 하나에 초점을 맞추고는 한다. 나는 회기가 끝날 때, 종종 내담자에게 주중에 연습할 계획을 세우게 한다. 부모들과 그 기술에 대해 이야기를 할 때마다 나는 부모의 부분들이 이 기술들을 배우고 있고, 그것들을 실행하다 보면 때때로 흔들릴 수도 있다는 것을 기억한다.

〈표 4-2〉 기술들

- 시간을 내어 스스로를 체크하기. 정서적으로 각성될 때를 알아차리고 활성화된 부분들과 대화하기 위해 잠시 멈춤으로써 잠재적으로 어려운 상황을 예측하고 준비하기. 도움이 되고자 하는 부분들의 걱정과 의도를 알아주고 그들에게 협조를 요청하기
- 반응성 아래 있는 취약한 부분들과 연민으로 연결하기. 그 부분이 무엇을 원하는지 그리고 자녀 양육에 대해 알려 주고자 하는 것이 있는지 물어보기
- 자녀의 다루기 어려운 행동은 한 부분에서 비롯된 것이고 다른 부분은 현재 보이지 않는다는 것을 명심하기. 그 다루기 힘든 행동에 의해 보호되고 있는 자녀의 취약한 부분에 대해 호기심 갖기

- 부정적인 상호작용에로의 초대를 거절하기. 생산적이지 않는 상호작용에서 자신을 발견하면 타임아웃하기
- 문제나 갈등이 생길 때 긍정적 의도에 초점 맞추기
- 촉발된 부분들에 관하여 상대방에게 침착하게 말하기
- 불만을 요청으로 바꾸기
- 당신이 틀렸거나 상처받았을 때 인정하기. 당신의 영향에 대해 물어보고 사과하기
- 참자기의 눈으로 바라보기 위해 부분들로 하여금 옆에서 지켜보도록 하기
- 모든 부분의 관점을 양육과정에 포함시킬 수 있도록 부분들 간의 내적 갈등을 중재하기

반응형에서 참자기-주도형으로의 연속체

나는 부모들에게 자신의 반응적인 부분들과 작업하도록 안내하고, 참자기-주도적 양육 기술을 가르치면서도, 현실적이 되기를 강조한다. 양육에 대한 이상적인 비전을 갖는 것이 도움은 되지만, 완벽한 사람은 없다. 반응적인 부분들이 섞이거나 참자기-주도적이 되는 정도는 우리가 전날 잠을 얼마나 잤는지부터 얼마나 많은 걱정거리가 우리 마음속에서 날아다니는지에 이르기까지 다양한 요인들에 따라 달라질 것이다.

다른 것과 마찬가지로, 기술은 연습할수록 더 능숙해진다. 참자기-주도적이 된다는 것은 우리에게 더 이상 반응적인 부분들이 없다는 것을 의미하는 것이 아니라, 우리가 그 부분들을 더 빨리 알아차리고 더 많은 시간을 들여 그 부분들의 이야기를 경청할 수 있을 것임을 의미한다. 그 결과, 반응적인 부분들은 우리가 그들의 걱정concerns을 신중하게 받아들일 것이라고 믿게 된다. 만약 어떤 한 부분이 우리를 장악하면, 그때마다 우리는 우리 자신을 용서하고 사과하고 수정하면 되고, 그렇게 함으로써 이 경험과 과정은 우리 아이들에게 모델model이 될 수 있을 것이다.

수용: 릭

참자기-주도적 양육에는 모든 부분을 수용하고 이해하는 것이 포함된다. 많은 부모에게는 그들의 아이를 있는 그대로 수용하는 것을 두려워하고, 심지어 그것이 나쁜 행동에 힘을 실어 주는 것은 아닐까 두려워하는 부분들이 있다. 그러나 나는 부모들에게 IFS를 적용할 때, 수용이 아이의 욕구needs에 대한 조율attunement과 명료함으로 이어지고, 이는 일반적으로 아이의 행동을 개선한다고 전제한다.

스물여덟 살 아들과 함께 방문한 릭Rick은 다음과 같은 이야기를 했다. 그는 심각한 우울증뿐만 아니라 알코올중독과 약물남용 이력이 있는 피터Peter를 만나기 위해 시카고로 날아갔다. 피터는 지난 1년 반 동안 개인치료를 받았고, 그 전에는 재활거주치료 프로그램에 참여했다. 술을 마시지는 않았지만, 마리화나를 사용하고 있었고, 이것은 분명히 피터에게 부정적인 영향을 미치고 있었다. 릭은 피터에게 공항 도착 시간을 알렸음에도 불구하고 공항에서 1시간 동안 기다렸고, 마침내 피터가 나타났을 때 릭은 화가 났다. 그럼에도 불구하고 그는 치료에서 연습해 왔던 것을 하기로 결심했다. 그것은 화난 부분들이 장악하고 소리를 지르도록 놔두는 것 대신 그의 부분들을 대변해서 말하는 것이었다.

"나는 한 시간 전에 도착했어."

피터가 여행 가방의 손잡이를 잡을 때 그가 말했다. 그는 자신의 의도에도 불구하고 비판적으로 들린다는 것을 즉시 깨달았다.

그들이 미닫이문을 통과할 때 침울하게 앞을 바라보며 "아침에 일어나는 데 어려움이 있다고 말했잖아요. 저는 최선을 다했어요."라고 피터는 대답했다.

릭은 나중에 피터의 삶이 여전히 조절이 잘 안 되는 상태였다는 것을 이 순간에 알았다고 말했다. 피터는 거칠거나rude 예의 없게 굴지는 않았다. 사실, 그는 늦는 것을 끔찍하게 싫어했다.

"저는 항상 그렇게 반응적이었던 부분들이 분리되도록 도울 수 있었어요." 라고 릭이 말했다.

"그것은 저에게는 가슴 아픈 일이었고, 피터에게는 고통스러운 것이었어요. 하지만 그를 있는 그대로 수용하고 분명하게 바라본다는 당신의 말이 무슨 뜻인지는 이해했어요."

그들이 피터의 차에 탔을 때, 릭은 "너와 더 많은 시간을 보낼 것에만 신경을 쓰느라, 내가 깜빡하고 일찍 도착하는 비행기를 예약했어. 내 잘못이야. 네가 날 기다리게 할 의도가 아니었다는 것을 알아."라고 말했다.

피터가 "죄송해요."라고 말했다.

"데리러 와 줘서 고맙다. 만나니 반갑구나." 릭은 간단히 대답했다.

■ 해결하기 위해 집으로 오는 중: 케이티

다음은 스물다섯 살 자녀와 그녀의 부모를 함께 치료한 사례이다. 가족을 함께 만나기도 했고, 때로는 부모만 만났으며, 때로는 딸만 만나기도 했다. 가족과의 작업은 반응적인 부분들을 구별해 내고 몇 가지 의사소통 기술을 익히도록 돕는 데 초점을 맞췄다. 그들 부부만을 만날 때는 그들의 어린 시절과 그들 부모의 행동에서 영향을 받고 있는 방식을 확인할 수 있도록 도왔다.

케이티Katy는 진지한 관계가 깨어져 매우 우울해졌고 자살을 고려한 지 일 년 만에 집으로 돌아왔다. 집에 돌아와서 그녀의 기분이 조금 더 나아지기는 했지만, 그녀는 과거에 자신의 상황을 심각하게 인식하지 못하고 충분히 도움을 주지 않은 그녀의 부모에게 화가 났다. 이것에 대해 그녀의 어머니 앤Ann은 죄책감, 두려움 그리고 수치심을 느꼈고, 이로 인해 현재의 케이티를 정확하게 보는 것이 어려웠다. 앤은 케이티가 여전히 우울한 것처럼 반응했으며, 케이티가 일 년 전에 필요로 했던 대응response을 해 주려고 노력했다. 케이티는 어머니에 대한 좌절감으로 그들 모두를 가족치료로 이끌었다.

반응적 양육의 또 다른 특징은 보호적인 부분이 종종 가족의 위기에서 책임charge을 져야 한다고 느끼게 되고, 이는 부모가 참자기-주도적이 되는 것을 막는다는 것이다. 반응적인 보호자들reactive protectors은 항상 오래된 신념들과 잘못된 전략들에 갇혀 있는데, 일부는 부모로부터 물려받았고 꽤나 무의식적이다. 우리가 고통스럽고 오래된 각본script을 실연하고 있는 부분enacting part을 알아차릴 때, 절대 그 방식으로 행동하지 않겠다고 맹세했던 부분들은 공포를 느낀다. 새로운 가족과 함께 작업을 시작할 때 내가 가장 먼저 하는 것 중의 하나는 우리 모두에게 상황을 더 좋게 만들려는 의도에도 불구하고 해로운 detrimental 전략을 취하는 부분들이 있다는 것을 그들이 이해하도록 돕는 것이다. 나는 그 부분의 의도와 그 부분이 사람들에게 영향을 미치는 행동 사이에는 차이가 있다는 것을 그들이 알아차리도록 초대한다.

케이티가 "제가 하는 어떤 것도 어머니한테는 충분하지가 않아요!"라고 말했을 때 앤은 놀랐다.

"하지만 나는 네가 하는 일에 내가 더 많은 관심을 가져 주기 바라는 줄 알았어. 그래서 나는 그렇게 하려고 애써 왔어."라고 앤이 대답했다.

조지George는 케이티에게 "우리에게 더 많은 관심과 보살핌을 원하면서 너는 왜 그런 벽을 세우니?"라고 말했다.

"저는 단지 이 모든 감시와 압박으로부터 저를 보호하려는 것뿐이에요." 케이티가 말했다.

"맞아요!" 내가 끼어들었다.

"그것이 바로 우리가 하려는 것, 즉 우리 스스로를 더 많은 상처나 실망에서 보호하려는 것입니다. 아니면 다른 사람들을 기쁘게 해 주려고 노력하거나요. 하지만 때때로 우리가 그 과정에서 배운 전략들이 우리가 의도했던 것과는 다른 영향을 미칠 수 있어요. 여러분 세 분이 서로 관계가 더 좋아지기 바라는 것이 제게는 분명해 보이고, 그래서 저는 우리 모두가 함께 노력한다면 좀 더 명확하게 소통할 수 있는 방법을 찾을 수 있을 것이라고 확신합니다."

케이티와 앤

내가 부모와 만났을 때, 앤은 여전히 화가 나 있었다.

"그게 바로 제가 어머니에게서 느꼈던 감정이에요. 전 항상 실패자처럼 느껴요! 직장에서나 친구들 사이에서 무엇인가 잘못될 때마다, 저는 항상 그것이 제 잘못이라고 생각해요. 그런데 제가 어떻게 딸에게 이것을 똑같이 하고 있을 수 있죠?"

"당신에게 상황을 더 좋게 만들고자 하는 부분이 있는 것에 감사해요. 이 부분의 각오determination를 잠시 느껴볼 수 있을까요?"

"네. 저는 이것이 바뀌기를 원해요. 딸이 기분 나빠하지 않았으면 좋겠어요."

"어머니를 롤 모델role model로 삼아 부모 역할을 배운 부분이 있는지 궁금하네요."

"아마도요. 이렇게 하는 제가 정말 싫어요. 어떻게 하면 멈출 수 있을까요?"

"그 일을 맡은 부분과 관계를 형성함으로써 가능할 수 있어요. 만약 당신이 그 부분이 어떻게 도움을 주려 하는지를 이해할 수 있다면, 그 부분은 당신을 믿고 기꺼이 바꿀지도 몰라요. 그렇게 해 보시겠어요?"

앤은 "네, 제발요! 케이티와 더 잘 지낼 수 있다면 정말 안심이 될 것 같아요."라며 한숨을 쉬었다.

조지는 내가 앤의 부분들에 먼저 초점을 맞춰서 기쁘고, 그래서 그는 이 작업이 어떻게 이루어지는지 이해할 수 있는 시간을 갖게 되었다고 말했다. 앤은 알아차릴 수 있었던 모든 부분에 이름을 붙인 후, 케이티를 비판하는 부분에 먼저 초점을 맞추기로 했다.

"비판적인 감정들과 생각들을 경험하는 데 주의를 집중해 보세요. 당신의 몸속 어디에서 긴장을 느끼나요? 그것이 당신의 목소리에서 더 느껴지나요, 아니면 마음속에서 더 느껴지나요?"

"제 말투tone에서 느껴져요. 꼭 우리 어머니 같아요!"

"어머니 말투로 말하는 그 부분에 대해 어떻게 느끼나요?"

"겁이 나고 두려워요. 그 부분의 목소리는 매우 힘이 있어서 저를 기분 나쁘게 만들어요."

"이 비판적인 어머니 부분 때문에 다른 부분들이 겁을 먹고 있군요. 당신은 그것이 이해가 되나요?"

"네."

"제 경험상, 어머니처럼 말하는 비판적인 부분은 당신의 실제 한 부분이고, 그 부분은 어떤 이유가 있어서 어머니처럼 말하는 일을 맡았을 것으로 생각됩니다. 그 부분에게 어떻게 도우려고 하는 것인지 물어보고 싶은가요?"

앤은 눈을 감았다가 깜짝 놀라서 눈썹을 치켜세웠다. "아!" 그녀가 말했다.

"이 애는 소녀예요. 제 생각에는 대략 열 살 정도 된 것 같아요."

"그 소녀가 당신을 보나요?"

"그 소녀는 저를 쳐다보고 있어요. 제가 누군지 알고 싶어 해요."

"당신은 그 소녀에게 무슨 말을 하나요?"

"글쎄요, 뭐라고 말해야 할지 모르겠어요!" 앤은 눈을 뜨고 나를 바라보았다.

"저 소녀가 제 비판자인가요?"

"그 소녀에게 물어보세요." 나는 대답했다.

앤은 눈을 감았고 잠시 후에 다시 말했다.

"네. 그 소녀는 단지 아이일 뿐이에요."

"그 소녀가 누구를 보호하고 있는지 물어보세요."

"저는 매우 화가 나고 실망한 듯 보이는 제 어머니를 보고 있어요. 왜냐하면 제가 오렌지 주스를 쏟았기 때문이에요." 그녀가 즉시 말했다.

"몇 살인가요?"

"아마도 세 살. 이게 무슨 뜻이죠?"

"그 소녀에게 물어보세요." 나는 대답했다.

잠시 후에 앤은 말해 주었다.

"'누군가 그것을 해야만 한다'고 그 소녀가 말해요."

다시 눈을 뜨고 나를 바라보며 앤은 "어째서 어머니처럼 말하고 30년 동안 못되게 구는 것이 누군가가 해야만 하는 것이 되나요?"라고 물었다.

"그 소녀에게 물어보세요." 내가 다시 반복했다.

앤은 들었다. "그 소녀는 그 세 살 아이가 더 잘해야 한다고 말해요. 그렇지 않으면 자신이 죽게 된다고…… 죽게 된다고?"

"극단적으로 들리네요." 내가 말했다.

앤은 깊게 호흡했고 생각이 많아진 듯 보였다.

"그건 사실이에요." 그녀가 말했다.

"어머니가 무서울 수도 있어요. 저는 끔찍한 일이 일어날까 봐 걱정하며 성인기를 보냈어요."

"이것이 당신과 케이티와의 관계에 어떤 영향을 미쳤는지 이해되나요?"

"저는 항상 불안해하고, 케이티는 저를 비판적이고 지지적이지 못하다고 느껴왔을 것 같아요. 저는 지지적이지 못했던 것 같아요! 저는 케이티가 모든 것을 잘해서 상처받지 않기를 원했어요."

"열 살 아이가 세 살 아이에게 일을 정말 잘하기 바라는 것처럼요?"

"네." 앤은 슬프게 대답했다.

"바로 그거네요."

이후 계속된 가족 및 개인 회기를 통해 앤은 어머니에 의해 만성적인 수치심을 갖게 되고 자신이 사랑스럽지 않다고 믿게 된 세 살 아이에 대해 더 많은 것을 알게 되었다. 또한 그녀는 이 두려움에 대해 혹독한 자기-계발 프로그램 self-improvement program을 부과함으로써 반응했던 열 살 아이에 대해서도 알게 되었다. 어머니를 따라 하면서, 열 살 아이는 내적으로뿐만 아니라 케이티에게도 통제하고 침범하고 요구해 왔다. 앤이 감정적으로 현존하게 되고 부분들의 우려에 개방적이 되었을 때, 많은 비판적인 부분들처럼 그 부분도 접근 방식을 기꺼이 바꾸려 했고, 앤과 케이티와의 관계는 개선되었다.

양극화된 부모와 작업하기

양육 과정에서 가장 흔한 현상 중 하나는 매우 도전적인 아이를 어떻게 다룰 것인지를 두고 부모들 사이에서 전개될 수 있는 고통스러운 갈등이다. 부모 모두는 아이의 복지welfare가 위태롭다고 생각하고 한쪽 부모가 어떤 식으로든 상황을 악화시키거나 양육을 저해하고 있다고 생각한다. 부모들이 나에게 양육 갈등에 대해 말할 때, 나는 이런 현상이 거의 보편적인 것이며, 나도 그것을 직접 경험했다고 말한다. 양극화가 극심해지고 격렬해지면, 부모 각자는 어리고 취약한 부분의 감정에 대해 내면에서 반응하는 보호적인 부분들에 의해 장악된다.

해결방법: 벳시와 에이브

벳시Betsy와 에이브Abe는 불안과 우울에 시달리며 집으로 돌아온 스물네 살의 아들 데이브Dave를 두고 갈등을 빚었다. 그들은 그가 독립을 위한 한 걸음을 내딛지 못할까 봐 걱정했지만 그를 어떻게 도울 것인가에 대해서는 심하게 의견이 엇갈렸다. 벳시는 한계를 설정하는 문제에 있어서 에이브의 지지를 받지 못했다고 느꼈다. 에이브는 벳시에게 무시당하고 판단받는다고 느꼈다.

“제가 두 분의 이야기를 듣고 알게 된 것은 두 분이 각자 중요한 관점을 가지고 있고, 각자가 스스로의 견해를 주장할수록 상대방은 반대 입장을 더 고수해야 한다고 느낀다는 겁니다.”라고 나는 말했다.

“데이브를 도울 수 있는 최선의 방법을 생각해 내기 위해 두 분의 관점이 모두 필요할지도 모르겠군요.”

“아니요.” 벳시가 말했다.

“이것에 관해서는 제가 옳다고 생각해요.”

“좋아요, 알겠어요. 다시 시작해 보죠. 저는 무엇이 당신을 그렇게 강하게 느끼게 하는지에 대해 좀 더 이해해 보고 싶어요. 두 분께 묻고 싶은 질문이 있습니다. 어느 분께서 먼저 하시겠어요?”

각자 감정이 강렬했기 때문에 나는 그들의 부분들을 그들과 분리시키려 하기보다는 그 부분들을 파악하고 직접 이야기하는 시간을 가졌다. 나는 그들의 보호적인 부분들이 나에게 이해받는다고 느끼기 전까지는 긴장을 풀지 않을 것을 알고 있었다. 그래서 나는 그들의 체계 내에서 참자기로 기능을 해야 했는데, 그들의 부분들이 분리unblend하는 것에 대해 신뢰하고 그들이 자신들의 참자기-에너지에 접촉할 수 있을 때까지 그렇게 해야 했다.

나는 두 사람에게 "그렇게 강력하게 옹호해서 이루어 내고자 하는 것이 무엇인가요?"라는 동일한 질문으로 시작했다.

"저는 데이브가 좀 더 책임감 있는 사람이 되도록 하려는 거예요."라고 벳시가 말했다. "그는 방에 틀어박혀 TV를 보거나 비디오 게임을 하는 데 만족하는 것 같아요. 그는 절대 자신의 안락한 영역에서 벗어나지 않아요!"

"저도 그가 좀 더 독립적이 되도록 돕고자 합니다."라고 에이브가 말했다. "그러나 그가 그의 두려움과 불안을 극복하기 위해서는 많은 지지가 필요하다고 생각해요. 때론 데이브가 하겠다고 말한 것을 하지 않을 때, 저도 실망스럽고 짜증이 나지만 참으려고 애쓰고 있어요."

나는 벳시를 향해 질문했다.

"당신이 이렇게 하지 않으면 무슨 일이 일어날까 봐 두려운가요?"

"데이브가 결코 집을 떠날 수 없을까 봐 두려워요." 벳시가 말했다.

"에이브는 아들이 무책임의 결과에 직면할 수 없도록 그를 계속 보호하고 있을 뿐이에요. 그 결과, 아들이 스스로 움직이지 못하고 불안감도 극복하지 못할까 봐 두려워요."

"당신이 이런 걱정을 하게 된 삶의 경험이 있나요?"

"글쎄요, 데이브는 제 동생을 기억나게 해요. 동생은 항상 아무짝에도 쓸모없는 사람이었고 그의 삶을 전혀 만들어 내지 못했어요. 우리 부모님은 그를 어떻게 해야 할지 몰라서 항상 그가 하고 싶은 대로 하도록 내버려 두셨어요. 결국 그분들은 그에 대한 지원을 포기했고, 그는 여기저기 이상한 직업 이외의 일을 가져본 적이 없었어요."

"데이브가 집을 떠나지 못할까 봐 두려운 것도 당연하네요. 당신에게는 동생의 예가 있으니까요. 그리고 에이브 씨, 지금 당신이 하고 있는 일을 계속하지 않으면 무슨 일이 일어날까 봐 두려운가요?"

"데이브가 성공하는 데 필요한 도움을 받지 못하고 있는 것 같아 두려워요.

그래서 그는 계속 압박감을 느끼다가 앞으로 나아갈 수 없다고 확신하게 될 거예요. 데이브는 매우 예민한데, 벳시의 압력과 비판이 그의 자존감을 낮추게 될까 봐 걱정이 돼요. 당신의 질문에 대답하자면, 제가 자라면서 얼마나 외로웠는지 그리고 부모 중 그 누구에게서도 안내나 지원을 전혀 받지 못했다는 것에 대해 생각하지 않을 수 없군요. 제가 받은 것은 짜증이나 비판뿐이었어요. 그리고 저는 격려와 지원이 없었기 때문에 결국에는 하지 못한 일들이 있다고 확신합니다."

"좋아요." 나는 종종 고조를 높여 가며 부모들에게 이렇게 말한다.

"저는 두 분에게서 일어났던 좋지 않은 일들이 두 분의 아들에게서는 일어나지 않도록 하기 위해 각자가 얼마나 애쓰고 있는지 알겠어요. 또한 두 분 모두는 각자가 잘못되었다고 느끼기 전에 했던 것과 똑같은 일을 서로에게 하고 있는 것처럼 보이기도 합니다. 저는 양육 파트너로서 두 분을 위해 이곳에 안전한 장소를 만들자고 제안하고 싶네요. 만약 두 분이 동의하신다면, 때로는 두 분 중 한 사람에게 데이브와의 관계에서 활성화되는 부분과 작업할 수 있도록 안내해 드리고, 때로는 제가 참자기-주도적 대화Self-led conversation라고 부르는, 즉 두 분이 열린 마음으로 서로의 이야기를 들을 수 있는 대화에 참여할 수 있도록 도울 것입니다. 저는 이를 통해 두 분이 서로 깊게 이해할 수 있을 것으로 믿습니다. 어떤가요?"

그들은 동의했다.

"제가 가끔 두 분의 대화에 끼어들거나 속도를 늦춰도 괜찮을까요? 이것은 누군가가 압도당하기 시작할 때 특히 중요합니다."

그들은 고개를 끄덕였다.

"제가 진로를 벗어났다고 생각되면 말씀해 주세요. 그것에 대해서는 두 분의 의견을 따르겠습니다."

우리는 중점적으로 다룰 주제를 선정하고 벳시와 에이브의 감정이 담긴 부분을 파악했다. 그런 다음 〈표 4-3〉에 명시된 바와 같이 각 부분과 그 부분의 관심사를 이젤에 나열했다.

〈표 4-3〉 부분들 목록

벳시의 부분 • 데이브는 게으르고 책임을 회피하기 때문에 현실적인 한계와 결과를 경험할 필요가 있다. • 에이브는 생활 속에서 힘든 일을 거부한다. 그는 그것을 나에게 맡기고도, 나를 지지해 주지 않는다. • 에이브는 데이브를 응석받이로 키운다. 이것은 아들을 수동적인 사람이 되게 한다.
에이브의 부분 • 데이브는 고통받고 있고 지지와 격려가 필요하다. • 벳시는 가혹해서 그를 부끄럽게 하고 그래서 그는 포기한다. • 벳시는 나를 무시하고 판단하며 다른 사람의 관점에 대해서는 관심이 없다.

내담자들이 양극화될 때 우리의 부분들과 작업하기

우리가 내담자의 정서적 장field에 발을 딛게 될 때, 우리 자신의 부분들은 필연적으로 반응한다. 우리가 그 반응들을 알아차리지 못할 때, 그 부분들은 우리에게 영향을 미치고, 자신의 과거나 내담자의 과거로부터 영향을 받는 문제행동 패턴으로 우리를 유도할 수도 있다. 예를 들면, 나는 에이브가 벳시를 판단하고 있었고 그것이 벳시에게 어떤 영향을 미치는지를 에이브가 알지 못한다고 생각해서 그를 비판하는 부분이 내 안에 있다는 것을 알아차렸다.

나의 비판적인 부분은 한 회기 동안 에이브의 보호적인 부분들을 불러일으키는 방식으로 그에게 초점을 맞추었다. 나는 내가 무엇을 하고 있는지 호기심을 가지고 관찰하였고, 그에게 도전하는 부분이 있다는 것을 알아차렸다. 나는 에이브에게 사과하고 내 부분과 작업할 시간이 좀 필요하다고 말했다. 내 작업을 하면서, 수년 전에 우리 부부가 아들을 두고 갈등을 겪었을 때, 나의 아내에게 비판적이 된 것에 대해 여전히 죄책감을 느끼는 부분이 있다는 것을 알게 되었다. 우리가 그 양극화를 극복했지만, 이 부분은 내가 상처를 충분히 회복하지 못했다고 느꼈다. 그래서 에이브가 똑같은 방식으로 벳시에게 상처 주지 않도록 내가 돕기를 바랐다. 나는 고마운 마음을 전하고 이 부분의 걱정을 에이브와 벳시 그리고 나의 아내에게 말하기로 약속했다. 대신, 그 부분은 나를 압도하지 않기로 했다.

다음 회기에서 나는 나의 부분에게서 배운 것을 나누었고 어떻게 아내와의 의견 차이를 해결했는지에 관해서도 이야기를 나누었다.

"제 아버지는 성질이 좋지 않았고 소리를 많이 질렀기 때문에 아내가 아들에게 소리를 질렀을 때, 나는 아들과 동일시하고 아내에게 화를 냈던 부분이 있었어요. 아쉽게도 그 당시 저는 저의 취약한 부분에 대해 말할 수가 없었어요. 대신 저는 아내에게 비판적이 되었죠. 제 아내도 화를 내는 창피한 아버지가 있어서 제 비판을 듣기도 전에 자신의 아버지처럼 소리 지르는 것에 대해 수치심을 느꼈어요. 벳시 당신처럼, 제 아내도 제가 그녀에게 어려운 한계 설정을 떠맡긴다고 느꼈어요. 우리는 우리의 취약한 감정들을 이해함으로써 갈등을 극복할 수 있었어요."

이것은 에이브에게도 해당되었다. 그는 그에게 벳시를 비판하는 부분이 있다는 것을 알고 있었다. 그러나 이제 그는 벳시가 데이브에게 절실히 필요하다고 느끼는 한계를 설정하는 것과 그에게 화내고 비판하는 그녀 자신을 증오하는 것 사이에서 그녀가 얼마나 곤혹스러울지도 이해할 수 있게 되었다.

이야기를 들으면서 벳시의 얼굴에 안도감이 번졌다.

"그렇게 말해 줘서 고마워요." 그녀가 말했다.

"그게 정말 차이를 만드네요! 그리고 또 다른 게 있어요. 에이브도 알다시피, 제 남동생은 어린 시절 내내 통제 불능이었고 저에게 폭력적이었어요. 저는 그것에 대해 약간 화가 나 있어요."

"부모님이 당신을 충분히 보호해 주지 않아 화가 난 부분이 있나요?" 나는 물었다.

벳시가 고개를 끄덕일 때, "그것이 어떻게 데이브와 에이브에게 관련되는지 그 부분에게 물어볼 수 있나요?"

벳시는 내면의 소리를 듣는 동안 침묵했다. 마침내 "이 부분은 저에게 부모님에게서 버림받았다고 느꼈던 것처럼 에이브에게서 버림받은 기분이 든다는 것을 말해 주고 있어요. 저는 혼자 힘으로 모든 것을 해야 해요."라고 말했다.

"이 말을 들으니 어떤가요?" 나는 에이브에게 물었다.

에이브는 아내를 바라보며, "벳시, 정말 미안해. 당신이 이렇게 느끼고 있었다는 것을 전혀 몰랐어. 나는 데이브에게 좀 더 잘해 주려고 했던 것에 너무 사로잡혀 있었어. 하지만 이제 당신을 지지하지 않는 것이 데이브에게도 좋지 않다는 것을 알았어."

이것은 전환점이었다. 그들이 하나의 문제에 대해 서로 반대편에 있을 때는 계속해서 곤란한 상황을 겪었지만, 이제 그들은 한 팀처럼 느꼈고, 반응적인 부분들이 한 발짝 뒤로 물러설 수 있도록 도울 수 있게 되었다. 그래서 그들은 동의하지 않는 부분들을 대변할 수 있게 되었고, 그들의 아들에게 힘을 실어 준다는 공동의 목표에 초점을 맞출 수 있게 되었다.

우리는 상담 중에 몇 차례 참자기-주도적 대화를 연습한 후에, 나는 그들이 스스로 이런 식의 대화를 시작하도록 격려했다. 에이브는 조금 꺼려 했다.

"우리는 처음에는 긍정적인 의도에 초점을 잘 맞춰 왔습니다. 그리고 초점을 맞추기 위한 주제를 잘 골라서 벳시와 제가 차례대로 번갈아 가며 우리의 기분을 말하는 것도 잘해 왔어요. 하지만 우리 중 한 명이 다른 사람의 말에 동요될 때, 제자리로 돌아가지 못할까 봐 걱정이 되네요. 심지어 저는 벳시가 말하는 것을 이해하려고 할 때조차도 틀리고는 해요. 그리고 여전히 우리는 쉽게 상처받거나 기분이 상하는 것 같아요."라고 그가 말했다.

벳시의 조급함을 보면서, 에이브가 상처받을까 봐 두려워하는 부분이 내게 있다는 것을 알아차리고, 눈을 감고 깊게 호흡을 하면서 나의 참자기에게 지도를 요청했다. 잠시 후 나는 눈을 뜨고 미소를 지었다.

"완벽해요!" 나는 말했다.

"저는 타임아웃의 중요성에 대해 여러분과 이야기하고 싶네요. 물론 두 분은 여전히 서로를 자극trigger하고 상처를 받을 겁니다. 그것을 완전히 피할 수 있는 방법은 없어요. 두 분이 할 수 있는 것은 그 부분이 언제 촉발되는지

triggered 알아차리고 상호작용이 더 악화되는 것을 막기 위해 타임아웃을 하는 겁니다."

"그다음에는 무엇을 하죠?" 에이브가 물었다.

"자신의 부분들에게 귀를 기울이고, 자녀에게 지혜롭고 사랑스럽게 말하는 부모처럼 자신에게 말하세요. 그런 다음에 두 사람 모두 준비가 되면, 다시 모여 제가 드린 질문(예: 〈표 4-1〉, 〈표 4-2〉, 〈표 4-3〉)에 대한 답을 서로 나누어 보세요. 이제 연습해 볼까요?"

그들 모두가 동의했을 때, "좋아요. 지금 가장 활성화된 부분에게 초점을 맞춰 보세요. 당신이 그 부분을 어떻게 경험하고 있는지 주목해 보세요. 이것은 첫 번째 단계입니다. 일단 당신이 그 부분을 잘 이해하게 되면 스스로에게 물어보세요. 내가 이 부분에 대해 어떻게 느끼지?" 잠시 후 나는 "당신의 목표 부분target part에 대해 각자 어떻게 느끼시나요?"라고 물었다.

"제가 짜증 난다는 것을 알아차렸어요." 벳시가 말했다.

"그리고 왜 짜증이 났는지도 알았어요. 에이브가 그렇게 우유부단할 때 참을 수가 없어요."

"벳시, 당신이 에이브에 대해 얼마나 짜증이 났는지 정말 느껴져요. 이제 당신의 짜증난 부분에게 당신이 이 문제의 해결방법을 찾는 것을 당신의 침착한 참자기가 도울 수 있도록 약간의 공간을 내어 줄 수 있는지 물어보시겠어요?"

벳시는 잠시 조용했다. 마침내 "좋아요. 그 부분이 저에게 약간의 공간을 주고 있어요. 이제 무엇을 하죠?"

"당신 자신에게 물어보세요. '나는 이 부분에 대해 어떻게 느끼지?'"

"저는 그것에 대해 짜증이 나요."

"좋아요. 그 반응은 또 다른 부분이네요. 또 다른 부분에게 공간을 달라고 요청해 보세요. 그리고 어떤 한 부분에 대한 느낌을 스스로에게 물어볼 때마다, 만약 다른 부분이 반응한다면, 그 부분에 대해 침착함calm, 호기심curiosity 혹은 열린 마음openness이 느껴질 때까지 약간의 공간을 달라고 요청해 보세요."

"당신이 여기서 우리를 위해 해 왔던 것처럼 제가 저의 부분들에게 하라는 말이군요."

"맞아요! 이 작업을 수행할 때 당신의 부분들에게 물어봐야 할 가장 중요한 두 가지 질문이 있는데, 하나는 '만약 당신이 지금 하고 있는 일을 하지 않으면 무슨 일이 일어날까 봐 두려운가요?'이고, 다른 하나는 '내가 고요함에 머물러 당신을 대변할 수 있기 위해서 나에게 필요로 한 것이 무엇인가요?'입니다."

나는 벳시와 에이브가 그것을 집에서 해 볼 수 있을 것 같다는 자신감이 생길 때까지 그들이 그들의 부분을 분리하고 그 부분들과 관계를 맺을 수 있도록 코칭을 계속했다.

타임아웃을 하고 그것을 활용하는 것은 내가 모든 부모에게 강조하는 기술 중 하나이다. 그것은 활성화된 부분과 관계를 맺을 수 있는 시간과 공간을 제공해 자녀와의 관계를 변화시키고 공동양육자co-parent로서의 능력을 키우기 위해 자신의 보호적인 부분과 관계를 맺어야 할 필요성을 경험적으로 보여 준다. 또한 그것은 부모(혹은 부모와 자녀) 간의 양극화된 갈등 패턴을 변화시키고, 비록 더 어려운 이야기는 치료 회기에 나누려고 남겨 두게 된다 할지라도 그들 스스로 서로 대화할 수 있는 능력이 있다는 것을 더 많이 느낄 수 있도록 돕는다.

에이브와 벳시가 서로에 대한 신뢰와 안전감이 더 깊어진 것이 분명해 보여서, 다음 회기에서 우리는 물려받은 짐들inherited burdens에 대해 초점을 맞출 수 있었다. 에이브는 자신이 학교에서 어색하게 행동하고 사회성 문제가 있었음에도 불구하고, 그의 부모가 이를 심각하게 받아들이지 못해 그를 종종 외롭고 불행하게 만들었다고 느꼈다. 많은 부모처럼 에이브도 자신의 부모와 다르게 하겠다고 다짐하는 보호적인 부분이 있었지만, 데이브에게 무엇인가를 기대하는 것은 불합리하다고 생각함으로써 오히려 자신의 부모와는 반대 방향에서 실수를 하고 있었다. 이 보호적인 부분의 눈을 통해 에이브는 자신이 항상 지지적이라고 믿어 왔다. 그러나 그 부분이 뒤로 물러났을 때, 에이브는 데이브가 스스로 할 수 있는 일을 맡기지 않고 분명한 기대를 회피하는 것이 일종의 포기라는 것을 알았다.

우리는 이러한 물려받은 어려움inherited conundrums을 물려받은 짐legacy burden이라고 부른다. 부모들은 그들의 부모가 행했던enacted 몇몇 문제difficult행동들을 대물려 받아 왔다. 물려받은 짐은 자신의 부모와 차별화를 위해 지나치게 한쪽으로 치우치는 에이브와 같은 매우 전형적인 반응을 불러일으킨다. 우리가 물려받은 짐에서 해방되지 않는 한, 이 짐을 우리 자녀들에게 물려주는 것을 피하기는 어렵다. 벳시의 지지를 받으면서, 에이브는 그가 인생의 도전자로 성장할 수 없다고 생각했던 그 신념을 아버지와 할아버지에게 되돌려 주는 것을 상상하고imagine 느낄 수 있었다. 마침내 그는 어린 에이브에게 신뢰를 표하는 그의 조상들을 상상했고envisioned, 그 후에 도전적인 상황을 다룰 수 있었다.

반면, 벳시는 강하다는 것은 엄격하고tough 비판적이며 분노를 의미한다고 생각하는 믿음에 초점을 맞췄다. 이 칙령에 따르면, 그것을 받아들일 수 없는 사람들은 약하고, 결코 아무것도 되지 못할 것이다. 에이브가 그녀의 손을 잡자, 그녀는 차분히 부모님께 맞서는 모습을 상상했고 그 후에는 자신에게 문제가 있다는 느낌과 신념을 그들에게 되돌려 주는 모습을 상상했다. 부모가 그들이 경험했던 것을 단지 넘겨주고 있다는 것을 깨달은 그녀는 부모를 초대하여 그들이 했던 방식대로 부모에게 그들의 짐을 넘겼다. 그런 다음 벳시는 데이브를 축복하기 위해 에이브와 데이브를 둘러싼 조부모를 상상했다. 벳시와 에이브는 물려받은 짐을 그들에게 떠나보냄으로써 이 가족에게 강한 긍정적인 영향을 끼쳤다. 데이브가 계속 어려움을 겪는 동안 그의 부모는 그의 문제에 대해 거리를 두고 지켜볼 수 있었고, 훨씬 덜 반응적이 될 수 있었으며, 그가 최선을 다할 수 있도록 지지할 수 있게 되었다.

결론

안내guidance와 실천을 통해 부모들은 덜 반응적이 되고, 보다 더 참자기-주도적이 되는 법을 배울 수 있게 된다. 부모들은 종종 계속되는 양육 위기에 대처하기 위해 절박한 마음으로 도움을 요청하러 치료에 온다. 대부분의 부모는 자신의 내면 작업을 할 의향이 없었지만, 그들의 반응적인 부분의 동기를 이해하는 과정은 종종 그들을 그들의 추방된 부분에게로 이끈다. 그리고 일단 그들이 자신의 어린 부분들과 좀 더 수용적인 관계를 이루게 되면, 자녀들의 경험에 대해서도 더 깊은 이해를 할 수 있게 된다.

우리의 참자기-에너지에 접촉하는 것은 양쪽 부모가 고통스러운 양극화 상태에 빠져 있을 때 그들과의 연결감을 유지하는 데 핵심이 된다. 부모 중 한 사람 혹은 두 사람 모두가 불가피하게 우리의 부분들을 촉발시킬 때, 이런 일이 일어난 순간을 자각하고 자신의 경험에 대해 부모들과 투명해지는 것이 중요하다. 우리가 우리의 불완전함과 인간성humanity을 인정할 때, 우리는 부모들이 그들의 불안전함에 마음을 열도록 도울 수 있다. IFS 접근법은 상처를 치유할 뿐만 아니라 부모에게 실질적인 도구와 기술들을 제공하고 최적의 양육에 방해가 되는 짐들을 내려놓게 한다.

우리의 목적은 여전히 불안전하고 인간적이지만 더 높은 수준의 자신감, 명료함clarity, 창조성, 조율, 연민 그리고 도전적인 상황에서 침착함calm을 유지할 수 있는 능력 등을 특징으로 하는 참자기-주도적 양육이다.

참고문헌

Siegel, Daniel, & Hartzell, Mary. (2014). *Parenting from the inside out.* New York: Jeremy Tarcher/Penguin.

05

참자기-주도적 애도

전환, 상실 및 죽음

데렉 스콧(Derek Scott)

▌서문

상실은 해결될 수 있는 문제가 아니다. 그것은 우리가 애도하면서grieving [1] 적응하는 피할 수 없는 반복적인 삶의 사건이다. 비애grief를 결코 단순하게 생각하지는 않지만, 이 장에서는 걸림돌 없이 자연스럽게 흘러가는 비애와 미해결된 이전의 상실 또는 상실의 트라우마적 특성traumatic nature으로 인해 복잡해진 비애를 구별하기 위해 단순함simple이라는 단어를 사용한다. 비애가 단순하고 간단할 때, IFS 치료사의 일은 사별한 내담자의 동반자이자 안내자가 되어, 그들과 함께 있으면서 현존presence, 호기심 그리고 연민으로 특징지워지는 참

1) 역자 주) grieving은 '애도' 또는 '슬픔에 빠진'으로 번역하고, grief는 슬픔(sadness)과 구별하기 위해 '깊은 슬픔' 혹은 '비애'로 번역하였다. 정신분석용어사전에서 비애(grief)는 상실로 인해 수반되는 정서적 반응으로 설명하고, 애도(grieving)는 심리적 과정으로 간주하고 있는 점을 반영하여 정서적 반응을 의미할 때는 '비애' 또는 '깊은 슬픔'으로, 심리적 과정을 의미할 때는 '애도' 또는 '슬픔에 빠진'이라고 번역하였다.

자기-에너지Self-energy를 체화embodying[2)]하는 것이다. 그러나 내담자가 고립감을 느끼고 있고 상실감에 압도되거나 혼란을 겪고 있을 때, 우리의 탐색inquiry은 과거 어느 시점에서 지지받지 못했던 상실 이야기를 가진 부분들과 마주하게 될 가능성이 있다. 이 말은 우리가 더 복잡한 비애를 바라보고 있다는 의미이며, 그때 우리의 일은 그 부분들의 이야기를 듣고 치유되도록 돕는 것이다.

개요

이 장에서는 슬픔에 빠진 내담자들과의 치료적 작업에서 발생하는 일반적인 문제들인 비수용, 죄책감, 수치심, 고립, 문제가 있는 사회적 지지(혹은 사회적 지지의 부재), 우울, 자살 충동, 역전이와 같은 것을 설명한다. 명확한 설명을 위해 이 장을 세 개의 절sections로 나눈다. 첫째, 단순한 비애를 설명한다. 둘째, 비애의 지연delay, 부재absence 또는 만성화chronicity로 나타날 수 있는 해결되지 않은 초기 또는 외상적 상실로 인해 복잡해진 비애를 설명한다. 셋째, 역전이를 다룬다. 이것을 하나의 범주로 다루고 있는 이유는 치료사가 내담자의 상실 역사loss history에도 불구하고 효과적인 치료를 하려면 치료사 자신의 부분들을 분리unblend하도록(즉, 회기에서 주도권을 갖지 않도록) 도울 수 있어야 하기 때문이다. 나는 이 장 전체를 통해 IFS 치료의 원칙이 내담자나 임상가 모두에게 사례가 단순하든 복잡하든지에 상관없이 어떻게 적용되는지를 설명하고자 한다.

비애가 치료에 나타나는 방식

치료사들은 그들의 치료에서 세 가지 방식 중 하나로 사별bereavement을 마주하게 된다. 내담자가 상실loss 때문에 치료를 찾는 경우, 내담자가 최근에 사

2) 역자 주) 체화의 사전적 의미는 '생각, 사상, 이론 따위가 몸에 배어서 자기 것이 되다. 또는 그렇게 만들다.'인데, 참자기를 체화한다는 것은 치료사의 상태를 참자기 상태로 머무른다는 의미이다.

별을 경험한 경우, 혹은 치료사 자신이 인생에서 상실을 경험한 경우이다. 첫 번째는 IFS 치료 경험이 없는 내담자가 상실을 경험한 후에 치료에 온 경우로, 비애 초기 단계에서 그러하듯이 상실의 영향을 많이 받은 부분들이 섞이고blending 분출하는venting 단계이다. 이때 우리는 내담자의 체계를 위해 참자기-에너지를 유지한다. 즉, 우리는 '연민 어린 호기심'(Wolfelt, 2006, p. 85)을 보이고 '지속적인 돌봄'(Schwartz, 2013, p. 4)으로 내담자를 지지한다. 두 번째는 이미 치료를 받고 있는 IFS에 익숙한 내담자의 경우인데, 우리는 내담자로 하여금 자신의 보호적인 부분들을 이해하고, 말하고 싶은 이야기가 있는 취약한 부분들vulnerable parts의 이야기를 들을 수 있도록 돕는다. 마지막은 우리가 애도mourning 중인 경우인데, 지지support를 구하고 상실을 경험한 부분에 대해 인식하는 것이 우리를 현재에 머물게 하고 내담자와 만날 수 있도록 도울 것이다.

역사의 문제

나는 지난 몇 년 동안 내담자들이 치료에 처음 와서 '우리 가족은 좋았다.', '그들은 나를 때리거나 하지는 않았다.'와 같은 말을 하는 것을 들어 왔다. 그리고 종종 어린 시절을 전체적으로 너무 나쁘거나 너무 좋은 것으로 요약하는 보호적인 부분들protective parts의 이야기를 들어 왔다. 나는 역경을 얼버무리고, 중요한 초기 상실을 보고하지 않으며, 사랑하는 사람의 죽음을 무심하게 언급하는 보호적인 부분들에게 고맙기는 하지만, 그들은 내담자의 고통과 대처방식에 대한 유용한 정보를 가진 다른 부분들을 차단할 수도 있다.

그래서 나는 상실의 역사를 다룸으로써 고전적인 사별 치료 방법과 IFS를 결합한다. 상실의 역사는 내담자에게 그의 상실을 인정하고, 그가 어떻게 살아남았는지를 주목하게 하고, 그의 회복탄력성resilience에 감사할 수 있는 기회를 제공한다. 동시에 내담자의 역사는 상실에 대한 그의 현재 대응response에 대한 통찰을 나에게 가져다줄 수도 있다. 이 역사를 최대한 완성하기 위해 나는 그 당시 그의 자원들supports에 대해 묻고, 상실에 대해 어떤 이야기를 들었는지 그리고 다른 사람들의 상실 반응을 보면서 그의 부분들이 무엇을 배웠는지 물어본다.

또한 나는 상실이 어린 시절의 많은 전환들transitions에 내재되어 있다는 점에 주목한다. 예를 들면, 부모가 헤어질 때 아이는 자신의 현재 삶과 기대했던 미래를 잃는 것이 될 수 있다. 애완동물이 죽을 때, 아이는 형제나 다름없는 존재 또는 많은 비밀을 주고받은 마법 같은 존재를 잃는 것이 될 수도 있다. 가족이 새 집으로 이사할 때, 아이는 자기 세계의 뼈대fabric와 구조structure를 잃을 수 있다. 우리가 열린 마음으로 호기심을 가지고 귀를 기울일 때, 우리는 짐작도 못할 내담자의 애착attachments과 상실의 중요성에 관하여 듣게 된다.

단순한 비애와 첫 번째 대응자들: 리자

리자Liza는 그녀의 아버지가 흉부감염으로 병원에 입원한 후 폐기종으로 돌아가셨다는 소식을 전해 들었을 때, 그녀는 불안을 치료하기 위해 약 9개월 동안 나에게 오고 있던 때였다.

"웃기긴 하지만, 아버지가 떠날 것이라고 예상하고 있었음에도 불구하고 아버지가 돌아가신 사실이 정말 믿기지가 않아요. 병원에 갈 계획을 세우는 저를 발견해요."

오후 햇살이 창문을 통해 리자의 얼굴을 비추자, 그녀는 생각에 잠긴 듯 보였다.

"그래도 좋았어요. 아버지는 돌아가시기 며칠 전에, 제 아들 케빈Kevin에게 그의 시대가 왔고 그가 커서 그의 아버지처럼 양심이 바른 사람이 되기를 바란다고 말했어요. 케빈은 겨우 여덟 살이에요. 그 애는 너무나 상냥하게 아버지가 하는 모든 말을 진지하게 듣고 있었어요."

"이런 이야기를 하는 것이 어떤가요?" 나는 물었다.

"이상해요. 제가 지난번에 아버지가 돌아가셨다고 슬퍼했고, 그다음 회기에서는 아버지가 담배를 피운 것에 대해 화를 냈잖아요. 그 회기들 후에 제 마음이 좀 차분해짐을 느껴요. 저는 이보다 더 나빠질 것이라고 생각했었어요."

나는 "모든 체계가 무슨 일이 일어났는지 깨닫는 데는 시간이 좀 걸립니다." 라고 설명했다. "무슨 일이 일어났는지가 전달되면 다른 부분들이 대응하는 것을 볼 수 있을 겁니다."

나머지 시간 동안 리자는 아버지와 함께했던 삶에 대해 회상했다.

"오늘을 이끌어 가고 싶어 하는 이야기꾼 부분storyteller part이 있는 것 같군요." 나는 말했다.

"저도 그런 것 같아요." 그녀가 말했다.

"그래도 괜찮은가요?"

"저는 괜찮아요. 당신도 괜찮은가요?"

"네. 이것이 저에게 필요한 것 같아요."

나는 고개를 끄덕이며 차를 마시려고 손을 뻗었다. 나의 체계 내에서 '그녀의 불안에 집중하는 것은 어때? 그것이 그녀가 온 이유야.'라고 하는 소리를 들을 수 있었다. 나는 말하고 싶은 이야기가 있는 부분들이 상실 직후에 자주 섞이고, 그래서 나의 일은 참자기-에너지를 가지고 그 부분들을 목격하는 것임을 기억했다. 나는 나의 부분에게 우리가 그녀의 체계를 따라갈 것이고 불안이 또다시 그녀의 주요 걱정이 될 때 불안으로 돌아갈 것이라고 약속했다.

리자를 통해 알 수 있듯이, 상실에 대해 충격, 불신, 부정, 무감각으로 대응하는 첫 번째 대응자 부분들responder parts은 종종 이야기꾼 부분과 짝을 이룬다. 그들은 점차 드러나게 될 더 취약한 부분들의 영향에 대해 수위조절titrate을 하고 관리자 부분들로 하여금 장례 서비스를 처리하는 것과 같은 실제적인 것들에 대처하도록 한다.

초기 사별 작업에서는 종종 직접 접근direct access이라 불리는 IFS 기법을 사용하고는 한다. 이 접근법은 내담자로 하여금 부분에게 말하도록 안내하고 부분을 분리하도록 돕는 방법이 아니라, 치료사의 참자기가 내담자의 부분에게 직접 말하는 방법이다. 만약 내담자가 강한 감정들에 의해 침수되고flooded 부분들이 차례로 섞이고 있다면, 나는 직접 접근을 사용하여 그들의 이야기를 들으면서 상담 회기 내내 참자기-에너지를 유지한다. 애도는 급히 처리될 수 없기 때문에 직접 접근을 하는 회기가 많이 필요할 수 있다.

시간의 흐름

리자는 내 상담실office 창문 밖으로 비를 바라보았다.

"어떻게 지냈어요?" 나는 물었다.

그녀는 한숨을 쉬며, 내게로 몸을 돌렸다.

"평범했어요. 이제 더 이상 병원에 가지 않을 테니 다시 체육관으로 돌아갈 수도 있고, 강의를 들을 수도 있고, 심지어 30년 동안 써 온 그 빌어먹을 소설을 쓸 수도 있어요."

그녀는 미소를 지었고, 나는 친숙한 그녀의 내면의 작가와 그 영원한 꿈에 미소를 보냈다.

"하지만 저는 힘이 없어요." 그녀가 계속 말했다.

"그래도 상관없어요. 제가 우울한가요? 저는 밤에 잠을 못 자고 깨어 있고 낮에는 하루 종일 좀비처럼 있어요. 아버지가 보고 싶어요!" 눈물이 그녀의 뺨을 타고 흘러내리기 시작했다.

"아버지가 너무 보고 싶어요! 아버지는 제 곁에 있어 줬어요. 무슨 일이 있어도 제 편을 들어 줬어요. 주님Lord만 아시는 형편없는 선택을 했을 때조차도 제 편이었어요." 그녀는 코를 풀었다.

"제가 무엇을 하고 있는지 나조차 몰랐을 때도, 아버지는 항상 저를 존중하고 믿어 주셨어요." 그녀는 또 코를 풀었다.

"이제 아버지가 안 계시니까 그런 식으로 저를 사랑해 주는 사람은 아무도 없을 거예요."

가슴이 묵직해짐을 느낄 때, 그녀의 시선과 마주쳐 고개를 끄덕였다. 나는 "아버지를 그리워하는 것은 고통스럽죠."라고 말했다.

"너무 고통스러워요."라고 말하며, 그녀는 창밖을 내다보았다.

우리는 조용히 앉아 있었다. 그녀가 나를 다시 보았을 때 다른 부분이 장악했다는 것을 알 수 있었다.

"무엇이 저를 정말 화나게 하는지 아세요?"라고 그녀가 물었다.

나는 눈썹을 치켜올렸다.

"제 남편은 그것을 이해하지 못해요. 그도 아버지를 사랑했어요. 그런데 그는 항상 '지난 일은 지난 일이야. 당신 아버지는 잘 사셨어.'라고 말해요. 그러면 나는 엿 같은 기분이 들어요. 저희 아버지는 앨런Alan을 위해 많은 것을 하셨는데, 그는 다섯 단어[3]로 정리해 버려요? 그를 때려 주고 싶어요."

"앨런은 지금 당신이 원하는 방식으로 당신과 함께 있지 않은 것처럼 들리네요." 나는 말했다.

"네, 그래요!" 그녀가 말을 이어 갔다.

"저는 그가 아버지를 더 닮았으면 좋겠어요. 아버지의 메시지는 항상 '너는 괜찮아. 나는 너를 바꾸고자 하지 않아.'였어요. 어떤 것도 요구하지 않았어요. 저에게 이제 그런 일은 영원히 사라져 버린 것 같아요."

리자는 두 손으로 머리를 감싸 안은 채 흐느꼈고, 나는 그녀의 애도 부분을 위한 공간이 생긴 것에 고마움을 느꼈다. 이 회기에서 리자는 사별에서 흔히 볼 수 있는 것처럼 처음에는 힘이 없다고 말했고, 그 후에 그녀가 우울한 건지 궁금해했다. 앤드류 솔로몬Andrew Solomon(2002)은 "우울의 반대는 행복이 아니라 활력vitality이다."(p. 443)라고 했다. 사별 기간 동안에는 일반적으로 활력이 없기 때문에 자신이 우울해하고 있는지 궁금해하는 사람은 리자만이 아니다. 그 순간에 그녀의 질문에 대답하는 것이 그녀를 애도에서 벗어나게 할 것이기 때문에, 나는 그녀의 감정을 반영하고 열린 마음을 유지하며 나타난 부분들showed up parts과 현존하기로 선택했다.

비애 무리

리자의 회기에서 볼 수 있듯이, 첫 번째 대응자들 후에, 우리는 보통 비애 무

3) 역자 주) '지난 일은 지난 일이야.'로 번역한 'What is done is done'을 말한다.

리grief cluster, 즉 항의하고 그리워하고 갈망하고 후회하고 죄책감을 느끼는 슬픈 부분들sad parts로부터 이야기를 듣는다. 이들 부분들은 우리가 필요로 하고 사랑하는 것을 상실한 후 피할 수 없는 여정에서 우리를 돕는다. 이전의 미해결된 상실과 관련 있든 없든 간에, 비애 무리 부분들은 일반적으로 체계가 압도당하지 않고 그들의 고통을 견딜 수 있다고 보호자들이 확신할 때까지는 거리를 유지하게 된다.[4] 그래서 나는 비애 무리 부분들을 신추방자neo-exiles라고 생각한다. 참자기가 출현할 때까지는 자각되지 않는 어린 시절 사건과 연결된 추방자들과 달리, 신추방자들은 처음에 잠시 보류상태abeyance로 있기 때문에 그들의 경험은 차츰 듣게 되고 지지받게 되며 동화assimilated된다. 나는 이러한 내용을 내담자들과 종종 공유하는데, 이것이 감정 가득한affect-laden 신추방자들과 보호자들 간의 내적인 춤inner dance에 영향을 미치고 모두를 정상화시키기 때문이다.

애도 속의 정상적인 진동

이 장 전체에 걸쳐 설명했듯이, 슬픔에 빠진 사람들은 상실의 의미를 통합하려고 하면 비애 무리와 섞이고(즉, 온전히 동일시되고), 앞을 향해 나아가려는 행동을 하면 회복 무리restoration cluster와 섞이게 되는 것 사이에서 오락가락하는 경향이 있다. 이러한 애도와 미래에 대한 계획이 뒤섞이는 현상은 매우 극심한 고통을 겪는 동안에 분명 완화relief의 기간을 보장한다(Stroebe & Schut, 2010). 전체 내면 체계internal system가 필요한 만큼의 처리 시간을 갖고 모든 것이 잘 풀렸을 때, 회복 무리가 지배하기 시작하고 상실을 수용하는 새로운 현실이 구축될 것이다.

한편, 다른 부분들different parts에게 상실의 의미는 마치 물결처럼 천천히 체계를 통해 흐른다. 부분들은 마치 무슨 일이 일어났는지를 이제 막 깨달은 것처럼, 상실 후 몇 주 또는 몇 개월 동안 강렬한 감정을 느낄 수도 있다. 나는

4) 역자 주) 거리두기(distancing)는 슬픔에 빠지지 않도록 하기 위해 감정과의 거리를 멀어지게 한다는 의미이다.

이것을 비애 공격grief attacks이라고 부른다. 만약 어떤 사람이 비애 공격을 당한다면, 관리자들은 거리두기distancing에 착수하고 소방관들은 주의를 분산distracting[5]시킬 것이다. 그래서 나는 비애 공격의 가능성을 예측하고 이러한 사건이 무엇인가 잘못되었다는 신호가 아니라, 오히려 내담자의 참자기가 슬픔에 빠진 부분들을 목격할 수 있는 기회라고 보호자들을 안심시키는 데 우리의 시간을 할애한다.

복잡한 비애: 사별과 짐의 접점

만성적이거나 지연된delayed-onset 비애는 애도자mourners의 약 15%의 사람들에게서 나타나며(Kersting, 2004), 인생 초기에 경험한 중요한 상실이 미해결되었거나 상실된 관계가 의존적이었거나(Lobb et al., 2010), 혹은 사망자와 양가감정의 관계였던 경우(Freud, 1917)와 같은 특정 상황에서 발생할 가능성이 더 높다. 사회적 지지가 부족하거나 혹은 내담자의 애착 유형과 같은 관계적 요인들 또한 비애를 복잡하게 만들 수 있다. 웨이먼트와 비어탈러Wayment & Vierthaler(2002)는 "불안-양가적 애착 유형anxious-ambivalent attachment style의 사람들이 더 많은 비애와 우울을 보고했다."(p. 129)고 밝혔다.

나는 종종 울펠트Wolfelt(1992)가 복잡한 비애complicated grief라고 기술한 보호 전략들protective strategies에 주목한다. 여기에는 상실의 중요성을 대단치 않게 여기는 최소화minimizing, 감정을 신체적 증상으로 전환하는 신체화somatizing, 새로운 애착으로 애도를 회피하는 대체replacing, 다른 사람들과 사건들에서 분노나 슬픔을 느끼는 치환displacing, 모든 경험을 보류하는 연기postponing 등이 포함된다. 우리가 치료에서 보호 전략을 확인하게 되면, 다음에 나오는 수잔Susan 사례에서 설명한 것처럼, 나는 보호적인 부분protector에게 그 전략이 효과적인

5) 역자 주) 힘든 감정으로부터 관심을 다른 데로 돌린다는 의미이다.

지 묻고 만약에 내담자가 상실 무리에 접근하게 되면 어떤 일이 일어날 것이라고 믿는지를 묻는다.

수년간 나는 보호적인 부분들에 대한 감탄과 존중을 해 왔고, 비애가 복잡하지 않을 때는 나름의 시간표가 있다고 굳게 믿고 있다. 따라서 나는 비애가 얼마나 오래 지속되어야 하는지에 대한 민간 전승의 지혜folkloric wisdom가 도움이 된다고 생각하지는 않는다. 즉, 비애가 복잡할 때는 어떤 보호적인 부분들이 비애의 만성화나 지연delayed에 기여하고 있는지 호기심을 갖는 것이 중요하다는 말이다.

비애 연기: 수잔

수잔은 열아홉 살 때 교통사고를 냈다. 그 사고로 그녀의 언니와 그녀의 가장 친한 친구가 죽었고, 그 친구의 아이는 고아가 되었다. 그녀는 6년 후에 나를 찾아왔다. 왜냐하면 그녀의 어린 아들 타이론Tyrone을 잃게 될까 봐 그를 사랑하지 못하는 부분이 있었기 때문이다. 수잔은 자신의 부분들과 연결이 쉬웠고, 세 번의 회기를 통해 IFS 방법에 익숙해졌다.

"제가 말씀드린 것처럼 문제는 제가 아들을 사랑하지 않아서 걱정된다는 겁니다. 제 아들은 학교에서 만든 크리스마스 카드와 밸런타인데이 카드에 온통 엄마에 대한 사랑을 담아 왔는데, 저는 그것이 무엇이든 상관이 없어요! 저는 정상이 아닌 게 분명해요. 그렇죠?" 그녀가 나를 쳐다보았다.

"걱정하는 부분이 있는 것 같군요. 내면에서 무슨 일이 일어나고 있는지 물어보면 어떨까요?"

"좋아요. 음, 음, 이 부분이 저에게 타이론을 보여 주고 있고, 공중에 커다란 빨간 원을 그린 후, 그 안에 선을 그려 넣고 있어요."

"당신이 무엇을 알기 원하는지 확실히 알 수 있나요?" 나는 물었다.

"감도 못 잡겠어요. 지금은 마임 쇼를 하고 있고…… 지금은 작은 친구가 통역을 하고 있어요. 신God에게 맹세코 전 정말 이상한 부분을 가지고 있어요. 그 부분은 타이론이 죽을지도 모르고 그러면 저는 저쪽에 있는 혼란에 빠질 거라서 그를 사랑할 수 없다고 말해요."

"저쪽에 있는 혼란mess이요?"

"교통사고 이미지 더미pile를 가리키고 있어요. 제가 법정에서 쓰러졌다고 말했나요? 판사는 제가 미쳤다고 생각했어요."

"저쪽에 있는 이미지 더미와 연결된 부분들을 좀 더 자세히 알아봐도 괜찮을까요?" 그녀의 눈은 초점이 흐려졌다.

"이런, 말도 안 돼! 엄청난 거인이 팔짱을 낀 채 불쑥 나타나서 우리는 거기에 가지 않을 거라고 말해요. 그는 자신의 일이 저를 정신 차리게 하는 것이며, 그 더미는 저를 미치게 만들 거라고 말해요."

수잔의 거대 보호자uber-protector 같은 부분들은 내담자의 역사와 참자기-에너지 수준을 잘 알고 있는 경우가 많기 때문에, 그들은 중요한 상실에 접근할 적절한 타이밍을 본능적으로 안다. 그래서 나의 방침policy은 그들이 그들 자신의 바람wishes을 존중하고 치료에서 많은 통제력을 발휘하기를 기대하는 것이다. 하지만 이 경우 수잔의 거대 보호자 부분은 그녀를 치료에 데려온 부분인 그녀의 양육자 부분parenting part과 양극화되어 있었고, 그 양육자 부분의 걱정 또한 매우 중요했다. 그래서 나는 어떤 협상이 가능할지 알고 싶었다.

"거대 보호자는 교통사고에 대해 생각하는 것이 당신을 미치게 만들 것이라고 걱정하네요, 맞나요? 그리고 그 보호자는 타이론이 죽을 경우를 대비해서 당신이 그와 가까이 있는 걸 원치 않는군요. 그러나 당신을 치료에 데려온 부분은 당신이 타이론의 어머니가 되기를 원하고요."

"네. 제게는 타이론이 엄마를 필요로 할까 봐 걱정하는 부분도 있어요. 그러나 제가 타이론에게서 멀리 떨어지기를 원하는 건 거대 보호자가 아니에요. 그것은 거대 보호자와 함께 일하는 부분이에요." 수잔이 설명했다.

"어떻게 그들이 함께 일하나요?"

"글쎄요." 외부로 향했던 수잔의 눈은 다시 초점을 잃었다. "제가 타이론에게 마음을 열었을 때 그에게 무슨 일이 생긴다면, 그는 저기에 있는 거대한 더미 위로 올라가게 될 것 같아요. 그리고 만약 그런 일이 일어난다면, 그들은 저에게 그 더미가 흔들리고 무너질 것이고, 제가 쓰러질 것이라고 보여 주고 있어요. 저는 더 이상 어떻게 할 수가 없어요."

"그것이 이해되나요?"

"음." 그녀는 눈을 게슴츠레 뜨면서 고개를 끄덕였다.

나는 수잔의 보호자들이 감정뿐만 아니라 애착도 끊기로 했다는 말을 듣고 놀라지 않았다. 나는 그녀의 거대 보호자가 하는 일이 강하고 매우 무서운 감정(추방된 부분들)을 처리하는 것이라고 생각했고, 그녀의 내면 체계에는 끔직한 어린 시절과 그녀의 언니 그리고 가장 친한 친구의 죽음 이후 자기연민을 위한 공간이 거의 없다고 생각했다. 나는 수잔과 같은 내담자에게는 비애를 미루거나 완전히 회피하는 것을 목표로 하는 보호적인 부분들이 있을 것을 알고 있었지만, 나는 또한 연결과 균형을 갈망하는 부분들과도 함께 일하고 있다는 것을 명심하고 있었다.

"그래서 그 거대 보호자와 또 다른 보호자가 당신을 붙들고 있는 건가요, 맞아요?"

"네." 수잔이 말했다.

"어떻게 되어 가고 있나요?" 나는 물었다.

"그들이 그것을 할 수 있다고 말해요." 그녀가 말했다.

"그들이 얼마나 열심히 일하는지 알겠어요." 나는 말했다.

"그런데 그들이 그렇게 열심히 일하지 않아도 당신이 안전할 수 있다면, 그들이 관심을 가질까요?"

"그들은 자신들만이 책임자가 될 수 있다고 말해요."라고 그녀가 전했다.

나는 거대 보호자의 소망을 존중해야 했지만, 우리가 수잔의 다른 취약한 부분들과 작업하는 것을 그 보호자가 허락할지 궁금했다. 나는 참자기-에너지를 만들고build 나중에 이렇게 무거운 짐을 진 부분들burdened parts을 다시 찾을revisit 생각이었다. 나는 보호자들이 그것을 허용할지, 아니면 그들과 작업하는 데 더 많은 시간을 할애해야 할지 궁금했다.

"당신이 어린 시절에 대해 이야기했을 때 언급했던 다른 어린 부분들 중에서 어떤 부분과 작업하는 것을 그들이 허락할까요? 괴롭힘 당했던 어린 부분들을 다뤄 보는 것을요."

수잔은 잠시 내면의 소리를 듣고 나서 "그들이 좋다네요. 하지만 이 부분은 이 모든 것이 저를 더 나은 엄마로 만들 수 있는지 알고 싶어 해요."라며 그녀의 왼쪽 어깨를 만지면서 그쪽 방향으로 머리를 돌렸다.

"그것이 우리가 지향하는 바입니다." 나는 말했다.

"'좋아, 그러면 이제 가 보자.'라고 말하네요."

하지만 우리가 초등학교 시절의 괴롭힘bullying에서 시작하기 전에, 수잔의 보호적인 부분들은 그녀의 가장 어린 추방자들을 주목하는 것에서부터 시작하여 상실의 역사를 만들도록create 허락했다. 또한 그들은 협상 테이블table에서 확고한 협상가였던 그녀의 양육자 부분이 그녀의 아들을 더 잘 돌볼 수 있도록 우리가 돕는 것에 동의했다. 우리가 내면의 공간과 자기연민self-compassion을 만드는 데 초점을 맞춘 지 몇 년이 지난 후에, 수잔의 거대 보호자는 그녀가 미치지 않고 교통사고 사건을 처리할 수 있다고 결정했다.

보시다시피, 수잔의 트라우마 역사는 그녀의 보호적인 부분들이 치료에 대해 극도로 경계하도록 만들었기 때문에, 나는 아들에게 필요한 존재가 되고 싶어 하는 그녀의 어머니로서의 욕구와 그녀가 고통, 죄책감 그리고 비애에 압도되는 것을 막으려는 보호자들의 욕구 사이에서 균형을 잘 맞춘 협상을 해야 했다. 이 협상에는 양쪽의 우려를 검증하고, 항상 동등하게 그들의 허락을 구하는 것이 포함되며, 수잔의 부분이 그녀와 너무 섞여 있었기 때문에 꽤 자주 우리의 치료에 참자기-에너지를 제공하는 것이 포함되었다.

진동이 없을 때: 프랜

치료사로서 우리는 비애와 회복 무리 사이의 자연스러운 진동oscillations에 관심을 기울이고 지지를 할 수 있다. 그러나 진동이 없을 때, 우리는 그 이유를 알고 싶어 한다. 예를 들어, 내담자가 상실 무리의 수렁에 빠져 있는지, 반대로 앞만 보고 있는지 관심을 기울일 것이다. 후자의 경우, 사람들은 회복 무리의 의제agenda에 갇혀 심각한 결과가 만들어질 때까지 사별 상담이나 치료를 거의 받지 않는다.

프랜Fran은 그녀의 성인 아들 마크Mark가 에이즈AIDS로 세상을 떠난 후, 그녀의 남편이 차고garage를 짓는 데 모든 시간을 할애하는 그들의 상실 반응 때문에 치료를 받으러 왔다. 피터Peter가 자기 아들의 죽음에 대해 말할 때, 그는 한쪽 문은 닫히고 다른 쪽 문은 열리며, 우리는 우리의 삶을 살아가야 한다고 말하고는 했다. 피터의 끊임없는 회복restoration에 대한 집중은 프랜으로 하여금 아들뿐만 아니라 배우자도 잃었다고 느끼게 했다. 하지만 동시에 프랜은 모두에게 마크가 백혈병으로 죽었다고 말하고 있었다. 그 결과, 그녀는 남편뿐만 아니라 가족, 친구 그리고 아들과도 단절감을 느끼게 되었다. 프랜의 수치심과 스스로 초래한 고립은 그녀의 회복 무리의 강력한 개입을 초래했고, 그녀 또한 앞으로 나아가야 한다고 믿게 만들었다.

"무엇이 잘못되었는지 모르겠어요, 데렉Derek. 일 년이 넘었고, 계속 살아가려고 노력하고 있는데…… 잘 모르겠어요, 제가 외로운 거죠? 저는 마크에 대한 생각을 멈출 수가 없어요. 지금쯤이면 이것을 다 극복했어야 해요. 가끔 마크가 죽어 가는 악몽을 꾸는데, 문자 그대로 거대한 기계 같은 것에 의해 그의 생명이 뽑혀 나가고 있어요. 그리고 그의 눈이 저를 쳐다보며 애원하고 있어요. 저는 땀에 젖은 채 깨어나요."

프랜은 두 손을 비틀며 불편하게 자리를 옮기고 있었다.

"요전날에 쇼핑을 하다가 마크가 어릴 때 좋아했던 사탕을 보았는데, 제가 바로 그것을 잊고 있었어요. 저는 마음이 무너져서 통로 한가운데에 바구니를 둔 채 가게를 떠나왔어요. 이제 전 거기에 다시는 갈 수 없어요. 제 생각에 뭔가 문제가 있는 것 같아요." 그녀가 걱정스럽게 나를 쳐다보았다.

"슬픔에 빠져 있군요, 프랜. 그리고 당신은 이 모든 것을 혼자 해결하려고 노력하고 있어서 당신이 그것을 잊어버리기 바라는 부분이 있네요. 하지만 어떤 다른 부분들은 마크를 그리워하며 관심을 원하네요."

프랜은 고개를 끄덕였다.

"제 생각에는 꿈이나 매장에서의 일을 통해 당신의 관심을 받고자 하는 부분들에 대해 알아보는 것이 가장 도움이 될 것 같아요. 그렇게 해도 될까요?"

"음, 그럴 필요가 없다고 하네요. 저는 강해야만 해요."

"당신이 강해지길 바라는 부분들이 특별한 걱정을 하나요?"

프랜은 "그들의 걱정은 그 모든 고통을 열게 되면 쇼핑할 때처럼 제가 다시 망신당하게 될 거라는 거예요. 또한 그들은 마크가 동성애자gay라는 것을 사람들이 알게 되었을 때 제가 얼마나 수치심을 느꼈는지에 대해서도 이야기하고 있어요."라고 말했다.

"그들이 하는 말을 이해했어요. 그리고 그들이 목소리를 높여 줘서 기뻐요. 그런데 저도 걱정이 있어요. 그들이 들으려 할까요?"

프랜은 고개를 끄덕였다.

"제 경험상, 그 부분에게 주의를 기울이지 않으면 그 부분은 점점 더 열심히 일을 하게 됩니다. 당신이 쇼핑할 때 당신을 장악한 부분이나 당신의 사교 시간을 방해하는 부분이나 당신의 수면을 방해하는 부분처럼요. 그러나 저는 당신이 화난 부분upset part과의 시간을 보내고 나면 다른 부분들의 이야기도 들을 수 있게 된다는 것을 경험적으로 알고 있습니다. 당신의 관심을 먼저 필요로 하는 부분을 선택하기 위해 당신의 부분들을 초대해 보세요."

프랜은 잠시 내면의 소리를 듣고는 "수치심을 느끼는 부분"이라고 대답했다.

부인된 비애

카우프만Kauffman(2002)은 사회적으로 지지받지 못하거나 부인된 상실을 지칭하기 위해 박탈된 비애disenfranchised grief라는 용어를 만들었고, 그러한 상실들은 전반적으로 정서적 반응들을 강화시킬 수 있다고 보았다. 그는 IFS 치료사들이 수치심을 주는 보호자들로 이해하고 있는 '자기박탈self-disenfranchisement'이 유산miscarriage, 반려동물의 사망, 그리고 가해하는 부분들perpetrating parts을 가진 파트너와의 이별을 포함한 특정한 종류의 상실로 인해 발생할 가능성이 더 높다고 주장했다. 프랜의 경우, 그녀의 비애는 아들의 성적sexual 성향과 질병 때문에 사회적으로 수치심을 느끼고 금욕적인 남편에게 거부당할 것을 두려워하는 부분들에 의해 부인되어disavowed 왔다. IFS 언어로 말하자면, 그녀의 보호적인 부분들은 그녀가 상처를 받고 수치심을 느끼는 것으로부터 그녀를 구하려고 노력하고 있었고, 그녀의 고통스러운 애도 부분들은 그녀의 관심을 끌기 위해 점점 더 소리를 크게 내고 있었으며, 때로는 그녀를 압도하고 있었다. 이에 대응하여, 그녀의 회복 무리는 그녀에게 앞으로 나아가라고 촉구하고 있었다. 치료를 계속하면서, 프랜은 참자기-에너지에 점점 더 많이 접촉access 할 수 있게 되었고, 그녀의 두려워하고 사회적으로 순응하는 부분들conforming parts이 긴장을 풀 수 있도록 도울 수 있었으며, 마크의 죽음을 애도하는 것이 그녀의 체계를 안정시켜 그녀가 정말로 나아갈 수 있도록 도와줄 것이라고 그녀의 회복 무리를 안심시킬 수 있었다.

최소화하는 보호자들: 고든

최소화minimizing는 상실뿐만 아니라 기후 변화와 같은 중요한 문제나 오렌지 주스가 떨어진 것과 같은 지극히 평범한 문제들에서도 나타나는 매우 일반적인 보호 전략이다. 그래서 자연스럽게 우리는 이 보호 전략이 비애와 함께 나타날 것이라고 기대할 수 있을 것이다. 고든Gordon은 그의 개, 베일리Bailey가 죽었을 때 잠시 동안 나를 만나고 있었다. 베일리를 잃은 그의 경험은 인생 초기에 지지받지 못한 상실의 역사를 가진 사람이 현재의 상실로 인한 비애에 침수될flooded 수 있으며, 동시에 자신의 비애에 깊은 부끄러움을 느낄 수 있다는 것을 보여 준다.

"저에게 이런 일이 일어났다는 것이 믿어지지가 않아요." 그는 말했다.

"그녀가 음식을 먹지 않을 때, 저는 단지 그녀가 늙었기 때문이라고만 생각했어요. 나중에야 그녀가 작별 인사를 하고 있다는 것을 알게 되었어요. 정말 기분이 좋지 않았지만 그녀는 단지 개dog일 뿐이라고 제 스스로에게 상기시켰어요."

고든은 왼손으로 리듬감 있게 그의 다리를 두드리며 똑바로 앉고 있었다.

나는 그가 베일리의 죽음에 대한 생각에서 벗어나고 싶어 하는 부분이 있는지 궁금했다.

"당신에게 '그녀는 단지 개일 뿐이야.'라고 말하는 부분과 함께 슬픈 부분이 있는 것 같네요. 당신이 슬픈 부분의 이야기를 들을 수 있도록 그 부분이 좀 부드러워질 수 있을까요?"

"좋아요. 하지만 개에 대해 너무 많이 얘기하는 것이 바보같이 느껴져요."

"바보 같다고 느끼는 부분은 아마도 당신이 개를 사랑하는 것에 대해 제가 당신을 판단하지 않는다는 것을 알면 마음이 놓이지 않을까요?"

침묵이 흐른 뒤, 고든은 뒤로 물러나 앉았고 손가락 두드리는 것도 멈췄다. 조용한 목소리로 "오, 와우. 이 슬픈 부분이 정말, 정말 슬퍼요. 이제 느껴져요."라고 말했다.

고든의 갈등

몇 주 후에, 고든은 나에게 포틀럭potluck[6]에 가기로 결정했다고 말했다. 그는 아주 좋은 콩 샐러드를 가져가기로 약속했고 그것을 준비하는 동안 그의 냉장고에서 흐물흐물한 오이 반토막을 발견했다.

"저의 선택을 저울질했어요."라고 그가 말했다.

"조리법대로 신선한 오이 한 통을 사기 위해 10분 동안 자전거를 타고 가게에 갈 것인지 아니면 가지고 있던 것을 사용할지 저울질을 했어요. 저는 단지 귀찮아서 가기가 싫었어요. 그건 제가 아니에요. 무관심해지는apathetic 것을 느꼈어요."

"이 무관심이 베일리를 그리워하는 부분이라고 생각하나요?" 나는 물었다.

"아뇨. 그렇게 생각하지는 않아요." 그는 한숨을 쉬었다. "그걸 검토해 봐야 아무 의미가 없어요. 그녀는 떠났고 그게 다예요!"

"그녀의 죽음에 대해 체념한 부분이 많은 에너지를 갖고 있는 것 같네요."

6) 역자 주) 여러 사람이 각자 음식을 조금씩 가져와서 나눠 먹는 식사

나는 말했다.

"죽은 사람을 잊어야만 한다는 생각을 어디에서 얻게 되었나요?"

고든은 잠시 멈춘 후, "그것은 사라지는 방법일 뿐이에요. 모든 것은 죽어요. 그것에 관해 생각하면 기분이 나빠져요."라고 말했다.

"우리가 기분이 나빠진 그 부분을 도울 수 있을 겁니다."

"당신이 할 수 있을 거라 생각하지 않아요."

"왜요?"

"너무 많은 일이 그에게 일어났기 때문이에요."

고든의 경계하는vigilant 보호자와 한동안 협상한 후에 우리는 기분이 좋지 않은 부분feeling bad part을 도울 수 있도록 허락을 받았다. 이 부분은 여섯 살 소년이었다. 고든의 가족은 그가 여섯 살 때 캐나다로 이민을 갔다. 부모가 새 집을 마련하면서 영국인인 고든은 만나본 적 없는 아일랜드인 외조부모와 함께 지내게 되었다. 그는 그의 어머니와 그들의 문화가 이질적인 것처럼 그의 외조부모가 거칠고 사납다는 것을 알았다. 그들의 집에 머무른 지 몇 주 후에, 고든은 그의 가장 친한 친구인 제인Jane에게 편지를 쓰기 위해 부엌 식탁에 앉았다. 제인은 그의 정서적인 지주anchor이고 그리움의 대상이다. 편지를 반쯤 썼을 때 그의 외할아버지는 누구에게 편지를 쓰고 있는지, 그리고 어떻게 보낼 계획인지를 물었다. 그가 제인의 주소를 가지고 있는지 물었다.

고든이 "아니요."라고 말했을 때, 그의 외할아버지는 웃으면서 그를 바보라고 불렀다. 싱크대에 서 있던 그의 외할머니도 웃었다. 고든은 울기 시작했고 끝내 흐느껴 울었다. 순간적으로 화가 난 그의 외할머니는 성큼성큼 다가와 그의 머리를 때렸고, 그가 울음을 멈추지 않으면 '진짜 더 심하게 야단을 칠 거야.'라고 선언했다.

이 순간이 고든 인생에서 체념한 여섯 살 아이를 떠안게 된 때였다. 그 이후, 이 부분은 고든에게 아무도 그의 감정에 대해 듣고 싶어 하지 않기 때문에 조용히 지내야만 한다는 것을 상기시켜 왔다. 고든은 체념한 부분이 해 온 모든 일에 대해 고마움을 전한 후, 슬픈 부분의 말을 들을 수 있었다. 그의 외조부모에 대한 두려움과 증오, 그리고 그의 절망적인 그리움과 외로움을 묘사하는 슬픈 부분의 이야기를 들은 후, 고든은 그 부분에게 무엇이 필요한지 물었다.

"저는 로봇으로 변신해서 외조부모님을 죽이고 싶어요." 그가 말했다.

고든이 침묵했을 때, 나는 "괜찮아요?"라고 물었다.

고든은 고개를 끄덕이며 연민 어린 목격하기witnessing를 하였다. 슬픈 부분은 한 주먹으로는 외할머니를, 다른 한 주먹으로는 외할아버지를 때리는 거대한 금속 남자로 변했다. 그런 후에 그는 더 커져서 그들의 아파트를 부수고 마침내 마을 전체를 파괴했다. 만족한 그는 슈퍼맨으로 변신하여 제인에게 편지를 배달하기 위해 날아갔다.

"이제 그는 임무가 생겼어요. 그는 잘못된 것을 바로잡기 위해서 전 세계를 날고 싶어 해요."라고 고든이 말했다.

"당신은 뭐라고 말하나요?" 나는 물었다.

"좋은 아이디어라고 생각해요. 체념한 부분이 매우 행복해 보여요. 그는 그의 일을 그만두고 싶어 하고, 기분 나쁜 다른 부분들을 제가 도울 수 있다고 말해요."

"다음은 누가 도움을 필요로 하나요?" 내가 물었다.

"베일리를 그리워하는 부분들이에요." 그가 대답했다.

"그들은 울면서 베일리가 돌아오길 바란다고 말하고 있어요." 그는 잠시 조용했다.

"사실 베일리는 제가 그녀의 강아지라고 생각했어요." 눈물이 그의 뺨을 타고 흘러내리기 시작했다.

"베일리는 비록 죽기 전에 눈이 멀었고 관절염으로 불구가 되었지만, 만약 제가 울고 있다는 것을 알아차린다면, 그녀는 일어서서 제 얼굴을 핥으러 올 겁니다. 이 어린 부분young part은 자신이 강아지였고 베일리가 자신의 진짜 어머니였다고 말해 주고 있어요. 그래서 제가 그렇게 슬펐던 거였어요." 그는 빙그레 웃었다.

"그 마지막 말은 제가 생각해 낸 부분이에요."

일주일 후 고든은 슬픔에 잠긴 어린 부분들의 이야기를 연민을 가지고 들을 수 있었던 것이 살아 있는 개dog와의 관계에 어떻게 영향을 미쳤는지 설명했다.

"이제 저는 강아지dog와 함께 누워서 아침을 맞고 강아지를 껴안아 줘요. 저는 강아지가 언젠가 죽을 것을 알기 때문에, 제가 할 수 있을 때 강아지를 사랑하기로 그 어느 때보다도 굳게 결심했어요."

몇 주 후, 고든은 공원을 산책하다가 한 부분이 그를 슬픔으로 납치했다hijacked고 묘사했다.

"저는 제 배에서 슬픔의 공이 솟아오르는 것을 보고 이렇게 물었어요. 네가 얼마나 슬픈지 내가 알기만 하면 되니? 아니면 네가 직접 네 자신을 표현하고 싶니? 그 부분은 제가 보는 앞에서 진짜 눈물을 흘리고 싶다고 했고, 저는 그렇게 하는 것이 괜찮았어요."

고든의 주 보호자main protector는 슬퍼하는 모습을 드러내는 것이 고통과 굴욕을 가져온다는 것을 생애 초기에 배웠다. 그래서 애착을 최소화하는 것이 상실을 다루는 이 부분의 주요 전략이 된 것이다. 마침내 고든이 슬픔에 잠긴 그의 어린 추방자를 만나게 되었을 때, 그는 베일리의 죽음에 대한 진짜 의미, 즉 어머니의 무조건적인 사랑의 상실과 비애를 느낄 수 있었다.

자살과 초기 외상적 상실: 잭

트랜스젠더transgendered man인 잭Jack은 몇 년 동안 나의 내담자였다. 그는 치료를 잠시 중단했다가 여자 친구와의 관계가 깨어진 후 다시 나를 찾아왔다. 그와 레베카Rebecca는 그녀가 우연한 성적 만남을 갖기 전까지 서로에게만 충실한monogamous 연인으로 함께 살아왔다. 이러한 관계 전환 사건은 잭에게 큰 고통을 주었다. 비록 그는 수년 전에 성전환을 했지만, 그에게는 거세당했다고 느끼는 아주 어린 추방자와 그가 바이오맨bio-men이라고 부르는 대상에 비해 부족하다고 느끼는 다른 부분들이 있었다. 그의 경험은 초기 외상적traumatic 상실이 어떻게 보호적인 부분들에게 자살만이 유일한 선택이라는 것을 납득시킬 수 있는지 보여 준다.

잭은 시무룩하고 침울한 모습으로 정해진 시간에 상담실에 나타났다. "안녕하세요." 그가 심드렁하게 말했다.

"힘든 시간을 보내고 있다고 들었어요." 나는 말했다.

"아마도요." 그는 어깨를 으쓱했다. "저와 그녀 사이가 끝난 것 같아요."

"유감이네요. 당신이 얼마나 이 관계가 잘되기를 원했는지 알아요. 얼마나 안 좋아졌나요?" 나는 물었다.

그는 한숨을 쉬었다.

"보통 저는 고양이와 레베카 그리고 가족을 떠나는 것이 어떨지에 대해 이야기함으로써 제 자살 부분들suicide parts을 막을 수 있었어요. 하지만 이번에는 소용이 없는 것 같아요."

나는 잠시 조용히 앉아 있었다. 나는 나의 내면에서 잭을 사랑하고 그가 죽지 않기 바라는 부분을 알아차렸다. 나는 그 부분을 인정해 주고 잭과 함께 머무를 수 있도록 그 부분에게 부드럽게soften 해 달라고 부탁했다.

"당신의 자살 부분은 엄청난 고통 속에 있는 어떤 부분들과 연관이 있는 것 같은데, 맞나요?"

잭은 고개를 끄덕였다.

"그러니까 당신의 자살 부분은 당신이 생을 끝내야만 이 고통을 끝낼 수 있다고 믿는 거죠?"

고개를 더 많이 끄덕인다.

"그 부분이 당신에게 공간을 좀 내어 주며 당신을 느낄 수 있을까요?"

고개를 들며, 그는 말했다. "한 개 이상의 부분이 있어요. 그들이 우리 모두는 죽고 싶다고 말해요. 그들은 아무것도 도움이 되지 않는다고 보고 있어요."

"그들이 그렇게 믿고 있다는 것을 알아요. 그런데 저는 죽고 싶은 것이 아니라 고통 없이 살고 싶어 하는 부분이 있는지 궁금해요."

그는 어깨를 으쓱했다. "그들은 그렇게 생각하지 않아요."

"당신의 고통에 대해 죽는 것말고는 답이 없다고 믿는 많은 부분이 있다는 것을 알겠어요. 그리고 그들이 당신이 죽는 것 대신에 우리가 고통을 치유할 수 있다는 것을 알았으면 해요."

"그들은 그것을 믿지 않아요." 그가 말했다.

"그들이 꼭 믿을 필요는 없어요." 나는 대답했다.

"하지만 당신과 저에게 기회를 주는 것에 대해서는 어떤가요. 우리가 하는 것을 지켜보고 있는 것에 대해서는 동의할까요?"

얼마 후에 잭은 고개를 끄덕였다.

"그들은 당신을 좋아해서 동의하네요."

"괜찮으시다면, 죽고 싶어 하는 부분이 동의하는지 저를 위해서 다시 한번 확인해 주시겠어요? 종종 관리자가 끼어들기도 하거든요."

"아니요. 그들입니다."

"좋아요. 그들에게 감사함을 전해 주세요."

이 작업 후, 잭의 자살 보호자들[7]이 물러났다. 이후 회기에서 레베카와의 관계가 바이오맨과 똑같다고 느끼고 싶어 하는 그의 부분들을 입증하고 있는 것이었음이 분명해졌다. 우리는 이전에 모두가 여학생인 환경에서 학교를 다니는 것이 괴로웠던 많은 어린 소년 부분뿐만 아니라, 한 아이의 아버지가 될 수 없는 것에 대해 후회하는 아빠 부분dad part과도 작업했었다. 레베카와의 결별은 바이오맨보다 부족하다고 느끼는 부분을 촉발시켰고, 그것은 잭의 체계 안에 있는 보호자들이 자살만이 합리적인 선택이라고 믿었을 정도로, 자신의 음경penis을 잃어버렸다는 생각에 매우 괴로워하는 더 깊은 추방자로 이끄는 시작점trailhead이 되었다.

자살 부분에 대해 내가 선호하는 방식은 잭과 했던 것처럼 추방자 작업을 하기 위한 시간을 협상하는 것이다. 그러나 자살 부분이 내담자의 참자기를 충분히 신뢰하지 못하면, 그들은 자살이 유일한 선택이며 내담자를 입원시키는 것이 생명을 구하는 불가피한 일이라고 결정할 수 있다. 물론 한 자살 보호자가 자살하기로 정말 결정을 하면, 입원 여부와 상관없이 그 시기를 고려하

---

7) 역자 주) 자살 보호자들(suicide protectors)은 자살을 통해 내담자를 보호하려는 부분들을 의미한다.

고 자살이 옳다고 주장하며 그 목적을 달성하려 할 수 있지만, 나는 이런 경험을 해 본 적은 없다. 자살 보호자들과 작업하는 데 있어서 가장 중요한 요소는 위험에 과대 혹은 과소 반응하는 우리의 부분들에 주의를 기울이는 것이다.

IFS 관점에서 자살에 반대하는 계약은 좋게 말하면 비효과적이고 나쁘게 말하면 위험하다. 동의하는 부분이 자살 부분이 아닌 순응하는 관리자compliant manager일 가능성이 높기 때문에 비효과적인 것이다. 자살 부분을 추방하는 것은 내담자가 다치거나 죽게 될 수 있는 절망과 위험을 증가시킬 수 있기 때문에 잠재적으로 위험하다. 능동적인 자살 부분은 다른 보호자들과 동맹을 맺거나 전체 체계를 대변한다고 주장할 수 있지만, 자살 보호자가 무엇이라고 말하든, 이 부분들은 죽기를 원하지 않는다. 그들은 단지 추방자들의 극심한 고통을 다루는 다른 방법을 알지 못할 뿐이다(Schwartz, 개인적 대화, 2013. 12. 12.). 그들의 목적은 감정적인 고통을 멈추는 것이다. 책의 사례처럼 나는 '얼마나 나빠지나요?'라고 질문함으로써 자살을 평가한다. 내 경험에 따르면, 자살 부분들은 내가 그들을 존중하고 이해할 때, 즉 추방자들을 돌볼 참자기가 가까이에 있다는 것을 그들이 깨닫도록 돕고 그들이 참자기와 연결되어 있다는 것을 확실히 느끼도록 할 때 부드러워진다.

역전이: 부분들을 분리하도록 돕기

애착, 상실 그리고 비애는 보편적인 경험이기 때문에 우리 자신의 상실 경험은 애도 내담자들에 의해 깨어날 수밖에 없다. 우리에게도 매 회기마다 감정에 침수되는 내담자들의 애도를 지나치다고 생각하는 관리자들이 있을 수 있다. 혹은 우리가 그들의 이야기를 들을 때 우리의 소방관들은 치즈 케이크나 음료수를 떠올리게 할지도 모른다. 비슷한 상황에 처한 우리를 상상할 때 공감하는 부분들이 압도할 수 있다. IFS 치료의 핵심은 자기 자신yourself을 아는 것이다. 비애 작업에 대한 IFS의 핵심은 자신의 상실들을 알고 자신의 비애를 느낄 수 있는 것이다. 우리 내면의 삶inner life을 인식하게 될 때 우리는 내담자의 욕구에 더 적절하게 대응할 수 있다.

아이 상실: 앨리스

어떤 상실은 부시무시할 정도로 갑작스럽고 무작위적이다. 아이의 끔찍한violent 죽음은 특히 가슴 아픈 일이고 때로 부모인 어른들에게 공포감을 불러일으킨다. 앨리스Alice의 스물한 살 딸이 음주 운전자에게 뺑소니 사고로 죽은 후, 그녀는 나에게 오기까지 3명의 치료사를 찾아갔었다. 나는 그녀에게 어째서 그들과 계속 치료를 하지 않았는지 물었다.

그녀는 무심하고 실의에 빠진 어조로 대답했다.

"그냥 마음에 들지 않았어요."

"어떤 점이 맘에 들지 않았는지 물어봐도 될까요?"

앨리스는 어깨를 으쓱했다.

"제 생각에 그들은 괜찮았어요. 단지 그들이 저를 도울 수 있을 것 같지는 않았어요."

나는 앨리스가 다른 치료사들과 연결감을 느낄 수 없었던 이유가 궁금했다. 그녀는 분명히 그녀의 고통에 대한 도움을 원했고 나도 그녀를 돕고 싶었지만, 나 또한 도움이 되지 않는 사람으로 치부될까 걱정하는 부분이 있었다. 나의 걱정하는 부분에게 무엇인가 더 배울 수 있을 것이라고 안심시키면서, 나는 "무엇이 도움이 되지 않았나요?"라고 물었다.

앨리스는 고개를 들어 나를 바라보았다.

"한 사람은 상상할 수 없는 고통일 것이라 생각한다고 말했어요."

비록 그녀의 억양은 여전히 밋밋했지만, 그녀의 눈에는 분노가 서린 것을 볼 수 있었다.

"또 다른 사람은 그것이 모든 어머니의 최악의 악몽이라고 말하고 울기 시작했어요."

나는 내 대응에 따라 그녀가 나를 잠재적인 지지자로 생각할지 아닐지를 결정할 것임을 감지했다. 나는 나의 내면에서 다른 치료사들에게 동의하는 부분들의 소리를 들었다. 한 부분이 여섯 살 된 내 딸을 잃는 상상을 하기 시작했고 곧 눈물이 날 것 같았다. 나는 이 부분을 알아주었고 비켜 서 달라고step back 부탁했다. 호기심을 유지하는 것은 앨리스와의 신뢰관계rapport를 형성하는 데 필수적이었다.

나는 "그들이 그렇게 말했을 때, 어떤 기분이셨나요?"라고 말했다.

그녀의 눈에 분노의 눈물이 핑 돌았다.

"저는 이것이 얼마나 악몽인지 알아요. 제가 그렇게 살고 있어요! 저는 거기 앉아서 우는 게 어떤 건지 전혀 모르는 사람은 필요 없어요. 치료사를 돌보는 것이 제 일은 아니에요. 저는 여기에 도움을 받으러 왔어요!"

나는 휴지 상자를 가리키며 말했다.

"당신은 이 경험 속에서 외로움을 느낀 것 같네요. 그리고 치료사들이 그것을 더 악화시켰고요."

앨리스는 코를 풀면서 고개를 끄덕이며 덧붙였다.

"저는 친구들과 동료들로부터도 같은 말을 들었어요. 그렇게 말하고 나서 그들은 완전히 어색해하고, 그들이 저를 상대하지 않아도 되도록 제가 그냥 떠나기 바란다는 것을 저는 알아요."

몇 번의 회기가 끝난 뒤에도, 앨리스는 여전히 섞인 부분blended part으로 말하고 있었다.

"아무것도 도움이 되지 않아요. 저는 매주 이곳에 오는데 도움이 되지 않아요. 제 딸은 죽었다고요!"

"이 부분은 절망적으로 들리네요." 나는 말했다.

앨리스는 화가 나서 소리쳤다.

"당신이 부분 단어로 말하는 것에 대해서도 지쳤어요. 제 딸은 떠났어요. 모르겠어요? 떠났다고요!"

그렇게 하고 나서 그녀는 또 다른 부분에게 장악되면서 주저앉았다.

"물론 당신도 이해 못하시겠죠! 누가 이해할 수 있겠어요? 누가 왜, 그렇게 하고 싶겠어요? 맙소사, 저는 너무 외로워요!" 나는 고개를 끄덕였다.

앨리스는 살짝 울고 나서 눈을 닦았다.

"때론 그냥 이사할까 생각해요. 그 모든 기억을 가지고 이 아파트에서 떠날까를 생각해요. 하지만 선 힘이 없어요. 갇힌 기분이에요."

나는 시선을 마주치며, 직접 접근direct access을 사용하여 "너무너무 힘들죠."라고 말했다. 나는 내담자의 섞인 부분들에게 직접 접근으로 바꾸어 작업할 때, 나의 많은 부분, 특히 참자기가 아닌 돕고자 하는 부분들이 장악하려 하기 때문에 내적으로 조심해야 한다는 것을 명심해 왔다.

앨리스는 무감각하게 고개를 끄덕였다.

참자기-주도를 유지하기

호기심을 가지고 참자기-주도적으로 접근하는 방식에는 내담자가 자신의 경험을 나눌 수 있도록 유도하는 개방형 질문이 포함된다. 예를 들어, 앨리스가 딸 없이 혼자 집에 있는 황량함을 묘사했을 때, 나는 "당신에게 무엇이 위로가 되나요?"라고 물었다. 그녀는 딸의 옷을 베개 위에 놓고 자는 것이 도움이 된다고 대답했다. 반대로 만약 나의 충고 제공자advice-giver가 살아났다면(아마도 매일 밤 그녀를 위해 '당신의 침대 옆에 촛불을 켜 두면 어떨까요?'라고 제안을 했을 수 있다.), 나는 호기심이 생기지 않았을 것이다. 그러나 그의 유혹은 대단하다. 결정을 내릴 수 없다고 괴로워하는 내담자를 마주한 나의 충고 제공자는 도움이 되는 제안들을 동원하고 싶어 한다. 나는 그 부분에게 상황을 이끌어 가는 것taking over은 내담자의 참자기와 유능한 부분들capable parts에 맞서서 내담자의 무력한 부분helpless part을 편드는 것이고, 그것은 내담자의 절망감만 더욱 강화시키는 것임을 상기시켜 주었다. 그는 '하지만 이것은 너무 어려워.'라고 말하면서, 마지못해 뒤로 물러선다. 그렇다. 그것은 어렵다. 나는 종종 나의 충고 제공자에게 연민을 제공하는데, 이것은 그가 무력감을 견딜 수 있도록 도와준다. 울페트Wolfelt(2006)는 "궁극적으로 당신이 내담자에게 도움이 되는 것은 당신의 무력함helplessness에서 비롯되는 것이다……. 당신에게 진정으로 필요한 것은 '연민 어린 호기심compassionate curiosity'이다."(p. 86)라고 했다.

또한 나는 내담자의 자명한 진실 부분들self-evident truth parts의 신념에 끌려 최소한이라도 동의한다면, 그 동의하는 부분에 대해서도 경각심을 갖는다. 이러한 진실들은 이런 식으로 감정을 느끼는 것을 그만해야 할 것 같다. 혹은 나의 내면에서 무슨 일이 일어나고 있는지 알고 싶어 하는 사람은 아무도 없다와 같이 많고 다양하다. 내가 고개를 끄덕이거나 동의에 대한 치료적 의성어를 낼 때, 나는 나의 동의하는 부분agreeing part이 앞서고 있다는 것을 안다. 그 부분은 내가 호기심을 느끼지 못하게 막고, 나의 내담자가 그들의 무력감을 일반화하는 부분들에 대해서 호기심을 느끼도록 돕는 것도 막는다.

몇 달 동안 작업하면서 나는 앨리스가 무의미함으로 인해 힘들어하는 것을 목격했다.

"저는 아무도 이해하지 못하는 세상에 살고 있어요. 저는 그들이 어떻게 그런 말도 안 되는 이야기에 신경 쓸 수 있는지 모르겠어요!" 그리고 소외에 대해서도 힘들어했다.

"사람들이 그들의 아이들에 관하여 이야기할 때마다 저는 대화를 그만두어야 했어요. 그들이 저를 쳐다보는 걸 알아요. 저도 어쩔 수가 없어요!"

그녀의 세계는 그녀에게 매우 좁게 느껴졌다.

"회사에서는 일하는 척해요. 집에서는 졸릴 때까지 앉아서 꼼짝 않고 있거나 좀비처럼 돌아다녀요."

매주마다 그녀가 딸을 그리워하는 새로운 양상이 나타났다.

"저는 여전히 요리를 할 수가 없어요. 우리는 요리를 하곤 했어요. 우리는 음악을 틀고 춤을 추며 부엌을 돌아다니면서 칼질을 하고 웃었어요. 제 말은요, 요리는 해요. 하지만 딸이 없이는 절대, 절대 그렇게 요리하지 않을 거예요."

나는 나에게 우리의 회기를 준비하려는 부분들이 있다는 것을 알았다. 어떤 부분은 그녀의 절망에 마음 아파했다. 어떤 부분은 만약 마야(내 딸)가 죽었다면 우리가 어떻게 했겠는지 물었다. 우리가 어떻게 했을까? 어떤 부분은 우리가 그녀를 돕지 않는다고 느꼈다. 어떤 부분은 그녀가 극복하기를 바랐다. 또 다른 부분들, 즉 고통 앞에서 무력감을 느끼는 것을 무척이나 싫어하는 부분들은 그녀를 고칠 수 없는 것에 대해 괴로워했다.

나는 이 부분들을 잘 알고 있다. 내가 그들을 인정하자, 그들은 내 뒤에 있는 커다란 반원 모양의 돌 안으로 자리를 잡았다. 또한 나는 개인치료personal therapy 시간을 통해 내 감정에 귀를 기울였다. 나의 지적인 보호자들이 인간의 존재 조건existential condition에 대해 고상하게 말하고 싶어 했을 때, 치료사는 내가 그것들을 알아차리도록 도와주었다. 앨리스와 작업하면서 나는 슬픔에 잠긴 내담자들이 나에게 나의 치유의 시작점을 알아차릴 수 있게 하는 선물이라는 것을 기억했다. 그녀와의 회기에서 내가 고칠 수 없는 그녀의 고통, 나의 부분들이 견뎌야 하는 그녀의 끊임없는 비참함에 집중하고 다시 집중했다.

문화적 그리고 영성적 신념: 흐름에 따라가기

치료사 부분들은 내담자들이 사후세계afterlife에 대한 신념뿐만 아니라, 우리의 문화적 또는 개인적인 틀에서 벗어난 경험을 이야기할 때 도전을 받을 수 있다. 비애 작업의 필수조건은 죽음에 대한 다양한 문화적 혹은 영성적spiritual 신념을 인정하고 환영하는 것이다. 예를 들어, 자신의 경험이 치료에서 병리화되고 있음을 느끼는 애도자들mourners은 죽은 사람과의 지속적인 관계에 대한 정보를 공유하지 않을 것이다. "아직도 그 사람과 이야기하고 있나요? 그녀가 어떤 식으로든 당신을 찾아오고 있나요?"와 같은 간단한 질문으로 이러한 정보를 얻을 수 있다. 일반적으로, 나는 한 사람의 비애에 관한 모든 측면의 논의를 정상적인 것으로 여기고 환영한다.

결론

애도는 일반적으로 최초 대응자들의 충격, 불신 그리고 무감각에서 시작된다. 그들이 양보하면서, 이야기꾼이 종종 끼어들고, 그 뒤를 적극적으로 애도하는 부분들grieving parts과 애도로부터 일시적으로 벗어나게 하려고 멍하니 주의를 분산시키는 부분들distract parts이 뒤따른다. 마지막으로 균형을 회복시키고자 하는 회복 무리가 등장하는데, 심각한 붕괴 이후 균형에 대한 우리의 욕구가 크기 때문이다. 일단 그들이 일을 시작하면, 우리는 새로운 연결을 환영하려는 그들의 노력과 상실의 깊이를 깨닫기 위해 필요한 애도 사이에서 오락가락하게 된다.

IFS 치료사의 일은 연민을 느끼는 동반자가 되는 것, 내담자의 경험을 목격하는 것 그리고 때로는 안내자가 되는 것이다. 안내자의 역할은 현재 상황이 극단적(자살, 살인 그리고 아동 사망과 같은)이거나 해결되지 않은 초기 상실로 인해 복잡할 때 가장 적절하다. 단순한 애도는 내담자와 함께하는 것이 중요하지만, 애도가 복잡할 때는 IFS 치료의 일반적인 원칙을 적용한다. 나는 참자기와 동맹을 맺도록 하기 위해 보호적인 부분들을 인정하고 안심시키고 초대하는 데 많은 시간을 보낸다. 나는 항상 복잡한 비애를 겪는 자살 부분을 경계한다. 차단된 감정이 종종 신체로 전달되기 때문에 나는 육체적인 고통에 대해 특별히 주의를 기울인다. 그리고 내 목표는 추방자들의 짐을 내려놓게 하는 것이다.

내담자와의 치료 과정이 단순하든 복잡하든, 나는 항상 나의 부분들을 알아차리기 위해 노력한다. 치료사의 이야기 부분이 될 수도 있고 아닐 수도 있는 중독이나 아동기 트라우마와는 달리, 우리 모두는 상실과 관련된 역사를 가지고 있다. 나는 그것이 내 부분들에서 드러날 때, 내 경험과 연결하기 위해 작업한다. 나는 나의 치료사 부분들이 더 많은 일을 해야 한다고 느낄 때 그 부분들에 주목하고, 공감적 고통empathic distress에 사로잡혀 있는 부분에 관심을 기울인다. 역전이의 선물은 많다. 하나는, 우리의 부분들을 분리하고 공감적 고통과 참자기-에너지를 구분할 수 있는 기회이다. 다른 하나는, 우리 자신의 치유에 대한 시작점으로서 부분들의 감정을 따라가 볼 수 있는 기회이다. 참자기-주도적 비애를 수용하고 촉진하는 우리의 능력은 '참자기-리더십Self-leadership에 대한 신뢰를 배우는 평생의 실천'을 강화하며(Schwartz, 2013, p. 22), 우리가 새로운 관계, 즉 우리가 상실을 겪을 수 있고 참자기가 우리의 애도 부분을 돌볼 수 있다는 것을 온전히 받아들일 수 있는 기회를 제공한다.

참고문헌

Freud, S. [1916~1917 (1915)]. Mourning and melancholia. *SE, 14,* 237-258.

Kauffman, J. (2002). The psychology of disenfranchised grief: Liberation, shame, and self-disenfranchisement. In K. Doka (Ed.), *Disenfranchised grief: New directions, challenges and strategies for practice* (pp. 61-77). Champaign, IL: Research Press.

Kersting, K. (2004). A new approach to complicated grief. APA: *Monitor on Psychology, 35*(10), 51. Retrieved from http://apa.org/monitor/nov04/grief.aspx

Lobb, E. A., Kristjanson, L. J., Aoun, S. M., Monterosso, L., Halkett, G. K. B., & Davies, A. (2010). Predictors of complicated grief: A systematic review of empirical studies. *Death Studies, 34*(8), 673-698.

Schwartz, R. C. (2013). The therapist-client relationship and the transformative power of self. In M. Sweezy & E. L. Ziskind (Eds.), *Internal family systems therapy: New dimensions* (pp. 1-23). New York: Routledge.

Solomon, A. (2002). *The noonday demon: An atlas of depression.* New York: Touchstone.

Stroebe, M., & Schut, H. (2010). The dual process model of coping with bereavement: A decade on. *Omega, 61*(4), 273-289.

Wayment, H. A., & Vierthaler, J. (2002). Attachment style and bereavement reactions. *Journal of Loss and Trauma: International Perspectives on Stress and Coping, 7*(2), 129-149. Retrieved from http://dx.doi.org/10.1080/153250202753472291

Wolfelt, A. D. (1992). *Understanding grief: Helping yourself heal.* Bristol, PA: Accelerated Development.

Wolfelt, A. D. (2006). *Companioning the bereaved.* Fort Collins, CO: Companion Press.

06

가해자 부분

리처드 슈워츠(Richard C. Schwartz)

최근 한 친구가 세계에서 증가하고 있는 테러 공격에 대해 분노를 표시했다. 그는 무고한 아이들을 죽이는 사람의 심리를 이해할 수 없었다. 나는 그에게 1960년대의 그가 어땠는지 기억해 달라고 부탁했다. 그는 나와 마찬가지로 정부의 인물들government figures에 대한 살인적인 충동이 있었고, 여전히 때때로 충동을 느낀다고 했다. 우리 둘 다 그런 충동을 실현하지는 않았지만, 우리 둘 다 그런 충동을 실현할 가능성이 있을 정도로 아슬아슬한 사람들을 알고 있었고, 우리는 이들과 깊게 공감하고 있었다. 정부는 부당하게 무고한 사람들을 살해하고 있지만, 우리는 실제로 살인충동을 실현하지 않았다는 측면에서 옳았고, 그래서 이 둘은 다른 것이라고 그는 말했다. 나는 친구가 한 이 말을 처음 듣는 것은 아니었다.

가해자 부분들perpetrator parts이 그들의 역할에 갇히게 될 수도 있지만, 그들은 처음부터 가해자는 아니었으며 그들의 역할을 해야 하는 것을 별로 좋아하지 않는다. 그들은 보통의 성난 소방관들과 매우 비판적인 관리자들과는 차별화되어야 한다. 성난 소방관과 비판적인 관리자는 피해를 줄 수 있지만, 이들은 가해자 부분들이 보이는 힘에 대한 추동drive이나 취약성에 대한 경멸disdain for vulnerability이라는 특성이 없이 행동한다. 나는 가해자 부분들을 특별한 자질을 갖는 보호자protector의 한 부류로 정의한다.

- 타인을 지배하려는 욕구 그리고/또는 타인을 모욕 주려는 욕구
- 그들이 권력을 장악하거나 향유할 수 있을 때의 안도감
- 내담자 자신의 체계와 타인의 체계 안에 있는 취약성에 대한 강한 증오와 처벌 욕구
- 그들이 행동한 결과에 대한 걱정이나 희생자의 감정에 대한 관심의 부족

물론 이러한 차이점이 항상 명확한 것은 아니다. 예를 들어, 어떤 약점이나 어떤 공감의 결여를 경멸하는 비가해적인non-perpetrator 보호자들도 많이 있고, 지배하는 것에 어떠한 즐거움도 느끼지 않고 대신 지배하는 것을 역할로 보는 가해자 부분들도 있다.

우리 모두에게는 우리를 살리기 위해 필요한 모든 것을 할 수 있는 부분들이 있다. 나는 이런 부분을 단 한 번 경험한 적이 있다. 대학 시절 술집에서 갑자기 공격을 당하자, 나는 즉시 효율적인 냉혈한이 되어 나 자신을 보호하면서 사납고 두려움이 없는 전사로 변신했다. 그때까지만 해도 내게 그런 부분이 있는지 전혀 몰랐지만, 그때부터 나는 그 존재에 대해 방해를 받기도 하고 흥미도 느끼며 위안도 받았다.

지난 30년 동안 나는 많은 성범죄자, 행동장애 십 대 그리고 아동기 때 성적으로 학대를 받은 어른들을 치료했다. 사실상 그 모든 이가 어렸을 때 트라우마를 경험했거나, 방치당했거나, 굴욕감을 느꼈거나, 배신을 당했다. 즉, 그들은 양육자, 이웃, 또래 또는 낯선 사람들의 가해자 부분들의 희생자였다. 결국, 나는 그들에게 상처를 주었던 사람의 에너지를 체화하여embodied 대부분의 그들 내면에 존재하는 가해자 부분들과 만났다. 자신의 삶을 살아오면서 가해자 부분들과 많이 섞여서, 그것이 삶을 주도하게 되었던 사람들은 소시오패스sociopathy 또는 사이코패스psychopathy의 기준을 충족했든 아니든 간에 오

늘날 『DSM-5』 기준으로 반사회적 인격장애라는 진단을 받게 될 것이다. 따라서 이 장의 기술적descriptive 목적(진단적 목적보다는)을 위해 이러한 보호자들을 반사회적인antisocial 것으로 간주한다. 비록 이 사람들 중 일부는 그 당시 사회에서 잘 기능하고 있었지만, 나와 함께하는 치료 과정에서 그들은 이전에 피해를 입었던 기억이나 혹은 미래를 계획하는 데 있어서 피해를 입을 것 같은 생각으로 지배당하고 있다고 설명했다. 그들은 피해자victims를 물건 취급하고 모든 종류의 학대 행위를 정당화할 수 있는 능력을 가지고 있었다.

또 다른 종류의 내담자는 자신에게 끊임없는 수치심과 두려움의 원천인 폭력의 가능성이 있다는 것을 알고 있었다. 이 사람들은 폭력을 촉발시킬 수 있는 상황을 피하면서 일생을 보냈고 발생한 어떤 폭력에도 부끄러워했다. 그들은 두렵고 자기처벌적인 혹은 매우 비판적인 부분과 가해자 부분 사이의 양극성polarity에 의해 지배되었다. 결과적으로 그들은 불안장애, 강박장애 또는 우울증과 같은 진단을 받았다.

여전히 다른 사람들은 내부 깊숙이 갇혀 있는 가해자 부분을 인식하지 못했다. 그들은 종종 추방자(학대 장면에 갇혀 있는)를 막기 위해 고군분투하고 있는 두렵고 비판적인 관리자와 함께 나타났으며, 그들은 우리가 치료 장면에 도달할 때까지 가해자 부분을 의식하지 못했다. 이 사람들은 외상 후 스트레스 장애, 우울증 또는 불안장애와 같은 진단을 받았다. 그들은 끊임없이 그들의 내면에 있는 학대자abuser 에너지를 발견하고 충격을 받았고 굴욕감을 느꼈다.

일반적으로, 내면가족체계IFS에서는 내면 체계가 우리를 보호하기 위해 어떻게 내면 체계를 조직하는가에 대한 설명으로 진단범주diagnostic categories를 바라본다. 반사회적 성격에서부터 섭식장애, 우울증까지 심각한 진단을 받은 대부분의 내담자는 보호자가 억제하기 위해 애쓰는 원시 추방자raw exiles를 가지고 있다. 그 과정에서 보호자들은 양극화되는데, 한 집단은 내담자를 폐쇄시켜 세상으로부터 철수하기를 원하는 반면, 다른 집단은 어떤 식으로든 행동하고 싶은 충동을 가지고 있다. 어떤 집단이 지배적이냐에 따라 진단은 달라진다.

내 경험상, 가해자 부분들을 가진 사람들에 의해 학대와 배신을 당한 대부분의 내담자는 비슷한 역할을 하는 부분을 가지고 있을 것으로 기대한다. 또한 그들은 내적 가해자를 증오하거나 두려워하고 그것을 억제하기 위해 고군분투하는 부분들을 가질 것이다. 가해자와 가해에 반대하는 이 모든 부분은 학대 상황에서 얼어붙은 채 남아 있는 추방자들을 다루기 위해 노력하고 있는 것이다.

반사회적 보호자들

내담자들이 이런 부분들과 대화를 나눌 수 있도록 돕는 동안, 나는 그 어떤 부분들도 사악하지 않다는 것을 깨달았다. 모든 경우에서 가해자 부분은 그 사람이 공격받고 무력해졌던 인생의 초기에 일어난 사건들로 인해, 비정한 희생자heartless victimizer의 역할이 강요되었다고 느꼈다. 결국 그 학대는 안전해지기 위해 지배하려고 하는 강한 충동을 가진 부분을 남겼다. '결코 다시는never again'이라고 맹세하면서, 이기적이고 생존주의자survivalist적이며 환경을 통제하려고 하는 사고방식을 발달시켰다. 결과적으로, 그 부분은 결과를 고려하지 않고 살아남기 위해 필요한 모든 것을 할 것이다. 또한 나는 반사회적인 부분들이 두려움에 떨고 굴욕감을 느끼며 고통스러워하는 약하고 유약한sissy 부분들에 대한 경멸과 모욕을 표현한다는 것을 발견했는데, 사실 이들은 바로 그들이 내면에서뿐만 아니라 외부에서도 보호하고 있는 부분들이다. 이 일을 하기 위해서 그들은 그들을 통제하려는 비판자들과 다른 사람들을 해칠까 걱정하는 민감한 부분들과 지속적인 싸움을 해야 한다.

항상 섞이지만은 않았던 가해자 부분을 가진 10대 성폭행범: 트로이

내가 7년 동안 상담했던 소년 성범죄자 치료센터에서 트로이Troy를 인터뷰했을 때 그는 열일곱 살이었다. 공손하고 온순하며 소년 같은 트로이는 전형적인 강간범과는 거리가 멀어 보였다. 나는 그에게 강간하기 이전에 스스로 무슨 생각을 하고 있었는지 물었다.

"난 내가 원하는 것을 가질 자격이 있어. 그냥 그렇게 해야 해."라고 그는 말했다.

나는 우리가 그 부분을 더 잘 알아갈 수 있도록 그것에 집중해 달라고 부탁했다. 하지만 그는 두렵다며 하고 싶어 하지 않았다. 내가 그 부분에게 우리가 다룰 수 있다고 그를 안심시킨 후에, 그는 내면을 들여다보았고, 사악한 근육질 남자a sinister, muscular man를 보았다. 트로이의 두려움은 분명했다. 그는 이 부분이 싫고 두려웠다고 다시 말했다. 나는 트로이에게 마음의 눈을 이용하여 사악한 근육질 남자를 안전한 방에 들어가 있도록 해 보라고 했다. 그렇게 하면서 트로이는 그 남자가 방에 들어가 있는 것에 대해 매우 화가 난 것 같다고 알려 주었다.

그래서 내가 말했다. "여기 유용한 내면의 물리학 법칙law of inner physics이 있는데, 너의 두려움이 너를 지배할 힘을 그에게 부여하지. 네가 두려워하지 않으면, 그 힘은 사라져. 나는 그런 부분들과 30년 넘게 작업을 해 왔단다. 나는 그런 부분들을 다루는 방법을 알아. 나는 두렵지 않아. 우리는 너의 겁먹은 부분을 안전한 곳에 둘 수 있고, 나는 네가 그 겁먹은 부분과 대화하는 것을 도울 수 있어." 나의 태도는 차분하고 자신만만했고, 이것이 그의 겁주는 부분들을 물러나게 할 수 있다는 것을 느끼게 해 주었다. 트로이는 그들을 정원으로 데리고 가서 기다리라고 말했다. 이제 트로이는 두려워하지 않았다. 그는 왜 그 사악한 근육질 남자가 자신으로 하여금 여자에게 폭력적인 행동을 하도록 권했는지 알고 싶었다.

"그 방에 들어가서 물어봐." 나는 말했다.

근육질 남자는 사람들이 트로이의 것을 빼앗아 갔기 때문에 그가 원하는 것은 무엇이든 가져갈 수 있어야 한다고 대답했다.

"왜 낯선 여자를 강간하려고 하니?" 트로이가 그에게 물었다. 듣고 난 후, 트로이는 나에게 "그는 사람을 겁주면서 스릴을 느껴요."라고 말해 주었다.

"그에게 왜 강간을 저지르는 것이 스릴 만점인지 물어봐." 나는 말했다.

"그는 자신이 원하는 것은 뭐든지 다른 사람이 하도록 하는 힘을 좋아한다고 말해요."라고 트로이는 말했다.

"또한 그는 저를 지배하는 것을 좋아해요."

"만약 그가 너를 강하게 느끼게 하지 않고, 너에게 어떤 것들을 주지 못한다면 무슨 일이 일어날까 두려워하고 있는지 물어봐." 나는 말했다.

"그는 아무것도 두렵지 않다고 말해요. 그는 단지 힘을 좋아할 뿐이에요."

그래서 나는 트로이에게 질문을 다시 하라고 시켰다.

"그가 이런 행동을 하지 않는다면, 마음속에서 어떤 일이 일어난다고 하니?"

"그 부분은 제가 징징대는 아기가 될 거라고 말해요." 트로이는 말했다.

"그러면 무슨 일이 일어날지 그에게 물어봐."

"사람들이 저를 지배할 거라고 하네요."

"그리고 그러면 어떻게 된다고 하니?" 내가 말했다.

"사람들이 저를 해칠 거라고 했어요."

나는 물었다. "그가 너를 다치지 않게 보호하려고 하는지 물어봐."

"그는 대답하지 않아요." 트로이가 말했다.

"하지만 슬퍼 보여요."

트로이 내면의 강간범 부분은 결국 강렬한 감정이 가득한 기억을 가진 트로이의 추방된 부분들을 보호한 것으로 드러났다. 예를 들어, 트로이가 일곱 살이었을 때, 아버지는 그의 앞에서 어머니를 때렸고 그는 도울 힘이 없다고 느꼈다. 그 추방자들이 약하거나 슬퍼할 때마다, 근육질 남자 부분은 마음속에서 추방자들을 공격했고 추방자의 감정으로부터 멀어져 트로이가 아버지에 대항

할 만큼 강하거나 섹시하다고 느끼게 하려고 했다. 근육질 남자 부분은 트로이가 착한 소년이 되기be a nice boy를(내가 그의 용모를 보고 알 수 있었던 것처럼) 원하는 부분들과 싸웠다. 그 남자는 트로이가 착한 남자가 되기를 바라는 부분들을 싫어했고, 그들도 그 남자를 두려워하고 미워했다. 양측은 상대방을 제거할 수 있기를 바랐고, 그들이 실패할 경우 트로이에게 미칠 결과를 두려워했다.

트로이의 체계는 내가 수년간 IFS를 사용해 온 많은 성범죄자 그리고 다른 범죄자들의 체계와 비슷했다. 트로이와 달리 몇몇 범죄자들은 그들의 가해자 부분에 의지하고 좋아한다. 하지만 일단 내담자가 가해자 부분의 말을 들을 수 있을 정도로 충분히 참자기-주도적Self-led이 되면, 우리는 놀라울 정도로 일관된 이야기를 듣게 된다. 이 부분들은 스스로를 보호자로 간주한다. 이후 회기에서 트로이의 가해자 부분은 폭력적인 아버지가 트로이를 때릴 때 자신이 총대를 멨다고took the bullet 밝혔다. 즉, 그 부분은 트로이의 다른 부분들을 보호하기 위해 앞으로 나서서 벌을 받았다. 그 결과, 그 부분은 분노를 느꼈을 뿐만 아니라 무력감을 느꼈고 다시는 그런 일이 일어나지 않도록 해야겠다고 결심했다.

트로이가 공격당했을 때, 가해자 부분은 아버지의 힘을 보았다. 자신의 힘을 갖기를 간절히 원하는 이 부분은 아버지의 행동과 에너지, 특히 취약성을 지배하고 처벌하려는 아버지의 욕망을 모방했다. IFS에서 우리는 이것을 물려받은 짐legacy burden 또는 부모나 다른 영향력 있는 사람으로부터 흡수한absorbs 믿음이나 행동이라고 부르는데, 이들은 결국 비슷한 방식으로 다른 사람들로부터 흡수한 것이다. 물려받은 짐은 생각과 행동의 강력한 원동력이 된다. 다양한 종류의 물려받은 짐이 있지만, 내 경험상 가해자 부분의 물려받은 짐은 가해자와의 경험에서 직접적으로 나오며, 강력함과 관련이 있다. 스톡홀름 신드롬Stockholm syndrome[1]처럼 한 부분이 겁에 질리고 무력감을 느낄 때 고문하

1) 역자 주) 인질(피해자)이 납치범(가해자)에게 동조하고 감화되어 납치범의 행위에 동조하거나 납치범을 변호하는 비이성적인 심리 현상이다. 납치범과 인질 사이에 벌어지는 사례로 유명하지만 부부 사이나 부모-자식 등 가족 관계에서 이와 유사한 현상이 더 많이 관찰된다. 흔히 "그 이가 때리기는 해도 착

는 이의 특성을 갖는 것이다. 트로이의 가해자 부분인 근육질의 남자가 가끔씩 나타난다고 할지라도, 나타날 그 당시에는 가해자 부분이 완전히 섞여서 장악해 버릴 수 있다. 이 경우 그 사람은 반사회적 인격장애의 『DSM-5』 진단 기준을 충족할 가능성이 높다. 이런 식으로 가해자 부분이 항상 섞인 상태로 있고 내담자가 다른 부분에 접근할 수 없을 때, 우리는 이 가해자 부분을 소방관이 아닌 관리자로 간주한다.

우리가 발견한 것처럼 트로이의 근육질 남자는 성sex에 특별한 관심이 없었다. 그는 힘을 가지고 싶어 했고, 다른 사람들을 지배하고, 겁주고 싶어 했다. 트로이가 고등학교에 다닐 때, 근육질 남자는 가끔 멍청한 아이들을 괴롭히기 위해 일을 맡았고, 그로 인해 트로이는 곤경에 처하게 되었다. 이에 대응하여 트로이의 관리자들은 근육질 남자를 통제하기 위해 더 열심히 노력했다. 그래서 그 근육질 남자는 트로이의 성적인 부분인 다른 소방관과 팀을 이룰 수 있다는 것을 발견했고, 이 성적인 부분은 트로이가 저항하기 더 어려웠다. 강간은 근육질 남자 부분과 성적인 부분이 위험한 동맹을 맺어 일어난 일이었다.

나중에 들은 이야기이지만, 착한 소년과 양극화되었던 트로이의 근육질 남자는 가해자 역할을 맡아야 할 이유가 많았다. 첫째, 그는 끔찍한 가족 장면을 경험한 아동기 시절의 트로이를 보호하려는 동기를 갖고 있었다. 둘째, 그는 분노, '결코 다시는never again'이라는 생존주의적 사고방식, 지배하려는 욕구, 취약성에 대한 증오라는 짐을 가지고 있었다. 셋째, 내가 대부분의 가해자에게서 발견하는 것인데, 이는 심지어 반사회적이라는 딱지를 붙인 사람들조차도, 수치심을 주는 비판자shaming critic가 가해자 부분을 끊임없이 내부에서 공격하기 때문이다. 트로이의 비판자들은 가해자 부분을 억제하기 위해 하나님의 진노(트로이는 근본주의 기독교 집안에서 자랐다.)에 대한 그의 두려움을 이용했다. 범죄자들을 치유하기 위해서 우리는 가해자 부분을 변화시키는 것만큼이나

한 사람이라고요."와 같이 가정폭력 피해자인 아내가 오히려 가해자인 남편을 변호하는 현상이 스톡홀름 증후군의 대표적인 예시다. 자주적인 사람보다는 자주성이 부족한 사람들에게 많이 일어난다고 한다(출처: namu.wiki).

수치심을 주는 비난하는 부분을 진정시키는 데 많은 에너지를 쏟아야 한다.

비록 몇몇 저자들이 반사회적인 사람들은 양심이 결여되어 있다는 명제에 이의를 제기하고 있지만(D'Silva, Duggan, & McCarthy, 2004; Loving, 2002; Salekin, 2002; Stalans, 2004; Wong, 2000), 전문가들은 그들이 치료될 수 없다고 믿는 경향이 있었다. 내 경험에 의하면 이런 평판은 그럴 만한 것이며, 내담자들은 다른 사람에 대한 관심이 없는 부분이 내면 체계를 지배할 때, 이런 평판을 아주 쉽게 받아들인다. 그럼에도 불구하고, 나는 반사회적이라는 진단을 받은 몇몇 내담자들과 충분히 오랫동안 일하며 그들의 가해자 부분이 물러날 수 있도록 설득해 왔다. 그렇게 가해자 부분이 뒤로 물러났을 때, 우리는 내담자의 비난하는 부분이 자살 부분을 부추기는 잔인한 비난을 해 댔고, 이로 인해 가해자 부분이 강하게 통제해야 한다고 주장하게 되었다는 말을 들을 수 있었다.

그들에게서 우리는 비난하는 부분과 자살 부분뿐만 아니라, 무력감, 테러, 굴욕, 슬픔의 끔찍한 장면들에 갇혀 있는 어린아이들을 발견한다. 나는 이 내담자가 그들의 추방자들을 과거에서 데리고 나와 치유할 때 매우 감동받는다. 그들의 딱딱한 외관과 그들의 참자기가 내면의 아이들에게 주는 부드러운 사랑의 대조가 종종 내 눈에 눈물을 자아낸다. 이것은 내 생애에서 가장 보람 있는 일 중 하나였다. 나는 치료불가능intractability이라는 평판이 적어도 몇몇 가해자들에게는 매우 과장된 것일 수 있다고 믿는다.

같은 종류의 수치심 역동은 대부분의 반사회적이지 않은 가해자들의 행동을 유지시킨다. 추방자들이 외로움을 느끼거나 두려움을 느낄 때, 가해자 부분은 충동을 활성화시키고, 비판자들은 공격함으로써 반응하고, 추방자들은 다시 한번 수치심을 느낀다. 이제 가해자는 추방자의 외로움과 두려움을 분산시켜야 할 뿐만 아니라 그들의 수치심을 억제해야 한다. 그래서 가해자는 그 사람이 범행을 저지를 때까지 그 충동을 고조시키고, 이것은 일시적인 안도감을 주지만, 비난하는 부분의 신랄한 공격이 뒤따르고, 물론 내담자 안의 추방자들은 다시 한번 수치심을 느끼게 된다. 이 순환은 잔인한 것이며 자기 가해적이다.

일단 잡히면, 가해자perpetrating people는 일반적으로 분노와 경멸의 대상이 되어 비판자에게 더 많은 빌미를 준다. 가해자 부분은 더 이상 추방자에게서 야기되는 비난과 수치심으로부터 주의를 돌릴 수 없게 되므로 교도소에 갇히는 것은 고문이다. 그리고 보호자들이 무감각해지는 다른 방법을 찾지 않는 한, 그 사람은 고통, 수치심 그리고 외로움에 압도되기 쉬운데, 이는 자살 선택을 강력하게 유혹한다.

가해자에 대한 치료는 1980년대 중독 프로그램에 의해 개발된 재발 방지 전략relapse prevention strategies을 모델로 삼는 경우가 많다. 이러한 프로그램들에서 치료사들은 책임감을 북돋아 주기 위해 공격적이고 수치심을 주는 입장을 취했다. 그들은 참가자들에게 그들의 범죄를 상세히 기술하도록 요구했고, 그들이 가한 해로움에 직면하게 했으며, 마지막으로 어떻게 이것들을 피할지를 계획하면서 그들에게 재범할 모든 자극(사람, 장소, 생각 및 감정)을 나열하도록 했다. 즉, 소방관을 억누를 수 있는 비판자의 능력을 강화하는 데 모든 노력을 기울였다.

수치심을 주는 것은 죄책감guilt보다는 수치심shame을 불러일으키기 때문에, 일단 내담자가 치료에서 풀려나게 되면 가해하는 부분이 필사적으로 행동하도록 만든다. 그 결과, 10년 후 평가되었을 때 수치스러움을 느끼게 하는 이러한 직접적 접근법이 치료를 받지 않는 것보다 재범률을 줄이는 데 더 이상 효과적이지 않다는 것이 밝혀졌다(이 연구의 자세한 요약은 Marshall, Marshall, Serran, & O'Brian, 2011 참조). 범죄자들을 전문적으로 치료하는 몇몇 사람들은 그것의 비효율성을 알아차렸다. 캐나다의 마샬과 동료들(Marshall et al., 2011)은 수치심 대신 가해자의 강점에 초점을 맞추면서 따뜻함warmth을 제공한다. 그들은 왜곡된 신념, 성적 집착 그리고 사회적 고립을 다루면서 자기조절self-regulation과 사회적 기술을 가르친다. 그들의 연구는 이 접근법이 더 효과적이라는 것을 보여 준다. 가부장적이거나 종교적 배경을 가진 범죄자들은 그들 행동의 배경이 주로 고립, 외로움 또는 왜곡된 사고에 의해 충동을 받는데, 이들에게 치료사의 지지와 긍정적인 관심은 중요한 패러다임의 변화를 나타낸다.

하지만 내가 보기에, 이러한 두 가지 접근 방식 모두 범행을 유발하는 트라우마가 있는 가해자를 다룰 때는 부적절하다. 가해자 부분들이 개입된 경우(즉, 타인을 지배하고 다치게 하려는 충동에 의해 불쾌감을 느끼는 경우), 이전의 학대로부터 비롯된 정서적 고통과 수치심을 치유하는 데 초점을 맞출 것을 강력히 조언한다. 성범죄자에서 보통의 가해자로 확장해 일반화하여, 다시 말하면 우리가 가해자들을 더 많이 격리시키고, 수치심을 주고, 비인간적으로 대할수록 가해자들이 더 많이 범죄를 저지를 가능성이 높다는 것이다. 이 악순환은 교도소를 넘쳐 나게 한다. 동시에, 나는 가해 범죄자는 격리될 필요가 있다고 생각한다. 대중을 보호하기 위해서 그리고 내가 묘사하는 종류의 부분들이 지배하는 것을 막기 위해서도 가두어 둘 필요가 있다. 나는 교도소가 수감자들에게 수치심을 느끼게 하는 비판자들을 진정시키고, 보호적인 부분들을 양극화에서 벗어나게 하고, 추방자들을 치유하여 마침내 자신들이 가진 가해자 부분의 짐을 내려놓을 수 있도록 하는 기회가 되기를 바란다.

내가 두 곳의 범죄자 치료센터에서 상담을 했을 때, 트로이와 다른 많은 범죄자가 이런 종류의 치유를 이루어 내는 것을 보았다. 나의 명성이 높아지자, 젊은 남자들이 치료소의 문 밖에 줄지어 서 있었다. 다른 사람들은 "한 번 성범죄자는 영원한 성범죄자다Once a sex offender, always a sex offender."라고 말했다. 이 범죄자들은 자신들의 충동에 대해 항상 경계해야 한다는 말을 들어 왔고 그것은 자기 수치심을 가지라는 것이었는데, 그들에게는 불가능해 보이는 것이었기에 대안이 절박했다. 나는 가해자 집단을 대상으로 한 연구를 위해 자금을 모금하려 했지만 성공하지 못했고 더 이상 연구가 이루어지지 않았다. 따라서 나는 우리의 작업이 그들이 석방된 후 범행 재발률을 낮추었는지에 대해서는 단언할 수 없다. 하지만 나는 그들이 자신들의 행동에 대해 더 책임감을 느끼고 있다고 보고했고, 그들은 더 많은 '참자기-리더십'을 가지고 센터를 떠났다고 말할 수 있다. 게다가 그들은 나와 직원들, 그리고 동료 수감자들과도 깊은 유대감을 느꼈다(대부분의 작업은 그룹으로 이루어졌다). IFS 관련 그룹 작업을 하기 전에, 이 수감자들 중 다수는 자제력이 없을 것을 우려하여 자신들을 센터에서 나가지 못하게 해 달라고 직원들에게 간청했었다.

하지만 내면의 가해자 부분들을 찾아내어 그들의 극단적인 역할에서 해방시킨 후, 이 젊은이들은 가해하려는 충동이 크게 줄어들었다고 보고했고, 이제 그들은 충동을 느끼기 시작하면 어떻게 해야 할지 알게 되었다. 이들의 자아개념은 다음과 같이 수정되었다: 그들은 자신들을 성범죄자로 보는 것이 아니라 끔찍하게 파괴적인 방법으로 그들을 보호하려는 부분들을 가진 트라우마 생존자로 보았다.

내가 이 아이디어를 발표할 때, 어떤 사람들은 변함없이 다음과 같이 묻는다. "범죄자들에게 부분적인 책임이 있다고 말하거나, 그들이 가해자가 아닌 생존자라고 말함으로써 당신은 그들에게 책임감을 덜 느끼게 만드는 것이 아닙니까? 이제 그들은 '내가 한 게 아니다. 그것은 내가 통제할 수 없는 부분이었다. 게다가 나는 피해자였기 때문에 나에게 주어진 일을 했을 뿐이다.'라고 말할 수 있습니다."

물론 사람들이 내가 하는 말을 남용할 수 있다. 그러나 내 경험은 정반대이다. 범죄자들은 고도로 양극화되고 자제력을 발휘할 수 없는 상태에서 IFS 치료를 받으러 찾아오지만, 그들은 다르게 행동하기 위해 요구되는 내면의 리더십과 연민(그들 스스로를 위해 그리고 타인을 위해)을 가지고 떠난다. 간단히 말해서, 그들은 책임감을 갖게 된다고 나는 대답한다.

또한 많은 방관자는 때때로 무의식적으로 범죄자들에 대한 동정심을 갖는 것은 그들의 흉악한 범죄의 영향을 인식하지 못하고 그들의 희생자들을 배신하는 것이라고 느낀다. 나는 다양한 형태의 학대를 당한 많은 생존자와 함께 일했기 때문에 이 기분을 잘 알고 있다. 과거에 내가 끔찍한 장면에서 벗어날 수 있도록 누군가를 도와줬을 때, 피해자와 연관이 있다고 느끼는 나의 부분들은 가해자에게 상처를 주고 싶어 했다. 그러한 상황에서는 나는 그런 끔찍한 사람들을 도우려고 하는 것을 상상할 수 없었다. 하지만 나중에 나는 나의 부분들에게 내가 범죄자들과 함께 했던 일을 떠올리면서 범죄자들이 어떻게 살아남았는지, 그리고 그들을 공격하는 것보다 치유하는 것이 미래의 희생자들을 구할 것이라는 것을 상기시킨다. 물에 빠진 아이들이 떠내려갈 때, 강가에 앉아 있는 두 남자의 이야기를 나는 기억한다. 한 남자는 아이들을 한 명씩 끌어내기 위해 물속으로 뛰어 들어간다. 그러나 그는 그의 친구가 상류로 뛰어가는 것을 보았다.

물속에 있는 남자가 소리를 질렀다.

"어떻게 물에 빠져 고통스러워하는 아이를 버릴 수 있지? 넌 너무 무정해!"

그의 친구가 대답했다. "강물에 아이를 빠뜨린 인간을 찾아내야겠어."

트로이는 자신과 희생자들에 대해 경멸보다는 동정심을 느끼며 치료센터를 떠났다. 또한 그는 다른 수감자들에 대한 진정한 연민을 느꼈다고(그리고 직원들이 증명하였다.) 보고했다. 이전에는 그의 착한 소년 부분이 그가 중심에 위치한 더 힘센 젊은 남자 부분들(근육질의 남자)을 위해 뭔가를 하도록 했던 반면, 이제 이 착한 소년 부분은 근육질의 남자 부분이 슬퍼할 때 더 약한 부분들을 위로하고 있었다. 이는 내면 물리학의 또 다른 법칙에 해당한다. 우리는 다른 사람들과 닮은 우리의 부분들에 대해 느끼고 관계하는 동일한 방식으로 다른 사람들에 대해 느끼고 관계를 맺게 된다.

많은 범죄자의 가해자 부분들은 그들이 어렸을 때 경험했던 것과 같은 종류의 고문이나 처벌을 내면세계에 있는 추방자들에게 가할 것이다. 이 충격적인 현상에는 몇 가지 이유가 있다. 첫째, 그들은 가해하고 싶은 충동을 가지고 있고, 만약 그들이 외부를 장악할 수 없다면 그들은 내부적으로 행동할 것이다. 둘째, 그들이 추방자들을 공포 상태로 둘 때 그들은 내부 세계에서 더 많은 권력을 가진다. 왜냐하면 공포는 저항을 약화시키기 때문이다. 셋째, 많은 정부가 알고 있듯이, 빈번한 공포에 노출되면 점점 인간은 의존적이게 된다. 넷째, 나쁜 경찰 부모like a bad cop parent처럼[2)] 가해자 부분들은 취약한 부분을 강화해야 다시 다치는 것에 그렇게 취약하지 않을 것이라고 믿는다. 다섯째, 가해자 부분들은 추방자들이 취약하고 궁핍한 도움을 필요로 하는 것에 대해 비난

2) 역자 주) 미국에서는 경찰이 보통 2명이 한 조를 이루어 다니는데, 한 명은 나쁜 경찰, 다른 한 명은 좋은 경찰의 역할을 맡는다고 본다. 좋은 경찰은 어려움에 대해 도움을 주고 따뜻하게 대하지만 나쁜 경찰은 위협하고 잘못에 벌을 주고 엄격한 모습을 보이는데, 이를 부모의 역할에 비유한 것이다.

하고 처벌하기를 원하는데, 그들의 관점에서 볼 때 추방자들은 애당초 이 체계를 해쳤기 때문이다. 우리는 이러한 것을 트로이에게서도 볼 수 있었는데, 그의 근육질 남자는 약하다는 이유로 추방자들을 처벌하고 또 다른 연약해 보이는 소년 부분들도 괴롭히고 있있다. 하시만 일단 추방자들을 사랑하고 위로할 수 있게 되자, 그는 주변에 고통받고 있는 사람들을 동정하고 위로하기 시작했다. 동시에 트로이는 자발적으로 희생자들에게 사과의 편지를 썼다. 요컨대, 이 치료는 그를 변화시켰다. 재활거주치료센터residential treatment center 직원들은 트로이의 날카로운 부분이 사라지고, 더 부드러워지고 좀 더 다가가기 편한 사람이 되었다고 말했다.

나는 사람들이 그들의 경험으로 인해 생긴 고통, 보호 그리고 양극화를 발견하고 방출하면서 이런 변화를 보이는 것을 종종 보아 왔다. 극도의 양극화를 다루며 고통과 공포를 서로에게 드러내고 있는 가족에서도 비슷한 변화를 종종 보아 왔다. 그들의 집단적 날카로움은 희미해지고 그들은 서로에게 참자기-에너지(셀프 에너지)를 보여 줄 수 있다. 참자기-리더십 상태에서 그들은 개인의 이기심에 대한 제한적이고 생존주의자survivalist 관점을 넘어서서, 다른 사람들에게 미치는 그들이 행동한 결과를 인식하고, 가족을 위한 공통적이고 조화로운 비전을 창조할 수 있다.

부서진 요새

내가 범죄자들의 가해자 부분과 함께 일하면서 많은 경험을 쌓는 동안 만난 대부분의 사람은 수감되어 자신들의 세계가 산산이 부서진 이들이었다. 그들의 가해자 부분이 그들을 수치심과 다른 무서운 감정으로부터 보호하기 위해 만든 비밀스럽고 보호적인 요새들은 금이 가고 파괴되어 버렸다. 이러한 균열이 없었다면 어떤 경우에는 치료 작업이 무용지물이 되고 어떤 경우에는 훨씬 더 오래 걸렸을 것이다. 왜냐하면 가해자 부분이 자신의 행동이 우리의 행복을 위해 절대적으로 필요하다고 주장할 때, 내부적으로 가해자 부분은 확신을 갖기 때문이다. 이 헌신적인 가해자 부분은 윤리적 사각지대를 만들어 다른 사람들에게 미치는 피해를 최소화하거나 부인하도록 독려한다.

성범죄나 강력범죄를 저지른 가해자 부분에만 해당되는 것은 아니다. 그것은 지배적인 남편, 인종차별주의 동료, 억압적인 상사, 비판적이거나 학대적인 부모에게도, 대부분의 치료사가 매일 치료실에서 찾아내는 일종의 가해자 부분들에게도 적용된다. 범죄자들처럼 이 내담자들은 대부분 자발적으로 치료를 받지는 않는다. 대신, 아내, 회사, 또는 보호 서비스가 나서서 그들에게 치료를 받도록 요구한다. 그들의 요새는 어떻게 균열이 일어나는가?

빈 보트로 도전하기

때때로 치료를 강요받는 것은 요새를 무너뜨리기에 충분하다. 보통 의무적으로 오는 내담자들은 속았다고 느끼거나, 오해를 받고 수치를 당할까 봐 두려워하는 마음으로 치료실에 온다. 치료에서 우리는 보호자가 긴장을 풀고 내담자의 참자기가 치료사와 연결될 수 있도록 충분한 안전성을 확보하고자 한다. 내담자가 자신의 행동의 영향을 최소화하고 자신의 문제를 다른 사람의 탓으로 돌릴 때 치료사가 참자기-주도적인 자세를 유지할 수 있다면, 내담자의 보호자들은 수용받고 지지받는다고 느낄 것이다. 이렇게 되면 결국, 그들은 치료사를 신뢰하기 시작할 것이다. 그리고 이는 가해자 부분에 도전할 수 있는 기회이며, 많은 치료사가 불편해하는 입장에서 하나의 변화가 일어난 것이다. 치료를 시작할 때, 내담자의 보호자들은 치료사가 신경 쓰지 않는다는 피드백을 하는데, 이런 피드백은 치료사가 내담자들을 설득시킴으로써 쉽게 변경이 가능하다. 하지만 치료사가 관심을 갖는다는 것이 확실할 때, 도전이 일어날 가능성이 높다.

내담자의 가해자 부분에게 도전할 수 있는 기술에는 내담자에게 자신의 가해자 부분을 분리시키고 그 부분이 자신이 끼친 해악을 인식하도록 돕는 동시에, 내담자가 판단받고 있다고 느끼지 않도록 치료사의 마음을 열어 주는 것이 포함된다. 참자기가 있는 상태에서의 대립은 모순oxymoron이 아니다. 치료사는 연민compassion을 잃지 않으면서 용기, 명료함 그리고 자신감의 특성을 가지고 그림을 그려 나가야 한다.

일부 치료사들은 IFS 접근법의 온화함에 끌리는 부분을 가지고 있지만, 만약 우리가 대립을 두려워한다면 우유부단해 보이고 우리의 영향을 약화시킬 것이다. 반면에, 치료사의 강력하고 신경질적인 관리자 부분은 내담자를 수치스럽게 할 것이고, 이는 내담자의 내부 비판자들에게 실탄을 주고, 추방자들을 자극하고, 가해자 부분이 그들의 역할을 하도록 강화한다.

나바호Navajo 부족[3]은 부족원이 범죄를 저지르면, 그 사람을 나쁜 사람으로 보지 않고, 그 사람이 다시 길을 찾을 수 있게 하기 위해서 그 부족은 그 사람에게 혼란스럽고, 길을 잃었으며, 다시 길을 찾기 위해 사랑이 필요하다고 설명한다. 공동체가 한자리에 모여 그 사람에게 지지를 보여 준다. 즉, 그들은 사람들이 그들의 가해자 부분과 친절하게 분리하도록 돕는다. 우리가 가해자 부분에 도전할 때, 우리는 가해 활동을 멈추고, 어떤 것이든 희생자에 대한 연민에 다가가기 위해 그렇게 하는 것이지, 판단하거나 처벌하기 위한 것은 아니다. 토마스 머튼Thomas Merton(1965)은 도교Taoist와 관련된 이야기를 다음과 같이 번역하여 기술하고 있다.

> 한 남자가 강을 건너고 있는데 빈 배가 그의 소형 보트와 충돌한다면, 비록 그가 성질이 나쁜 사람일지라도 그는 크게 화를 내지 않을 것이다. 그러나 만약 그가 배 안에 있는 사람을 본다면, 그는 배 안에 있는 사람에게 길을 비켜 달라고 소리칠 것이다. 고함 소리가 들리지 않으면, 또다시 소리 지르다가 결국 욕하기 시작할 것이다. 그리고 모든 것은 배 안에 누군가가 있

3) 역자 주) 북아메리카 인디언 종족

기 때문이다. 그러나 배가 비어 있다면, 그는 소리를 지르지도, 화를 내지도 않을 것이다. 만약 당신이 세상의 강을 건너는 당신의 배를 비울 수 있다면, 아무도 당신을 반대하지 않을 것이고, 아무도 당신을 해치려 하지 않을 것이다. …… 그것이 완벽한 인간이다. 그의 배는 비어 있다(p. 114).

이와 같은 정신으로, 당신이 동정심, 자신감, 침착함, 용기 그리고 명료함으로 가득 채운 채로 당신의 판단, 분노, 두려움의 배를 비운다면 방어나 긴장감을 자극하지 않고 온갖 범죄자들을 만날 수 있다. 당신은 가해자 부분의 거부를 뚫고 새로운 역할을 제안할 수 있다.

그러나 이것만으로는 충분하지 않다. 가해자 부분의 힘을 관찰하고 분리하도록 돕는 것 이외에, 우리는 내담자의 내면 체계가 가해자 부분이 움직일 필요성을 덜 갖도록 도와야 한다. 즉, 내담자는 내면 체계에서 보호 충동을 일으키는 추방자들을 치료해야 한다. 너무 많은 치료법은 직면을 시킨 후에 멈추고, 근본적인 트라우마에 도달하지 못한다. 내가 만난 많은 내담자는 자신의 가해자 부분이 얼마나 해로운 것인지 잘 알고 있었고, 그들의 가해자 부분은 분리되어 뒤로 물러날 수도 있었지만, 내담자가 겁에 질려 무가치하다고 느끼면 가해자 부분은 여느 때처럼 다시 강하게 뛰어들었다.

유리로 만든 집

내담자의 내면에 있는 가해자 부분과 작업하는 것은 독선적인self-righteous 태도를 유지하고 싶어 하는 가해자 부분을 위한 것이 아니다. 이 일을 하는 동안, 나는 나에게 주어진 권리entitled와 이기심selfish 그리고 부인하는 부분들denying parts을 인정해야만 했다. 내가 만난 내담자들이 다른 이에게 주었던 고통과 같은 정도는 결코 아니지만, 나의 부분들 역시 나와 가까운 사람들에게 상처를 주고 관계를 손상시켰다. 17세기 기독교 신비주의자인 프랑수아 페넬

롱Francois Fenelon(1877)이 관찰한 바와 같다.

> 빛이 증가하면 우리는 자신이 생각했던 것보다 더 나쁘다는 걸 본다. 우리는 마치 동굴 속에 숨이 있던 더러운 파충류처럼 우리의 마음 깊은 곳에서 수많은 수치스러운 감정들이 쏟아져 나오는 것을 볼 때, 전에는 우리가 알지 못하고 있었던 것에 놀라게 된다. 우리가 그런 것들을 품고 있었다는 것을 믿을 수 없었을 것이고, 차츰 그것들이 나타나는 것을 보면서 우리는 경악을 금치 못한다(p. 27).

그러나 만약 우리가 이 부분들이 더러운 파충류가 아니라는 것을 미리 안다면, 우리는 빛을 비추는 것을 훨씬 덜 두려워할 것이다. 그 부분들은 나쁜 역할에 갇힌 좋은 부분들이다. 우리의 깊은 곳에 있는 이 부분들을 조명하고 그들의 짐을 풀어 주는 것이 그들을 가치 있는 내면의 부분들로 변화시킬 것이라고 믿는다면, 우리는 정서적 고통으로부터 물러서거나 내면의 약점을 공격하거나 내면의 가해자로부터 도망칠 필요가 없을 것이다. 대신 우리는 가해자 부분이 짐을 내려놓은 후에 나타나는 그들의 자원을 환영할 수 있다. 그리고 그 시점에서 우리는 세상의 가해자들을 도와줄 준비가 될 것이다.

어떤 가해하는 행동들은 다른 것들보다 더 나쁘지만, 그들의 행동은 자기중심적이고 공감하지 못한다는 공통의 주제를 가지고 있다. 나는 내 안의 이러한 부분들의 흔적을 따라왔고followed, 이런 부분들이 보호해 왔던 추방자들을 치유하여 내 안의 자기비판적인 관리자들의 헛되이 수치심을 주는 행동에서 사람들을 다시는 해치지 않겠다는 확신으로 바꾸도록 노력했다. 우리는 모두 유리로 만든 집에 산다. 우리 자신을 들여다보는 것보다 다른 이들의 가해자 부분을 내다보고 판단하는 것이 항상 더 편하다. 나는 스스로 그렇게 많은 노력을 했음에도 불구하고, 더 찾아내야 할 이런 부분들이 내 안에 많이 있다는 것을 알고 있다.

스캇과 조이: 반사회적 인격장애의 진단기준을 충족시키지는 않지만 그 경계선에 있는 아버지의 가해적인 부분

세 번의 가족 상담이 끝난 후, 나는 과잉보호적인 어머니, 어머니와 밀착 상태이며 학교에서 아이들을 괴롭히는 열 살 아들, 그리고 지나치게 엄격한 아버지로 구성된 전형적인 삼각관계로 보이는 가족과 함께 앉아 있다는 것을 깨달았다. 각 부모가 자신을 움직이는 보호적인 부분을 대변할 수 있도록speak for 도울 수 있다면, 나는 그 부모들이 좀 더 단결된 태도를 갖도록 협상할 수 있을 것이라고 확신했고, 이는 그들의 아들을 삼각관계에서 벗어나게 하고 진정시킬 것이라고 확신했다. 그래서 나는 스캇Scott에게 그의 아내가 아들을 망치는spoiling 것을 보고 그의 내면에서 무슨 일이 일어났는지 물었다. 그는 둘 모두를 처벌하려는 부분과 그것을 놔두라는 다른 부분들 사이에 내면의 싸움이 있다고 했다.

"그 첫 번째 부분이 얼마나 자주 이기나요?" 내가 물었다.

"때때로요." 스캇이 대답했다.

"그럼 어떻게 되는 거죠?" 내가 물었다.

"아들의 엉덩이를 찰싹 때려야 할 이유를 찾아요."

제인Jane이 불쑥 말했다.

"당신은 그것을 엉덩이를 찰싹 때리기spanking라고 부르는군요! 당신은 분노에 떨며 아들에게 소리를 지르고 있었다고요! 나는 조이Joey가 그렇게 맞고 있는 것을 참을 수 없어요."

"과장하지 마."라고 스캇은 말했다.

"아이는 언젠가 어른이 되어야 하는데 당신은 그렇게 하고 있지 않아."

"당신 안의 벌을 주는 부분이 가끔 자제력을 잃는다는 것으로 들립니다." 나는 말했다.

"글쎄요." 하고 스캇이 대답했다.

"제인이 아들을 얼마나 많이 아기 취급하는지 도저히 참을 수가 없어요." 내가 말했다.

"그 말이 이해가 돼요. 그렇게 하는 제인의 부분을 도와줄 수 있습니다. 그러나 저는 지금 당장은 당신의 벌주는 부분과 작업하고 싶군요. 당신이 이 부분에 휩싸일 때 어떤 느낌이 드나요?"

"모르겠어요. 기분이 좀 나아져요. 제가 겁쟁이가 되어 이런 일이 일어나는 것을 가만히 놔두지 않는다는 것을 당신이 아실 거예요."

이렇게 대화를 주고받은 후에 회기를 종료해야 했기 때문에 다음 주에 부모 각각 개별적으로 만나자고 했다. 나는 스캇이 아들을 학대하는 부분으로부터 분리되도록 돕고 싶었는데, 이것이 제인이 보는 앞에서는 더 힘들다는 것을 알았다. 그리고 나는 스캇이 없을 때 제인에게서 스캇의 폭력 정도에 대해 더 듣고 싶었다. 왜냐하면 그녀와 같은 입장에서는 정직해진다는 것은 위험하며 종종 어려운 것이기 때문이다.

제인의 회기에서 그녀는 스캇의 폭발이 자주 일어났으며 아들에게만 국한된 것이 아니라고 보고했다. 스캇은 그녀를 육체적으로 해한 적은 없지만 종종 위협적이었다. 그뿐만 아니라 정기적으로 그녀의 양육에 대해 질타하고 조롱했으며, 부하 직원에게 욕설을 퍼부어 일자리를 잃을 위기에 처하기도 했다.

"그가 화가 났을 때는 완전히 다른 사람이 돼요. 마치 지킬 박사와 하이드처럼요." 그녀가 말했다.

스캇과의 상담이 시작될 때, 스캇은 제인과 조이의 관계에 대해 건강한 관계가 아니라고 말했다. 나는 제인의 그러한 부분을 돕겠다고 그에게 확신시킨 후, 지금 당장은 그의 내면 처벌자에 대해 더 알고 싶다고 했다. 다시, 스캇은 그의 아버지가 그를 때렸고, 그는 그래도 괜찮았다고 말하면서 그 영향을 최소화하려고 노력했다.

"제인이 조이의 응석을 모두 들어 주는 방식에 맞서기 위해 당신은 벌주는 부분이 필요하다고 생각한다는 것을 압니다."라고 내가 말했다.

"하지만 당신이 가족에게 많은 피해를 주고 있다는 것을 알아주셨으면 합니다. 그것은 단지 당신의 한 부분일 뿐이에요. 저는 당신이 여러 측면에서 훌륭한 아버지이자 남편이라는 것을 알아요. 당신도 이 부분을 알고 있고요. 이 분노를 떨치고 변화되도록 당신을 도울 수 있어요. 관심 있으면 어떻게 하는지 보여드릴 수 있어요."

나의 참자기의 연민, 침착함 그리고 자신감으로 말하는 이 도전적인 진술은 직면과는 다른 몇 가지 요소를 포함하고 있다. 먼저, 스캇이 학대한다고 말하는 것보다, 나는 스캇이 상처를 줄 수 있는 부분이 있고, 한편으로는 그가 좋은 남자라고 말하고 있다. 그 부분 자신에게 이야기하면서, 그것이 나쁘지도 않고, 우리가 그것을 없애려고 하는 것이 아니라, 이 부분이 분노를 많이 느끼고 있으며 그 짐을 내려놓고 변화되도록 할 수 있다고 제안하고 있다. 마지막으로, 나는 자신감을 가지고, 희망을 제시하고 변화가 가능하다고 주장하지만, 변화를 추구하는 것이 그의 선택이라는 것도 분명히 말한다.

나는 이러한 메시지를 가해자 부분을 가진 많은 사람에게 말했는데, 아무도 변화를 위한 나의 초대를 거절하지 않았다. 때때로 그들이 완전히 마음을 열 때까지는 시간이 걸리지만, 너무나 많은 희망과 보살핌 속에 내재된 이러한 도전은 방어적인 보호자들을 진정시키고 그들 내면에 있는 참자기를 이끌어 낸다. 참자기는 그들이 통제할 수 없다는 것을 알고 있고 희생자들에 대한 공감도 가지고 있다.

스캇은 그것에 대해 생각해 봐야 한다고 말했다. 그는 분노로 고통을 느낄까 봐 두려워했고, 내면에 집중하면 어떤 일이 일어날까 하는 그의 두려움에 대해 두세 번의 회기를 더 가졌다. 그리고 그가 이 거대한 부분에 대해 기꺼이 작업하려고 하기 전에, 나는 두려움이 그를 압도하는 것으로부터 그를 지켜줄 수 있고, 어떤 것이 나타나더라도 그를 판단하지 않을 것이라고 확신시켜야 했다.

또한 스캇은 이 부분이 없다면 직원들과 다른 사람들이 자신을 이용할 수 있게 해 주는 아주 호락호락한 사람이 될 것이라고 걱정했다. 나는 사람들이 어떻게 생각하는지를 너무 많이 신경 쓰고, 아무도 해치지 않는 것에 대해 너무 많이 걱정하는 다른 부분들에 대한 걱정으로 들었다. 외부에 집중된 순응적인compliant 부분들이 스캇의 가해자 부분으로 하여금 그가 직장에서 효과적이지 못할 것이라고 두려워하게 했다. 가해자 부분에 의존하는 스캇과 같은 사람들은 종종 그들의 지배적인 부분이 책임지지 않는다면 그들은 줏대가 없고 착취에 취약할 것이라고 믿는다. 그리고 그들은 대개 지나치게 순응적인 부분을 가지고 있다. 하지만 내가 스캇에게 했던 것처럼 모든 사람이 용기, 명료함, 자신감 같은 도덕적 나침반을 가진 참자기를 가지고 있고, 참자기는 사람들을 상처 주지 않고도 단호할 수 있다고 알려 주어 안심시켜 주었다. 내가 스캇에게 이 말을 했을 때, 그는 믿기 힘들지만 기꺼이 기다려 보겠다고 했다.

보호자에게 초점을 맞추면서, 스캇은 어떤 이미지도 보지 못했지만 팔과 주먹에서 일종의 힘을 느꼈다고 말했다. 나는 그의 주먹이 꽉 쥐어져 있고 팔이 떨리기 시작했음을 알아차렸다.

"그 부분이 원하는 대로 당신의 몸을 움직이도록 하세요."라고 내가 말하자, 그는 즉시 허공에 대고 주먹을 휘둘렀다. "그것에 대해 어떻게 느끼세요?" 내가 물었다.

"무서워요." 그가 말했다.

"당신이 분노를 보지 못하더라도, 당신이 두려움을 덜 느끼도록 당신 안에 있는 밀폐된 방에 분노를 넣어 두세요."라고 내가 말했다.

"우리는 그 분노가 방 안에 있는 동안 그 분노와 이야기를 할 수 있습니다."

스캇이 그렇게 한 후, 나는 스캇에게 그가 두려워하는 부분을 안심시키도록 했다. 우리는 그 분노에 찬 부분이 장악하지 않도록 하면서도 분노한 부분을 알아갈 수 있고, 만약 그가 두려워하지 않는다면 스캇을 해칠 수 없을 것이라고 했다. 그러고 나서 우리는 그의 모든 겁먹은 부분도 대기실에 넣도록 했다.

"저는 여전히 분노를 볼 수는 없지만 방에서는 그것을 느낄 수 있어요. 저는 더 이상 그것이 두렵지 않아서 저와 별개라는 걸 알 수 있어요." 그는 말했다.

"그래서 지금은 그것에 대해 어떻게 느끼세요?" 내가 물었다.

"알아갈 수 있을 것 같아요." 그는 말했다.

그 부분은 스캇에게 얼마나 약한 것을 싫어하고 처벌하고 싶었는지 말해 주었다. 스캇은 그 증오가 어디서 왔는지 물었고, 그 부분은 그에게 어린 시절의

한 장면을 보여 주었다. 그는 아홉 살 정도였고 취한 아버지에게 말대꾸를 하고 있었다. 갑자기 몸집이 큰 아버지가 그의 위에 올라타서 그를 때렸다. 그 소년은 고통스러울 뿐만 아니라 숨도 제대로 쉬지 못하고 있었다. 아버지는 그 소년이 숨을 멈춘 것을 눈치채지 못할 정도로 취한 것 같았다. 어린 스캇은 절망적이고 무력감을 느꼈다. 그는 자신이 죽을 것이라고 생각했고 자신을 보호할 수 있도록 아버지처럼 강해지기를 바랐다.

나는 아이를 구출하기 위해 내가 그 장면에 같이 있어 줄지를 물었고, 스캇이 승낙했다. 스캇은 우리가 침실에 있다고 말했고, 스캇이 아이를 돕는 동안 나에게 그 장면으로 같이 가서 아버지를 방에서 데리고 나가 달라고 부탁했다.

"좋아요. 그리고 제가 그걸 다 했을 때 말해 줘요." 나는 말했다.

잠시 후, 스캇이 말했다.

"당신이 아버지를 방에서 데리고 나갔어요. 제가 아이를 안고 있는데, 아이는 온몸을 떨고 있어요. 제가 지금은 그 소년에게 안전하다고 말하고 있어요. 집으로 데려올 거예요."

우리가 그 소년의 짐 내려놓기를 하도록 도와준 후에 나는 말했다.

"그 분노가 아직 남아 있는지 보세요."

"남아 있어요."라고 그가 말했다.

"이제 알 수 있어요. 분노 부분이 아버지와 많이 닮았고 많이 피곤해하네요."

"분노 부분도 짐 내려놓기를 하고 싶어 하나요?" 내가 물었다.

"네." 스캇이 말했다.

분노에 찬 부분이 그의 아버지의 분노하고 통제하는 에너지를 내려놓으면서, 스캇은 다른 사람들도—그가 조상이라고 생각했던 사람들—짐들을 내려놓는 것을 보았다. 스캇의 경험과 마찬가지로, 나는 많은 가해자가 대를 이어 내려오는 짐인 물려받은 짐들legacy burdens을 지고 있다는 것을 알게 되었다. 이들을 탐색해 보면, 내담자가 태어나기 훨씬 전에 발생한 충격적인 사건traumatic event(전쟁, 피난, 이민, 기근 등)에서 비롯되는 경우가 많다. 종종 짐을 내려놓기 전에 물려받은 짐의 근원을 확인할 필요는 없기 때문에, 그 과정은 스캇에게 그랬던 것처럼 쉽게 진행될 수 있다. 그러나 때때로 부분들은 그 짐을 떠넘긴 가족 구성원에게 불충스럽게 되는 것being disloyal에 대한 두려움이나 그들과 연락이 끊길까 봐 물려받은 짐을 내려놓기를 꺼린다. 스캇이 짐을 벗을 수 있었기 때문에 우리는 스캇이 남긴 유산의 기원을 탐구하지 않았다. 하지만 그가 원했다면, 우리는 그의 내면에서 보여졌던 조상들과 이야기할 수 있었을 것이고, 그는 더 많은 정보를 얻을 수 있었을 것이다.

다음 회기에서 나는 스캇에게 그의 가해자 부분을 제인에게 설명하고 그가 그것의 근원에 대해 무엇을 배웠는지 설명하도록 했다. 그녀는 분명히 감동받았고 어린 스캇을 동정한다고 말했다. 또한 그녀는 스캇이 그의 분노에 대해 노력하고 있다는 말에 큰 안도감을 표시했다. 나는 그녀에게 그녀가 과잉보호 부분과 함께 일하기로 했던 우리의 합의를 상기시켰다. 그녀는 스캇이 화를 떠나보냈기 때문에 그렇게 하는 것이 훨씬 더 쉬울 것이라고 말했다. 나는 스캇이 그의 아들 조이에게도 사과하도록 격려했다.

스캇은 대답했다. "이미 했어요. 그리고 저에게 무슨 일이 일어났는지 아들에게 말해 주었어요."

IFS 치료사와 개별적으로 작업하고 있던 조이는 아버지를 이해하며 자기 역시 같은 부분에 대해 알아가고 있다고 대답했다.

"하지만 제가 조이에게 말하기 전에, 상담시간에 당신에게 한 말이 역겹게 느껴졌어요." 스캇은 나에게 말했다. "저는 창피스러웠고 당신이 저를 깔볼 거라는 확신이 들었어요. 치료도 그만두려고 했죠. 하지만 그때 제 아들을 위해 이 일을 하고 있다는 것을 기억했죠. 그래서 조이를 찾아가 이야기를 나눴습니다."

"후폭풍backlash이 일어나는 것은 일반적이에요."라고 나는 단언했다. "특히 처음으로 취약해진 후에 그렇죠. 그리고 저는 당신이 저에게 그것에 대해 말해 줘서 기쁘네요. 주중에 당신에 대해 생각할 때, 저의 유일한 생각은 당신의 작업에 얼마나 감동했는지, 그리고 그 후에 제가 당신에게 얼마나 연결되어 있는지를 느꼈는지에 대한 것이었음을 알아주셨으면 해요."

내가 스캇과 함께한 작업은 우리가 단지 교도소나 치료센터에서 가해자를 찾는 것이 아니라는 것을 보여 준다. 가해자 부분들은 정말 많은 내담자에게서 나타나며 그들이 결코 장악할 수 없을 때조차도, 그들의 정신에 조직적인 큰 영향을 미친다. 여성 역시 가해자 부분들이 있고, 내가 치료했던 성적 학대를 경험한 대부분의 여성 내담자들에게서도 이 부분을 발견할 수 있었다. 또한 나는 많은 성공한 기업 중역들과 정치가들은 가해자 부분에서 얻을 수 있는 경쟁력을 높이 평가한다는 것을 발견했다. 다른 사람들에 대한 작은 관심과 함께 결합된 꺼지지 않는 권력 욕구는 그들이 정상에 오를 수 있도록 도와준다. 불행하지만 놀랍지 않은 것이, 그들이 운영하는 회사나 조직은 공감 능력 부족과 공격적인 가치를 반영하게 된다는 것이다. 따라서 가해자 부분들에 대해 작업하는 것은 투자대비 가성비가 좋은 것이다. 우리가 한 사람의 고통과 두려움을 덜어 줄 수 있다면, 우리는 다른 사람의 고통과 두려움도 덜어 줄 수 있다.

참고문헌

D'Silva, K., Duggan, C., & McCarthy, L. (2004). Does treatment really make antisocials worse? A review of the evidence. *Journal of Personality Disorders, 18,* 163-177.

Fenelon, F. (1877). *Spiritual letters to men.* London, England: Rivingtons.

Loving, J. L. (2002). Treatment planning with the Antisocial Checklist-Revised (RCL_R). *International Journal of Offender Therapy and Comparative Criminology, 46,* 281-293.

Marshall, W. L., Marshall, L. E., Serran, G. A., & O'Brian, M. D. (2011). *Rehabilitating sexual offenders: A strengths-based approach*. Washington DC: APA Press.

Merton, T. (1965). *The way of Chuang Tzu.* New York: New Directions.

Salekin, R. T. (2002). Antisocial and therapeutic pessimism: Clinical lore or clinical reality? *Clinical Psychology Review, 22*, 79-112.

Stalans, L. J. (2004). Adult sex offenders on community supervision: A review of recent assessment strategies and treatments. *Criminal Justice and Behavior, 31,* 564-608.

Wong, S. (2000). Antisocial offenders. In S. Hodgins & R. Muller-Isbemer (Eds.), *Violence, crime, and mentally disordered offenders* (pp. 87-112). Chichester, England: Wiley.

07

인종차별 다루기

내면의 편견을 없애야 할까, 받아들여야 할까

리처드 슈워츠(Richard C. Schwartz)

편집자 노트

이 장은 이 책의 다른 장과 달리 사례 자료가 없다. 대신, 인종차별적 사고에 대해 수치심을 느끼고 그러한 사고에 책임감을 갖는 부분에 대하여 호기심이 생긴 슈워츠 박사의 경험을 설명한다. 이 장은 2001년에 출간된 『예술 및 심리치료의 과학The Art and Science of Psychotherapy』에 실린 글의 개정판이다.

인종을 논하는 것은 우리 모두에게 즉시 양극화된 감정을 불러일으킨다. 내가 인종차별과 다른 형태의 편협함에 대해 집단 작업을 할 때, 나는 내면가족체계IFS의 언어가 특히 유용하다는 것을 알게 된다. 우리는 부분과 참자기를 가지고 있다는 것을 모두가 알고 있는 집단에서, 충분한 참자기-에너지가 있으면, 사람들은 상대방이 자신의 말을 듣고 판단하지 않을 것이라는 믿음으로 내적 그리고 외적 경험을 공개할 수 있다. 내 경험상, 참자기-주도적인 대화는 사람들의 마음을 움직여 인종차별의 상처를 개인적 차원과 공동체적 차원에서 치유한다.

그러나 내가 이 일을 집단 작업으로 하기 전에, 나는 나 자신의 인종차별적인 부분을 찾아 작업해야 했다. 1995년 "정치적으로 올바른 것을 넘어서Beyond Politically Correct"라는 제목으로 열린 대규모 정신건강 회의에 인종차별을 논의하기 위한 패널로 초대받았을 때부터 내가 가진 인종차별주의자 부분에 대해 눈을 뜨게 하는 그 고통스러운 과정의 작업은 시작되었다. 인종차별에 대해 광범위하게 발표했던 저명한 아프리카계 미국인 가족치료사가 위원회를 중재했는데, 그 패널은 많은 반인종차별주의antiracism 운동가들을 포함한 많은 청중을 끌어 모았다. 그는 한 흑인 청년이 백인을 얼마나 싫어하고 죽이고 싶어 했는지에 대해 이야기하는 영상을 보여 주면서 회의를 시작했다. 영상이 끝난 후 진행자는 내게 고개를 돌려 이 청년을 어떻게 생각하느냐고 차갑게 물었다. 나는 내면에서 올라오는 각기 다른 반응들을 가지고 있는 다른 부분들에 대해 불편한 얼굴로 이야기했다. 한 부분은 두려워하고 있었고, 다른 한 부분은 그 청년의 분노를 이해하여 함께 분노하고 있었고, 또 다른 부분은 인종차별적인 말을 하고 있었다.

진행자는 나의 인종차별적인 부분에 대해 매우 관심을 갖게 되었고, 패널로 내 옆에 앉아 있는 중년의 아프리카계 미국인 여성에게 그 인종차별적인 부분으로부터 나오는 말speak from[1]을 표현해 볼 것을 나에게 부탁했다. 나는 두 번 거절했으나 진행자는 밀어붙였고, 마침내 나는 그의 요청대로 그녀를 향해 '너희는 왜 그 모양이야?'라는 식으로 일련의 발언을 했다. 내가 말을 할 때 청중 사이에서 흥분하는 소리가 들렸다. 내가 잠시 말을 멈추자, 진행자는 그녀를 확

1) 역자 주) IFS에서 한 부분(part)으로부터 나오는 말. 반면에, speak for는 한 부분(part)을 대상으로 참자기(Self)가 하는 말을 가리킨다.

인하거나 내가 더 말할 수 있게 하지 않고 침착하게 진행해 갔다. 나중에 워크숍에서 나는 나의 부분들에 대해 설명하고 자존감을 일부 회복할 수 있었지만, 그러는 동안 나에게는 강한 수치심과 당혹감, 이 여성에게 어떻게도 해 줄 수 없다는 무기력함과 걱정스러운 느낌이 계속 남아 있었다.

이 경험이 굴욕적이기는 했지만, 나의 부인denial[2]의 요새가 무너져 버렸고, 부끄럽지만 나는 그것을 나중에 내가 묘사할 중요한 부분들을 찾기 위한 시작점trailhead으로 사용할 수 있었다. 극소수의 사람들만이 그들의 행동이 다른 사람들에게 어떻게 상처를 주는지 탐색하려고 한다. 미국에서 대부분의 백인은 그들의 인종차별적 행동을 살펴봐야 한다는 압박감을 느끼지 않는다. 유색인종은 선택할 수 없이 처하게 되는 가혹한 현실을 백인들은 무시할 수 있는 선택권을 가지고 있다. 그리고 백인들은 그 주제에 대한 어떤 훈련도 받는 일이 거의 없다.

유색인종들은 자신들의 삶이 어떤지, 설득력 있게, 그리고 여러 가지 형태로 설명함으로써 이러한 부인에 맞서려고 노력해 왔다. 그것은 하나의 중요한 단계step이다. 백인들이 인종차별적인 생각과 감정을 살펴보고 변화시키도록 하는 다음 단계는 세 가지 이유로 어렵다. 첫째, 인종차별적인 부분에 대한 부인이 널리 퍼져 있는 반면, 노골적인 인종차별주의는 현재 널리 규탄받고 있기 때문에 우리 대부분은 우리가 인종차별주의자라고 믿지 않는다. 둘째, 우리는 인종차별주의 문화에 젖어 있기 때문에 인종에 관한 문화적 유산의 영향에 대해 알지 못한다. 셋째, 누가 그들의 가장 추악한 충동과 목소리에 관심을 돌리고 싶겠는가? 당신은 추악한 파충류처럼 보이는 것이 당신의 의식의 표면으로 올라올 때(Fenelon, 1877), 쉽게 당신 자신과 당신의 종족을 미워하기 시작할 수 있다. 만약 우리의 내면에 있는 한 부분이 다른 부분을 미워하여 이 부분을 변화시킬 수 있다면, 인종차별에 대해 미워하고 판단하는 것은 좋은 일일 수 있다. 하지만 내 경험은 정반대였다. 경멸은 내적 갈등을 조장하고 보

2) 역자 주) 인종차별주의자가 아니라는 부인이다.

호자를 자극한다. 반면에, 보호자를 이해하고 사랑하는 것은 그들이 변화하는 데 도움이 된다.

하지만 어떻게 내면의 편협함bigot을 사랑할 수 있을까? 하고 묻는다면, 교육이 더 효과적이고 쉽지 않을까? 확실히 교육과 경험을 통해 주로 무지에 근기한 편견에 맞서게 되지만, 인종차별적인 부분을 교육하려는 노력은 그것들을 제거하는 노력만큼 효과적인 경향이 있다. 내 경험은 인종차별적인 부분은 그들의 역할을 좋아하지 않으며, 만약 우리가 그들이 보호하는 취약한 부분들을 돌본다면 그들이 바뀔 것이라는 것이다. 나의 충고는 우선 어떻게 인종차별주의적인 부분이 생겨났는지 궁금하게 생각해 보라는 것이다. 패널로 그 회의에 참가한 이후, 나는 호기심이 생겼고 내면의 편견에 대해 알게 되었다.

그들은 내가 반유대주의의 희생자였을 때[3] 어린 시절 경험했던 장면과 중학교 때 친구들이 인종차별주의적 표현을 사용하고 나도 함께 참여했던 다른 장면들을 보여 주기 시작했다. 나 자신의 체계에서 배운 것들이 아름다운 것들은 아니지만 그것들에 대해 정말 정직하게 다루어 보고자 한다.

인종차별주의 연합

나는 먼저 분노에 대해서 이야기하고자 한다. 이 분노는 인종차별racism이라는 용어와 가장 일반적으로 관련되어 있는 희생양scapegoating 부분이며, 이 부분은 내가 패널에서 나의 동료에게 말했던 부분이다. 그 부분은 남을 지배하거나 깎아내릴 필요가 없음에도 불구하고 그럴 때가 있었다. 이 부분은 과거에 가치 없고 무력하다고 느꼈던 부분들을 강력하고 좋게 느끼게 함으로써 보호하는 부분이었다. 그때 나는 나를 해친 사람들에게 복수를 할 수 없었기 때문에, 이 부분은 지금 현재에서 사람들을 해칠 기회를 항상 찾고 있었다. 이

3) 역자 주) 슈워츠 박사는 유대인이다.

부분은 위협적으로 보이는 사람들을 악마로 만들거나 물건처럼 취급해서 내가 그들을 신경 쓰지 않고 나쁘게 대할 수 있는 능력이 있었다. 그 부분은 나의 내면을 거의 완전히 장악하지는 않았지만, 긴장된 상황에서는 종종 내면의 큰 목소리로 들렸다.

일단 내가 내 인생에서 더 가치 있고 힘 있게 느끼기 시작하자, 이 부분은 적극적으로 다른 사람들을 깎아내리라고 나를 재촉하는 것을 멈추고 더 방어적이 되었다. 지금은 공격하기보다는 보초 역할을 하며, 끊임없이 위험을 탐지하고 다른 것들과 다름을 위험한 것으로 본다. 과거에 상처받은 만남과 관련한 사람들의 특성을 기록한 파일 체계가 있어서 새로운 사람이 그러한 특성을 가지고 있을 때, 이 부분은 기존의 목록을 나에게 제시한다. 또한 그 부분은 내 환경에서 위험한 사건들의 파일들을 보관한다. 예를 들어, 이 부분은 내가 사는 곳에서 얼마나 많은 범죄가 발생하는지 추적한다. 그리고 마구 일반화하는 것을 두려워하지 않는다. 이 부분은 진정한 인종차별주의자는 아니며, 자기보호적인 특성이 있다. 이 부분은 피부색이나 민족에 상관없이 위협적인 것처럼 보이는 사람들에게 치명적인 결점을 찾을 수 있다. 하지만 내가 만약 다른 인종이 위협적이라고 믿는 누군가와 마주치게 된다면, 그 부분은 인종적 고정관념을 사용하는 것을 주저하지 않을 것이다.

또 다른 부분은 내가 이 존재를 인정하는 데 가장 어려움을 느꼈었던 부분인데, 이 부분은 기득권을 가지고 있는 목소리entitled voice를 사용하면서 나의 내담자, 나의 가족 그리고 나의 약함을 싫어한다. 이 부분은 우리 사회나 나의 사무실에서 성공하지 못하는 사람들에 대해 인내심이 거의 없으며, 그들이 불평을 늘어놓는 것을 모두 멈추거나 내가 그들을 돌보는 것을 그만두기를 바란다. 그는 내가 1위를 지키고, 나의 상담실과 가족에게 관심을 갖고, 어쨌든 도움을 원하지 않는다고 말하는 사람들에 대해 걱정하지 않기를 바란다. 그는 싫증을 내고 냉소적이며 특권을 덜 가진 이들의 어려움에 대해 보수파right-wing(그들은 어리석고 충동적이야.), 인종차별주의racist(그건 유전적이야.), 혹은 뉴에이지New Age(그건 업보야.)로 받아들이라고 하면서 모두에게 손쓰지 않는 것을 합리화하는 설명을 한다.

미국 과두정치American oligarchy에 대한 마이클 린드Michael Lind(1995)의 묘사에서 이 구절은 그의 태도를 잘 보여 준다.

> 우리는 개인의 장점에 행운을 부여하는 것을 좋아하며, 소득과 교육의 상위 백분위에 속하게 된 우리는 우리의 인맥이 아닌 우리 자신의 I.Q.나 미덕, 활력, 천재성, 어려운 일을 쉽게 해내는 능력, 도전정신, 용기 때문이라고 말한다. 만약 우리가 태어날 때 우연히 바뀌었거나, 게토ghetto나 바리오barrio 같은 빈민가 또는 이동주택 주차구역trailer park에서 자랐다 하더라도, 우리는 ABC 뉴스, 공화당 전국위원회나 미국시민자유연맹ACLU에 있는 사무실에 거의 비슷한 시간 안에 도착했을 것이다(p. 39).

다른 사람은 기득권 부분의 존재를 인정하는 것이 덜 힘들지만, 나에게는 힘든 일이었다. 몇몇 다른 부분들은 기득권 부분을 몹시 싫어했는데, 특히 내가 편안할 때 고통받는 사람들에 대해 죄책감을 느끼는 부분과 어떤 종류의 부당함에 대해 격분하는 부분이 그 부분을 혐오했다. 불평등을 정당화하고 무시하기 위해 나의 기득권 부분entitled part은 혜택을 받지 못한 사람들보다 더 낫기 때문에 더 많은 것을 받을 자격이 있다고 말한다. 이 부분은 그 집단 사람들의 명백한 결점에 초점을 맞춘다. 나의 기득권 부분은 내가 살아남지 못할까 두려워하거나, 내가 어떤 장점advantages을 잃으면 우울해질 수도 있다. 그리고 이 부분은 내가 특권의 위치에 있었기 때문에 응징retribution을 두려워한다.

나의 기득권 부분은 내가 실패하거나 당황하지 않도록 막아 주는 다른 보호자 부분들과 협력한다. 이 내면의 비관론자들inner pessimists은 내가 덜 가진 사람들을 돕거나 그들의 문제를 해결할 수 있는 것은 아무것도 없기 때문에 내가 시도하면 실패할 것이라고 말한다. 또는 때때로 그 부분은 어떤 것을 바꾸는 데 필요한 것을 내가 갖고 있지 않고, 만약 개입하게 된다면 나의 무지만 드러날 것이라고 말한다. 그는 내가 나 자신을 당황하게 만들었던 사건들, 특히 내가 무심코 유색인종에게 불쾌감을 주는 말을 했을 때 고통스러웠던 사건들을 비디오로 보관하고 있다. 그는 내가 같은 부류의 백인 그리고 같은 교육을 받은 백인과 평화롭고 친숙한 초원에 머물 수 있는데, 왜 그 지뢰밭에 들어가려고 하느냐고 묻는다. 내가 이 장을 썼을 때 이 비관론자는 내 곁에 자주 있었다. 그는 수고할 가치도 없으며, 사람들은 이런 생각들이 어리석거나 인종차별적이라고 생각할 것이고, 관심을 기울이지 않을 것이라고 했다. 나는 나의 기득권과 비관주의를 내 심장 주위에 벽돌 벽을 쌓는 내면의 생존주의자 inner survivalists로 생각한다.

이 내면의 인종차별주의 연합의 네 번째 부분인 부인denial은 내가 다른 사람들을 희생시키면서 이익을 얻는다는 사실을 알게 하는 것을 두려워한다. 왜냐하면 나의 타고난 연민innate compassion이 특권을 잃게 하거나 내면의 판단을 촉발시켜서 자신에 대해 기분이 나빠지게 될까 봐 두려워하기 때문이다. 이 부인하는 부분은 말 그대로 나의 집이나 세상에서 명백한 부당함을 보거나 듣거나 이해하지 못하게 할 수 있다.

정리하면, 나는 네 부분으로 구성된 인종차별적 연합을 가지고 있다. 좀 더 경계하는 보호자가 된 분노하고 희생양으로 보이는 부분, 기득권을 가진 부분, 비관적인 부분, 부인하는 부분이다. 이 집단은 매우 거대하며, 이 부분들은 인종차별 반대 운동가나 그들을 비난하는 내부로부터의 정면 공격을 다룰 수 있다.

이 부분들은 나에게 백인 특권의 부당함뿐만 아니라 내가 무감각하게 말하거나 행동하는 것으로 인해 야기되는 불이익을 보는 것을 어렵게 만든다. 이 부분들이 나의 참자기로부터 분화하여 내가 이 부분들을 알게 되고 함께하게 되는 것은 고통스럽지만, 궁극적으로는 치유가 일어나는 것이다. 왜냐하면 이 부분들이 분리될 때 나는 다른 많은 중요한 부분, 특히 장난기 있고 사랑스럽고 민감한 부분에게 접근할 수 있기 때문이다.

반인종차별주의 연합

또한 나는 반인종차별주의 연합을 가지고 있다. 이 세 부분은 언제든 흔히 나의 네 개의 인종차별적인 부분 중 지배적인 어떤 조합의 부분들과 양극화된다. 세 부분 중 한 부분은 내면의 판사inner judge이다. 이 부분이 메가폰을 잡으면, 어떤 다른 이유로 나를 인종차별주의자, 성차별주의자, 동성애 혐오자 또는 나쁜 사람이라고 비난한다. 내면의 판사 부분은 다른 누군가가 나를 비난할지도 모른다는 두려움으로 나를 맹비난하면서 외부의 비난을 증폭시키고 상기시킨다. 이 비판자가 나를 혹독하게 비판하는 한, 나는 다른 사람들의 판단에 취약하지 않게 행동하도록 노력한다. 그래서 그 부분 역시 나를 보호하려고 애쓰고 있다. 하지만 판사가 항상 인종차별에 반대하는 것은 아니다. 카멜레온처럼 그는 환경으로부터의 메시지에 민감하다. 만약 내가 편협한 사람들 사이에 살면서 반인종주의적인 입장을 취함으로써 사람들을 불쾌하게 할 것이라는 것을 판사가 감지한다면, 인종차별주의자들의 합창에 동참해 나의 반인종주의 연합을 마음이 유약하고soft-hearted 비현실적이라고 비난할 것이다. 간단히 말해서, 판사는 내가 적응하기를 원하면서 여론에 따라 신속히 흔들릴 것이다.

나의 반인종주의 연합의 또 다른 부분은 정말로 불의injustice를 싫어한다. 이 부분은 내가 희생당했을 때 나 자신을 옹호하게 하려고 노력하며, 억압받는 다른 사람들도 옹호하기를 원한다. 이 부분은 고통을 받고도 부인하면서 수동적인 것을 옹호하는 부분들에 좌절을 느끼며, 나를 행동으로 옮길 수 있는 어떤 기회라도 포착하여 나를 자극해 행동으로 옮기도록 한다. 이 부분은 무시를 당하면 독선적이고 격분하게 된다. 이 부분은 내가 기독교 환경 안에서 유대인으로서 자라나면서 편견의 희생양이 되었던 때를 잘 기억한다.

마지막으로, 나에게는 기존의 문화적 담론에 항상 반대하며 단지 재미로 싸우려고 반항하는rebel 부분이 있다. 아웃사이더이며 비주류의 한 구성원으로서 선견지명이 있는 집단이며, 이들은 덜 깨달은 사람들을 경멸하는 부분들이다.

이 부분은 가족치료가 처음 나왔을 때 도전적이고 급진적이어서 가족치료를 좋아했지만, 가족치료가 세상에 널리 받아들여지면서 지루함을 느꼈다. 이 부분은 나에게 IFS를 개발할 수 있는 약간의 용기와 자극을 주었다.

취약성에 대한 보호로서의 인종차별주의

이 두 연합의 모든 부분은 보호자들이다. 가끔은 내게 주는 메시지가 독선적이거나 지적인 내용이지만, 그들의 싸움은 기본적으로 내 보호자들이 내면의 지하 감옥으로 추방시킨 취약한 부분을 어떻게 가장 잘 보호할 것인가에 대한 것이다.

인종차별주의 연합은 위험을 감수하거나 내가 가진 것을 위태롭게 하는 것을 좋아하지 않는다. 왜냐하면 두려워하는 추방자들을 겁먹게 할 것이기 때문이다. 그 비판자는 누군가 나에게 화를 내면 내가 버림받을 것이라고 확신하는 부분을 보호한다. 분노한 부분은 괴롭히는 이들이 내 추방자들을 다치게 했을 때 나를 변호할 수 없었고, 이제는 누군가가 괴롭힘을 당하는 것을 보기 싫어한다. 이와 비슷하게 반항하는 부분은 내 가족 안에서 옳지 못했던 것들을 보았고, 그것을 바꿀 힘이 없다고 느끼는 추방자들에게 반응한다.

나의 인종차별적 연합이 얼마나 만연해 있는지, 그리고 그것이 얼마나 강력하게 내 인식을 뒤에서 조직했는지 처음 알았을 때, 나는 충격과 부끄러움을 느꼈다. 나는 이들의 영향력을 경계하고 목소리를 억누르고 싶은 충동이 일었다. 그리고 나의 비난하는 부분과 불의에 분노하는 부분이 잠시 나를 압도하면, 나는 그냥 그것에 따랐다. 또한 나는 친구, 학생 그리고 가족의 미묘하게 인종차별적인 발언을 주의 깊게 듣고 있는 나 자신을 발견했고, 그 불쾌감을 주는 사람과 독선적이거나 잘난 체하는 방식으로 맞섰다. 나는 내가 꽤 비효율적이었다고 확신한다. 마틴 루서 킹 주니어Martin Luther King Jr.가 말했듯이, "어둠은 어둠을 몰아낼 수 없다. 오직 빛만이 어둠을 몰아낼 수 있다. 증오는 증오심을 몰아낼 수 없다. 오직 사랑만이 그렇게 할 수 있다"(King, 1963, p. 37). 부분은 부분을 변화시킬 수 없다. 오직 참자기만이 변화시킬 수 있다. 그래서 증오, 독선 그리고 생색을 내는 방식은 효과가 없었다. 하지만 어떻게 우리가 인종차별적인 사람이나 부분들을 사랑할 수 있을까?

그들의 보호자 역할을 이해하는 것이 나에게 도움이 된다. 나의 추방자들이 취약한 상태로 남아 있는 한, 나의 인종차별주의 연합들은 그들의 일을 계속할 것이다. 내가 아무리 많은 인종차별 반대 워크숍에 참석하더라도, 그들은 인종차별주의적인 믿음에 매달릴 것이다. 왜냐하면 교육이 나의 취약성을 감소시키지 않기 때문이다. 교육은 좋은 첫걸음이기는 하지만, 그들이 노력하는 만큼 내면의 인종차별적 목소리를 떨쳐 낼 수 없어 실망감을 느끼는 많은 반인종차별주의 운동가와 이야기해 왔다. 그들은 이 실패를 우리의 사회화의 깊이나 성격의 결함flaw of character 탓으로 돌리고 그들의 인종차별적인 부분에 대항하거나 제거하거나 무시하기 위해 더 열심히 싸운다. 무지와 사회화가 인종차별을 낳는 공식의 일부라는 것에는 동의하고, 교육과 민감성 훈련sensitivity training이 우리가 이러한 짐들을 인식하도록 도울 수 있다는 것에도 동의하지만, 우리의 보호자 부분이 우리를 보호해야 한다고 믿는 한, 그들은 인종차별을 고수할 것이라고 확신한다.

백인들의 부정하는 부분들은 우리 내면의 인종차별주의 연합에 힘을 실어주는 백인 특권white entitlement에 의해 지지를 받는다. 우리의 부분들은 우리가 눈을 감은 채로 있으면 더 안전하고 편안하다고 믿는다. 그러나 고의적인 무지는 대립을 불러온다. 내가 나의 내면의 인종차별적인 부분을 기꺼이 보기 이전에 다른 사람들 내면의 독선적이고 잘난 체하는 부분들과 직면해야 했지만 그것은 추천하고 싶은 경험은 아니었다. 이 장의 첫머리에서 묘사한 굴욕적인 회의는 나의 내면과 세상 양쪽 모두의 인종차별에 대해 다루는 것을 철회하고 싶은 충동을 불러일으켰다. 나의 비관론자와 화난 부분이 바짝 경계하는 부분으로 변화되어, 이 문제에 관여하는 것은 나에게 고통과 수치심만을 가져다 줄 것이라고 주장했다. 그들의 동굴에 빛을 비출 수 있도록 그들이 허락하기 전에, 그들의 두려움이 사실일지라도 내가 그것을 감당할 수 있다고 계속해서 그들을 안심시켜야 했다.

자기독선적인 만남self-righteous encounters은 이런 내부의 반발을 불러일으키는 경향이 있다. 요새가 깨져서 열려 있고 내면을 들여다보며 반응하는 나 같은 사람에게, 더 많은 사람은 그들의 방어벽을 강화함으로써 반응할 것이다. 그것은 (단기적으로) 단연코 가장 쉽고 안전한 선택이다. 판단에 대한 두려움이 이 주제에 적극적으로 참여하고 싶어 하는 많은 사람을 가로막는다고 나는 믿는다. 내면의 생각과 편견을 심판받는 것에 대한 두려움 없이 탐색하고 드러내는 안전한 환경은 내면의 후폭풍backlash과 회피를 피하는 내가 아는 유일한 길이다. 만약 우리가 어두운 곳에 빛을 비추지 않는다면 어둠 속으로 빛을 끌어들일 수 없다. 하지만 우리가 괴물을 두려워한다면 그 빛을 비추는 것을 피할 것이다. 제임스 볼드윈James Baldwin(1972년 『콜리어Collier』에서 인용한 바와 같이)이 "사람은 자신 안에서 직면할 수 있는 것만 다른 사람에게 직면할 수 있다."라고 간결하게 말한 것처럼, 우리는 외부의 괴물을 저주하고 내부의 괴물은 마음을 졸이며 그냥 남겨 둘 것이다.

하지만 만약 여러분이 나쁜 역할bad roles에서 괴물이 아닌 좋은 부분을 찾을 것이라고 생각한다면 훨씬 더 쉽게 찾을 수 있다. 나는 내가 말한 모든 것을 공개하는 것이 부끄럽지 않다. 왜냐하면 나는 나의 보다 극단적인 부분이 가지고 있는 의제agendas가 내가 누구인지를 말해 주는 것은 아니라는 것을 알기 때문이다. 나는 인종차별적인 부분이 있지만 인종차별주의자는 아니다. 그것들조차도 단지 보호적일 뿐이다. 내가 인종차별주의자가 아니라고 말할 때 많은 사람은 무지하다ignorant고 믿을 것이다. 그러나 나는 극단적인 보호자를 가진 사람에게 붙이는 단일 꼬리표monolithic labels에 반대한다. 결과적으로 나는 알코올중독자, 조현병 환자, 경계선, 성범죄자 또는 우익 광신도가 있다고 믿지 않는다. 나는 사람들이 극단적인 부분을 갖고 있다고 믿는다.

왜 시도해야 하는가

그러나 맹렬한 모닥불에 물 한 방울이 쏟아지는 것 같은 느낌이 들 때, 우리는 어떻게 불평등에 맞서 목소리를 낼 수 있을까? 대부분의 백인에게는 인종차별주의를 다룰 만한 동기가 거의 없다. 백인들에게 동기가 될 만한 장려책으로서 내가 반인종주의 운동가들로부터 들은 것은 백인들이 다른 문화를 잘 모르고 있어서 놓치는 것이 많다는 것이다. 대부분의 특권을 가진 이는 내면의 어두운 구석으로 파고들어 가서 수치스러움을 느끼게 될 위험성의 가능성이 있다면, 차라리 그 손실을 기꺼이 받아들이는 것으로 보인다. 나는 지속적인 행동sustained action이 내면 또는 외부의 비판자나 분노하거나 독선적인 부분들로부터 나올 거라고 믿지 않는다.

하지만 나는 지속가능한 동기sustainable motivation의 두 가지 근원을 찾았다. 첫째, 보호자들이 뒤섞여 높은 경쟁심을 유지하는 한, 그들은 나의 민감하고 창의적이고 재미있고 친밀감을 사랑하는 부분으로부터 나를 차단한다. 치료에서 나의 인종차별 반대 작업은 변형적transformative[4)]이었다. 내가 다른 사람에게 어떻게 하는지를 목격하고witness 그것을 바로잡을 방법을 찾아 나갈 때, 나는 나 자신을 치유할 수 있었다. 둘째, 나는 참자기를 가지고 있기 때문에 연민과 용기라는 선천적인 자원inborn source을 가지고 있다. 나의 참자기의 연민은 불의에 저항하고 억압받는 사람들을 위해 싸울 방법을 찾을 것이다. 나의 참자기는 대중의 비판이나 특권의 상실을 두려워하지 않는다. 나의 참자기의 명료함은 내가 불의를 볼 수 있게 하는 반면, 나의 참자기의 용기는 내가 판단과 독선 없이 불의에 대항해 목소리를 내거나 행동을 취할 수 있게 한다. 왜냐하면 나는 보호자들의 행동을 촉발하는 고통을 억누르고 있는 보호하는 부분들을 볼 수 있기 때문이다.

롱펠로가 쓴 것처럼 "만약 우리가 적들의 비밀스러운 역사를 읽을 수 있다

4) 역자 주) 변화(change)가 일시적인 것이라면, 변형(transformation)은 보다 의미 있는 좀 더 지속적인 변화를 의미한다.

면, 그들에 대한 모든 적대감을 무장 해제하기에 충분한 각 인간의 삶 속 슬픔과 고통을 찾아내야 한다”(Longfellow, 2000, p. 797). 나의 참자기가 주도적으로 나설 때, 나는 그 비밀스러운 역사를 직감한다. 결과적으로, 나의 참자기는 보호자들을 부끄럽게 하고 비난함으로써 그들의 보호자들을 더 양극화시키기보다는 억압하는 이들의 참자기를 끌어내기 위해 노력한다. 실제로, 치료사로서의 나의 경험은 내담자가 좀 더 인종차별적이고, 특권적이고, 나르시즘적이거나 거만해 보일수록 그들의 추방자들은 더 불안정하고 무력해 보인다는 것이다.

참자기는 로버트 제이 리프톤Robert Jay Lifton이 말하는 '종족의 사고방식species mentality'을 포함하고 있는데, 이는 한 사람이 인류 공동체의 모든 구성원과 상호 연결되어 있다는 느낌이다. 이러한 메타 관점meta-perspective을 통해 사람들은 자신이 포함된 체계에 대해 생태학적으로ecologically 생각할 수 있다. 상호 연결성의 느낌을 느끼면서 내가 그들의 존재를 의식하지 못하더라도 내 몸이 나의 추방된 부분의 고통을 말해 주는 것처럼, 한 사람이 고통을 겪을 때 우리 모두는 고통받는다는 것을 이해하게 된다. 나의 모든 부분을 받아들이는 것의 중요성을 이해하면서, 나는 다른 사람이나 그들의 부분을 추방하지 않는 것의 중요성을 더욱 명확하게 보았다. 다른 사람과 나를 받아들일 때, 내가 분리된 존재가 아니라는 내적 확신을 가지고 살게 된다.

다른 담론

미국에서 인종차별 담론에 대한 이러한 생각이 시사하는 바는 무엇인가? 인종에 관한 대화는 인종차별적인 부분과 인종차별에 반대하는 부분 사이의 양극성polarity을 모두가 알아차리고 주어진 시간에 누가 지배하고 있는지를 파악할 수 있다면 더욱 풍부해질 것이다. 도교 음양의 상징Taoist yin/yang symbol이 흰색에 검은 점이 있고 검은색에 흰 점이 있는 것처럼 우리 모두는 양극화된 부분들을 가지고 있다. 우리 모두가 가지고 있는 것에 대해 인정하는 것은 인종에 대한 논의를 덜 긴장하게 만들 것이다. 인종차별 반대 워크숍(또는 개별 치료 회기)은 모든 부분이 다름을 인정하고 환영하며 친해지는 것을 목표로 하는데, 이는 참가자들이 참자기-에너지를 가지고 인종에 대한 그들의 내면 대화를 탐구하는 데 도움이 될 것이다. 일단 인종차별적인 부분이 밝혀지면, 참가자들은 그것들을 제거하려고 하기보다는 그 부분들의 동기를 탐구할 기회를 갖게 된다. 내 경험에 의하면, 참가자들은 인종차별주의적인 보호자들이 안전을 확보하기 위한 의도로 나쁜 행동을 선택한 좋은 부분이라는 것을 알게 된다. 만약 그렇다면 그들은 인종차별에 대한 애착이 사회화를 넘어서거나 그 밑바닥에 있다는 것을 알게 될 것이다. 예를 들어, 나의 인종차별주의 부분들은 인종차별이 나를 안전하게 지켜준다고 믿고, 내가 덜 취약하다는 것을 확인하기 전까지 그들은 변화하는 것에 동의하지 않을 것이다.

우리의 보호자들은 우리가 그들의 외부뿐만 아니라 내부의 비용cost에 대해 명확하고 정직해질 때까지 백인 특권을 고수할 것이다. 나는 내면의 상처를 치유하는 것이 인종차별을 줄이는 열쇠(유일한 것은 아니지만 중요한 것)라고 생각한다. 내가 나의 추방당한 부분에 마음을 열면서, 나는 내 마음을 다른 사람들에게 더 많이 열 수 있게 되었다. 그렇다고 해도 행동을 시작하기 위해 완치될 필요는 없었다. 행동 자체가 치유이다.

참고문헌

Collier, E. (1972). *A study in chaos.* Black World, June, p. 33.

Fenelon, F. (1877). *The spiritual letters of Archbishop Fenelon: Letters to women.* Retrieved from https://play.google.com/store/books/details?id=EUc4AQAAMAAJ&rdid=book-EUc4AQAAMAAJ&rdot=1

King, M. L. (1963). *Strength to love*. New York: Harper & Row.

Lind, M. (1995, June). To have and have not: Notes on the progress of the American class war. *Harper's Magazine, 290*(1741), 35-44.

Longfellow, H. W. (2000). *The complete works of Henry Wadsworth Longfellow*. New York: Literary Classics of the United States.

Schwartz, R. C. (2001). Dealing with racism: To exorcise or embrace inner bigots. *Voices: The Art and Science of Psychotherapy, 37*(3), 55-64.

08
IFS가 트라우마 치료에 제공하는 것

프랭크 앤더슨(Frank G. Anderson), 마사 스위지(Martha Sweezy)

서문

어떤 형태의 치료이든 그 치료에서 사용되는 마음의 모델model of mind은 트라우마에 대한 접근 방식을 결정한다. 내면가족체계IFS 치료에서의 마음의 모델은 고도로 상호작용을 하는 주관적 경험의 규범들norms을 활용해, 정신적 고통을 미연에 방지한다는 공통 목표에 초점을 둔 의제agenda뿐만 아니라 감정들feelings을 가진 내면의 사람 또는 부분들parts과 함께 협력한다. 결과적으로, 트라우마를 치료하기 위한 IFS 접근 방식은 널리 사용되는 국제 외상 스트레스 연구 협회International Society for Traumatic Stress Studies: ISTSS 지침(2011)과 다르다. 지침 내에서 가장 중요한 것은 내담자의 내부 자원들internal resources과 안정성stability을 촉진하고 정서적 압도를 방지하기 위해 단계별phases로 치료를 나누어야 한다는 제안으로부터 나오는 것이다.[1] ISTSS의 단계들은 정서조절과 대인관계 기술을 통해 정서적 그리고 심리적 능력을 개발하는 것으로 시작

1) 저자 주) 프랭크 앤더슨은 리처드 슈워츠와 함께 자기 리더십 센터(Center for Self-Leadership)에서 IFS, 트라우마 그리고 신경과학에 대한 주제로 고급 훈련(advanced training)을 시키고 있다.

하고, 외상 기억을 검토하고 재평가하며, 치료에서 얻은 특성들gains을 공고히 하는 것으로 마무리된다. 반면, IFS는 정신적인 부분들psychic parts이 이미 동기가 부여되어 있고 목적이 있는 내부 커뮤니티로 구성되어 있다는 전제premise에서 출발한다. 우리는 이 커뮤니티에 관심과 호기심을 갖는데 그렇게 되면, 그 부분들은 왜 그들이 지속적으로 비이성적이고 파괴적으로 보일 수 있는 그들의 행동이 내담자에게 이익을 준다고 믿는지 설명한다. 일단 우리가 그 부분들에게 동일한 목표를 달성할 수 있는 대안적인 방법을 제공하면(이것이 우리의 제안이다.), 내담자의 부분들은 필연적으로 발생하는 신뢰라는 트라우마 이후의 이슈post-trauma issue of trust[2]에 집중해야 한다.

관계에 있어서 신뢰를 가장 많이 파괴하는 것이 대인관계 트라우마이다. 그것은 자기가치self-worth와 자기통제self-governance에 대해 지속적으로 내적 공격을 시작하면서 외부와의 관계를 단절시킨다. IFS에서 우리는 내담자들이 자신의 부분과 참자기-주도적인 관계를 맺게 함으로써 트라우마의 영향을 무효화하고 원상태로 돌리는 것을 목표로 한다. 참자기-주도적인 관계에서 참자기는 부분들의 지식을 신뢰하고, 그들의 관심사를 듣고, 그들의 경험을 타당화validating하고, 그들의 문제해결 시도를 존중하는 동시에 그들에게 새로운 해결책, 과거의 트라우마(나는 혼자이며 사랑받을 수 없다.)를 해소할 기회를 제공하고 현재에 참자기로부터 사랑받게 한다.

앞에서 설명한 것처럼 이러한 방식으로 IFS에서는 미리 정해진 단계를 따르기보다는 압박을 느끼거나 통제된다고 느낄 때 더 증상을 드러내고 불안정해지는 경향이 있는 트라우마 내담자들을 안정시키기 위해 내적 및 외적인 관계에 의존한다.

---

2) 역자 주) 외상 후 성장(post-traumatic growth)을 의미한다. 외상 후 성장은 인간이 심각한 외상을 경험한 후에 적응하는 과정에서 경험하게 되는 긍정적인 변화를 의미한다.

개요

이 장에서는 IFS가 트라우마 치유 작업을 가속화하기 위해 사용하는 몇 가지 관계 원칙을 설명한다. 여기에는 내담자의 부분들과 참자기 간의 관계를 가장 우선순위로 지정(Schwartz, 2013)하고, 모든 부분을 환영하고 그들의 선한 의도를 보며, 참자기로부터 부분들이 분리되도록 돕고(분리하기unblend), 추방자에게 접근하기 전에 보호자 부분으로부터 허락을 받는 작업 등이 포함된다. 또한 우리는 IFS 치료사를 위한 세 가지 기본 지침을 제시하는데, 여기에는 양극화 상태에서 편들기를 피하는 방법, 내담자와 작업하는 동안 치료사의 부분이 뒤로 물러나도록 돕는 방법, 치료 과정에 지장을 줄 수 있는 치료사의 상처 입은 부분을 치유하는 방법 등이 포함된다. 경험상, 이러한 치료 요소를 성공적으로 수행하지 못할 경우, 내담자의 상처 부위에 접근하는 것이 어렵고, 특히 심각한 외상의 경우에 치료가 쉽게 좌절되고 엉뚱한 곳으로 갈 수 있다.

치료적 관계

IFS에서 일차적인 치료적 관계는 부분들과 참자기 사이의 내적 관계이다(Schwartz, 2013). 내담자가 자신의 참자기에 접근할 수 없을 때, 내담자-치료사 체계에서 치료사의 존재는 참자기-에너지의 원천source이 되는데, 이는 해리장애dissociative disorders일 경우 몇 달 또는 몇 년이 될 수도 있다. 여기 심각한 트라우마 이력이 있는 내담자와 함께 인내심을 가지고 끈기 있게 참자기에 접근하는 하나의 예를 제시한다.

해리성 정체성 장애dissociative identity disorder: DID 진단을 받은 닉Nick은 부모가 가업을 운영하느라 바빴기 때문에 누나들이 닉을 돌보면서 신체적 · 성적 학대를 한 트라우마 역사가 있었다. 누나들과 함께 있는 것을 피하기 위해 닉은 집 밖에서 많은 시간을 보냈고, 이로 인해 그는 테니스 코치에게도 성추행을 경험했다. 닉은 이러한 정신적 충격으로 많은 추방자가 있었지만, 우리는 추방자들의 소리를 직접 들은 적은 거의 없었으며, 대부분은 최전방에 있는 보호자들과의 접촉이었다. 어느 날 나는 그에게 이렇게 말했다. “부분이 아닌 닉을 만날 수 있을까요?”

“뭐라고요?” 그가 놀란 얼굴로 말했다.

“정말로요.” 내가 말했다.

“나는 부분이 아닌 닉이 거기에 있다는 것을 알고 있고, 우리가 닉을 알아가기를 원해요.”

처음에는 누나가 벽장에 가둬 놓거나 만질 때 자신을 지켜준 닉, 코치로부터 성추행을 당해도 살아남은 닉, 그리고 지금 하루하루 삶을 살아가고 있는 닉 등을 포함한 몇몇 부분들이 닉이라며 앞으로 나섰다. 몇 달 후 그가 “제 부분들은 당신을 정말 좋아해요. 만약 우리가 부분이 아닌 닉이 나타나도록 허용한다면, 몇몇 어린 부분들은 당신과 그들의 연결을 잃어버리게 될까 봐 걱정하고 있어요.”라고 보고했을 때, 나는 여전히 그의 부분들과 이야기하며 분리 작업을 하고 있었다.

“아!” 내가 말했다.

“말이 되네요. 그러나 이것은 둘 중 어느 것도 또는 선택사항이 아니며, 그들이 우리가 부분이 아닌 닉을 만날 수 있게 해 줘도 여전히 나와의 관계를 가질 수 있다고 알려 주세요.”

“좋아요. 우리는 두렵지만 해 볼게요.”라고 한 부분이 대답했다. 몇 분간 내면을 지켜본 후, 이 부분은 “와! 우리가 그 닉과 연결하면 상황들이 정말로 어떻게 달라질 수 있는지 알겠네요.”라고 소리쳤다.

“그리고 그가 당신을 기다리고 있어요.” 내가 말했다.

닉처럼 심각한 외상 후의 경우에 보호자 부분은 기꺼이 뒤로 물러나 참자기에게 접근하기 전에 먼저 치료 관계에서 안전함을 느낄 필요가 있다. 그렇게 될 때까지 치료사는 내담자 체계의 참자기Self of the system 역할을 한다. ‘참자기’가 드러나는 것은 닉에게 그랬던 것처럼 극적일 수도 있고, 부분들이 내담자의 참자기를 경험하고 신뢰감을 느낄 수 있는 기회를 가지면서 '차근차근 자연스럽게 배턴baton을 넘기는 것'(Schwartz, 개인적 대화, 2014)일 수도 있다.

모든 부분을 환영하고 허락받기

가장 효과적인 외상 치료법은 내담자들이 그들의 외상을 다시 경험하거나 그들의 외상 '속에 있는being in' 것보다 '함께be with' 있도록 도와주는 것이다. 트라우마를 재현reenactment하는 것은 치료적이 아니기 때문에, IFS를 포함하여 많은 경험적 치료에서(해리가 되기보다는) 트라우마의 강렬한 정서로부터 마음챙김하여 분리하도록 하는 능력은 초기 단계에서 중요하다. IFS에서 우리는 내담자가 열린 마음으로 호기심을 갖도록 도와줌으로써 목표 부분target part, 즉 내담자가 집중하기로 선택한 부분과 관계를 맺도록 할 수 있다. 이것이 작동하지 않을 때, 우리는 직접 접근direct access을 사용할 수 있는데, 이것은 우리가 나중에 설명하듯이, 우리가 부분과 직접 대화함으로써 분리되려고 하지 않는 부분을 더 가까이 오도록 초대하는 과정이다. 우리의 경험상, 이것은 특히 극단적인 보호자를 다룰 때, 상처 입은 부분과의 연결 과정을 촉진시킬 수 있다.

내담자의 정서의 강도 또는 해리의 정도가 참자기를 위한 공간을 거의 남겨두지 않을 수 있으므로, 특히 초기에 직접 접근에 대한 숙련도proficiency는 외상 치료에 필수적이다. 일단 극단적인 보호자들이 더 안전하다고 느끼고 내담자의 참자기가 내면으로 들어가기in-sight[3)]를 통해 회기에 책임을 갖게 되면 회기가 더 빨리 진행된다. 우리가 직접 접근을 사용하든 내면으로 들어가기라는 열

3) 저자 주) 저자는 이 용어에 대해 용어사전을 보라고 하였다. 그래서 역자가 용어사전에 설명되어 있는 내면으로 들어가기(in-sight)에 대한 설명을 옮겨 왔다. '내면으로 들어가기'는 부분들을 이해하기 위하여 성숙한 어른을 활용한 일차적인 접근법. 내면으로 들어가기는 내담자가 부분들을 인식하고(흔히 시각적, 운동감각적 또는 청각적 경험의 도움을 받음) 그들과 직접 의사소통할 수 있는 충분한 자기 에너지를 가질 것을 요구한다. 내면으로 들어가기가 보호자들에 의해 차단되면 직접 접근을 사용할 수 있다.

린 호기심을 활용하든, 우리는 항상 목표 부분을 추적하기tracking 전에 내담자의 부분들로부터 허락을 구한다. ~해도 괜찮다고 하나요? ~하는 것을 허락하지 않는 부분이 있나요? 내Frank가 내담자의 정신적 외상과 관련된 고통스러운 감정에 접근하기 전에 허락을 구하는 것을 잊어버려서 치료가 잠깐 꼬였던 예를 들고자 한다.

피터Peter는 마흔한 살 때 결혼생활의 어려움 때문에 나에게 왔고, 논쟁 끝에 이혼으로 끝이 났다. 우리는 다음 몇 년 동안 그의 아이들이 학교에서 어려움을 겪을 때 그가 아이들을 통제하려고 하고 폭언을 했기 때문에, 이러한 그의 행동에 대해 작업했다. 그의 아동기는 비판적인 어머니와 어릴 때 가족을 버렸던 아버지 때문에 힘들었다는 것을 알았지만, 그는 그 당시를 자세하게 혹은 어떤 감정을 가지고 말하는 경우는 거의 없었다.

어린 시절에도 불구하고 매우 지적인 부분 덕분에 피터는 대학에서 잘했고, 사업을 성공적으로 발전시켰으며, 가족을 잘 먹여 살릴 수 있었다. 그의 지적인 부분은 성인 생활 동안 그의 삶을 주도하였고, 이 부분은 약간의 감정적인 부분도 싫어하였다. 회기 중에 감정이 언급되면 지적인 부분이 즉시 감정을 '이해understand'하기 위해 뛰어들었다. 요청하면 한 발짝 물러설 용의가 있는 부분이기는 했지만, 감정이 솟구치면 또 방해하였다. 말할 필요도 없이, 우리 작업의 속도는 느렸고 나의 어떤 부분들은 좌절되었다.

그 부분이 항상 기꺼이 한 발짝 물러나 주었기 때문에, 나는 보통 분리하기를 거부하는 부분들을 위해 시도하는 직접 접근의 필요성을 느끼지 못했다. 하지만 강한 감정을 가진 부분들에게 접근하기 위해 지적인 부분에게 실제로 허락을 요청한 적이 그간 없다는 것을 깨달았을 때, 나는 사과해야 한다고 느꼈다. 그래서 나는 피터에게 말했다. "저는 당신의 가장 중요한 보호자들 중 하나인 이해하는 부분에게 허락받지 않고 당신이 경험한 것에 접근하려고 했다는 것을 깨닫게 되었어요. 제가 그 부분과 직접 이야기를 해도 괜찮은가요?"

"항상 그와 얘기하지 않나요? 그가 저라고 생각해요."

"저는 그가 당신이라고는 생각하지 않아요. 비록 그는 당신의 중요한 부분이기는 하지만."

"뭐, 안 될 것 없죠." 피터는 어깨를 으쓱했다.

"당신, 거기 있나요?" 나는 물었고 그가 고개를 끄덕였다.

"그럼, 당신은 피터를 돕기 위해 피터에게 사물을 이해시키는 부분인가요?" 내가 물었다.

"네." 부분이 대답했다.

"이 일을 한 지 얼마나 됐어요?" 내가 물었다.

"피터가 여섯 살 때부터요."라고 부분이 대답했다.

"그는 혼자 있는 경우가 많았기 때문에 그가 일을 해결할 수 있도록 도와줄 누군가가 필요했어요. 제가 돕지 않았다면 모든 것이 무너졌을 거예요."

"어떻게요?" 내가 물었다.

"그는 어머니가 왜 자신에게 그렇게 못되게 굴었는지 이해하지 못했어요. 어머니는 항상 화난 것처럼 보였어요. 그리고……."

그 부분은 망설이면서 새로운 정보를 공개했다.

"영원히 집을 떠나기 직전에 아버지는 달려들어 기절할 때까지 그의 목을 졸랐어요."

"아, 너무 무서웠겠군요." 내가 말했다.

"네, 피터는 어린아이였어요. 혼란스러웠어요. 그는 이해할 수 없었죠."라고 부분이 대답했다.

"그래서 당신이 그를 도왔나요?" 나는 부드럽게 물었다.

"제가 제 일에 실패했을 때, 자살 부분이 나타나요."라고 그 부분은 아래를 내려다보면서 말했다.

나는 지적인 부분의 보호 역할에 대해 듣자 연민의 감정이 올라와, 그 부분이 무엇을 하고 있었는지를 이해하는 데 시간을 들이지 못한 것에 대해 사과했다.

"당신이 허락하면, 나는 피터가 여섯 살 된 아이를 치유하는 것을 도와줄 수 있어요. 그러면 당신과 자살 부분이 그렇게 열심히 일하지 않아도 될 거예요."

라고 말을 이었다.

부드러워진 부분은 대답했다.

"당신의 아이디어가 마음에 듭니다. 그렇게 하는 것이 우리 두 사람 모두에게 큰 안도감을 줄 것 같아요."

보는 바와 같이, 피터의 지적인 부분은 내가 그 부분이 무엇을 하는지 이해할 때까지 긴장을 풀 수가 없었다. 나의 조급함과 좌절은 내가 참자기 상태로 있지 않았다는 신호였다. 그의 보호자에게 감정에 대해 말하는 것을 허락해 달라고 부탁한 후에야 나는 지적인 부분의 긴장을 풀 수 있었다. 우리가 설명한 치료 과정의 모든 단계에서 부분의 허락을 요청하는 것은 아무리 강조해도 지나치지 않다. 일반적으로 관계에서 허락을 구하는 것은 존경의 필수적인 태도이다. 만약 피터의 보호자가 이 시점에서 "아니야no."라고 말했다면, 나는 피터의 결정을 존중했을 것이고, 계속해서 그 보호자의 역할에 대해 궁금했을 것이다. 트라우마 치료에서 보호자의 허락을 구하고 보호자가 거절no하는 것을 받아들인다는 것은 내담자의 내면 체계가 힘과 통제력을 갖게 해 주는 것인데, 이는 보호적인 부분들이 달성하려고 노력해 온 것이다. 그러나 내가 참자기-에너지로 전환되면서 보호자의 허락을 구하자, 그의 보호자는 보호하고 있던 감정에 접근할 수 있을 만큼 충분히 이해되고 안전하다고 느끼게 되었다.

편을 들지 않는 기술

우리의 경험으로 볼 때, 부분들은 사람만큼이나 비슷하면서 다르다. 내담자의 내면 체계 부분은 안전, 생존, 소속과 같은 목표를 공유하지만, 그러한 목표를 추구하는 동안 자주 충돌한다. 우리는 이러한 대립적인 부분들이 짝을 이루는 것을 **양극화**polarities라고 부른다. 만약 치료사가 내담자의 부분들이 양극화될 때 편을 든다면, 한쪽이 지지를 받고 다른 한쪽이 공격당하거나 무시당한다고 느끼게 되어, 그는 중요한 보호자를 소외시킬 수 있고 내담자의 내부 극성은 더 심해질 것이다. 다음은 양극성에 반응하여 편을 드는 대신 참자기-주도적 상태를 유지하는 예를 보여 준다.

섭식장애 전문의는 서른 살 여성 안젤라Angela가 치료를 받은 지 3년 만에 더 이상 진도가 나지 않아 나Frank에게 의뢰했다. 한 달 후, 안젤라가 내 사무실로 와서 말했다.

"잠깐 일어나서 질문해도 괜찮을까요?"

"물론이죠." 나는 대답했다.

"저는 당신이 저에게 온전히 정직해 주셨으면 해요." 그녀는 말했다.

"좋습니다." 내가 말했다.

그녀는 일어서서 나를 똑바로 쳐다보며 말했다.

"제가 이렇게 똑바로 제 자신을 바라보면, 저는 완전히 정상으로 보입니다. 그렇죠? 너무 살쪄 보이지도 또는 말라 보이지도 않고 슬퍼 보이지도 않아요. 아무 문제없는 것처럼 보여요. 하지만 제 자신을 이렇게 곁눈질로 보고, 가게 창문으로 비친 제 모습을 보면, 저는 그 사람을 알아보지 못해요. 그녀는 무겁고, 투박하고, 완전히 우울해 보여요. 제 질문은 이거예요. 당신은 제가 평범한 사람이지 뚱뚱한 사람이 아니라고 생각하지요?"

정말 진지하게, 그녀는 내 대답을 기다렸다.

IFS에서 우리는 믿음, 느낌 또는 육체적 감각을 부분의 증거로 보고 내담자의 내적 경험으로 가는 시작점entry point으로 본다. 내면 체계의 관계가 복잡한 것에 주의를 기울이면서, 작업을 진행하기 전에 해당 부분에 대한 정보를 얻을 수 있도록 허락을 요청한다. 안젤라가 자기 두 부분 사이의 양극화된 관계를 보여 주고 있었다. 이런 부분들을 나에게 소개한다거나 나에게 질문을 던지는 것이 아니라, 그녀는 나에게 한 부분과 다른 부분 중 하나를 선택하라고 지시했다. 우리의 목표는 양쪽 모두의 이야기를 듣고 어느 쪽도 소외감을 느끼지 않도록 하는 것이므로 나는 대답했다. "저는 완전히 정상적이라고 느끼는 한 부분과 둔감하고 우울하다고 느끼는 다른 부분 중 하나를 선택하라는 요청을 받고 있는 것으로 들립니다. 하지만 저는 두 부분 모두 알고 싶네요."

안젤라는 얼굴 표정이 부드러워졌고 “좋은 대답이군요. 우리는 잘 지낼 수 있을 것 같아요.”라고 대답했다.

우리가 그 후 몇 달 동안 계속 치료하면서, 나는 열린 마음으로 호기심이 가득했고, 안젤라는 부분들을 발견하기 시작했다. 예를 들어, 완전히 정상이라고 느낀 부분은 사실 안젤라가 어린 시절의 나쁜 경험을 의식하지 못하도록 하기 위해 24시간 일하고 있었다. “만약 우리가 어린 소녀였을 때 우리에게 일어났던 일을 정말로 인정한다면, 저는 곧 자살할 겁니다.”라고 그 부분은 말했다.

“제가 이해하고 있는지 확인하고 싶어요.” 나는 말했다. “이 부분은 상처를 입은 부분들이 그들이 느끼고 있던 것을 공유한다면 당신은 죽어야만 한다고 느끼나요?”

“다친 부분은 너무 많은 고통을 안고 있어요.” 그녀는 대답했다.

“충분히 이해합니다.” 나는 말했다.

“당신의 내면 체계가 준비될 때, 우리는 너무나 많은 고통을 안고 있는 부분들을 안전하게 도울 수 있어요.”

내가 안젤라의 추방자들이 그녀를 압도하는 것을 멈추도록 도와주면서, 완전히 정상이라고 느낀 부분은 안젤라의 참자기를 알고 신뢰하게 되었고, 그녀가 숨어서 좀 더 극단적으로 보호하는 양극성과 관련된 부분들을 만나게 해주었다. 아동 포르노 조직에 속해 있던 베이비 시터에게 매춘을 한 후 생겨난 막대 사탕을 마구 먹어 대는 단 것을 좋아하는 부분과, 음식의 모양과 냄새가 위험과 고통을 떠올리므로 전혀 먹지 않으려고 하는 부분이 그것이었다. 또한 안젤라가 입원했을 당시 그녀의 섭식장애 부분들이 폭식하기bingeing와 굶기starving를 하지 못했기 때문에 자살 부분이 나타났었다는 것을 알게 되었다.

우리는 양극화된 보호자들이 실제의 문제(근본적인 상처)로부터 주의를 분산해 준다고 확신하고 있다. 그 문제는 내담자의 참자기가 치유할 수 있어서, 우리는 내면의 양극성을 해결하려고 노력하지 않는다. 대신, 우리는 내담자의 부분들과 참자기 간의 관계를 발전시키는 데 초점을 맞춘다.

분리하기 및 압도하지 않기

안젤라의 사례에서 보듯이, 내담자들은 충격적인 기억과 부정적인 감정들의 불안정한 영향에 대해 치료사들만큼이나 놀라움을 느낀다. 트라우마를 경험한 개인의 정서적 압도는 일반적으로 추방자가 섞이면서 기능적 붕괴functional collapse가 일어난 데서 비롯되며, 이 다음에 반응적인 보호자들이 추방자의 정서적 고통을 분산시키고 억제하기 위해 증상들을 일으키게 된다. 이러한 결과를 피하기 위해, ISTSS 지침에서는 치료법을 단계별로 나누는 것을 제안하는데, 먼저 감정조절 기술부터 시작하여 내담자가 안정되면 외상 처리로 넘어간다. IFS 관점에서 보면, 기술 훈련을 통해 감정을 견딜 수 있는 역량을 증가시키는 것은, 기본적으로 관리자 부분에게 새롭고 덜 파괴적인 방법으로 외상 부분의 강력한 부정적인 감정으로부터 주의를 분산시키는 것을 가르치는 것이다.

정서적 압도에 대한 IFS 접근 방식은 다르다. 우리가 다양한 정신들psychic multiplicity과 작업을 할 때, 우리는 관계를 형성하는 데 초점을 맞춘다. 부분들과 참자기와의 관계를 구축하기 위해 먼저 보호자에게 떨어져 나올 것을 요청한다. 종종 보호자들은 추방자의 감정이 격렬해지는 것을 두려워하기 때문에 떨어져 나오려고 하지 않는다. 이 문제에 대처하기 위해 우리는 내담자를 압도하는 것을 막고자 추방자와 직접 협상한다. 분리하는 것과 압도적이지 않게 하는 것은 종종 함께 밀접하게 연관되어 있지만 같은 현상은 아니다. 더 많은 공간(분리)을 만들어 달라고 요청하는 것과 더 적은 비율의 감정을 공유하라고 요청하는 것(압도적이지 않게 함)은 다르다. 부분들은 두 가지 방식이 모두 가능하다.

우리는 보호자에게 서로를 관리하거나 더 나은 기능을 하도록 요청하는 것에는 관심이 없다. 이는 추방된 부분이 치유되면 자연스럽게 일어날 것이다. 또한 우리는 추방자의 강렬한 감정을 통제하는 보호자가 필요하지 않다. 대신 우리는 보호자들에게 앞으로 나서게 하여 그들에게 상처입은 부분에 접근할 수 있도록 허락해 달라고 요청한다. 그리고 보호자들이 두려워하는 것(종종 정서적 압도)에 대해 직접적으로 표현하게 하면서 우리가 그 두려움을 다룰 수 있다고 확신시킨다. 한편, 추방된 부분에게 수위를 조절하도록 상기시켜 주는 것이 필요할 수는 있지만, 이 능력이 선천적이기 때문에 그 방법을 가르칠 필요는 없다. 그럼에도 불구하고, 강렬하게 주의를 끌려고 하는 추방자들은 멈추고 싶어 하지 않을 수 있다. 물러나게 되면 다시 지하실로 끌려 들어가게 된다(체계에서 추방당한다.)는 것을 그간 경험으로 익혀 왔기에 표현의 강도를 높여야 귀에 들리게 된다고 믿기 때문이다. 분리함으로써 그리고 정서적 강도를 줄임으로써 그들이 갈망하는 연결connection을 얻을 수 있다는 제안proposition은 그들에게 역설적으로 보이는 정말 새로운 제안이다.

여기 정서적 압도에 대한 IFS의 가르침에 어려움을 겪고 있던 치료사를 슈퍼비전한 예가 있다. IFS를 배우기 전에, 나오미Naomi는 회기의 내용과 속도를 감독overseeing함으로써 외상을 입은 내담자가 정서적 대상부전decompensate[4)]을 겪지 않도록 배웠으며, 1단계 안정화 작업에 대한 그녀의 집착attachment은 참 자기-주도적으로 내담자와 친밀한 관계를 경험하는 데 방해가 되었다.

"제가 이 모델을 할 수 있을지 잘 모르겠어요."라고 그녀는 나Martha에게 말했다.

"다른 사람에게는 효과적인 방식이 저에게는 효과가 없는 것 같습니다."

"예를 들어 주시겠어요?"

"좋아요. 누더기를 입은 어린 부분을 가진 내담자가 있어요. 그녀는 거리를 떠돌아다니는 어린 부랑아처럼 생겼어요. 그녀는 계속 울면서 팔을 내밀고 있어요."

"그리고 당신의 내담자는 어떻게 반응합니까?"

"그녀는 무엇을 해야 할지 모릅니다."

---

4) 역자 주) 심장의 대사기능이 상실되는 질환. 심장에 부담을 많이 주는 질환에 걸리면 심장은 비대확장되어 온몸의 순환을 유지하지만 부담이 과중하거나 계속되면 심장은 그 부담을 견디지 못해 적당한 순환을 유지할 수 없게 되고 호흡곤란, 정맥 내 혈액 울체, 치아노제, 부종 등의 증상이 나타난다. 따라서 심장은 급격히 확대되는데, 이런 상태를 심장의 대상부전이라고 한다(출처: 과학백과사전). 그러나 여기서는 심장의 대상부전보다는 정서적 대상부전으로 해석하는 것이 더 적합해 보인다.

"당신은요?"

"저는 테사Tessa에게 어린 소녀한테 기다려 달라고 요청하라고 코치해요."

"언제까지요?"

"테사가 안정될 때까지요."

"그리고 어떻게 되는 거죠?"

"그건 잘되지 않아요. 그 어린 소녀는 계속 울면서 팔을 내밀고 있어요."

"그러고는 어떻게 되나요?"

"테사는 좌절하고 일반 치료regular therapy로 돌아가고 싶다고 말해요."

"그다음 어떤 일이 일어나죠?"

"그렇게 해요."

"당신의 기분은 어떤가요?"

"이 모델에 감이 잡히지 않는데, 제가 이 모든 시간과 에너지를 투자해야 하는지 의문이에요."

"당신의 부분들을 한번 체크해 볼까요?" 나는 물었다. 나오미는 고개를 끄덕였다.

"어린 소녀가 기다리기를 원하는 부분부터 시작할 수 있을까요?"

"하지만 저는 우리가 추방자들에게 기다리라고 해야 한다고 생각했어요. 어린 소녀는 추방자예요. 그렇지 않나요?"

"그럴 수 있죠."라고 내가 말했다.

"그리고 만약 어린 소녀가 추방자라면, 그녀의 보호자들은 그녀가 그렇게 압도하는 것을 멈추어야 어린 소녀가 테사와 함께 있게 해 줄 거예요."

"그래서 제가 어떻게 하지요?"

"보호자들의 허락을 받고 나서 그 어린 소녀에게 강도를 낮춰 달라고 요청하세요. 그리고 일단 그렇게 되면 테사의 참자기가 어린 소녀를 도울 수 있어요."

나오미는 고개를 가로저었다.

"그 생각을 받아들이지 못하겠어요. 먼저 추방자에게 관심을 기울이는 것은 위험해 보여요."

"당신의 염려하는 부분의 이야기를 좀 더 들을 수 있을까요?"

"그게 저예요." 나오미가 단호하게 말했다.

"조심하는 게 적절하다고 생각해요. 테사는 큰 트라우마 역사가 있거든요."

"좋습니다. 하지만 몇 분 동안만이라도 당신의 조심스러움caution을 한 부분으로 간주하여 무슨 일이 벌어지는지 볼 수 있을까요?" 내가 물었다.

"좋아요. 그러고 나니 저의 조심스러운 부분이 현명하다고 느껴져요."

"그 부분은 어떻게 반응하나요?"

"그렇게 생각해 주어서 기쁘대요."

"그러니까 당신에게는 조심스러운 부분도 있고 그 조심스러운 것에 동의하는 부분도 있네요. 그 부분들에 대해 어떻게 느끼나요?"

"동의해요."

"그들에 대해 어떻게 느끼나요?"

"동의하는 것 같아요."

"질문 하나 해도 될까요?" 내가 말했다. 나오미는 고개를 끄덕였다.

"조심스러운 부분이 자신에게with itself 동의하고 있나요?"

그녀는 바닥을 내려다보았다. 잠시 후 그녀는 다시 고개를 들고 말했다.

"그런 것 같아요."

"당신을 위한 공간을 만들어 줄 의향이 있나요?"

"그 부분은 제가 책임감이 있어야 한다는 것을 알기를 원해요."라고 나오미가 말했다.

"테사는 그녀의 삶에서 너무 많은 슬픔을 가졌고, 다시 큰 문제를 일으켜 그녀의 짐을 가중시켜서는 안 된다고 말하고 있어요. 그녀는 결국 다시 병원에 입원하게 될 거예요."

"당신은 그 말이 이해가 됩니까?" 내가 물었다.

"네."

"조심스러워하는 부분은 당신이 누구라고 생각하나요?"

"너무 많이 개입하고, 너무 빨리 가서, 위험한 실수를 할 수 있는 치료사라고 생각해요."

"과잉 개입하는 부분이 그렇게 개입하는 것을 멈춘다면 무슨 일이 일어날까 걱정하나요?"

"무력감을 느낄 거예요."

"이 두 부분이 무력감을 느끼는 부분을 도와주길 바라나요?"

나오미는 똑바로 앉아서 소리쳤다.

"알겠어요! 이게 어디서 온 건지 알겠어요. 물론 이 무력한 부분은 나의 추방자예요."

"다른 두 부분이 그 부분을 도울 수 있도록 당신을 믿어 줄까요?" 내가 물었다.

나오미는 잠시 눈을 감은 뒤 다시 눈을 떴다.

"조심스러운 부분은 지금 제가 이 문제를 다루는 것을 허락했어요. 그리고 저는 과잉 개입하는 부분에게 그렇게 열심히 노력해 줘서 고맙다고 말했어요."

"그리고 나중에 시간이 날 때 무력감을 느끼는 부분을 좀 돌봐줄 수 있으세요?" 내가 물었다.

"이제 그녀를 알게 되었으니, 저는 반드시 무력감을 느끼는 부분을 도울 거예요." 나오미가 말했다.

우리가 보는 바와 같이, 나오미에게는 특정 내담자들로부터 무력감을 느끼는 부분이 있었다. 이에 대응하여 그녀의 보호자들은 양극화되었고, 한 부분은 너무 많이 개입하고 다른 한 부분은 그녀의 내담자와 치료 회기의 내용을 통제함으로써 과잉 개입의 균형을 맞추려고 했다. 나는 그녀가 통제적인 부분과 섞였을 때 테사의 어린 소녀 부분을 기다리게 하려는 그녀의 노력이 역효과를 냈다는 것을 듣고 놀라지 않았다. 추방자들이 자신들을 원하지 않는다는 메시지를 받으면, 그들은 더 강하게 다가오거나 그들의 두려움이 확인되었다고 느끼고 숨어 버리는 경향이 있다. 그리고 보호자들은 자신들을 원하지 않는다는 메시지를 받으면, 그들은 반항하고 치료사와 양극화되기 쉽다. 나오미가 자신의 부분을 분리하고 나자 나오미는 테사의 보호자들이 어린 소녀 부분이 압도하는 것을 멈출 때까지 계속 경계할 것이라는 것을 이해했다. 추방자들이 그렇게 하기 위해서는 지지해 주고 안심시켜 주며 연습이 필요한 경우가 많지만, 그들은 관심을 받는 대가로 마음을 가라앉히고 기다릴 수 있는 능력이 있다. 추방자들이 압도하는 행동을 멈추고 보호자가 분리되도록 돕는 방법을 우리가 알고 있다면, 치료 과정은 반드시 정해진 순서에 따라가기보다는 어느 정도 융통성 있게 진행될 수 있다.

압력을 받는 치료사 부분들

나오미에게서 보듯이, 모든 사람의 경험은 독특하지만, 치료사의 내면 체계는 내담자의 내면 체계와 동일하다. 우리에게는 보호자들이 있고, 추방된 부분들이 있고, 부분들이 섞여 있으면 참자기에 접근할 수 없다. 슈워츠가 말한 바와 같이, 내면 체계는 패턴화된 방식으로 기능하며 특정 규칙을 준수한다(개인적 대화, 2012). 과도하게 경계하거나 공격적이거나 비판하는 부분이 트라우마를 입은 내담자를 주도하게 되면, 우리의 보호자들은 그것에 반응할 것이다. 다음은 치료사가 내담자로부터 위협을 느낄 때 자신의 보호자를 진정시키고 분리시키는 예이다.

윌Will은 걸프전에서 1992년에 복귀한 마흔다섯 살의 남성으로 1990년대 초 두 차례 현역 복무했다. 그의 아버지와 할아버지는 각각 베트남 전쟁과 제2차 세계대전에 참전했다. 가족은 군 복무를 자랑스럽게 여겼지만, 윌에게는 극도로 부정적인 영향을 미친 쿠웨이트와 이라크에서의 경험이 갈등의 원인이었다. 그가 나Frank를 찾아왔을 때, 그는 이혼했고 의미 있는 친밀한 관계를 유지하기 위해 고군분투했다. 그는 상습적으로 대마초를 피웠고, 그의 표현에 의하면 고집 있는quite strong-willed 다섯 살 된 딸과 오래 시간을 보낼 때면 자주 화를 내고 반응적reactive이 되었다. 게다가 그는 다른 사람들에게 미치는 영향에 대해 극도로 민감했고, 화를 냈다는 이유로 자신을 호되게 비난했다.

"저는 쓸모없는 쓰레기예요."라고 그는 치료 첫 몇 달 동안 반복해서 말했다.

"저는 삶을 감당할 수 없어요. 자꾸 실수를 해요. 저는 제가 싫고, 아버지는 제가 쓸모없는 패배자라고 생각하세요."

우리가 이 비판적인 부분에 초점을 맞추었을 때, 이 부분은 윌이 '올바른 일을 하고 좀 더 군인답게 되어서' 윌의 아버지가 그를 자랑스럽게 여기도록 했다고 말했으며, 그 부분은 분리되는 것을 거의 원하지 않았다고 했다. 한 회기를 하는 동안 그는 특별히 기분이 좋지 않았는데, 그는 끔찍한 주말을 보냈다고 했지만 더 이상 말하고 싶어 하지 않았다. 나는 끊임없이 자기비난을 하며 담쌓기를 하는 윌의 보호자들에게 소진되고 패배감을 느끼는 부분이 내게 있다는 것을 알 수 있었다.

"당신이 준비되면 제게 말해 줄 거라고 믿어요."라고 내가 제안했다.

한 박자도 놓치지 않고 윌은 자리에서 몸을 앞으로 움직이며 소리쳤다.

"전 당신의 그 빌어먹을 침착함이 지긋지긋해요! 당신은 높은 지위에 있고 힘도 있죠. 당신은 부자고, 친구들이 있지요. 그리고 가족이 있고요. 당신은 휴가도 떠나지요. 당신은 아무것도 몰라요!"

나는 충격을 받아 아무 말도 할 수 없이 얼어붙었다. 잠시 후, 나는 계속 진행하고 싶어 하는 한 부분과 내 사무실에서 나가!라고 소리치고 싶어 하는 다른 부분이 있음을 알게 되었다. 나는 그를 바라보았다. 그는 나를 바라보았다. 그러자 그의 몸이 부드러워졌고, 그는 뒤로 털썩 주저앉아 작아지더니 조용한 목소리로 "저에게 좋은 말 좀 해 주세요."라고 말했다.

그러나 상반된 감정과 충동에 사로잡혀서 나는 말을 할 수 없었다. 마침내 나는 그때 내가 할 수 있는 최선의 것이 아무것도 없음을 깨달았다. 그래서 나는 말했다.

"미안해요, 윌. 지금은 제가 도움이 될 것 같지 않네요."

그는 패색이 짙은 얼굴로 일어나 뒤로 살며시 문을 닫으며 걸어 나갔다. 다행히도, 그는 다음 주에 돌아올 용기가 있었다. 그는 앉아서 나를 똑바로 쳐다보았다.

"당신이 말을 하지 않았을 때, 저는 끔찍했어요. 제 머릿속은 늘 그랬어요.

난 통제 불능이야! 나는 정말 엿 같아! 하지만 동시에 저는 당신에 대해 계속 생각했어요. 당신은 저를 공격하지도 않았고 변명도 하지 않았어요. 저는 당신의 도움이 필요하다는 것을 마음속 깊이 알고 있기 때문에 돌아왔습니다."

윌의 경험에서 알 수 있듯이, 나의 체계가 윌의 분노에 반응했을 때, 나는 나의 부분들을 대변할speak for 수 없었다. 내가 할 수 있는 최선은 부분으로부터 말하지speak from 않는 것이었다. 비록 이것이 윌에게 도움이 되었지만, 많은 다른 IFS 정신에 충실한 반응들이 있었을 것이다. 만약 내가 안전하다고 느꼈다면, 나는 그의 폭발에 대해 호기심을 가질 수도 있었고, 그가 호기심을 가질 수 있도록 도울 수 있었을 것이고, 또한 내 부분의 반응에 대해서도 말할 수 있었을 것이고, 아니면 그의 화난 부분에 직접 접근을 할 수도 있었을 것이다. 이 회기 이후에 알게 된 바와 같이, 이라크와 쿠웨이트 전쟁을 경험한 이래로 윌의 삶은 윌에게 끊임없이 수치심을 느끼도록 한 비판하는 부분과 그의 분노에 찬 반응 사이의 양극성에 의해 지배되어 왔다. 참자기가 중간에서 양쪽의 고민을 들어 주게 되면서 결국 그는 자신의 사랑을 간절히 원하는 작은 소년을 만날 수 있었다.

변형적 치유

IFS에서 상처를 치유하여 추방된 부분을 변형시키는 과정은 내담자의 부분과 참자기 사이의 관계를 발전시켜 나가는 동안 내담자와 치료사가 신체에서 순간순간 느껴지는 느낌과 감각을 잘 따라가는 것에 기초한다. 치료 과정에서 우리는 어떤 부분도 더 열심히 일하거나 잘해야 한다고 권장하지 않는다. 반면, 치료 과정에서 어려운 것은 고통과 고립에 시달리던 취약한 부분이 드러나지 않도록 그간 지켜왔던 보호자가 참자기를 막아서는 경우이다. 다음은 열심히 일한 두 보호자와 몇 달 동안 협상한 후에 짐을 내려놓은 예이다.

마흔여섯 살인 피파Pippa는 전에는 대학 축구 스타였고 그 후에는 중책을 맡은 사업가이기도 했지만, 실직 상태였고 부모의 지원을 받아 살아가면서 불안에 시달리고 있었다. 그녀는 대학에서 성적인 트라우마의 병력이 있었고, 아주 어릴 때부터 어머니는 피파에게 쌍둥이를 포함한 4명의 동생을 돌보면서 어른아이little grown-up의 역할을 하도록 했다. 그녀는 어머니보다 열다섯 살 연상인 아버지를 양육에는 참여하지 않고 멀리서 방관하면서 학문에 몰두한 학자로 묘사했다.

피파의 가장 활성화된 양극화는 혹독한 비판자harsh critic와 사고하는 부분thinking part 간에 있었다. 사고하는 부분은 피파의 증상적인 행동(집을 떠나는 것에 대한 공포, 공공장소에서 기절하는 것, 취직을 하고 갑자기 직장을 떠나는 것)을 이해하고 고쳐서 비판자를 진정시키기 위해 끊임없이 노력했다.

두말할 필요도 없이, 그녀 자신을 비난하거나 사고하는 것은 피파의 두려움을 진정시키지 못했고, 그녀의 증상은 줄어들지 않고 계속되었다. 나Martha는 그 사고하는 부분과 비판하는 부분에게 떨어져 나와 달라고 요청했다. 그 부분들은 피파가 나이 어린 동생들을 책임지고 있는 어린 소녀라고 믿고 있었기 때문에 떨어져 나와 달라는 요청을 단호하게 거절했다. 그들은 그녀의 안전을 지키기 위해서, 그녀가 어머니에게 이용당하면서 협력했던 그녀의 순응적인 부분들을 믿을 수 없다고 설명했다. 그들은 그녀가 다시 이용당하는 것을 막기로 결정했던 것이다. 나는 그것을 받아들였고 그녀의 체계를 알아가면서 그리고 그녀의 기절하는 부분과 두려워하는 부분(직접 접촉하지 않았기 때문에 우리가 이메일이라고 부르면서)이 피파를 압도하는 것을 멈추기 위해 그들을 초대하여 '희망팔이hope merchant'[5]를 하면서 몇 달을 보냈다(Schwartz, 1995). 또한 나는 그 사고하는 부분 및 비판하는 부분과 직접 접근을 해 나가면서 친숙해지게 되었다. 그러던 어느 날 갑자기 이 두 개의 강력한 보호자가 물러나고 피파는 그녀의 어린 시절 집에 있던 부모 노릇하던parentified 네 살 된 아이를 만났다.

5) 역자 주) IFS에서 치료사가 부분들이 섞이지 않고 분리되어 치료 작업이 보다 원활하게 될 수 있도록 하기 위해, 부분에게 부분이 물러서서 분리되었을 때 보다 전체 체계를 위해 바람직한 일이 될 것이라고 희망을 부여하여 설득하는 작업이다.

“그녀는 다른 누군가를 보호한다고 말하네요.”라고 피파는 보고했다.

“누구를 보호하나요?”

“순수함innocence 부분이 과자 상자 안에 숨어서 잠자고 있어요.” 피파는 말했다.

“그녀에게 무엇이 필요한가요?” 내가 물었다.

“아무도 순수함을 깨울 준비가 되어 있지 않아요.” 피파는 말했다.

“네 살 된 아이를 도와도 괜찮을까요?”

“네.”

“그녀에 대해 어떻게 느끼나요?”

“나는 그녀를 돌봐요.”

“그녀는 당신이 무엇을 알기를 원하나요?”

“제 아버지가 그 아이의 머리카락을 잡고 계단으로 끌고 내려오는 것을 보고 있어요.”

쿵, 쿵, 쿵. 아버지가 그녀가 무책임했다고 말해요. 그때가 바로 순수함이 과자 상자에 들어간 때예요.”

“그녀가 당신에게 이것을 보여 주면서 어떤가요?” 내가 물었다.

“그녀가 내 손을 잡고 있어요.”라고 피파가 보고했다. “그녀는 더 이상 그곳에 혼자 있고 싶어 하지 않아요.”

“그녀에 대해 어떻게 느끼나요?” 나는 물었다.

“사랑해요.”

“그녀에게 알려 주세요.” 내가 말했다.

“네, 제가 그녀를 들어 올렸어요.”라고 피파는 말했다.

“나는 그녀가 준비가 되면 언제든지 떠날 수 있고 과자 상자를 가지고 갈 수 있다고 그녀에게 말하고 있어요.”

긴 침묵이 흘렀다. “무슨 일이 일어나고 있나요?” 나는 마침내 중얼거렸다.

“그녀는 제가 왜 그녀가 머물 수 없는지 어머니에게 설명해 주기를 원했고, 그래서 제가 그렇게 하고 있어요.”라고 피파는 말했다. 잠시 후 그녀는 “우리는 과자 상자를 가지고 떠나고 있어요."라고 말했다.

"그들이 현재로 당신과 함께 있기 위해 오고 있나요?" 내가 물었다.

"네."

"그녀에게 짐이 있는지 물어보세요." 내가 말했다.

"네." 피파가 말했다. "그녀가 배 속 깊이 있던 돌들을 바다에 던지라고 저에게 건네주고 있어요."

"끝나면 알려 주세요." 내가 말했다.

"네." 피파가 말했다. 잠시 후 그녀는 고개를 끄덕였다.

"모두 끝났나요?" 내가 물었다.

"네."

"그리고 그녀가 놓치고 있었지만 자신에게 초대하고 싶은 어떤 것이 있을까요?" 내가 물었다.

"용기와 사랑." 피파는 말했다.

"다른 건 없나요?"

"없어요. 그녀는 행복해요."

"그녀의 보호자들을 확인해 볼 수 있을까요?" 나는 물었다.

"그들이 지금까지의 작업을 지켜보고 있었나요?"

"그들이 안도감을 느끼네요."라고 피파가 말했다.

"그들은 피곤해하면서 조용히 있어요. 그들은 휴식이 필요해요."

"과자 상자는요?"

"쉬고 나서 열게요."

이 회기가 끝날 때 피파는 몸이 보다 가벼워졌고 자유로워졌다고 보고했다. "그녀는 두려웠지만 이제는 그렇지 않다는 것을 알아요." 그녀는 말했다.

이 사례가 보여 주는 것처럼 참자기가 의심이나 판단 없이 추방자의 역사를 목격하고, 그들의 감정과 욕구를 인정하고, 그들의 가치에 대한 모든 부정적인 의견verdict에 도전(암묵적으로 또는 명시적으로)하면서 그들의 안내를 따를 때, 상처받은 부분들은 변형된다.

결론

트라우마는 심한 자기 수치심, 해리dissociation, 중독, 자해, 자살경향성(보호자들)과 외로움, 공허함, 무가치함(추방자들)과 같은 강렬한 감정 상태를 포함하는 많은 충격적인 후유증이 있다. 이러한 후유증은 정신적 충격을 받은 개인의 신체, 감정, 생각 그리고 관계에 영향을 미치며, 이 모든 것은 IFS 치료에서 다루어질 수 있다. 어떤 부분이 나타나든 그 부분과 관계를 형성하는 것으로 시작하여 몸과 감정을 통해 작업해 나가며 트라우마를 입은 부분이 얼어붙은 감정 상태와 무력한 신념으로부터 벗어날 때 끝이 나게 된다. 우리는 트라우마에 의해 변화된 경험을 이러한 치료적 여행을 통해 뇌에서 기억을 암호화하는 시냅스를 풀고, 수정하고, 재구성하면서 외상적 기억을 재공고화reconsolidate한다고 믿는다(Ecker, Ticic, & Hulley, 2012).

이러한 작업을 하면서, 우리는 IFS의 특정 지침들이 외상 작업에 특히 유용하다는 것을 발견한다.

- 모든 부분(충동적이거나, 강박적이거나, 위험할지라도)은 좋은 의도를 가지고 있다고 가정한다.
- 추방자에게 접근을 시도하기 전에 보호자로부터 허락을 구한다.
- 부분이 분리되도록 안내하며, 압도하지 않고 참자기와 관계를 형성할 수 있도록 안내한다.

또한 우리가 내면 체계에 대한 몇 가지 일관성 있는 관찰을 통해 알 수 있는 것은 양극성에 있는 한쪽을 택하면 양극성이 강화되고 반치료적anti-therapeutic이 된다는 것과 우리가 꼭 우리의 내담자들이 하는 것처럼 한다는 것이다. 이는 치료사와 내담자가 항상 평행한 과정parallel process 속에 있다는 것을 의미한다. 우리가 내담자를 압도하는 부분에게 위협을 느낄 때, 우리의 일은 내담자의 부분을 제어하는 것이 아니라 우리 자신의 부분이 느끼는 것을 진정시키고 우리의 참자기로부터 분리하도록 우리의 부분을 돕는 것이다.

다시 살아나거나reliving 해방된다는abreaction[6] 기쁨에 압도당하는 느낌은 트라우마 경험을 한 개인에게 있어 항상 존재하는 위험이다. 이러한 위험을 해결하기 위해 ISTSS 지침에서는 치료를 단계별로 나눌 것을 권고하고 있으며, 첫 번째 단계는 정서적, 심리적 역량을 개발하는 데 초점을 맞춰 내담자가 두 번째 치료 단계에서 안전하게 자신의 이야기를 할 수 있도록 한다. 그러나 우리는 내담자의 열심히 일하는 관리자 팀이 감정적으로 압도되는 취약한 부분과 그 압도에 반응하는 극단적인 부분 모두를 제압하기 위해 더 열심히 노력하라는 요청을 듣는 경향이 있다는 것을 알고 있다. 취약하고 극단적인 부분들은 더 나아가 금지하거나 제한하기 위한 노력으로서 안정화grounding, 고통 인내 기술distress tolerance skills 및 인내의 창window of tolerance 범위 내에 머물기 같은 1단계 전략을 경험한다. 이 모든 노력은 고장난 체계broken system를 강화하고 반발backlash을 부추기기 때문에 IFS는 압도하는 부분에게 참자기로 연결된 느낌의 이점을 경험할 수 있도록 강도를 낮추도록 요청하고, 참자기가 이끌도록 허락함으로써 보호자들이 새로운 다른 것을 시도하도록 하는 대안적인 방식을 취한다.

이 장에서 강조했듯이, 치료 과정은 반드시 보호자들의 협력을 얻어야 한다. 만약 우리가 그들의 허락 없이 조치를 취한다면, 우리는 맹목적으로 항해하게 되고 보복의 위험을 무릅쓰는 것이다. 그들의 허락 없이는 어떠한 진정한 일도 일어날 수 없다. 그러므로 우리는 실패한 전략에 대해 보호자들과 논쟁하지 않는다. 우리는 그들을 환영하고 치료의 속도를 빠르게 하기 위해 신뢰를 쌓는다. 우리는 그들의 영웅성을 높이 평가하고, 그들이 내담자의 삶에서 한때 수행했던 역할의 중요성을 인정하며, 그들의 긍정적인 의도와 부정적인 결과 사이의 불일치에 주목한다. 우리는 그들에게 "당신이 대장이야."라고 말한다(Schwartz, 개인적 대화, 2012). 그러고 나서 우리는 IFS에서 외상 후의 짐들

6) 역자 주) 카타르시스의 일종인 감정 과잉을 없애기 위해 경험을 되살리는 것을 뜻하는 정신분석 용어이다. 때때로 억압된 외상성 사건을 의식하는 방법이다.

은 자기수용과 사랑에 의해 영원히 해방될 수 있다고 믿기 때문에 우리는 모든 부분에게 참자기와 사랑하는 관계라는 대안을 제시한다.

참고문헌

Ecker, B., Ticic, R., & Hulley, L. (2012). *Unlocking the emotional brain, eliminating symptoms at their roots using memory reconsolidation*. New York: Routledge.

International Society for the Study of Trauma and Dissociation. (2011). Guidelines for treating dissociative identity disorder in adults, third revision: Summary version. *Journal of Trauma & Dissociation, 12,* 188-212.

Schwartz, R. (1995). *Internal family systems therapy.* New York: Guilford Press.

Schwartz, R. C. (2013). The therapist-client relationship and the transformative power of self. In M. Sweezy & E. L. Ziskind (Eds.), *Internal family systems therapy: New dimensions* (pp. 1-23). New York: Routledge.

09

확장된 짐 내려놓기

관리자들의 긴장 완화와 창의성 발휘

파멜라 게이브(Pamela Geib)

서문

혼란스러운 내면 작업을 마치고 방으로 돌아온 리사Lisa는 떠날 준비를 할 때 "저는 더 이상 제 자신을 처벌할 필요가 없어요. 저는 나쁘지 않아요."라고 무덤덤하게 나에게 말했다. 우리는 그녀가 이 회기에서 폭식 및 구토와의 수십 년에 걸친 투쟁을 조용한 내면 작업으로 끝냈음을 알 수 있었다. 그녀의 추방자exile와 주된 보호자primary protector는 이제 쉬고 있었다. 놀랍게도 나는 자발적 짐 내려놓기spontaneous unburdening에 관해 배우기 시작했었다.

짐 내려놓기는 IFS 치료 모델에서 치유 과정healing process의 핵심이다. 짐 내려놓기의 목적은 추방된 보호자가 고통스러운 감정들emotions과 기억들뿐만 아니라 이러한 기억들로부터 생겨난 부정적이며 제약을 가하는 믿음들을 떠나보낼 수 있도록 돕는 것이다. 추방자가 극심한 고통을 방출하고 부정적인 믿음들을 제거하면, 그것은 '원래의 활력 넘치는 상태로 변형transformation'될 수 있으며(Schwartz, 2001), 동시에 보호자들이 그들의 극단적인 역할에서 놓여날

〈표 9-1〉 짐 내려놓기

- 치료사는 내담자의 참자기와 보호자들 간의 관계를 원활하게 촉진한다.
- 치료사는 내담자의 참자기와 추방된 부분들 사이의 관계를 원활하게 한다.
- 내담자의 참자기는 추방자의 경험을 목격한다.
- 내담자의 참자기는 필요한 경우 추방자를 데리고 나온다.
- 짐 내려놓기 의식을 한다.
- 새롭고 긍정적인 자질들을 받아들이도록 초대한다.
- 보호자들에게 짐을 내려놓게 하고 덜 극단적인 역할을 선택하거나 역할에서 물러나도록 초대한다.
- 추방자가 그 체계에 다시 통합되도록 초대한다.

Schwartz, R. C. (1995). *Internal Family Systems Therapy*. New York: Guilford에서 발췌

수 있도록 허용한다. IFS 프로토콜은 〈표 9-1〉에 열거된 짐 내려놓기 과정의 단계를 명확하게 설명한다.

비록 그 프로토콜은 간단하지만, 짐 내려놓기의 개념은 파격적이다. 그것은 대부분의 치료에서 불가능하다고 여겨졌던 신속하고도 전면적인 변화를 제공한다. 이러한 파격적인 변화의 특성은 슈워츠가 짐을 내려놓은 추방자들에 관해 묘사한 글에서도 볼 수 있다. "추방자들은 아이가 짐을 벗었을 때 나타나는 생동감, 장난기, 자발성, 창의성, 삶의 환희와 같은 자질들을 내포하고 있다" (Schwartz, 2001, p. 125). 이러한 즐거운 자질들을 발산하는 것은 증상 완화라는 보다 일반적인 임상 목표와는 전혀 다른 것이다. 치료적 변화therapeutic change는 점진적으로 나타나는 것이라고 배운 임상의들은 극적인 변화라는 아이디어idea에 대해 회의적이거나 두려워하는, 또는 신속한 변형에 대한 생각idea of swift transformation을 마법적 사고magical thinking로 보는 부분들을 가지고 있을 수 있다.

잭 엥글러Jack Engler는 "일부 IFS 치료사들조차도 짐 내려놓기가 가능하다고 믿는 데 어려움을 겪고 있다. 그 개념을 받아들이는 사람들 중에는 짐 내려놓

기가 시간이 지나도 유지될지에 대해 논란이 있다."(2013, p. xxii)고 말했다. 많은 IFS 치료사는 극적인 변형dramatic transformation이 가능하다는 것에 고무되지만, 많은 사람은 비현실적인 기대라는 점을 우려하기도 한다. IFS를 가르치고 감독하는 나의 역할에서도 불신감(나는 내담자들을 속이고 싶지 않다.)에서부터 낙담(나는 신비스러운 능력이 없다.), 그리고 무능할 것이라는 두려움(나는 그것을 제대로 하지 못할 것 같아 두렵다.)에 이르기까지 여러 가지 우려하는 말을 들었다.

나는 짐 내려놓기를 위한 표준적인 절차를 전혀 사용하지 않는, 슈퍼바이지supervisees로부터 수년간 낙담하는 말을 들어 왔다. 어떤 사람들은 그 개념을 믿기는 하지만 그 프로토콜을 버리거나 바꾸고 나서, 수치심을 느끼고 그런 선택을 한 자기 자신을 나쁘다고 여긴다. 수치심은 자주 치료사들이 또래집단에 있을 때나 동료들과 함께 있을 때 연습practice에 대해 말하기를 꺼리도록 만들고 이것은 치료사들을 고립되게 만들 수 있다. 이러한 어려움들을 점점 더 많이 인식하게 되면서, 나는 가르치는 역할을 하는 사람으로서 '짐 내려놓기'에 대해 더 많이 논의해 보기를 바란다. 나는 나의 슈퍼바이지를 격려하는데, 이는 그들 자신의 어떤 내면의 수치심에 대해서도 깨어서 그대로 바라보고 그들 자신의 부분part을 돌볼 수 있도록 하며 그들의 내담자들이 어떤 방법으로 하든지 가장 효과적이며 독창적이고 자연스러운 방법으로 짐을 내려놓을 수 있게 도우려는 것이다.

짐 내려놓기 발상에 대한 내담자 반응

치료사들만이 짐 내려놓기에 회의감을 느끼는 것은 아니다. 그것은 내담자 부분에도 마찬가지로 어려울 수 있다. 나는 내담자의 비판적 관리자들이 '당신은 충분히 빨리 성공하지 못하고 있어!'라거나, '당신은 그것을 제대로 할 줄 모르잖아!'라고 말하는 것을 들어 왔다. 또는 그들의 두려운 부분fearful parts은 '하지만 짐 내려놓기 후에 나는 누가 될까?' 하고 궁금해한다. 그리고 그들의 수치심을 느낀 부분shamed parts은 '나는 이것을 할 수 없어!'라고 반대한다.

이 장의 목적은 걱정과 부끄러워하는 부분을 가진 어떤 치료사나 내담자가 짐 내려놓기에 대한 확장된 시각expanded view of unburdening으로부터 이익을 얻을 수 있다는 것을 보여 주는 것이다. 나는 나의 관리자들이 프로토콜에 대해 융통성 없는 관점을 고수했을 때, 내담자들이 가장 최선의 어떤 방법으로 짐을 내려놓기에는 그들의 불안감이 장애가 된다는 것을 경험을 통해 알고 있다. 모든 종류의 짐 내려놓기 방법의 타당성을 인식하는 것은—자발적이든 점진적 변화를 기반으로 구축되었든—내 체계의 참자기-에너지뿐만 아니라 내담자의 참자기-에너지도 신뢰하는 데 도움을 주었다.

짐 내려놓기의 세 경험

여기 나의 내담자들의 내적 역동들inner dynamics로부터 자연스럽게 발전된 짐 내려놓기에 대한 몇 가지 다른 접근 방식들의 예들이 있다. 나는 첫 번째를 '자발적spontaneous 짐 내려놓기'라고 부른다. 왜냐하면 그것은 의식 없이 치료 중에 언제든지 자연스러우며organic[1] 유도되지 않은 사건unguided event으로 나타날 수 있기 때문이다. 두 번째를 '연습으로서의 짐 내려놓기unburdening as practice'라고 부르는데, 새로운 참자기-주도 정체성Self-led identity을 만들고 유지하는 것은 반복을 요구할 수 있기 때문이다. 특히 깊이 내재된 역기능적 패턴들이 한 번의 노력으로 풀리지 않는 내담자의 경우 더욱 그렇다. 세 번째를 '연속적 짐 내려놓기serial unburdening'라고 부르는데, 일련의 짐 내려놓기를 의미한다. 비록 연속적 짐 내려놓기가 특이한 것은 아닐지라도, 이 사례는 나 자신의 억제된 부분constrained parts이 해방 및 비움 과정process of release and clearing에 대한 더 넓은 이해를 갖도록 어떻게 배웠는지 보여 준다.

1) 역자 주) organic은 보통 '유기농의', '유기적인' 등의 뜻. 여기서는 '자연스러운' 또는 '서서히 생기는'의 뜻이다.

수잔의 자발적 짐 내려놓기

IFS 치료 전 첫 회기에서 우리는 트라우마에 초점을 맞추었다. 새로운 연애를 시작한 수잔Susan은 그녀의 파트너가 성관계 중에 그녀가 '멍해지는checked out'[2] 것 같다는 말을 한 후 치료를 받으러 왔다. 그녀는 "저는 할아버지로부터 성적 학대를 받았어요. 이것이 아직도 저에게 영향을 미치고 있는 것은 아닌지 모르겠어요."라고 설명했다.

수잔은 나에게 안정된 애착을 갖게 된 후, 어린아이였을 때 성추행을 당한 경험을 알게 되었다. 일단 어린 소녀로서의 자신에 대해 더 많은 연민을 갖게 되자, 그녀는 그녀가 나빴다는 그녀의 믿음에 의문을 제기했으며, 성관계 동안 점차적으로 두려움을 덜 느끼고 성관계에 머무를 수 있었다. 이것이 치료를 받으려는 그녀의 목적이었기 때문에 우리는 치료treatment가 끝났다는 데에 동의했고, 우리는 그녀의 작업이 완결되지 않았다는 것을 한동안 알지 못했다. 이후에 IFS를 활용한 후속 경험subsequent experience에서 내담자의 참자기 인내가 어떻게 추방자로 하여금 기대하지 않은 방식으로 변형되도록 허용했는지를 보여 주고 있다.

수잔이 돌아오다

10년 후 수잔은 그녀의 파트너가 다른 여자와 함께 떠났기 때문에 나에게 전화를 했다. 그녀는 망연자실했고 초기 트라우마에 대한 기억이 되살아났다. 나는 IFS 접근법에 대해 설명했고, 그녀는 그것을 시도하는 데 동의했다. 우리는 그녀의 체계에 넘쳐 나는 부분들, 즉 슬픔에 잠긴 노파, 비판자, 격분한 소방관 그리고 수잔이 결코 회복할 수 없다고 믿는 절망적인 부분부터 시작했다. 내가 회기에서 참자기-에너지를 유지하자, 수잔의 참자기가 드러나 성적으로 학대받은 소녀에게 다가갈 수 있을 때까지 부분들과의 관계를 발전시켰고, 마

2) 역자 주) 이미 마음이 그곳을 떠나 정신줄을 놓은 상황, 현재 일에 대해서는 더 이상 신경을 안 쓰는 상황을 표현하는 말이다.

침내 그들은 수잔이 성적으로 학대받은 소녀에게 접근할 수 있게 하였다.

"어떻게 하든 그녀가 편안해하는 방식으로 머물도록 그녀를 초대할 수 있나요?"라고 나는 물었다.

긴 침묵이 흘렀다. 수잔은 눈에 띄게 혼란스러워하며 말했다.

"묘사하기 어려워요. 이미지들이 안 보여요. 그녀가 무슨 일이 일어났었는지 안 보여 줘요. 사실, 그녀를 감지할 수 있을지 전혀 모르겠어요."

"지금 그녀에 대해 어떻게 느끼고 있나요?"

"상실감을 느껴요."

"당신은 상실감을 느끼는 부분part who feels lost과 접촉하고 있군요. 그 부분이 당신을 신뢰하나요?"

"부분이 긴장을 풀도록 제가 요청하고 있어요." 수잔이 보고했다.

"지금 당신의 에너지가 달라지는 것을 느끼나요?"

"호기심이 돌아오고 있어요. 항상 그녀에게 느껴 왔던 것처럼 보살펴 주는 느낌이에요."

"그 에너지가 그녀에게 흐르게 하세요."

또 한 번 긴 침묵이 지난 뒤 수잔이 말했다.

"이건 다르네요! 점차 애매한 기분이 들고 있어요. 예전처럼 그녀는 말도 하지 않고 기억들도 보여 주지 않으면서 마치 정신적으로psychically 의사소통하는 같아요. 이상해요."

"괜찮은가요?"

"그녀가 제대로 하고 있지 않다고 말하는 성급한 관리자가 있네요. 그는 그녀가 말하기를 원해요."

"당신은 그에게 뭐라고 말할 건가요?"

"저는 그에게 저를 믿어 달라고 부탁하고 있어요. 그녀가 자기 방식대로 일을 하게 놔두면 결국에는 더 빠를 거예요."

"그 보호자는 어떻게 대응하지요?"

"그는 휴식을 취하고 있어요. 그는 기다렸다가 확인해 볼 거예요. 그리고 이

제 이걸 느낄 수 있어요. 마치 그녀는 가까이하고 싶지 않은 것 같아요. 하지만 그녀는 제가 알 수 있는 메시지들을 보내고 있어요. 저는 그녀의 경험들을 알아가고 있고, 저 혼자서 그것들을 제 자신의 말로 표현해야 해요."

"어떤 말이 떠오르는지 봅시다."

"글쎄요. 음, 그녀는 저를 믿었고, 저는 그녀를 떠났어요. 그게 제가 알아가고 있는 거예요. 제가 치료를 그만두고 조지George와의 관계에 너무 집중했다는 걸 그녀가 알게 해 주고 있는 것 같아요. 그녀는 희망을 느끼기 시작했었고, 그런 다음 끔찍한 기분을 느꼈었네요." 수잔은 울기 시작했다.

"제가 그녀를 버렸어요."

"지금 그녀에게 어떤 감정을 느끼고 있나요?"

"죄책감!"

"무슨 일이 일어나고 있나요?"

"저는 사과하고 있어요. 그녀는 그런 식으로 대우받아서는 안 되었어요. 저는 그 관계에 사로잡혀 그녀를 잊었어요."

"그녀는 어떻게 대응하나요?"

"말하기 어려워요. 제가 알아챈 것에 대해 감사해하는 것 같아요."

"그럼 이제 어떻게 해야 하지요?"

"계속하면 돼요."

"당신의 말이 정확한지 그녀에게 물어봅시다. 그녀가 원하는 어떤 방식으로든 의사소통을 할 수 있다는 것을 그녀에게 알려 주세요."

수잔은 "음, 또다시 직감적으로 느껴지고 명확하지는 않지만 제 말이 그녀에게 꽤 정확하다고 믿어요."라고 대답했다.

"그녀가 당신에게 알려 주다니 얼마나 대단한가요! 그녀에게 다른 사실이 있나요?"

한참 후 수잔은 "확실하지는 않지만 일어난 일에 대해 여전히 도움을 필요로 한다는 느낌이 드네요."라고 말하고 멈추었다가 잠시 후에 "하지만 지금은 그녀가 사라졌어요! 제가 알아가고 있는 건 닫힌 옷장 문의 이미지뿐이에요.

그녀가 문 뒤에 있는 것 같지만 확신할 수는 없어요."라고 말했다.

다행히도, 우리 둘은 그 소녀에게 말을 사용하라고 강요할 만큼 어리석지는 않았다. 비록 목격하기witnessing가 짐 내려놓기를 위해 필수적인 부분으로 여겨지지만, 이 경우에는 성급한 부분이 일종의 조용한 방관silent bystanding을 필요로 한 것으로 보였다.

"저는 우리의 관계를 회복하는 것에 관해 그녀의 인도를 따름으로써 그녀의 신뢰를 되찾을 수 있어요." 수잔이 말했다.

"저는 인내심을 가져야 해요. 그녀는 제 심장 에너지heart energy를 필요로 해요. 저는 제 심장 에너지를 옷장 속으로 보내고 있어요."

우리는 몇 분 동안 침묵 속에 앉아 있었는데, 그것은 치료 회기에서는 아주 긴 시간처럼 느껴질 수 있다. 그러나 내게는 적절하다고 느껴졌다. 수잔은 눈을 감고 있었고 차분해 보였다. 나는 단지 그 과정이 제대로 진행되고 있는지 확인하기 위해 마침내 "어떻게 진행되고 있나요?"라고 물었다.

"좋아요." 수잔이 말했다.

"아! 이제 그 관리자 녀석이 돌아왔어요. 그는 우리가 그녀(소녀)를 잊어야 한다고 말하네요. 그녀는 장난을 치고 있는 어린아이예요."

"그(관리자)에 대해 어떻게 생각하세요?"

"그는 말만 사납지 본심은 그렇지 않아요. 그는 단지 걱정하고 있는 거예요. 저는 그에게 우리가 급하게 서두르지만 않으면 우리는 모두를 도울 수 있다고 상기시키고 있어요. 그는 제가 그렇게 하도록 기꺼이 내버려 둘 겁니다."

우리는 잠시 동안 더 말없이 앉아 있었다.

"저는 그녀를 다시 느껴요." 수잔이 말했다.

"문이 열리고 있어요. 미세하게." 그녀는 다시 침묵한 후 덧붙였다.

"저는 그것이 그녀가 오늘 할 수 있는 한계라고 생각해요. 괜찮아요. 그녀에게 제가 여기 있으며 참을 수 있다고 말하고 있어요. 그녀는 저를 오랫동안 기다려 왔어요. 저는 그녀를 기다릴 수 있어요."

몇 달이 지나서야 그 소녀는 수잔에게 그녀를 볼 수 있도록 허락했다. 그 이

후 그녀는 침묵 속에서 수잔을 바라보기만 하면서 많은 회기를 보냈다. 이 끈질긴 상호작용에서 결코 말은 없었다. 우리는 그녀가 언젠가 말하고 수잔에게 그녀의 고통을 직접 들려줄 거라는 생각에 열려 있었지만 집착하지는 않았다. 이 시점에서 수잔은 충분한 참자기의 주도로 관리자적인 의제managerial agenda 없이도 그 소녀와 참을성 있게 지내고 그녀(소녀)가 선택하도록 할 수 있었다.

대안적 짐 내려놓기 수락

그 일이 일어나는 동안, 그 소녀는 결코 말을 하지 않았다. 어느 날 수잔은 그녀를 찾기 위해 내면으로 들어갔다가 옷장 문이 활짝 열려 있는 것을 발견했다.

"그녀가 사라졌어요!" 수잔은 공포가 고조되면서 소리쳤다.

"그녀를 찾을 수 없어요! 저는 심지어 옷장에 들어가서 주위를 둘러보기도 했어요."

"당신이 이 일에 대해 정말 속상해하는 부분이 있다는 것이 이해되나요?"

"네, 숨을 쉬면서 그 부분에게 긴장을 풀라고 해야겠어요. 오! 정말 속상해요. 제가 그녀를 또 잃어버린 거라고 그 부분이 제게 이야기하고 있어요."

"숨을 쉬는 것은 좋은 생각이죠. 그 부분이 진정될 수 있도록 하고 무슨 일이 일어났는지 우리가 호기심을 가질 수 있게 하죠."

수잔이 그녀의 관심을 내면으로 돌리자, 그녀의 호흡은 더욱 규칙적이 되었다. 잠시 후 그녀가 말했다.

"좋아요, 저는 이제 여유가 생겼어요. 하지만 속상해하는 부분이 제가 그녀를 찾기를 원해요. 저는 지금 우리의 연결이 끊어지는 것을 원하지 않아요."

내면을 살펴본 후, 수잔은 강아지와 함께 잔디밭에서 놀고 있는 소녀를 발견했다. 그녀는 가끔 수잔을 보더니 마침내 그녀에게 돌멩이를 보여 주러 다가왔다.

"그녀는 노는 것이 즐거운 모양입니다."라고 수잔이 말했다.

수잔이 그 소녀를 지켜보는 동안 우리는 침묵했다.

마침내 수잔이 "저는 단지 직관을 사용하여 무슨 일이 일어났는지 알아내고 있으며, 그녀가 자신의 짐들을 내려놓았다는 것을 알아가고 있어요. 짐들이 사라졌어요."라고 덧붙였다.

무슨 일이 일어난 걸까? 그때 나는 소녀의 짐들이 사라졌다는 것을 듣고 놀랐다. 이제 내 가설은 수잔이 끈기 있고, 한결같이 비판단적 존재nonjudgmental presence가 되어 주었을 때 그녀(소녀)가 짐을 내려놓을 수 있었다는 것이다. 나는 수잔의 사랑이 소녀의 트라우마보다 더 현재적이고 실재적으로 느껴졌을 때 변화의 시점tipping point이 왔고, 그래서 그녀가 마침내 나가서 놀 수 있었다고 생각한다. 우리는 그녀가 자유롭게 된 것에 깜짝 놀라고 감동했는데, 그것은 지속적인 것으로 확인되었다.

어떻게 수잔의 경험이 나의 생각을 확장시켰나

첫째, 이 사례에서 추방자는 비언어적으로 의사소통을 했다. 수잔과 나는 둘 다 이 직관적인 의사소통과 침묵을 타당한 것으로 받아들였다. 우리는 이 짐 내려놓기가 이미지들이나 말을 통한 목격 대신, 집중적이고 진심 어린 방관focused and heartfelt bystanding을 필요로 한다는 것을 깨닫게 되었다. 둘째, 짐들의 해방release of burdens은 그 소녀에게 자연스러웠고 수잔이 짐 내려놓기의 결과를 보기 전까지 그녀는 몰랐다. 끝으로, 그녀의 짐 내려놓기 과정과 마찬가지로, 그녀는 그녀의 타고난 권리인 놀이와 기쁨이라는 긍정적인 요소들을 초대한 사람이었다. 수잔도 나도 도와주지 않았다. 그래서 말로 하는 목격verbal witnessing도, 짐 내려놓기 의식도, 긍정적인 자질들을 초대하라는 권유도 없이, 소녀는 자유로워졌고 기쁨으로 가득 찼다. 이 모든 것은 참자기와 연결되어 있다고 느끼고 그들 자신의 참자기-에너지를 경험하는 추방자들이 어떻게 그들 자신의 짐을 내려놓을 수 있는지를 보여 준다. 따라서 내가 이 장 전체에서 설명하듯이, 짐 내려놓기를 위한 프로토콜 지침protocol guidelines은 제안으로 사용될 수 있지만, 우리는 각본을 따라야 한다는 어떤 의무감을 느낄 필요는 없다. 참자기를 신뢰하는 것이 관건이다.

알리샤의 자발적 짐 내려놓기

50대에 은퇴한 알리샤Alicia는 이제 선물처럼 느껴지는 결혼생활을 하고 있었다. 그녀와 그녀의 아내 실라Sheila는 다양한 야외 스포츠와 만족스러운 친구들의 네트워크를 포함한 많은 관심사를 공유했다. 그러나 그들이 차이점들을 타협하려고 할 때, 알리샤는 분노하고 논쟁적이 되었다. 그녀의 한 부분은 이 분노에 당황해하는 반면, 다른 부분인 비판적 관리자critical manager는 못마땅해 했다.

"너의 분노는 용납될 수 없어."라고 그 비판자는 알리샤에게 말했다.

"너는 좋은 삶을 살고 있어! 너는 이기적이고 유치해."

"당신은 이 비난하는 부분에 대해 어떤 기분이 드세요?" 내가 물었다.

"그것이 꽤 정확하다고 말하고 싶네요."라고 그녀는 대답했고, 그 부분이 그녀와 섞여 있음blended을 내비쳤다.

우리가 그 부분이 분리unblend되도록 도와준 후, "그 부분이 당신을 비난하는 것을 멈추면 무슨 일이 일어날까 봐 걱정하고 있는지 물어볼 수 있나요?" 내가 말했다.

"그 부분은 분노가 훨씬 더 걷잡을 수 없이 될까 봐 걱정하고 있어요."

"그럼 분노 부분이 당신에게 그렇게 많은 영향을 미치는 걸 비판자가 원치 않는 건가요?"

"그래요."

2주 후 아내의 가족이 갑작스러운 죽음을 맞이했을 때 알리샤의 비판자와 분노 부분이 나의 사무실에서 논쟁을 벌였다.

"그녀는 조카의 아내를 위하여 추모제에 나와 함께 가길 원해. 그렇지만 그건 너무 먼 여행이야." 분노 부분이 불평했다.

"보스턴 마라톤을 뛸 계획인데 만약 거기에 간다면 중요한 훈련을 일부 놓치게 되고 그러면 화가 날 거야."

"분개하는 부분resentful part은 당신이 무엇을 알기를 원하나요?"

"이 여행은 재미없을 것이고, 제가 좋아하지도 않는 가족에게 끌려다니지 말아야 한다고 말하고 있어요. 제가 이렇게 하면 정말로 화낼 거예요."

그러고 나서 우리가 이 부분에게 더 질문도 하기 전에 비판자가 뛰어들었다.

"하지만 나는 가야겠어."

"이것은 또 다른 부분인가요?"

"해야 하는 부분should part이에요." 알리샤가 말했다.

"당신을 힘들게 할 수 있는 부분인가요?"

"네."

"해야 하는 부분은 당신이 분노하는 부분을 돕도록 허락해 주나요?" 내가 물었다. 그녀는 고개를 끄덕였다.

"분노하는 부분을 어디에서 찾을 수 있나요?"

그녀는 잠시 시간을 내어 자신의 관자놀이를 가리켰다.

"제 머릿속에 이렇게 엄청난 압력이 있어요. 머리가 터질 것 같아요. 제 성질입니다."

"그 부분에 대해 어떤 느낌이세요?"

"괜찮아요. 저는 분노하는 부분을 볼 수 있어요. 엔진에서 나오는 증기와 같아요. 제가 호기심을 느끼고 있다는 것을 부분에게 알려 주고 있어요. 그리고 분노 부분이 말을 하고 있어요. 나는 모든 사람을 돌보고 싶지 않아! 하고 싶지 않은 일들을 하고 싶지 않을 뿐이야!" 나는 고개를 끄덕였다.

"그 부분은 여섯 살 된 아이가 그녀의 어린 남동생에게 먹을 것을 주는 것을 저에게 보여 주고 있는데, 분노 부분이 말하고 있어요. 그녀는 너무 열심히 일했어! 그녀는 신데렐라 같았어. 아무도 그녀의 감정에 대해 묻지 않았어. 그녀는 다시는 즐겁지 않은 일을 할 필요가 없어!"

"당신은 뭐라고 말하고 있나요?" 내가 물었다.

"저는 분노하는 부분이 이 어린 소녀를 돌보는지 묻고 있어요."라고 알리샤가 말했다.

"그게 내 일이야. 만약 내가 화내지 않으면, 그녀는 이용당해. 그래서 제가 그 소녀를 돕는 것을 분노 부분이 믿어 줄 것인지 묻고 있어요."라고 알리샤가 전했다.

나는 분노 보호자가 '네.'라고 말할 것으로 예상했고, 그 후 알리샤가 그 어린 소녀의 이야기를 목격하고 그녀의 짐 내려놓기를 도울 것이라고 생각했다. 대신 분노하는 부분이 "나를 떠나지 마! 나는 당신들의 도움이 필요한 부분들을 많이 갖고 있어!"라고 외치며 우리 둘을 놀라게 했다.

부분들 안의 부분

분노하는 부분의 하위 부분들subparts을 돕기로 동의한 후, 알리샤가 화내는 부분에게 "이 하위 부분들은 내가 무엇을 알기를 원하니?"라고 물었다.

회답으로, 커다란 붉은색 존재로 보이는 한 하위 부분이 대답했다. "나는 분노 체계anger system의 리더야. 난 이 모든 것을 위에서 다 보고 있어. 나는 무슨 일이 일어나고 있는지 알 수 있고 내 그룹의 모두에게 신경을 쓰고 있어. 그들은 모두 그 소녀가 다시 이용당하는 것을 막기 위해 열심히 일해야 했고, 그들은 많은 비난과 경멸을 받아 왔어. 그들의 상황에 대해 내가 당신에게 조언해 주어도 될까?"

"물론이지!" 알리샤가 말했다.

"제발 말해 줘."

회전식 건조기

이에 대한 대답으로, 분노 체계의 리더가 알리샤에게 말했다. 상황이 통제 불능으로 돌아가고 있어.

"제가 이 일을 하도록 해 주세요. 제가 얻을 수 있는 것을 보게요." 그녀가 나에게 말했다.

"저는 회전하면서 안으로 굴러들어 가는 많은 작은 분노 부분들을 가진 회전식 건조기 이미지가 떠올라요. 리더가 저에게 말했어요. 당장 건조기를 꺼! 그래서 그렇게 했고, 그들이 모두 내려앉은 후, 그들은 기어서 나왔어요. 그리고 그들은 그냥 가만히 서 있었어요."

"당신은 그들에게 뭐라고 말할 건가요?" 나는 물었다.

"내가 어떻게 도울까?"

건조기에서 나온 그룹의 리더가 나서서 내면적으로 대답했다. 고마워. 우리의 발밑에 튼튼한 터전이 있다는 것에 감사해. 우리는 휴식이 필요해. 우리는 과거로 돌아가고 싶지 않아! 혹시 사고로 건조기가 다시 켜지면 우리를 도와줄 수 있어?

"어떻게 도와야 하지?" 알리샤가 리더에게 물었다.

분노 체계의 리더가 다시 끼어들어 말했다. 만약 건조기가 다시 구르기 시작하면, 나는 당신 뒤에 서서, 당신의 왼쪽 어깨에 오른손을 얹고 말할 거야, 멈춰! 그러면 당신은 건조기를 꺼.

알리샤는 고개를 끄덕였다. "네가 말한 대로 그대로 할게."

또한 리더가 말을 이어 갔다. 당신이 건조기를 끄고 나서, 찬물을 한 잔 마셔. 그리고 보호자들이 땅바닥에서 안전하다고 느낄 때까지 굴러 떨어지는 그 보호자들과 함께 머물러 줘.

알리샤의 머릿속 압력은 이번 회기 동안 약해졌었는데, 그다음 주를 지내면서 완전히 가라앉았다. 이어지는 회기들에서 건조기의 하위 부분들은 건조기에서 멀리 떨어진 아름다운 초원에 캠프를 차렸으며, 그들은 이것이 그들이 안정감을 느끼는 데 도움이 되었다고 전했다. 그들은 과거에 대해 결코 말한 적도 없고, 그들의 시도들도 목격되지 않았다. 하지만 그들은 알리샤에게 그들이 캠프를 개선하는 것을 도와달라고 요청했고, 그 후 그들은 알리샤에게 건조기를 완전히 제거해 달라고 요청했다. 마침내 분노 체계의 리더는 알리샤에게 그들이 매우 기뻐하고 있다는 것을 알려 주었다.

추방자

지금까지 알리샤의 참자기와 분노 체계의 리더 사이의 동맹은 모든 분노 체계 하위 부분들에게 새로운 안정감과 안도감을 주었다. 비록 알리샤와 나는 그 모든 과정에 놀랐고 약간 어리둥절했지만, 우리의 관리적 부분들managerial parts이 장악하지는 않았다. 알리샤가 짐을 가진 여섯 살 아이에게 다시 관심을 돌리려 하자 분노 체계의 리더가 다시 끼어들어 조언했다. 그 여자애는 계속 지켜보고 있었어. 그리고 그녀는 당신이 우리를 도와준 걸 알고 더 안전하다고 느끼고 있어. 처음에 그녀는 우리가 더 이상 그녀를 보호하지 않을까 봐 겁을 먹었지만, 지금은 당신이 치유의 힘이라고 느끼고 있어. 그녀는 나와 매우 가깝고, 나는 언젠가 그녀와 이야기할 기회를 갖고 싶어.

알리샤는 "원하면 언제든지 그녀와 이야기해도 좋아."라고 말했다.

좋아. 분노 체계가 내면적으로 대답했다. 기다릴 테니 지금 그녀에게 말해도 좋아.

알리샤는 즉각 여섯 살 때 그녀의 남동생 아기를 돌보는 자신의 모습을 보았다. 그녀는 기다렸다. 그녀는 책임감에 부담을 느끼고 부모의 보호와 따뜻함을 빼앗긴 그녀의 어린 시절의 이미지들을 보기 시작했다. 이를 목격한 후 알리샤는 소녀에게 짐들을 내려놓고 싶은지 물었지만 그녀는 준비되지 않았다.

"그녀가 누군가가 실종된 것처럼 주위를 둘러보고 있어요." 알리샤가 말했다.

"아! 분노 체계의 리더가 방금 나타나서 저에게 말해 주고 있어요. 그녀는 나를 그리워하고 있다. 나는 그녀의 유일한 보호자이자 부모였다. 지금 분노 체계가 그녀와 함께 앉아 있어요." 알리샤가 말했다.

"리더가 말하고 있어요. 너는 책임져야 할 일을 선택한 적이 없었고 감당해야 할 일이 너무 많았지. 이제 너는 알리샤가 결정하도록 할 수 있어. 그녀는 어른이 되었어. 그리고 난 항상 여기서 도울 거야. 그리고 이제 그녀는 잠이 들려고 하고 있어요!" 알리샤는 눈물을 글썽이며 나를 올려다 보았다.

"저는 제 마음속에서 그녀를 느낄 수 있어요."

그 후의 회기들에서 소녀는 알리샤에게 그녀가 안심하고 편안함을 느끼기 때문에 그녀가 견뎌 온 방치neglect와 과로에 대해 더 이상 화가 나지 않는다고 말했다. 하지만 소녀는 그녀의 남동생의 안부를 물었고, 알리샤는 그가 이제 마흔아홉 살이 되었으며 위험에서 벗어나 있다고 설명했다.

알리샤는 "그녀는 제 마음 안에 머물고 있는 것을 좋아하고 가끔 제가 찾아가 그녀가 잠들 때까지 책을 읽어 주길 원해요."라고 말했다.

어떻게 알리샤의 경험이 나의 생각을 확장시켰나

이 특별한 짐 내려놓기는 내가 학습한 프로토콜과는 세 가지 방식에서 차이를 보였다. 첫째, 알리샤의 적극적인 주 보호자assertive primary protector는 자애롭고 분명한 조언과 함께 중요한 정보를 제공하면서 자신의 참자기-에너지를 가지고 개입했다. 둘째, 그녀의 추방자는 공식적인 데리고 나오기formal retrieval[3] 없이 과거를 떠났다. 셋째, 그녀의 추방자는 의식ceremony 없는 짐 내려놓기를 했다. 이 모든 것은 내가 배워 왔던 것에 대한 이러한 비정통적인 변형들을 나의 관리자들이 용인했고, 자발적으로 치유할 수 있는 내면 체계의 지혜와 능력을 존중하는 것이 중요하다는 것을 나에게 보여 주었다.

연습으로서의 짐 내려놓기: 레아와 과거 이야기를 통한 그녀의 정체성

레아Leah의 경험은 체계를 안정stasis 상태로 유지하려는 정신과 마음mind and heart[4]의 습관의 힘power of habits과 그것을 뛰어넘으려는 연습의 힘power of practice을 보여 준다. 레아의 부분들이 그녀의 어린 시절에 대해 그녀에게 반복해서 했던 이야기는 너무 편협하고narrow 제한적이어서constraining 변화는 거의 불가능했다. 그 결과, 레아는 그녀의 가족치료사의 권유를 받고 나를 보러 왔다. 그녀는 왜 그녀에게 치료가 필요한지 이해하지 못했고, 우리는 그녀의 유일한 이야기거리로 시작했다. 그 이야기는 간략한 이야기였으며, 한 부분이 서술한 것이었다.

"저는 아주 좋은 어린 시절을 보냈어요. 저의 아버지는 의사였고 돈은 결코

3) 역자 주) 추방된 보호자가 필요로 하는 모든 방식으로 목격된 후에, 그것이 살아왔던 과거를 떠나 현재로 들어오는 현상이다.

4) 역자 주) mind는 주로 이성적인 마음, 정신 상태를 말하고, heart는 지(知), 정(情), 의(意)를 포괄하는 마음이나, 원래 심장이라는 뜻이 가리키듯 주로 감성적인 마음 상태를 말한다. 따라서 mind and heart는 이성의 마음과 감성의 마음을 모두 합한 '온 마음'을 의미한다.

문제가 되지 않았어요. 우리는 호수 근처에서 살았고, 제가 원하는 만큼 수영하고 요트도 탈 수 있었죠. 우리에게는 저의 아이들이 가졌던 그런 문제는 없었어요. 그러나 이제 제 아이들도 그런 문제가 사라져서 다행이에요."

하지만 레아의 가족치료사와 이야기를 나누면서, 나는 레아의 남편과 두 명의 다 큰 아이들이 매우 다른 견해를 갖고 있고, 레아가 어린 시절의 박탈감을 계속 보지 못하는 것에 대해 혼란스러워한다는 것을 알았다.

"그래서 당신의 시각으로는 어린 시절이 꽤 이상적이었다는 건가요?"라고 물었다.

"그건 그저 제 시각이 아니에요. 그랬다는 거예요."라고 그녀가 대답했다.

이 부분이 그녀와 혼합되어 있는 것이 분명했다. 하지만 나는 시간이 지나면 다른 부분들, 그리고 결국 레아의 참자기가 나타날 거라고 확신했다. 다른 부분들이 자신들의 목소리를 낼 수 있는 공간을 만들기 위한 의도로 나는 "어린 시절의 기억들을 좀 말해 주겠어요?"라고 요청했다.

"음, 어머니가 다른 여자들과 점심을 먹는 동안 저를 컨트리클럽 수영장에 내려주시고는 했던 기억이 나요. 저는 거의 하루 종일 수영을 할 수 있었어요."라고 그녀가 대답했다. 그러자 작은 불만을 감히 제기한 한 부분이 덧붙였다. "저는 햇볕에 많이 탔어요. 때때로 저는 정말 빨갛게 되었죠. 어머니는 클럽에서 너무 바빠서 저에게 많은 자유를 주었어요."

"그 어린 소녀가 햇볕에 너무 오래 나가 있을 때 누가 그녀를 돌봤지요?"

"아, 햇볕에 그을린 자국은 없어졌어요."

우리가 부정적인 기억들을 가진 부분들로부터 천천히 이야기를 듣기 시작하자, 그녀의 최소화하는 부분minimizing part이 언제나 부정적인 기억들을 끊어 버렸고, 이는 일들이 계속 진행되기를 원하는 나의 관리자들 중 하나를 짜증나게 했다. 하지만 나는 참자기-에너지에 기반을 두고 모든 측면, 즉 어린 시절을 좋게 말하는 최소화하는 부분뿐만 아니라 기회를 엿보기 시작한 불평꾼들을 존중하는 것을 연습했다. 레아의 체계가 나의 차분한 인내심을 신뢰하기 시작하면서, 아픈 기억들을 가진 더 많은 부분이 앞으로 나섰다. 여기 어떤 부분들이 나타났는지에 대한 예가 있다.

"어린 소녀가 보여요."라고 어느 날 레아가 알려 왔다.

"그녀는 침대에 누워서 어머니가 화장실에서 나오는 소리에 귀를 기울이고 있어요. 그녀는 어머니가 술에 취했다는 것을 알고 있고, 어머니가 자살할까 봐 두려워해요."

"당신은 그녀와 접촉하고 있나요?"

"네, 그녀가 얼마나 무서워했는지 느낄 수 있어요."

"그녀를 어떻게 생각하세요?"

"누군가가 저에게 그녀가 단지 관심을 끌기 위해 지어낸 것이라고 말하고 있어요." 레아가 말했다.

"그 부분이 무엇을 걱정하는지 당신에게 말해 줄 수 있을지 궁금하군요." 내가 물었다.

레아는 "그것은 단지 사실일 뿐이라고 그것이 말하네요."라고 말했다.

레아는 그 최소화하는 부분과 완전히 섞였다. 레아는 몇 번의 회기 후에 "저는 방과 후에 집에 있는 그 소녀를 보고 있어요. 그녀는 언니가 집에 돌아오기를 기다리고 있어요. 그녀는 정말 불안해하고 있어요. 그녀는 소파 위에서 술에 취해 의식을 잃고 있는 어머니를 지켜보고 있어요."라고 말했다. 순간적인 주저함도 없이, 최소화하는 부분은 "그녀는 거짓말쟁이에요! 그녀는 당신이 지루하다는 것을 알기 때문에 당신을 즐겁게 해 주기 위해 이야기를 지어낸 거예요. 관심 갖지 마세요."라고 분명하게 말했다.

"이제 두 부분의 소리가 들리네요. 당신은 들리나요? 그 어린 소녀에 대해 당신에게 말해 주고 싶어 하는 부분이 있고, 그녀가 거짓말쟁이라고 말하는 부분이 있네요. 이 두 보호자 중에 당신의 주의를 먼저 필요로 하는 것은 어떤 보호자인가요?" 난 이렇게 말했다.

"제가 그저 관심을 원하고 일을 꾸미는 부분들을 많이 갖고 있다는 것은 사실이에요." 레아가 말했다.

"그렇게 말하는 부분에게 제가 직접 말해야 할까요?" 내가 물었다.

"그래요." 레아가 말했다.

"당신, 거기 있나요?" 내가 말했다.

"네."

"레아를 위해 무슨 일을 하나요?"

"저는 그녀가 늘 징징거림으로써 곤경에 처하지 않도록 확실히 해야 해요."

"그녀가 어떤 곤경에 빠질까요?"

"그들은 몹시 화를 낼 거예요."

"정말요? 그럼 당신은 중요한 일을 해 왔군요. 하지만 당신은 레아가 이제 어른이 되어서 화를 내는 사람들이 더 이상 그녀를 해칠 수 없다는 것을 알고 있나요?"

긴 침묵 끝에 그 부분은 "저는 당신이 무슨 말을 하고 있는지 잘 모르는 것 같아요."

"내 말이 사실인지 레아를 만나서 알아보시겠어요?" 내가 요청했다.

이 시점에서 최소화하는 부분은 레아의 참자기를 만날 준비가 되지 않았고, 최소화하는 부분의 강력한 존재는 레아의 작업을 계속 반복하게 했다. 우리는 먹고 마시고 과하게 운동하고 싶어 하는 부분들을 계속 만났고, 그들을 심하게 비판하는 일부 경멸적인 관리자들도 만났다. 레아는 그들의 내면의 혼란을 잠재울 수 있을 만큼 이 부분들 중 어느 것과도 충분히 오래 연결할 수 없었다. 이 강한 최소화하는 부분이 그녀의 체계에서 어떻게 그토록 많은 힘을 얻었을까? 우리의 작업이 계속되자, 레아의 불행한 부분unhappy part이 이렇게 말했다.

"아버지는 통제적이었고 냉정했어요. 그는 제가 울 때마다 저를 놀렸어요. 아버지는 감정은 나약하고 멍청한 사람들을 위한 것이라고 생각했고, 우리를 엄격한 규칙에 따라 행동하게 했어요. 최소화하는 부분은 아버지가 하는 소리 같아요."

"당신의 아버지가 하는 소리처럼 들리는 것과 관련하여 무엇이 중요한지 우리가 최소화하는 부분에게 물어봐도 될까요?"

"그 최소화하는 부분은 제가 다치지 않도록 아버지의 방식대로 상황을 보게 하는 것이 그의 일이라고 말해요."

"그는 매우 보호적이네요, 그렇지 않나요? 그리고 그는 당신이 울거나 아픈 것을 원하지 않아요. 그리고 특히 당신이 외롭고 두려운 어린 부분들에게 도움을 주는 것을 좋아하지 않네요. 그들이 당신에게 너무 가까이 갈지 모르기 때문이죠."

"이해해요."라고 그녀는 그 어느 때보다도 최소화하는 부분과 섞이지 않은 채 말했다. "그는 그것이 위험하다고 생각해요."

새로운 삶 살기: 반복해서 데리고 나오기

비록 최소화하는 부분이 그의 견해를 여느 때처럼 힘차게 강요했지만, 레아의 참자기는 더욱 꾸준하게 등장했고, 그의 성격에 대해 높아진 이해와 큰 인내심과 끈기로, 그녀는 그와 관계relationship를 맺었다. 마침내 레아는 자신이 몇 가지 변경을 결정했고 최소화하는 부분들의 동의를 원한다는 것을 그에게 알려 주었다. 그녀는 그 부분을 아버지가 임종하는 자리(몇 해 전)에 함께하도록 초대했고 그 자리에서 그녀가 말하기를, "아버지가 어려운 상황에서도 가정을 꾸려 나가려고 노력했던 방식을 존중하는 것이 나의 의도라는 걸 이해해 주었으면 해. 이제 아버지와 어머니가 떠났으니, 아버지는 모든 혼돈과 계속 싸울 필요가 없고 너도 어쩌면 약간의 휴식을 즐길 수 있을 거야. 이제 우리 모두 안전하니 내가 규칙들을 바꾸는 것을 믿어 주겠니?"

"무엇을 생각하고 있는데?" 그가 물었다.

"나는 아버지의 규칙을 수정해서 과거에 고착되어 있는 부분들을 바로잡으려고revising 해."

"네 아버지가 너를 위해 한 일을 네가 마침내 이해하니 기쁘구나." 그가 대답했다.

"그리고 나는 가만히 있으면서 네가 하는 일을 지켜볼 거야. 하지만 네가 감당할 수 없다고 생각하면 너를 막아서려고 해."

이 허락을 받고 레아는 아버지의 무언의 규칙들에 도전하기 시작했다. 첫 번째 단계는 목록을 작성하는 것이었다. '누구도 울면 안 된다'를 시작으로, 그녀는 자신의 체계에 "이 규칙에 대해 어떻게 생각하는지 말해 줘."라고 요청했다. 그들은 '우는 것은 겁쟁이이고 나약한 것이야.', '너는 울 때 못생겨 보여.', '다른 사람들이 너를 존중하지 않을 거야.' 그리고 끝으로 '만약 네가 울면 너는 자제력을 완전히 잃게 될 거야.'라고 대답했다. 그들이 잠자코 있을 때, 그녀는 부분들의 경험에 대해 감사를 표한 다음, 현장학습을 위해 모두를 데리고 침실로 갔다.

"이제 거울을 들여다보자."라고 그녀가 말했다. 그리고 "그렇게 할 때 나는 너희 모두에게 애정 어린 친절loving kindness을 보낼 거야." 그런 다음 그녀는 거울 앞에 발을 디디고 "내가 보이니? 나는 쉰여덟 살이야. 난 어른이고 너희 모두를 돌볼 수 있어. 너희가 안전한지 확인하고 사랑할 거야. 너희는 나와 함께 살 집이 있어." 그러고 나서 그녀는 그들을 데리고 그녀의 집을 둘러보고 그녀의 성인 생활을 설명했다. 마침내 그녀가 말했다.

"이제, 나는 우리가 함께 앉아서 이 규칙을 우리에게 합리적이 되도록 다시 쓸 것을 제안해."

그들은 동의했고 몇 분 안에 '누구도 울면 안 된다'가 '무언가가 너를 슬프게 할 때 우는 것은 괜찮다'가 되었다. 같은 방식으로 그녀의 목록에 있는 다음 규칙은 '절대 도움을 요청하지 말라'에서 '네가 도움을 요청하면 도움을 받을 수 있다'로 바뀌었다. 이 과정을 하는 동안 (12개의 규칙이 있었다!) 레아는 각 규칙마다 그녀의 부분들이 필요한 만큼 많은 날을 보냈고, 그녀는 특정한 규칙과 관련이 있는 모든 부분이 현재 지향적이라고oriented to the present 확신했을 때만 한 규칙에서 다음 규칙으로 옮겨 가고는 했다. 그녀는 모든 규칙이 수정될 때까지 계속했고, 그녀의 전체 체계는 과거의 그녀 아버지에게서 벗어나 현재 그녀의 참자기를 지향했다.

과거에서 데리고 나오기와 방향 전환을 위한 레아의 회기들 중 하나인 집에서의 추방자 작업 사례가 여기에 있다. 레아는 잠에서 깨어 누워 있는 한 소녀와의 관계를 설명했는데, 그 소녀는 어머니가 욕조에서 죽을까 봐 겁먹고 있었다. 나는 '아무도 울면 안 된다'는 규칙에 관련된 한 그룹의 부분들과 함께 일하고 있었다. 거울 앞에서 함께 시간을 보내고 집 주변을 돌아본 후, 부분들은 울음 금지를 완화하고 있었다. 그들 중 하나가 우는 것이 괜찮은 것으로 하고 싶다고 말했다. 그가 그 말을 하고 있을 때, 한 어린 소녀가 눈물을 글썽이며 나타났다. 그녀는 어머니가 욕조에서 죽을까 봐 겁먹었고 화장실 문이 잠겨 있다고 말했다. 그녀는 매우 겁먹었지만 내가 누군지 알고 있었다. 나는 그녀에게 '네 어머니는 지금 천국에서 살고 계신다. 그녀는 이제부터 너를 돌봐 달라고 부탁했고, 나는 그렇게 할 거야.'라고 이야기해 주었다. 그 어린 소녀는 어머니가 더 이상 욕조에 없는지 보기 위해 욕조를 보러 갈 필요가 있었다. 그녀는 어머니가 정말 괜찮은지 몇 번을 더 물었고, 그러고 나서 긴장을 풀고 그녀의 새 침대가 어디 있는지 알고 싶어 했다. 나는 그녀를 안아서 내 명상실로 데려갔다. 그곳은 다른 부분들이 가끔 위안을 얻기 위해 가는 곳이다. 그녀는 그냥 소파에 웅크리고 잠이 들었다. 우는 것을 염려한 부분은 그녀가 이제 울 수 있고 위로받을 수 있다는 사실에 안도감과 흐뭇함을 느끼고 있었다.

이것처럼 레아의 집에서 몇 가지 짐 내려놓기가 일어났다. 내 상담실에서도 약간 일어났다. 두 경우 모두 우리는 어떤 일이 일어나든 마음을 터놓을 수 있었다. 레아는 짐을 내려놓은 추방자들unburdened exiles을 계속 확인했다. 그녀의 부분들이 그녀가 압박을 받고 있다고 느낄 때 오랫동안 해 오던 습관이 되살아난 것이라고 생각하면서, 레아는 그들에게 새로운 규칙들이 안전하다는 것을 계속 상기시켰다.

어떻게 레아의 경험이 나의 생각을 확장시켰나

레아의 짐 내려놓기 방법은 강력한 보호자 부분인 이야기를 제한하는 부분에 의해 만들어진 안정 상태에 대응하기 위해 때때로 정신과 마음의 새로운 습관을 연습하는 것이 필요하다는 것을 보여 준다. 레아는 그녀 자신이 데리고 나오기와 방향 전환의 의식을 만들어 냈다. 그녀는 아버지가 부과한 오래된 규칙들의 새로운 버전들을 공동으로 만들기 위해 자신의 부분들과 협력했다. 매일의 연습으로, 그녀의 부분들은 오랫동안 간직해 온 가혹한 신념을 놓아 버릴 수 있었고, 그들의 위치에서 긍정적인 의미들을 발전시킬 수 있었으며, 추방자들이 나타나서 자발적으로 짐을 내려놓을 수 있는 안전한 환경을 만들 수 있었다. 이러한 짐 내려놓기는 종종 상담실 밖에서도 일어났다. 이 장에서 설명한 다른 짐 내려놓기들과 마찬가지로, 레아의 참자기는 자신의 체계에 맞는 것을 찾아냈다.

확장된 나의 관점: 베스의 연속적 짐 내려놓기

앞서 설명한 내담자들은 나의 스승 역할을 했으며 나는 그들과 함께 작업하기 전에 베스Beth를 치료했었다. 당시 나는 짐 내려놓기 프로토콜의 단계들이 모두 한번에 완결되면 완치될 것으로 기대했다. 그래서 베스의 경우, 우리가 한 무리의 부분들의 짐 내려놓기를 한 후에, 우리는 그 작업이 완료된 것으로 생각했다. 현실은 그렇지 않다는 것을 알았을 때, 나의 일부 부분들은 매우 당황했으며, 그래서 나는 베스에게 이미 발생했던 긍정적인 변화들을 높게 평가할 수가 없었다. 그녀의 이야기는 내가 관리자적 기대들managerial expectations을 버리고 좀 더 참자기-주도적인 사람이 되는 방법을 어떻게 배웠는지를 보여준다.

베스는 아버지에 의한 성적, 신체적 그리고 정서적 학대에 대한 역사를 갖고 있었으며, 그녀의 어머니에 대해서는 나약하며 어떤 보호도 제공할 수 없었다고 말했다. 어린 시절이 이렇게 위험했음에도 불구하고, 베스는 그녀의 트라우마적 역사traumatic history가 영향을 미치지 못하게 막고, 그녀가 대학에 진학하고 경력을 개발하며, 결혼하도록 도와준 극기적인 보호자stoic protector를 갖고 있었다. 그녀는 지난 두 번의 문제가 발생했을 때만 치료를 받으려 했다. 그녀는 그녀가 직장에서 홀대받고 성희롱을 당하는 동안 그녀보다 나이가 많은 남편이 어떻게 우울해졌는지를 설명했다. 힘을 내라는 그녀의 극기적인 보호자의 충고에도 불구하고, 그녀는 압도당하는 기분이 들었고 또한 우울해지고 있다는 것을 깨달았다.

치료 중 베스는 그녀의 우울한 부분depressed part이 그녀의 남편과 계속 연결되도록 노력한다는 것을 발견했다. '만약 그녀가 그와 떨어져서 활동적인 삶을 산다면, 그녀는 세상에서 완전히 혼자가 될 거야. 그래서 나는 그녀가 그와 함께 조용히 텔레비전을 볼 수 있도록 도와줘. 그것이 그녀가 할 수 있는 전부야.'라고 그 부분은 설명했다. 결국 베스는 어린 시절 내내 너무나도 사랑받지 못하고 외롭다고 느꼈던 그 어린 소녀에게 다가갈 수 있었고 그 소녀의 짐을 해소해 줄 수 있었다. 이 성공적인 짐 내려놓기 이후, 그녀는 다시 강함과 유능함을 느끼기 시작했다. 그녀는 우호적인 방식으로 결혼생활을 끝내고, 새로운 연애를 시작했으며, 그녀의 회사 내에서 내부 보직변경internal transfer을 조율했다. 그 어린 소녀가 짐을 내려놓고 많은 보호자가 극단적인 역할에서 풀려나면서, 우리는 우리의 일을 끝내기로 했다.

예상치 못한 복귀

나는 베스가 8개월 후 긴급하게 만날 약속을 원한다고 전화했을 때 놀랐다. 비록 그녀가 만족스럽게 재혼했지만, 새 남편의 아버지는 불량배였다. 그는 가족을 위협했고 베스는 새 남편이 몹시 괴로워한다는 것을 알았다. 또한 그녀는 그녀의 더 강력한 보호자들 중 일부, 특히 그녀가 웨이터, 가게 점원 그리고 도로에서 다른 운전자들에게 분노를 느끼도록 유발했던 분노 부분angry part이 돌아왔다고 언급했다. 나는 같은 보호자들이 있었기 때문에 같은 추방자는 더 많은 도움이 필요하다는 가설을 세웠다. 그래서 애석하게도 나는 그녀의 추방자가 그녀의 폭력적인 아버지로 인한 트라우마 때문에 여전히 짐을 떠안고 있다고 결론을 내렸고, 그녀의 작업이 종결되었다고 추정하고는 매우 기뻐해 왔던 나에게 내 내면의 비판자들은 질책을 했다.

그런데 베스의 말을 들으면서 새로운 그림이 떠오르기 시작했다. 아버지에 대한 기억들을 갖는 대신, 그녀는 이전에는 약하고 무능한 것으로 묘사되었으나 이제는 냉정하고 무관심하고 마구잡이로 가학적이며, 아무 거리낌 없이 신체적, 정서적 학대를 가하는 것처럼 보이는 그녀의 어머니의 이미지를 보고 있었다.

"저는 이 나약함을 제 마음속에서 느껴요."라고 베스가 말했다.

"어린아이예요. 그녀의 피는 다 빠져나간 것 같고, 그녀는 움직일 수 없는 완전한 무력감을 느껴요."

돌이켜 보면, 베스가 다른 스트레스 요인들에 의해 촉발된 다른 추방자를 경험하고 있었던 것은 분명하지만, 그 당시 나의 체계는 여전히 이전의 성공적인 작업 완료에 중점을 두고 있는 혼란 상태에 있었다. 당당하게 성공의 황금빛을 누리던 나의 관리자들이 이제 나를 순진하고 무능하다며 비난하던 수치심 부분shaming part에게 자리를 내주었다. 베스에게 도움이 되기 위해 나는 그들이 섞이지 않게 분리되도록 도와야 했다. 비록 나의 보호자들은 내가 이 사례에 대해 동료들과 이야기하는 것을 원치 않았지만, 나는 그들의 숨기고 싶은 욕구에 도전했고, 동료 슈퍼비전 그룹peer supervision group과 이야기를 나누었으며, 나의 비판자들이 긴장을 풀도록 도와서 내가 나의 수치심을 느끼는 추방자shamed exile와 작업할 수 있었다.

뒤이은 내면의 평온함 속에서 나는 베스가 얼마나 많은 일을 이루었는지를 보고 존경심을 가질 수 있었고 이제 편하게 도움이 될 수 있었다. 우리가 작업을 하면서 베스의 체계가 나의 체계와는 다르게 반응하고 있다는 것을 듣고 기뻤다. 그녀는 이전의 변형을 과소평가하지 않았고, 이전에 만났던 추방자가 여전히 짐을 내려놓은 상태라고 말했다. 우리의 첫 치료로 베스의 참자기와 그녀의 부분들 사이에 견고한 신뢰의 토대가 마련되었는데, 이는 새로운 스트레스 요인들로부터 생겨난 새로운 추방자를 치유하는 데 필요한 그녀의 체계를 지원해 주었다.

어떻게 베스의 경험이 나의 관점을 확장시켰나

이 사례의 짐 내려놓기들은 다른 프로토콜 짐 내려놓기들과 다르지 않았다.

하지만 그들의 일련의 특성serial nature은 나의 관리자 체계 안에 있는 경직된 기대들rigid expectations을 일부 드러냈다. 비록 하나의 짐을 내려놓은 후 치료가 완결된 것처럼 보일지라도, 트라우마 생존자들의 내면 경험은 종종 층층이 쌓여 있다는 것을 상기했다. 만약 보이지 않는 추방자들이 존재한다면, 그들은 나중에 나타날 기회를 찾을 것이다.

베스가 돌아와서 긴급하게 더 많은 도움을 요청했을 때, 마지막 치료가 끝날 때 극적인 긍정적 변화에 대한 나의 자부심과 기쁨은 나에게 관리에 대한 실망managerial dismay과 내면의 수치심inner shaming을 불러일으켰다. 일단 나는 나 자신의 내면 작업을 마치고 난 후 다음번의 목격하기witnessing와 짐 내려놓기unburdening를 위해 베스와 함께 있을 수 있었다.

결론

IFS에서 전형적인 짐 내려놓기는 변형 의식ritual of transformation을 포함한다. 이 장의 사례들은 치료 중 짐 내려놓기가 어떻게 다양한 방법으로 일어나는지를 보여 준다. 지금까지 내가 설명해 온 내담자들은 그들의 참자기-에너지가 짐 내려놓기를 위해 그 자신의 고유한 선택을 하도록 만들어서 그들과 동행할 수 있는 기회를 나에게 주었다. 이들 중 몇 가지는 나의 안내 없이 자발적으로 일어났고, 다른 하나는 연습의 산물이었으며, 이어 다른 하나는 내담자의 내부 체계의 지혜와 타이밍timing에 따라 트라우마 치료의 단계들이 펼쳐지면서 연속적으로 발생했다. 모든 사례에서 내가 그들의 창의성에 개방적이고, 자기연민self-compassion을 가지며, 나의 추방자들을 돌보았을 때 나는 새로운 짐 내려놓기 방법들을 배웠고, 나 자신이 변형되었다.

참고문헌

Engler, J. (2013). An introduction to IFS. In M. Sweezy & E. L. Ziskind (Eds.), *Internal family systerms therapy: New dimensions* (pp. xvii-xxvii). New York: Routledge.

Schwartz, R, C. (1995). *Internal family systerms therapy.* New York: Guilford.

Schwartz, R, C. (2001). *Introduction to the internal family systerms model.* Oak Park, IL: Trailheads publications.

10
물려받은 짐

앤 싱코(Ann L. Sinko)

카이 가드너Kay Gardener의 사례 소재 첨부

▌서문

어떤 가족families은 그들의 역사에 대해 이야기하는 반면, 다른 가족은 그것을 무시하거나 숨긴다. 어느 경우든 안전과 생존에 관한 우리 선조들의 교훈은 언어적 및 비언어적으로, 또는 의식적으로 및 무의식적으로 세대를 거쳐 전해 내려온다. 이렇게 전수되는 것들은 가족 내에서 연결고리 및 회복력을 만들면서 긍정적일 수도 있고, 제약적이며 강요적constraining일 수도 있다. 나는 강요와 부정적 감정 그리고 신념들의 세대 간 물려받은 짐들legacy burdens에 초점을 맞추어 내담자들의 짐 내려놓기를 시키는 일반적인 내면가족체계IFS 작업에 대해 늘 하던대로 상세히 설명한다. 내 경험상, IFS는 개인적 경험을 통해 우리가 만들어 내는 짐들과 우리가 물려받은 짐들을 치유하는 데 동등하게 효과적이다.[1)]

1) 저자 주) 오랫동안 인간 문제들의 다세대적 특성에 초점을 맞춰온 체계적 가족치료(systemic family

짐 내려놓기 개념의 근원들: 샤머니즘

짐 내려놓기에 대한 IFS 접근법에 대한 설명은, 짐 내려놓기에 대해 IFS 개념이 내포하고 있는 정신적 규율spiritual discipline인 샤머니즘Shamanism을 참조하지 않고서는 완전하지 않을 것이다. 모든 영적 전통spiritual traditions[2)]은 어른들이 그들의 자녀들에게 내려주는 해결되지 않은 것과 용서받지 못한 것에 대해 다소 언급하고 있다. 무당들shamans은 이 현상을 묘사하기 위해 에너지 끈들energetic cords의 은유를 사용한다(Drake, 2003). 내 경험으로 볼 때, 내담자들이 그들의 물려받은 짐을 그들의 조상들과 연결시켜 주는 끈으로 묘사하는 것은 드문 일이 아니다. 어떤 조상과의 연결들ancestral cords은 강하고 사랑스럽고 명료한 반면, 다른 것들은 부정적이다. 이러한 조상들과의 연결들 중 일부는 억압적인 종교 기관들, 이민 트라우마, 노예제도, 집단학살 또는 편견에 기반한 모든 형태의 억압(인종주의, 가부장제, 동성애 혐오증 등)과 같은 외부 에너지들에 연결되어 있다. 나는 후자를 문화적인 물려받은 짐들cultural legacy burdens이라고 생각한다.

개요

이 장에서 나는 물려받은 짐이 세대 간에 전수되는 여러 방법 중 몇 가지를 보여 주는데, 여기에는 비밀 지키기, 수치심 주기, 위협이나 보상으로 가족 행동규범 강요하기 그리고 유기abandonment에 대한 아이의 두려움과 충성의 유대bonds of loyalty 악용하기가 포함된다. 동시에, 우리가 어떻게 내담자들을 도

---

therapy)와 에너지 전달에 초점을 맞춰 온 샤머니즘은 둘 다 IFS의 물려받은 짐의 개념에 큰 영향을 끼쳤다.

2) 역자 주) 영적 전통이라 함은 보통 종교나 구도자들이 추구하는 삶을 말하며, 영적 가르침의 의미를 포함한다.

와 물려받은 짐들을 찾아내고 탐구하며 방출할 수 있는지를 설명하려고 한다. 만약 우리가 치료 패러다임에 물려받은 짐 내려놓기legacy unburdening를 포함시키고, 무엇을 찾아야 하는지 알고 올바른 질문들을 한다면, 물려받은 짐들은 쉽게 파악되고 해소된다. 그 과정에서 나는 독자들에게 이 간단하고 효과적인 기법을 시도하도록 영감을 주고 싶다. 물려받은 짐을 해소하는 방법에 대한 설명은 〈표 10-4〉를 참조한다.

짐

IFS는 사람들이 그들의 균형 있고 조화로운 삶을 영위하기 위해 필요한 것을 가지고 있다는 사실을 받아들이지만, 우리가 짐들burdens에 얽매일 때, 이러한 자원들resources[3]은 차단된다고 가정한다. 짐은 전형적으로 다음과 같은 두 가지 상황에서 발생한다. 첫째, 생존을 위협하는 재앙적인 사건들은 종종 짐을 가져다준다. 특히 이러한 사건들의 경험을 완화하기 위한 위로comfort가 내부적으로나 외부적으로 가까이 없는 경우에 그렇다. 두 번째 그리고 더 흔하게, 사람이 비판받고 평가절하devaluing되었다고 느낄 때, 그 단계 또한 짐을 지우는 것으로 설정된다. 어떤 것이나 수치스러운 판단shaming judgments의 대상이 될 수 있다. 그러나 그 판단이라고 하는 것은 전형적으로 개인의 신체적 및 심리적 특성, 감정, 신념, 행동, 민족성, 인종 또는 문화에 초점을 맞추고 있다. 요컨대, 격한 감정overwhelming feelings과 부정적인 믿음을 불러일으키는 평가절하나 생명을 위협하는 사건은 짐이 될 수 있다.

3) 역자 주) 자원은 개인이 가지고 있는 각종 삶을 영위하기 위해 필요한 능력, 기지(機智) 등을 말한다. 사전적으로는 성과를 얻고 목표를 성취하며 변화와 치료적인 효과를 거두고 긍정적인 경험을 하는 데 도움이 되는 긍정적인 상태나 지식, 기술, 행동, 경험, 소유물 등을 말한다. 누구나 내면에 많은 자원을 가지고 있다 하더라도 자신이 자원을 가지고 있는 줄 모르거나 그것을 극대화할 수 없다면 성공적인 삶에 이르기 어렵다. 따라서 목표를 달성하기 위해서는 먼저 자기의 자원을 발견하고 극대화하는 것이 중요하다. 자원에는 대인관계망, 확실한 직업 등의 외적 자원과 용기, 자신감, 낙천적이고 긍정적인 태도 및 사고방식, 포용능력, 직관력 등과 같은 내적 자원 등 종류가 많다.

물려받은 짐

내 생각에 모든 사람은 물려받은 짐들을 안고 있지만, 주어진 가족의 역동들과 자원들은 짐들이 세대 간에 전달될 가능성을 경감시키거나 증가시키는 것을 촉진한다. 많은 물려받은 짐은 부모-자녀 상호작용을 통해 직접적으로 발생한다. 나는 이것을 명시적으로 물려받은 짐overt legacy burdens이라고 부른다. 다른 물려받은 짐들은 가족의 정서적 과정emotional process을 통해 간접적으로 받아들여진다. 나는 이것을 은밀한 물려받은 짐covert legacy burdens이라고 부른다. 부모-자녀 관계에서 명시적으로 물려받은 짐이 발생하는 이유는 아이들이 자연스럽게 흉내 내고 부모들의 소망을 받들기 때문이다. 부모의 보호적인 부분이 내면적으로 다른 부분들을 거부하거나 격려한 뒤 아이 안에 있는 유사한 부분들을 거부하거나 격려할 때, 명시적으로 물려받는 짐이 생성된다.

은밀한 물려받은 짐은 전염contagion[4]에 의해 생성되는데, 이는 우리 모두 감정을 가질 수 있고, 우리가 신념들의 기원을 모를 때 그들을 흡수할 수 있기 때문이며, 아이들은 그들 부모들의 감정과 신념들에 매우 민감하기 때문이다. 나는 물려받은 짐은 자유롭게 떠오르는 것이며, 본질적으로 활력이 있고, 종종 생리적인 것으로[5] 나타나는 경험이라고 할 수 있는데, 이는 맥락과는 연결되지 않는 불안, 두려움, 수치심이라고 생각한다.[6] 감정에 관련된 의미를 부여할 이야기가 없을 경우 우리는 자신을 신체적, 도덕적 또는 심리적으로 결함이 있는 사람으로 볼 위험이 더 커진다.[7] 한 내담자가 그녀의 가족

4) 역자 주) 집단 안의 한 사람이 흐느껴 울면 그 행동이 집단 모두에게 번져 나가듯이 연쇄적으로 파급(확산)되는 현상이다.

5) 역자 주) 예를 들어, 스트레스가 심해지면 생리적으로 호흡이 빨라지고 얕은 숨을 쉬며, 심장 박동 수가 증가하고, 피곤함을 느껴 간 기능과 소화 기능이 떨어지며, 근육이 긴장하게 된다.

6) 역자 주) 은밀한 물려받은 짐은 그 기원도 모른 채, 즉 사연도 모른 채 받아들여져서 종종 생리적으로 경험하는 불안, 두려움, 수치심 등을 겪게 되는데, 감정적으로 걷잡을 수 없고 매우 격하게 나타난다는 의미이다.

7) 역자 주) 우리의 감정을 유발할 아무 인과관계가 없이 불안, 두려움, 수치심 등이 엄습하면 우리는 신체적으로, 도덕적으로, 심리적으로 나 자신에 무슨 문제가 있는 것 아닌가 의심할 수 있다는 의미이다.

전체(어머니, 아버지, 자매, 형제 모두가 불안감을 갖고 있음)가 특히 저항의식challenging feeling으로 고심하고 있다고 보고할 때, 그것은 유전적 특질genetics이거나 은밀한 물려받은 짐일 수도 있고, 아마도 이 둘의 혼합일 수도 있다.

〈표 10-1〉 물려받은 짐 가능성을 나타내는 내담자 진술

- 우리 어머니(아버지, 할머니 등) 역시 이것을 가지고 있었다.
- 그것은 항상 나와 함께 있었다(난 항상 그걸 달고 살았다).
- (보살피고 수용하고 다정하고 규칙대로 하는 등을) 내가 하지 않으면, 내가 나쁠 것이다…….
- 빛나는 것은 안전하지 않다.[8)]
- 난 항상 내가 거만(britches)하게 구는 것이 좋지 않을 거라는 걸 알고 있었다.

〈표 10-2〉 물려받은 짐을 파악하기 위해 해야 할 질문

- 당신 증상의 심각성이 당신의 인생 경험과 일치하는가?
- 당신의 증상들이 당신에게 이해되는가?
- 당신은 이 에너지(energy)가 오로지 당신에게만 속한다고 느끼는가?
- 언제부터 이것을 믿기 시작했나?(만약 대답이 언제나라면, 물려받은 짐에 대해 주의를 기울일 것)

어떻게 물려받은 짐들을 파악하는가

수년 동안 나는 특정 진술들이 물려받은 짐(〈표 10-1〉 및 〈표 10-2〉 참조)을 가리키고 있다는 점에 주목하였는데, 일단 이러한 진술들 중 하나를 듣게 되면 물려받은 짐들에 대해 물어볼 수 있다. 좋은 소식은 우리가 감정이나 믿음이 내담자가 아닌 다른 사람의 것이라는 것을 알기 위해 내담자의 부분들

8) 역자 주) 남들보다 튀는 것(아부, 잘난 척 등)은 위험하다는 의미이다.

을 신뢰할 수 있다는 것이다. 물려받은 짐을 찾아내기 위해 내가 묻는 질문들은 문제가 언제 발생했는지, 그 문제가 내담자에게 얼마나 의미가 있는지, 증상의 심각성과 내담자의 개인적 경험들 사이에 불일치가 있는지 여부, 그리고 내담자 자신의 감정을 움직이는 에너지의 내부 또는 외부 자원을 경험하는지 여부에 초점을 맞춘다.

물려받은 짐이 어떻게 강화되는가

사건들과 습관behavior은 수치심을 유발하지 않는다. 오히려 한 사람, 가족, 세대 또는 문화가 받아들일 수 있는 것이 다른 사람에게는 전적으로 받아들일 수 없을지도 모른다. 그렇다 하더라도, 성행위와 성적 욕망sex and sexuality, 약물남용, 정신장애는 모두 수치심을 자주 불러일으키고 비밀을 조장하는 주제들이다. 수치스러운 것으로 성격 지어진 부분들은 내부적으로 추방되는 한편, 문화적으로 낙인찍힌 것은 무엇이든 (대부분의 문화에서든 또는 가족 안에서든) 외부로 추방된다. 중독에 관한 문헌이 서술하듯이(Anonymous, 2006; Black, 1981; Brown & Lewis, 1999; Elkin, 1984; O'Farrell, 1993; Wegscheider-Cruse, 1981), 약물남용이 만연한 가족에게 수치심은 비밀 유지를 조장하고 비밀들은 수치심을 유발하면서, 세대 간의 닭과 달걀 순환에 사로잡힌다.

알코올중독은 물려받은 짐들에서 비밀과 수치심의 역할을 분명히 보여 준다. 쉰네 살인 홀리Holly는 불안감과 술 마시고 싶은 괴로운 충동들에 대해 나에게 치료를 받으러 찾아왔다. 그녀는 알코올중독으로 5년 동안 적극적인 회복과정에 있었는데도, 지속적인 금욕, 12단계 프로그램에의 지속적인 참여, 그리고 '지금 내 인생에서 모든 것이 꽤 잘되고 있다'는 사실에도 불구하고 기분이 나아지지 않았다는 사실에 낙담했다. 그녀는 늘 그녀와 함께 있어 왔던 자신의 불안감을 걷잡을 수 없으며 한결같은 것으로 묘사했다. 그녀는 자신의 감정을 파악하는 데 어려움을 겪었고, 그녀의 온 가족이 극심한 불안감으로 떨고 있다고 묘사했다. 그 결과, 가족 행사에서 유일하게 안전한 화제는 날씨였다.

홀리는 돌아가신 아버지를 기능적이고 비열한 술주정뱅이functional[9] mean drunk(그와 형제자매들 중 몇 명이 간경화증으로 사망했다.)로, 어머니는 무능하고 냉정하며, 그녀의 두 형제자매들은 오랜 정신과적 경력psychiatric histories이 있는 약물 남용자들이라고 표현했다. 그녀는 가족력family history을 거의 알지 못했으며 어떤 대가족과도 전혀 접촉하지 않았다. 그녀는 어린 시절에 외할머니가 그녀 출생 전에 돌아가셨다는 말을 들었지만, 40대에는 외할머니가 최근 주 정신병원 state psychiatric hospital에서 실제로 돌아가셨다는 사실을 알게 되었다.

홀리의 이야기는 물려받은 짐들을 크게 암시하는 증상들과 행동들로 가득하다. 그녀의 가족은 임버 블랙Imber-Black(1993)의 수치심 규칙들rules of shame을 분명히 보여 주고 있다(〈표 10-3〉 참조). 한 집안이 무의식적으로 이러한 규칙을 고수하는 것은 세대를 거쳐 수치심의 짐을 유지할 수 있다. IFS에서 우리는 이러한 규칙들을 관리자들, 즉 현상 유지에 매달리며 추방자들의 무질서한 감정을 추방하기 위해 열심히 일하는 보호자 부분들의 칙령들edicts이라고 생각한다.[10]

나는 홀리와 수치심 및 가족의 비밀을 지키는 과정에 대해 이야기하는 것으로 시작했다. 그녀는 자신의 불안감의 많은 부분이 가족이 대대로 이어져 내려온 해결되지 않은 트라우마에 대처하는 그녀 가족의 방식에서 비롯되었을 수 있다는 생각에 크게 안도했다. '나의 12단계 프로그램'에서 그녀가 말했다. "당신은 우리가 감추는 만큼 아플 뿐이라고 하잖아요. 하지만 그 말이 좋긴 한데, 저

9) 역자 주) functional alcoholic(기능적 알코올중독)은 인체는 '기능성 예비 저장량'이라는 기능이 있어 과음 시에도 인체 기능이 작동한다. 다만, 인체는 엄청난 긴장을 하며, 긴장 원인이 제거되면 정상으로 돌아간다. 그러나 세포는 긴장을 하면 확장되는데 시간이 길어지고 지나치면 파열되어 죽고 만다. 심하면 간, 식도, 위, 췌장, 심장과 혈액 순환, 폐, 신장, 뇌와 신경 계통에 해를 입게 된다. 이것은 주량이 센 사람도 마찬가지다. 이와 같이 예비 저장량이 소진된 상태에서, 즉 많은 세포가 다치거나 죽어 회복 기능이 망가진 상태에서도 음주를 갈망하는 경우 기능적 알코올중독이라고 이해한다.

10) 역자 주) 수치심이 있는 사람의 경우, 보호자 부분들이 이렇게 하라, 저렇게 하라는 행동 지침을 만들어 그 사람을 보호하고자 하는데, 보호자 부분들의 그 포고령이 바로 수치심 있는 사람의 행동 규칙들(rules)이 된다. 여기서 규칙들이란 수치심 있는 사람들의 행동 습관들을 의미한다.

는 가족에게 불충실한disloyal 마음을 느끼면서도 제가 진짜로 냉정해진다면 가족이 저에게 화나지 않을까 걱정하고 있는 부분을 역시 가지고 있어요. 제가 회복되기를 바란다면 전 아마도 가족 규칙을 깨야겠죠."

〈표 10-3〉 수치심 규칙

에반 임버 블랙(Evan Imber-Black)의 『가족들의 비밀들과 가족치료(Secrets in Families and Family Therapy)(1993, p. 37)에서 8가지 수치심 규칙을 각색함.
• 통제(Control): 모든 행동과 상호작용을 통제하라. • 완벽함(Perfection): 항상 '올바를' 것이며, '올바른' 것을 행하라. • 비난(Blame): 만약 어떤 일이 당신의 계획대로 일어나지 않는다면 (자신 또는 타인들을) 비난하라. • 부인(Denial)[11]: 감정, 특히 불안, 두려움, 슬픔, 욕구(need), 외로움 같이 부정적이거나 취약한 감정을 부인하라. • 비신뢰성(Unreliability): 관계에서 신뢰성이나 일관성을 기대하지 말라. 예측할 수 없는 것을 조심하라. • 불완전성(Incompleteness): 거래(transactions)를 해결(resolution)하거나 완료하지 말라. 당신이 보호하고 있는 감정과 솔직한 폭로들에 직면해야 할 수도 있기 때문이다.[12] • 대화 금지(No talk): 수치스럽거나, 모욕적이거나, 또는 강압적인 행동들에 관해 공개적으로 그리고 직접적으로 말하지 말라. • 탈락(Disqualifications): 무례하거나, 수치스럽거나, 모욕적이거나, 또는 강압적인 행위가 일어났을 때, 그 행위를 제외시키거나(disqualify) 부인하거나 위장하라.

이 이야기는 우리가 이제 홀리가 유산으로 물려받은 불안감을 즉시 다룰 준비가 되어 있다는 신호였다. 부모가 의식적으로, 무의식적으로 자녀에게 전달하는 물려받은 짐들은 홀리가 인용한 종류의 구속력은 있지만 보이지 않는 충

11) 역자 주) 부인(否認). 드러나면 굴욕감을 느끼거나 망연자실할 수 있는 비밀을 지키기 위한 행동. 부인은 우리가 정신적 충격을 받았을 때, 특히 고착되는데 부인의 강력한 원인은 수치심이다. 부인이 계속 이어지면 정신질환으로 이어질 수도 있다. 수치심과 그에 따른 부인은 버려야 한다.

12) 역자 주) 단정적으로 '~하겠다.'고 결론을 내려버린 후, 은밀하게 전해진 물려받은 짐으로 자기도 모르게 감정이 튀어나오거나 솔직하게 '나 원래 이러한 사람이야.' 하고 말할 수가 있으니 결론을 내지 말라.

성심(Boszormenyi-Nagy & Spark, 1973; Hellinger, 2011)으로 인해 강화된다. 가족 규칙을 어기면 쫓아낼까 두려워하는 아이들은 비밀 유지에 순응하는 법을 배운다. 무언의 규칙들이 충성심과 두려움에 의해 제자리에 고정될 때, 그것들이 명백하게 밝혀질 때까지 그것들은 일반적으로 이해되거나 저항받을 수 없으며, 그래서 그것들은 몇 세대에 걸쳐 모호하게 저항받지 않고 남을 수 있다.

목격하기와 물려받은 짐

보호자 부분들은 개인의 짐들과 물려받은 짐들을 구분할 수 없기 때문에 그들은 그 둘에 대해 같은 방식으로 대응한다. 그러나 치료사들은 여러 가지 이유로 그들을 구별할 수 있고 구별해야 하는데, 주된 이유는 물려받은 짐들이 개인적인 짐들보다 (대부분) 내려놓기가 더 쉽기 때문이다. 비록 IFS에서 추방자들의 목격하기witnessing가 치료의 핵심이지만, 일단 물려받은 짐이 다른 사람의 것으로 확인되면, 보호자들은 보통 그것을 놓아 주기를 열망한다. 그래서 우리는 어떤 추방자나 조상이 목격되기를 원하는지 묻고, 그렇지 않다면 우리는 짐 내려놓기로 옮겨 간다. 그러나 만약 대답이 '네'라면, 우리는 그 혼합된 짐을 목격한다.

개인적 짐들에 앞서 물려받은 짐들에 주목하기: 아만다

내가 아만다Amanda와 함께한 일은 내담자의 개인적 짐들personal burdens에 관심을 돌리기 전에 어떻게 물려받은 짐들을 다뤄야 하는지를 보여 준다. 아만다는 면허증 있는 부부 및 가족 치료사였는데, 그녀는 부부를 대상으로 하는 작업에서 성공하지 못했다고 느꼈을 때 나에게 상담을 요청하였다. 그녀는 부부상담에서 진행이 더디거나 진전이 없어 보일 때 좌절한 부분을 파악한 뒤, 돌보는 부분caretaking part과 문제해결 부분problem solving part 사이에 양극화

polarization가 있음을 알아챘다. 그들이 그녀의 좌절감을 감지할 때마다, 이 부분들은 플로어타임[13]을 위해 경쟁하고 그녀의 의식을 지배하고는 했다.

"'문제해결사problem solver'는 그의 방식his way이 최선의 전략이며, 그가 정말 잘한다고 믿고 있어요. 그는 문제가 해결되지 않으면 상황이 더 악화될 것이기 때문에 계속해야 한다고 말해요."라고 그녀는 보고했다.

"그는 무슨 뜻으로 상황이 더 악화될 것이라고 말하지요?" 내가 물었다.

"돌봄이caretaker가 나서게 될 것이라는 뜻이에요."

"그러면 무슨 일이 일어나지요?" 내가 물었다.

"저는 무능하고 무력하게 될 거예요. 아, 알겠어요! 문제해결사는 제 아버지이고, 돌봄이는 제 어머니예요. 아버지는 제가 자립적이고 실제적이기를 정말 원하셨어요. 만약 제가 다른 사람에 대해 염려를 나타낸다면, 아버지는 경멸적인 얼굴 표정을 하면서 나를 가만히 노려볼 거예요. 그건 제가 어머니처럼 행동하기 때문이지요. 어머니는 항상 다른 사람들의 욕구needs에 집중해요. 그녀는 매우 상냥하지만, 다른 사람과의 갈등을 용납할 수 없기 때문에 통제력이 정말로 매우 뛰어나죠. 그리고 제 아버지는 통제받는 것을 견딜 수 없어 하죠. 그래서 하하, 그들은 항상 갈등을 겪고 있어요."

"그래서 당신의 문제해결 부분은 돌봄이 부분이 관여하는 것을 원하지 않는군요?"

"네."

"그들이 누구를 보호하는지 물어보세요."

잠시 귀를 기울인 후, 아만다가 말했다. "무가치함worthlessness."[14]

"뭐라도 해 봅시다. 여기 종이 한 장이 있어요. 저는 당신이 느끼는 모든 무

---

13) 역자 주) 이 기법은 웨이더(Weider)와 그린스펀(Greenspan)이 개발한 것으로 아동의 활동은 흔히 마루에서 일어나기 때문에 FloorTime이라고 부른다. 기본 원리는 아동이 마루에서 자연적인 동기를 일으키도록 상호작용을 할 기회를 만들어 내는 것이다. 자폐아 같이 발달장애를 지닌 아이를 위하여 많이 활용되는데, 부모나 교사는 놀이를 지시하거나 통제하지 않고 아이의 눈높이에 맞추어 상호적인 놀이 파트너가 된다. 즉, 아이가 놀이와 장난감을 선택하도록 하고, 부모나 교사는 아이의 사회성 발달을 염두에 두고 어떻게 하면 아이가 상호적으로 잘 놀 수 있을지를 고민한다.

14) 역자 주) 아만다 스스로 자신은 아무 가치도 없는 존재라고 비관하는 부분이다.

가치함을 나타내는 원을 그려 주셨으면 해요. 이제 아무 생각도 하지 말고 그냥 당신의 손이 결정하도록 허락하세요. 당신의 무가치함(이라는 짐) 중에서 물려받은inherited 부분을 나타내는 파이 조각을 그리세요."[15)]

아만다는 재빨리 원 한가운데로 선을 긋고 고개를 끄덕였다.

"50, 50."

"그러니까 당신의 무가치함이라는 짐은 50퍼센트가 물려받은 것, 50퍼센트는 당신의 인생 경험에서 온 것이네요." 내가 말했다.

"네." 아만다가 말했다. "저에게 왜 그게 필요하죠?"

"당신은 그게 필요하지 않아요." 내가 말했다.

"그리고 당신은 자신의 것이 아닌 것을 되돌려 보낼 수 있어요. 하지만 먼저 당신의 부분들에게 그들이 그것을 내려놓는 것unloading에 관해 어떠한 우려라도 있는지 물어보죠."

만약 어떤 부분이라도 짐 내려놓기 과정의 일부 측면을 두려워한다면, 우리는 치유 단계들healing steps을 시작하기 전에 그것을 해결해야 한다. 내담자가 물려받은 짐이 필요하다고 생각하는 부분이 없다면 계속한다. 만약 '네'라면, '짐이 사라진다면 무슨 일이 일어날까요?'라고 물어본다. 비록 부분들이 물려받은 짐을 대개 그냥 내버려 두고 싶어 하지만, 그들은 세 가지 공통적인 두려움을 가지고 있다. 첫 번째는 불충실disloyalty, 두 번째는 정체성identity, 세 번째는 단절disconnection인데, 이 모든 것은 쉽게 해결될 수 있다.

아만다의 무가치함이라는 짐의 절반이 그녀 세대 이전에 생겨났다는 것을 이해했는지 확인하기 위해 문제해결 부분 및 돌보는 부분과 상의하였는데, 그들은 그것(무가치함의 짐)을 그냥 내버려 두고 싶어 했다.

"이렇게 물려받은 짐에 대해서 이야기를 하고 나서, 우리는 이제 이 무가치함이라는 나머지 절반의 짐을 지고 있는 당신의 부분들을 다룰 수 있어요. 시작해

15) 저자 주) 이 기술을 나중에 치료사가 되어 기(氣)치료(energy healing)뿐만 아니라 샤머니즘에 대해 훈련을 받은 생물학자인 미치 로즈(Michi Rose)에게 배웠다. 미치 로즈는 IFS에서 치유를 위해 중요한 단계인 짐 내려놓기를 IFS 모델에 통합시켰다.

볼까요? 당신의 어머니와 아버지의 가장 높은 긍정적인 잠재력을 초대하고, 그리고 이 짐을 공유하는 당신이 알고 있는 또는 모르고 있는 어떤 세대들의 가장 높은 긍정적인 잠재력을 우리가 하는 작업에 초대합시다."라고 나는 말했다.

"그게 무슨 뜻이죠?" 아만다가 물었다.

"만약 그들이 최선을 다할 수 있었다면, 그들이 짐을 덜 떠안고 좀 더 자기연민을 가지고 자신감을 느낄 수 있었다면 그들이 되고 싶었던 사람들이 되었을 거예요. 이것이 바로 그들의 가장 높은 긍정적인 잠재력인 것이죠."라고 내가 말했다.

우리가 조상들에게 가장 높은 긍정적인 잠재력을 요구할 때, 우리는 본질적으로 조상들이 지금 우리가 부를 수 있는 '참자기'를 가지고 있었다고 확실히 하는 것이다(Michi Rose, 개인적 대화, 2002).

짐 내려놓기를 위해 참자기-에너지가 필요하기 때문에 우리는 주저하는 부분들reluctant parts의 두려움과 우려를 해결해야 한다. 어떤 내담자들은 조상들이 참여하도록 부탁하는 것이나 그들이 긍정적인 잠재력을 가졌을 거라고 생각하는 것에 관해 어려움이나 불신감을 보고하는데, 이런 경우 나는 조상의 참자기 혹은 최고의 긍정적인 잠재력을 상상하는 것만으로도 괜찮다고 말한다. 반면에, 어떤 내담자들은 조상들과의 어떠한 상호작용에도 관심이 없는 보호자들을 그냥 가지고 있는데, 이런 경우 물려받음legacy은 전통적인 방식으로 요소들elements 중 하나에게 짐을 덜 수 있다. 비록 나는 조상계ancestral line를 대상으로 일하는 것을 선호하지만, 많은 IFS 치료사는 조상들을 대상으로 직접적으로 작업을 거의 하지 않거나 전혀 하지 않고 단지 물려받은 짐 내려놓기들을 통해 진행한다. 나는 두 가지 접근법을 모두 시도해 보기를 권장한다.

"나는 그들에게 가장 최고의 가능한 상태highest possible state에 참여하도록 요청할 거예요." 아만다가 말했다.

"그들이 여기 오면 알려 줘요."

"좋아요. 어머니, 아버지, 조부모님들, 그리고 제가 모르는 몇몇 사람들이 보여요."

"그들에 대해 어떻게 느껴지나요?"

"부모님한테 화가 좀 나요. 하지만 저는 그들이 이런 똑같이 무가치한 느낌을 가지고 있다는 것을 알기 때문에 그들에 대한 연민도 갖고 있어요. 그들은 너무나 불행했어요. 이 일이 얼마나 거슬러 올라가는지 보는 것은 감동적이에요."

"당신 딸들도 짐 내려놓기를 하라고 초대할래요?"

"그럼요! 분명히 그들은 저주에서 벗어나지 못했을 거예요." 내담자의 자녀들(바브 카길이 나에게 하라고 가르쳐 준대로)[16]을 포함시킴으로써 우리는 전체 세대에서 짐을 치워 버릴 수 있었다. 부모는 대개 자녀들의 짐을 내려놓게 해주고 싶어 하는데, 자녀들은 부모의 직접적인 어떤 관여도 필요로 하지 않는다. 내 경험상, 부모가 짐을 그냥 내버려 두고 의식적으로 자녀를 책임에서 해방시켜 줄 때, 부모와 자녀 양쪽 모두 이득을 본다.

"당신 딸들이 여기 오면 알려 주세요. 그들이 준비가 되었다고 느끼면, 이제 그들에게 그들의 몸에서 물려받은 무가치함의 짐burden of worthlessness을 꺼내서 그것을 당신에게 돌려주라고 부탁하세요. 그것이 완결되면, 당신의 몸에서 그 짐을 꺼내어 당신의 부모님에게 돌려주세요."

"하지만 저는 그들이 더 이상 어려움을 겪는 것을 원하지 않아요! 그들은 충분히 고통받았어요."라고 아만다가 갑자기 말했다. 그런 다음 그녀는 덧붙였다. "저는 아버지와의 유일한 관계를 잃을까 봐 두려워요."

"이것은 그들의 짐이기 때문에 그들에게 그것을 돌려줌으로써 당신은 그것에 아무것도 추가하지 않을 거라는 걸 당신은 알고 있어요.[17] 당신은 단지 그 짐이 왔던 곳으로 다시 돌려주는 것뿐이에요. 그런 다음 우리는 당신의 부모님에게 같은 일을 하도록 초대할 거예요."

짐 내려놓기를 하면 진정한 마음의 연결이 가능하다고 그녀의 우려하는 부분들을 안심시킬 수 있었지만, 나는 그녀 자신이 직접 확신하는 것이 가장 효

16) 저자 주) 바브 카길(Barb Cargill)은 IFS의 선임 트레이너이자 요가 및 댄스 교사이다. 그녀는 물려받은 짐과 문화적인 짐을 대상으로 일하도록 IFS 치료사들을 훈련시키는 데 큰 공헌을 했다.

17) 역자 주) 단지 원래 그들 것이었던 그들의 짐만 돌려주는 것이지, 내가 만든 짐과 같은 다른 것까지 그들에게 추가해서 돌려주는 것이 아니라는 의미이다.

과적이라고 생각하기 때문에 불충성에 대한 두려움이 생겼을 때 문제의 근원을 가져오게 하여 그녀가 우려하는 것을 직접 해결하도록 요청한다. 만약 조상의 참자기, 즉 최고의 긍정적인 잠재력이 존재한다면 그 대답은 내담자에게 최신이 될 것이나.

"그러면 부모님에게 이 무가치한 짐을 그들에게 되돌려주어도 괜찮은지 여쭤 보세요." 나는 말했다.

아만다는 울기 시작했다.

"그들이 고개를 끄덕이고 있어요." 그녀가 보고했다.

"그리고 아버지와 매우 가까운 느낌이 들어요."

"그럼 준비됐나요? 당신의 몸에서 짐을 꺼내 부모님에게 드리세요. 이제 그들에게도 똑같은 일을 하도록 부탁하고 그 짐이 계속 뒤로 전해지게 내버려 두세요. 조상계의 마지막 지점[18]에 이르면 말해 주세요."

"잠깐만요! 이 짐을 포기해 버리면 내가 누군지 모를 것이라고 생각하는 부분이 있어요."

짐이 해소되려고 할 때, 종종 보호자 부분들이 방해한다. 이 경우, 걱정하는 부분이 안도감을 갖고 우리가 계속 진행하도록 기꺼이 허용할 때까지 우리의 주의를 그 부분에게 돌린다.

"나는 당신의 걱정하는 부분worried part[19]에게 '짐이 없으면 당신은 더 많은 자신감을 느낄 것이고 기분이 좋아질 것'이라는 것을 확신시켜 주고 싶어요. 하지만 직접 보면 안 믿을 수 없을 것이기 때문에, 당신이 한 번에 한 방울one drop씩의 짐을 해소해 주는, 그래서 당신의 기분이 더 좋아지는지 아니면 덜 좋아지는지 알기 위해 매번 걱정하는 부분을 확인할 수 있도록 하는 실험을

18) 역자 주) 거슬러 올라갈 수 있는 조상계의 끝부분이다.

19) 역자 주) worried는 '걱정하는' 뜻의 가장 일반적인 단어로 주로 특정한 때에 한 개인이 갖고 있는 감정을 표현하며, 기질은 나타내지 않는다. concerned('우려하는')는 보통 다른 사람이나 사회, 세계 등에 영향을 미치는 상황에 대해 우려가 있을 때 사용한다. 한편, nervous는 불안해하는, 초조해하는, 두려워하는 뜻으로 중요한 일 또는 힘든 일을 앞두고 느끼는 감정(사람의 기질도 표현 가능)이다. anxious는 worried보다 한 단계 강한 불안이나 걱정스러운 기분을 표현할 때 사용한다. 특별한 일이 임박했거나 불확실한 결과를 기다리고 있을 때의 심정 표현이다. '너무 ~하고 싶다.'의 뜻도 있다.

걱정하는 부분이 기꺼이 해 볼 의향이 있는지 물어보세요."[20]

"좋아요." 아만다가 잠시 침묵을 지키다가 말했다.

"약 여섯 방울 정도 풀어준 후에 그 부분이 저를 더 선명하게 볼 수 있었고 그 보호자가 편안해졌어요."

"훌륭해요. 계속해도 괜찮을까요?" 아만다가 고개를 끄덕였다.

"그럼 당신 자녀들이 당신에게 물려받은 짐을 돌려주는 것부터 시작하기로 해요. 당신은 그것을 당신 부모님들에게 건네주시고, 세대선 끝까지 계속하세요."

아만다는 몇 분 동안 조용히 있다가 말했다.

"저는 제 딸들이 이 끈적끈적한 덩어리를 몸에서 꺼내 저에게 주는 것을 보았어요. 저는 그것을 기쁘게 받아들였고, 그것은 제 것이었으며, 저는 그들이 그것을 갖기를 원하지 않았어요. 그래서 저도 똑같은 일을 했고, 그 덩어리는 세대선을 올라갔어요. 그것은 여러 세대를 거슬러 올라갔어요. 아무도 말이 필요하지 않았어요! 그들이 그것을 뒤로 건네줄 때 모두가 미소만 지었고 고개를 끄덕였어요."

"당신은 맨 위에 있는 조상이 그 덩어리를 어떻게 내려놓기unload를 원하나요?" 나는 아만다를 감독director으로 임명하면서 물었다.

"저는 그것을 매장하고 싶어요."

"당신 조상이 그렇게 하기 전에, 어떤 식으로든 당신에게 의미 있는 방식으로 이 짐이 만들어 낸 시련들에게 경의를 표합시다." 긴 침묵이 흐른 후, 아만다는 빈곤하고 굶주린 채 계약으로 인한 노예상태indentured servitude에 있는 사람들의 장면들을 보는 것을 묘사했다. 나의 제안으로 아만다가 그녀의 일부 조상들을 목격하게 되었지만, 상황은 다른 방향으로 흘러갈 수도 있었다. 나는 특별한 기대를 하지 않았다.

"조상들에게 보여 줄 것이 더 있는지 물어보세요."라고 내가 말했다.

---

20) 저자 주) 이 원 드롭 기법(One Drop technique)에 대해 미치 로즈(Michi Rose)에게 감사하고, 짐 내려놓기를 다루기 위한 고급의 짐 내려놓기 기법들(Advanced Unblending Techniques)에 대해 마이클 엘킨(Michael Elkin)에게 감사를 표한다.

"아니요, 그게 다예요."

"좋아요. 준비되면 조상들에게 그 짐을 묻도록 부탁하고 그들이 끝마치면 제게 알려 주세요."

"끝났어요." 몇 분 더 있다가 그녀가 말했다.

"우리는 모두 함께 모여 그것을 거대한 떡갈나무 아래에 묻었고, 세대들generations의 투쟁들을 기리기 위해 그 자리를 비석으로 표시했어요."

"그리고 이제 당신은 무가치함에 의해 밀려났던 자질들qualities을 다시 불러들일 수 있어요."

"사랑과 참자기-자신감Self-confidence!" 아만다가 말했다.

"사랑과 참자기-자신감을 (세대)선 맨 위에 있는 조상에게로 불러들여, 그 사람에게 그것들을 당신에게까지 온 힘을 다해 전해 내려주라고 요청하세요. 그러면 당신은 그것들을 당신 딸들에게 넘겨줄 수 있어요. 그게 완료되면 제게 알려 주세요."

아만다는 내면에서 일어나고 있는 일에 대해 매우 고요하고도 깊게 주의를 기울였다.

"끝났어요." 몇 분 후에 그녀가 말했다.

"모두 어떤가요?"

"더욱 편안해졌어요."

"아주 좋아요. 나타나 주신 것에 대해 그들 모두에게 감사하세요."

"네, 그들 역시 저에게 감사하고 있어요."

회기를 종료하기 전에, 우리는 그녀의 문제해결 부분들과 돌봄이 부분들에게 그들이 물려받은 짐 내려놓기를 목격한 것이 확실한지 다시 확인했다. 그들은 둘 다 약간의 안도감이 든다고 알려 주었고, 아만다가 개인적으로 짐 내려놓기를 할 것이 많았음에도 불구하고 변화할 준비가 되어 있었다. 문제해결사는 창의적이기를 원한 반면, 돌봄이는 휴가를 내어 자기관리에 집중하기를 원했다. 아만다는 이러한 제안들에 동의한 후, 내면 두루두루 개인적인 무가치함의 50%[21]에 대해 물었고 그녀의 부모들로부터 사랑받지 못한다고 느끼는 부분이 나타났다. 이 어린 추방자는 그녀가 각 부모의 기대에 부응해 살 수 없었기 때문에 불행한 운명을 맞이했다고 믿었다. 우리가 시간이 부족했기 때문에 아만다는 그녀에게 돌아가기로 약속했다.

비록 아만다가 아직 그녀의 추방자의 짐 내려놓기를 못했지만, 이번 회기가 끝난 후, 어려운 부부들을 대상으로 일할 때 자신의 일에서 더 많은 현존을 느끼고, 내담자들의 불안감에 더 잘 견딜 수 있으며, 호기심과 연민을 더 많이 느낀다고 보고했다. 또한 그녀는 자신이 어느 누구, 내담자들 또는 가족을 위해 문제를 해결하려는 경향이 더 이상 없음을 알았다.

우리가 보는 바와 같이, 아만다는 그녀의 돌봄이와 문제해결 부분들이 그녀의 부모님들 같다는 것을 알아차렸을 때 자신도 모르게 물려받은 짐을 드러냈다. 우리는 그녀의 짐 중 얼마만큼이 물려받음legacy인지를 보기 위해 원그림circle drawing을 사용하였고, 그것을 내려놓는 것에 대한 우려를 점검했다. 그녀 부분들의 우려들concerns을 처리한 후, 우리는 그녀의 조상들과 자녀들에게 참여를 부탁했고 그들의 참자기-에너지를 확인했다. 우리가 모든 참여자 안에 상당량의 참자기critical mass of Self를 가졌을 때, 아만다는 물려받은 짐을 떨쳐버리고 조상들의 짐을 내려놓을 준비가 되어 있었다. 우리가 마지막에 그녀의 부분들에게 돌아왔을 때, 그들은 물려받은 짐인 50%의 짐 내려놓기를 통해 새로운 역할들을 맡을 수 있는 충분한 안도감이 들었다고 말했다. 마침내 우리는 자신이 무가치함을 떠안고 있던 아만다의 추방자에게 돌아가기로 약속했다.

목격하기 필요 없음: 물려받은 수치심을 가진 메그의 경험

수치심과 비밀 유지로 인해 이야기들을 잃어버리면, 남는 것은 보호자 부분의 습관적인 숨 막히는 행동이다. 침묵된 경험은 암호화되어 "말할 수 없는

21) 역자 주) 조상들로부터 물려받은 50% 말고 후천적으로 만들어진 나머지 50%를 의미한다.

것은 더 이상 표현할 수 없기 때문에 생각할 수 없게 될 때까지 세대를 거쳐 전달된다. 그것은 설명할 수 없는 증상을 보이는 사람을 괴롭히는 '귀신ghost'이 되어 자신도 모르게 투영된 은밀한 부모를 암시한다"(Schutzenberger, 1998, p. 144). 이전 세대의 사건이 부끄러운 일로 인식되었을수록 비밀에 싸일 가능성이 높아지고, 그리고 짐을 떠안게 된 사연은 알려지지 않거나, 돌이킬 수 없게 되거나, 모호하거나, ('전화' 게임처럼) 크게 왜곡될 가능성이 높아질 것이다. 이와는 대조적으로, 건강한 경계들healthy boundaries[22]을 가진 가족은 실패와 성공을 모두 포함하는 이야기들에서 열린 의사소통open communication과 가족사를 공유하는 습관을 가지고 있기 때문에 물려받는 짐들을 덜 전달할 것이다.

결혼한 마흔 살의 여성 메그Meg는 남편과 섹스를 즐긴 적이 없어서 나Kay Gardener를 찾아왔다. 대신에 하나의 부분은 만약 그녀가 섹스를 즐긴다면 수치스러운 창녀가 될 것이라고 계속해서 그녀에게 말해 왔다. 그녀가 성관계를 가질 때, 남편과 함께 있으면서 현재에 집중하면서[23] 친밀감을 느끼는 대신, 그녀는 집안일, 빨래, 아이들 그리고 그녀 삶의 다른 일상적인 잡다한 일들을 생각했다. 그녀는 페미니즘feminism[24]을 잘 알고 있고, 여성 섹슈얼리티sexuality[25]에 관한 수업을 들었으며, 마음이 열린 친구들이 있었기 때문에 성

22) 역자 주) 스스로 경계를 정하고 타인의 경계를 존중하는 것은 자신의 삶을 책임지는 방법을 배울 수 있게 한다. 경계는 자신을 분리시키는 것 같지만, 관계에 있어 건전한 규칙을 제공하기 때문에 사실상 연결점이다. ① 경계는 우리의 관계와 자존감을 향상시킨다. 즉, 자기관리 또는 관계 안에서 자신을 우선시할 수 있게 해 준다. ② 경계는 유연해야 한다. 너무 경직되면 자신을 고립시킬 때 문제가 발생할 수 있다. ③ 경계는 자신을 옹호하고 돌볼 수 있는 에너지를 보존할 수 있게 해 준다. ④ 경계를 무너뜨려 자신의 취약성을 드러냄으로써(터놓고 이야기함으로써) 사람들을 더 가깝게 만든다. 반면, 지나친 공유는 다른 사람을 감정적으로 볼모로 잡거나, 관계를 한 방향으로 강요할 수 있다.

23) 역자 주) 현실의 일과 사람에게 온전히 전심으로 집중하는 것. 수용전념치료(ACT)에서는 미래나 과거에 대한 생각을 없애는 것이 아니라 사람들이 좀 더 유연해지도록 돕는 것이라고 제안한다.

24) 역자 주) 여성주의. '여성의 특질을 갖추고 있는 것'이라는 뜻을 지닌 라틴어 '페미나(femina)'에서 파생한 말로, 성 차별적이고 남성 중심적인 시각 때문에 여성이 억압받는 현실에 저항하는 여성해방 이데올로기를 말한다. 이 때문에 문제가 되는 것은 생물학적 성(sex)이 아니라 사회적 성(gender)이다.

25) 역자 주) 섹스(sex)가 보통 생물학적 성(性)의 구별이나 직접적인 성행위를 뜻하는 반면, 섹슈얼리티는 19세기 이후 만들어진 용어로 '성적인 것 전체'를 가리킨다. 보통 '성적 욕망'으로 표현되나 성적 행동, 성본능, 이데올로기, 제도나 관습에 의해 규정되는 사회적인 요소들까지 포함한다. 섹슈얼리티는 생리적 현상이라기보다는 심리 사회적 현상이고 문화에 의해 학습된다.

적인 만남들이 왜 항상 그녀에게 수치스럽게 느껴졌는지 이해할 수 없었다.

나는 그녀의 가족이 아일랜드 가톨릭 신자이고 집에서 섹스에 대해 논의한 적이 없다는 것을 알게 되었다. 그녀의 부모가 서로 성관계를 맺었다거나 그녀와 그녀의 칠 남매가 사춘기 이후에 성생활을 발전시킬 것이라는 암시는 없었다. 우리는 성에 대해 부정적인 감정과 신념을 가진 부분들을 탐구하기 시작했다. 메그는 혼전 성관계와 자위행위를 부끄러워하는 추방자들을 찾아내어 짐을 내려놓았다. 그러나 그녀의 경험들은 성에 대한 그녀의 공포스러운 반응을 설명할 만큼 수치심을 느꼈다는 인상을 주지는 않았다.

"혹시 이 끔찍한 에너지가 다른 사람의 것일 가능성은 없나요?" 내가 물었다.

메그는 주저함 없이 "어머니, 할머니, 증조할머니, 그리고 그들 이전의 많은 세대 여성들로부터 그것을 물려받았어요. 저는 그저 이 물에서 수영하면서 자랐죠."

이러한 유형의 내담자들의 대답은 물려받은 짐의 가능성을 탐구하기 시작 때 흔한 것이다. 우리는 반복되는 짐 내려놓기 조치들 이후에도 집요하게 지속되는 증상들과 변하지 않는 것으로 나타나는 믿음들을 찾고 있다. 그녀의 대답으로 미루어 볼 때, 나는 우리가 올바른 길을 가고 있다는 것을 알았다. 물려받은 짐을 해소하는 데 두 번 이상의 회기가 소요될 경우, 우리는 물려받은 짐 내려놓기에 대한 계획을 세우고 내담자에게 무엇이 도움이 될 수 있는지를 회기 중간에 물어볼 수 있다. 내담자의 의향이 있는 경우, 물려받은 짐을 내려놓기 하는 데 있어 원가족작업(family-of-origin work; Schutzenberger, 1998), 의미 있는 역사적 장소 방문하기, 그리고 조상의 전래 경험에 대한 외부 확인자료 수집 활동도 포함할 수 있다.

"당신 어머니에게 이 문제를 이야기해 볼 의향이 있습니까?" 내가 물었다.

메그는 눈을 감고 두 팔로 어깨를 감쌌다.

"당신이 그렇게 말했을 때 사실 저는 떨기 시작했어요." 그녀가 말했다.

"제게 그 용기가 있는지 모르겠어요."

몇 주 동안 두려움에 떨었던 부분들을 다룬 후, 메그는 어머니에게 말할 용기를 찾았는데, 어머니는 그녀가 기대했던 것보다 더 개방적이었다. 그녀의 어머니는 메그의 섹스에 대한 혐오감이 메그만의 짐이 아니라는 데 동의했다.

"섹스가 우리 집안 여성들에게 문제가 된다고 생각하느냐고 물었을 때 어머니는 실제로 웃었는데, 그것이 저를 놀라게 했어요." 메그가 말했다.

"슬픈 웃음이었어요. 그녀는 섹스가 더럽고, 나쁘고, 수치스럽다고 느끼지 않았던 때를 안 적이 전혀 없다고 말했고, 비록 아버지를 아끼기는 했지만 아버지와 섹스를 하는 것을 항상 두려워했다고 말했어요. 그녀의 어머니도 똑같이 느꼈을 거라고 확신하더군요."

"그 말을 들었을 때 기분이 어땠어요?"

"안심이 됐어요. 제가 이런 식으로 느낄 이유가 없어요. 하지만 그것은 너무 강해요! 이제야 말이 되는군요."

"이 물려받은 두려움을 느끼는 부분을 당신의 몸에서 찾아도 괜찮을까요?"

"여기 있어요." 그녀가 골반 부위 위로 손을 얹으며 말했다.

"그리고 당신의 몸속 어디에서 그것이 당신 어머니와 연결되어 있나요?" 내가 물었다.

"같은 곳." 그녀가 말했다.

"당신 집안 여자들을 윗세대로 계속 훑어볼까요?" 내가 물었다. 그녀는 고개를 끄덕였다.

"어머니 뒤에 서 계신 할머니를 상상해 보세요. 그리고 이 두려움이 어머니의 어디로 돌아가는지 주의를 기울여 보세요." 내가 말했다.

"같은 곳." 그녀가 다시 말했다.

"좋아요. 당신 집안 여성들을 세대별로 필요한 만큼 멀리 뒤까지 정렬합시다!" 내가 말했다.

"제가 여러 세대를 보네요." 그녀가 말했다.

"그들은 모두 똑같은 짐을 그들 몸 똑같은 곳에 지니고 있고, 우리는 모두 굵은 끈으로 연결되어 있네요. 그 짐은 제 골반에서 정말로 무겁고 어둡게 느껴져요."

"그들이 당신에게 보여 줄 게 있는지 물어보세요?" 내가 말했다. 물려받은 짐을 다룰 때 우리는 내담자의 체계에게 목격하기가 필요한지 간단히 물어볼 수 있다. 답변은 '필요 없음'에서 '네'까지 다양한데, 이는 간략하거나 광범위한 목격하기를 의미할 수 있다. 메그의 경우에는 목격하기가 필요하지 않았고, 메그는 고개를 저었다. 그래서 나는 계속 말했다.

"좋아요, 이제 이 모든 여성 뒤에 있는 치유력healing force을 상상해 보세요. 체계가 원하는 것은 무엇이든 될 수 있어요."

"빛?"

"확실히, 빛이 좋아요."

"밝은 황금빛." 메그가 말했다.

"하늘이 밝은 금이라도 되는 양, 전체 라인의 뒤편에 있어요."

"이제 성생활에 관해 물려받은 수치심inherited shame을 모두 모아서 어머니께 전해 드리세요."

"그것은 그림자 돌shadow stone과 같아요. 무겁지만 실체는 없네요."

"그것을 어머니에게 주었나요?" 메그는 고개를 끄덕였다.

"좋아요. 이제 당신 어머니가 그녀의 모든 수치심을 모아, 그것을 당신 수치심에 더하여 그녀의 어머니에게 돌려주도록 하세요." 내가 말했다.

"그녀는 그녀 어머니에게도 똑같이 하라고 말할 수 있어요. 마지막 어머니가 그것을 치유 장소healing place로 넘길 수 있도록 끝까지 놔두세요."

"그들은 어떤 치유 장소인지 알고 싶어 하나요?"

"그들이 결정할 수 있어요."

"그들은 산꼭대기의 맑고 차가운 호수에서 그것이 변형transformed되기를 원해요."

"좋아요. 산꼭대기의 맑고 차가운 호수는 수치심을 기쁨과 즐거움joy and pleasure으로 바꿔 당신과 딸에게 전해 줄 거예요. 그러면 모든 사람이 새로운 방식으로 성과 몸을 경험할 수 있어요." 내가 말했다.

"그들은 춤을 추고 웃고 있어요!" 메그가 보고했다.

〈표 10-4〉 요약: 앤 싱코의 물려받은 짐 내려놓기를 위한 단계

시작(Beginning)

1. 물려받은 짐(또는 물려받은 짐의 백분율)을 파악한다.
2. 그 물려받은 짐을 내려놓게 하고 싶은지 내담자의 부분들에게 물어본다.
   - 그 부분들에게 이 짐을 떠안아야 할 이유가 있는지 물어본다.
3. 물려받은 짐을 내려놓게 하는 것에 대한 어떠한 두려움들 또는 걱정들을 해결한다.

짐 내려놓기 준비(Preparation for unburdening)

1. 내담자에게 이 짐을 물려주는 알려지거나 알려지지 않은 모든 조상과 함께 부모(들)의 참자기 또는 최고의 긍정적인 잠재력을 초대하라고 요청한다.
   - 형제자매와 다른 친족들도 참여하여 그들이 준비되면 짐 내려놓기를 할 수 있도록 초대될 수 있다.
2. 필요할 경우 활성화된 부분들이 있는지 내담자에게 확인하고 분리(unblend)하도록 그들을 돕는다.
   - 부모(들)과 조상들에 대해 내담자는 어떻게 느끼는가?
3. 증인이 필요한 부분이 있는지 물어보라. 완전히 보고 이해해야 할 필요가 있는 이야기들, 감정 등이 있는가?
   - 이 과정 중에 언제든지 목격이 가능하다.

짐 내려놓기(Unburdening)

1. 내담자에게 그녀 또는 그의 몸에서 짐을 내리게 하여 그것을 물려준 부모에게 돌려주도록 요청한다.
   - 부분들은 부모에게 상처나 짐을 주는 것을 원치 않기 때문에 이 요청에 대해 종종 망설인다. 이 짐은 부모의 것이며 그 원천으로 돌아가게 될 것임을 그들에게 알린다. 그리고 다음 단계는 부모나 조상에게 필요한 만큼 짐을 되돌려주도록 부탁하는 것임을 그들에게 확신시킨다.
   - 아니면, 짐을 되돌려주는 것에 대한 내담자의 우려를 해결해 달라고 조상들에게 요청한다.
4. 각 조상에게 그 짐을 몸 밖으로 빼내어 되돌려주도록 부탁한다.
5. 내담자에게 의뢰하여 조상에게 이 과정을 계속하도록 하고 짐이 세대선의 끝에 도달하면 알려 달라고 요청한다.
6. 내담자에게 그 선 끝에 있는 조상이 짐을 어떻게 내려놓아야 하는지 물어본다.
   - 조상에게 짐을 내려놓게 한다.

초대(The invitation)

1. 물려받은 짐이 해소되었으니 이제 그 또는 그녀가 어떤 자질들을 초대하고 싶은지 내담자에게 물어본다.

- 세대선 끝에 있는 조상에게 자질들을 받아들이도록 하고 그것들을 세대선을 따라 내담자에게까지 전하도록 한다.

7. 각자 어떻게 하고 있는지 확인한다.
8. 어떤 다른 일이 일어날 필요가 있는지 물어본다.

통합(Integration)

9. 모든 부분에 물려받은 짐 내려놓기에 관하여 주의를 기울이고 업데이트하도록 부탁한다.
10. 모든 조상과 부분들에게 감사한다.

참고: 내담자에게도 물려받은 짐을 짊어진 자녀가 있는 경우, 아이의 참자기가 조상과 함께 처음부터 참여하도록 초대한다. 아이들이 준비가 되면 그들은 물려받은 것을 내려놓을 수 있고, 그 짐을 되돌려주는 과정은 자녀들로부터 시작된다. 짐 내려놓기 후, 자질들이 세대선을 따라 아래로 전해지고 있을 때, 내담자는 그 새로운 자질들을 아이들에게도 전해 준다.

"우리가 그들을 기리고 도울 수 있게 허락해 준 것에 대해 당신의 부분들과 조상에게 감사를 드리세요." 내가 말했다.

"그들은 웃으며 당신에게 절을 하고 있어요." 메그가 말했다.

"이제 짐을 떠안았던 당신의 부분은 무엇이 필요한가요?" 내가 물었다.

"그녀는 산꼭대기에서 변형된 것을 시험해 보고 싶어 해요." 메그는 약간 소심하게 말했다.

"물론이지요!" 나는 웃었다.

몇 주 후에 메그는 우리 작업의 결과에 대해 회답했다.

"재미있어요. 저는 음…… 여러 면에서 더 살아 있는 것 같아요. 그리고 제 남편과 훨씬 더 가까워졌어요! 하지만 저는 또 슬퍼요. 저는 두려움의 지난 모든 세월을 생각해요. 그것은 마치 지하에 있는 박스 안에 살면서 움직일 수 없는 것과 같았어요. 남편과 저는 〈필로메나와 막달린 빨래방Philomena and the Magdalene Laundries〉[26)]을 보았고 지금도 눈물이 날 것 같아요. 그 모든 소녀는 벌을 받고 학대받으며 굴욕감을 느꼈어요. 우리가 놓쳤던 모든 게 생각나요."

비록 우리가 먼저 두려워하는 부분들fearful parts을 다뤄야 할 필요가 있을지 모르나, 메그의 작업은 내담자들이 그들의 물려받은 짐들에 관해 가족 구성원들과 이야기하는 것이 얼마나 이해를 돕고 타당화시켜 주는지를 보여 준다. 현재 날짜에서 세대당 50년을 뺀 뒤 각 조상의 수명 동안 어떤 일이 벌어졌는지 검색해 보는 등 다양한 방법으로 조상들 고국의 사회적, 정치적 풍토도 살펴볼 수 있다.

결론

물려받은 짐은 가족의 가치들, 규칙들, 충성심들을 포함한다. 그들은 가족 및 더 큰 문화 내에서 패턴화된 상호작용으로 전달되고 종종 다양한 종류의 차이에 대한 편견을 수반한다. 여기서 '차이'란 가족의 규범이나 지배적인 문화와는 어떤 방식으로든 다른 것이거나 또는 성별gender, 신체 체중, 성적(性的) 지향, 인종 또는 문화로 인해 열등감을 느끼게 되는 것을 말한다. 우리가 부모와 맺는 암묵적인 계약들contracts은 우리가 먹는 방식에서부터 죽음에 어떻게 반응하는가에 이르기까지 모든 것을 지배한다(McGoldrick, 1982). 계약이 연령에 적합하고 가족 체계가 좋은 리더십을 가지고 있는 경우에 그것은 유용

26) 역자 주) 잃어버린 아들을 찾는 한 여성의 실화이다. 보수적 가톨릭 사회인 아일랜드에서 이 영화 주인공인 필로메나는 자신의 혼외 자식인 아들을 수녀들에 의해 부잣집에 내주도록 강요받는다. 그 시절, 그 사회에서 그녀가 선택할 수 있었던 유일한 선택은 가톨릭교회의 이익을 위해 강제 무급 노동의 대상이 되는 것이었다. 그녀는 아일랜드 막달린 빨래방에서 범죄자로 취급받으며 살았다. 1765년부터 1990년 후반까지 여러 나라에서 약 3만 명의 여성들이 정상적인 삶을 박탈당했다. 마지막 빨래방은 1996년에 문을 닫았고, 2013년에 아일랜드 총리가 이 일에 대해 사과했다.

한 역할에 대한 기대와 구조를 제공한다. 하지만 가족의 연민 어린 리더십의 균형 잡힌 효과가 부족할 때 모든 구성원은 위험에 처하게 된다. 이런 상황에서 아이들은 살아남기 위해 그저 짐을 받아들인다.

내 생각에 우리 중 누구라도 짐을 지는 것burdening을 피할 수 있는 사람은 거의 없다. 우리는 우리의 자기가치감sense of self-worth에 깊이 영향을 미치는 어린 시절의 명백한 일상적 잘못된 애착misattunements에서부터 저항하기 힘든 삶의 상황에 이르기까지 어디에서든 많은 자원sources으로부터 개인적인 짐들을 떠안는다. 물려받은 짐들은 거의 유전되는 것이나 마찬가지이다. 그들은 우리의 가족들, 우리의 문화들, 그리고 우리의 재앙들로부터 생겨난다. 우리의 부모들은 그들의 선조들로부터 비롯된 짐들, 감정들, 믿음들, 에너지, 증상들과 습관들behaviors의 형태로 우리에게 물려준다. 정신적 또는 신체적 필요가 자원을 능가할 때, 적응 방식들은 더욱 극단적이 되며, 세대들은 내적, 외적으로 점점 더 양극화될 수 있다. 다양한 보호 방식에 대한 충성심은 우리의 직업, 동반자, 생존 죄책감(survival guilt; 우리는 우리 부모들보다 더 행복하거나 더 성공할 수 있을까?)의 수준, 분리 죄책감(separation guilt; 우리는 가족으로부터 독립할 수 있을까?), 자기 관리, 건강, 그리고 죽음의 방법에 대한 선택을 포함하여 모든 것을 준비하면서 짐들을 제자리에 가두게 될 것이다. IFS에서 우리는 이러한 노력들을 병리학적으로 접근하지 않는다. 우리는 모든 역기능 행동dysfunctional behavior을 적응하고 대처하기 위한 시도로 본다. 그리고 비록 우리가 그 시도를 존중하지만, 그 결과를 감수해야 한다는 압박감을 느끼지 않는다. 대신 IFS는 미지의 과거에서 오는 짐들까지 모든 짐을 내려놓는 전략들을 제시한다.

참고문헌

Anonymous. (2006). *Adult Children of Alcoholic fellowship text.* Torrance, CA: Adult Children of Alcoholics.World Health Organization.

Black, C. (1981). *It will never happen to me*. New York: Random House.

Boszormenyi-Nagy, I., & Spark, G. M. (1973). *Invisible loyalty: Reciprocity in Intergenerational Family Therapy.* New York: Harper & Row.

Brown, S., & Lewis, V. M. (1999). *The alcoholic family in recovery: a developmental model.* New York: Guilford Press.

Drake, A. (2003). *Healing the Soul: Shamanism and psyche.* Ithaca, NY: Busca.

Elkin, M. (1984). *Families under the influence: Changing alcohol Patterns.* New York: Norton.

Hellinger, B. (2011). *Laws of healing; Getting well, staying well.* Bischofswiesen, Germany: Hellinger Publications.

Imber-Black, E. (1993). *Secrets in family therapy.* New York: Norton.

McGoldrick, M. (1982). *Ethnicity and family therapy.* Needham Heights, MA: Allyn & Bacon.

O'Farrell, T. (1993). *Treatment of Alcohol Problems: Marriage and Family Intervention.* New York: The Guilford Press.

Schutzenberger, A. A. (1998). *The ancestor Syndrome: Transgenerational Psychotherapy and the hidden links in the family tree.* New York: Routing.

Wegscheider-Cruse, S. (1981). *Another chance: Hope and health for the alcoholic family.* Palo Ailto, CA: Science and Behavior Books.

용어 사전

비록 부분들parts이 자율적이고 그들의 행동들이 동기부여가 된다고 여겨지지만, IFS에서는 정신의 다양성psychic multiplicity의 본질이나 기원에 대한 실증적인 견해가 없으며, 부분들의 특성에 대해서도 실무자들practitioners 사이에 합의가 없다.

내면으로 들어가기in-sight: 성인이 부분을 이해하는 데 사용하는 주된 접근 방식인 내면으로 들어가기는 내담자가 부분을 인식하고(대부분의 경우 시각적, 운동감각적 또는 청각 경험에 의해 지원), 부분과 직접 소통할 충분한 참자기-에너지가 있어야 한다. 내면으로 들어가기가 보호자들에 의해 차단되면 직접 접근을 사용할 수 있다.

데리고 나오기retrieval: 추방된 부분이 필요한 모든 방식으로 목격된 후에, 그 부분은 살아왔던 과거를 떠나 현재로 들어온다.

목격하기witnessing: 어떤 부분이 이해되고, 받아들여지고, 자기수용적self-accepting으로 느낄 때까지, 그 부분의 경험들에 대해 내담자의 참자기에게 보여 주거나 또는 말해 주는 과정

부분들parts: 독립적으로 기능하고 모든 범위의 감정, 생각, 신념 그리고 감각을 가진 내적 실체들internal entities 또는 하위 인격들subpersonalities.[1] 자신의 참자기-에너지를 가진 이 내적 실체(부분)들은 그들이 이해받고 인정받는다고 느낄 때 외모, 나이, 성별, 재능 및 관심에 따라 달라진다. 그들은 내면 체계 안

1) 역자 주) 특정한 기능, 태도, 정체성을 갖고 독자적이며 식별 가능한 방식으로 작용하는 사람 자신의 일부 측면이다. 사람 안에는 삶을 감정적으로 느끼고 대응하며 항상 보살핌과 안전을 필요로 하는 내적인 아이가 존재한다. 사람의 이러한 측면은 나이 관계없이 실재하고 있다. 오늘날 수많은 책과 치료법들은 이 잠재적 인격들과 친숙해지고, 그들을 건강하게 만드는 데 내용의 전부나 대부분을 할애하고 있다.

에서 존재하며 다양한 역할을 수행하고 있다. 추방되지 않거나 추방된 부분들을 관리하는 방법에 관해 서로 충돌하지 않을 때, 그들은 우리의 효율적인 기능과 일반적인 웰빙well-being[2]에 다양한 방법으로 기여한다.

부분들의 3가지 유형 Three types of parts: IFS는 부분들이 서로에 대해 어떻게 기능하는지에 따라 세 가지 범주로 분류한다. 상처받은 부분injured part, 즉 '추방자exile'는 다른 부분들의 행동에 미치는 영향에서 가장 중요하다. 두 범주의 보호적protective 부분들이 추방자들 주위를 맴돌고 있다. '관리자manager'라고 불리는 예방적 보호자proactive protector는 추방자들이 무엇을 느끼든지 간에 개인이 기능하는 것을 유지하는 역할을 한다. '소방관firefighter'이라고 불리는 반응적 보호자reactive protector는 추방된 부분들의 정서적 고통emotional pain을 억제하는 역할을 하는데, 그것은 관리자의 최선의 노력에도 불구하고 터져 나온다.

- **추방자**: 감정, 믿음들, 감각들과 행동들에서 드러나는 이 부분들은 일반적으로 어린 시절에 수치당하고, 무시당하고, 학대받거나, 방치되어 왔다. 그 후에, 그들 자신의 안전을 위해 그리고 정서적 고통으로 내면 체계가 압도되는 것을 방지하기 위해 보호자들에 의해 추방되었다. 추방자들을 의식하지 못하게 하기 위해서는 많은 내부 에너지가 소비된다.
- **관리자**: 학습하기, 기능하기, 준비된 상태 및 안정된 상태로 있기에 초점을 맞추며, 그래서 추방자들이 감정으로 내면 체계를 범람하지 못하도록 노력하는 항상 경계적인 예방적 도우미들proactive helpers. 결과적으로, 그들은 우리를 과업 지향적이고 감정에 영향을 받지 않게 하려고 종종 가혹한 전술들, 특히 가혹하게 비판하고 수치심을 준다.
- **소방관**: 취약한 보호자들을 추방하고 정서적 고통을 진화extinguishing하는 목표를 공유하는 반응적 보호자들reactive protectors. 소방관들은 관리자들의 억압적인 노력에도 불구하고 추방자들의 기억과 감정이 터져 나올 때

2) 역자 주) 사전적 의미로는 정신적, 육체적 건강과 행복, 복지와 안녕을 의미하고, 사회적 의미는 물질적 부가 아니라 진정한 삶의 질을 강조하는 생활 방식이다.

활성화된다. 그들은 사나운 경향이 있으며, 술과 약물 남용, 폭식, 과도한 쇼핑, 난잡한 성관계, 남의 가슴을 찌르는 말, 자살, 그리고 심지어 살인과 같이 관리자들이 혐오하는 극단적인 방법들을 사용하는 경향이 있다.

분리된unblended: 어떤 부분(예: 느낌, 생각, 감각, 신념)도 참자기를 압도하지 않는 상태. 섞이지 않은 부분들이 계속 남아 있고 접근 가능하지만 지배적이 되기 위해 경쟁하지 않을 때, 우리는 참자기의 자질들에 접근할 수 있다. 분리된 상태는 종종 내면의 공간성spaciousness으로 경험된다.

섞인blended: 어떤 부분이 다른 부분 혹은 참자기로부터 분리되어 있지 않을 때

양극화polarization: 추방자를 관리하는 방법에 관해 충돌하는 두 보호자 간의 서로 대립적인 관계. 시간이 지나면서 그들의 반대되는 견해들은 점진적, 극단적으로 되는 경향이 있고, 따라서 대가(代價)가 큰 경향이 있다. 그러나 내담자의 참자기가 각 보호자의 긍정적인 의도들과 기여들을 인정할 때, 양극화된 보호자들은 일반적으로 참자기가 추방자를 돌보고, 보호하고, 원래 자리로 보내는repatriating 임무를 맡는 것을 기꺼이 허용하게 된다. 보호자들은 그때 힘든 일에서 자유롭게 되고 내면가족internal family에서 그들이 좋아하는 역할을 찾거나 은퇴할 수 있다.

직접 접근direct access: 내면으로 들어가기에 대한 대안적 접근법. 보호자가 분리하려 하지 않을 때, 치료사는 내담자의 부분들에게 직접 말을 한다. 직접 접근에서 치료사는 특정 부분에게 명시적으로 말할 수 있다(예: "내가 그 부분에 직접 얘기해도 될까요? 좋아요, 왜 찰리가 술을 마시길 바라세요?"). 또는 내담자가 부분들의 생각을 거부하거나 "그건 부분이 아니라 저예요."라고 말할 때, 치료사는 그것이 부분이라는 것을 직접적으로 인정하지 않고 암묵적으로 말할 수 있다. 일부 어린이는 내면으로 들어가기를 사용할 수 있지만 직접 접근은 어린이에게 일반적인 방법이다.

짐 내려놓기unburdening: 추방된 부분의 고통스러운 감정들emotions과 가혹한 자기 판단들이 의식적ceremonially으로 풀려나는 경우. 짐 내려놓기 후 그 부분이 스스로 새롭게 자질을 선택해서 이미 빠져나간 공간을 채우라고 부탁할 수 있다. 이때 참자기의 자질(침착함, 자신감, 명료함, 연결성, 창의성, 연민)들은 일반적으로 선택되는 자질들이다.

짐을 진burdened: 부분들이 외부로부터 자신에 대한 고통스러운 믿음과 감정을 떠맡고, 그들이 짐을 덜 때까지 안도감을 느끼지 못할 때

참자기Self: 우리의 내면가족에 어떤 비판단적nonjudgmental이고 변형시키는 힘이 있는 자질들transformative qualities(호기심, 보살핌, 창의성, 용기, 평정심, 연결성, 명료함, 연민, 존재성, 인내심, 지속성, 통찰력, 장난기)과 함께 균형과 조화를 가져다주는 우리 안에 있는 타고난 존재innate presence. 부분들은 단지 부분적으로만 섞일 수 있는데, 그 경우 어느 정도의 참자기-에너지가 존재한다. 비록 그들이 완전히 섞일 때에도(격한 감정에 휩싸이고, 그래서 눈에 띄지 않아도), 참자기는 계속 존재하며 보호자들이 분리되는 즉시 접근 가능하다.

참자기-에너지 Self-energy: 참자기가 부분들과 다른 사람들과의 관계에 가져오는 관점perspectives과 감정들

참자기-주도 Self-led: 한 개인이 내면가족체계 안에서 그리고 다른 사람들과 함께 그들의 역할의 중요성을 인정하고 올바로 평가하면서, 들을 수 있고, 이해할 수 있고, 부분들과 함께할 수 있는 능력을 가질 경우

찾아보기

[인명]

[내용]

저자 소개

프랭크 앤더슨 Frank G. Anderson은 의학박사(MD)이며, IFS 본부인 Center for Self Leadership 재단의 부회장과 상임이사이다. 하버드 의과대학 정신과에서 레지던트 과정을 마친 후 전임 임상 지도 교수로 재직하였다. 그는 IFS 치료의 5일 집중 트레이닝 과정인 트라우마와 뇌과학 워크숍의 공동 리더이다. 또한 『내면가족체계 치료: 새로운 관점(Internal Family Systems Therapy: New Dimensions)』에서 정신약리학과 뇌과학, IFS 치료에 대한 "누가 무엇을 말하는가(Who's Talking What)"라는 글을 쓴 저자이기도 하다. 그는 보스턴의 Justice Resource Institute의 트라우마 센터에서 강의를 하고 있으며, 수석 슈퍼바이저로 재직 중이다. 그는 매사추세츠 콩코드에서 개인 상담소를 운영하고 있다.

제니 카탄자로 Jeanne Catanzaro 박사(PhD)는 매사추세츠 브루클린에 있는 개인 상담소를 운영하는 임상심리학자이다. 뉴욕시의 렌프루(Renfrew) 센터 내의 부분 입원 프로그램(partial hospitalization program)의 이전 책임자로 있으면서 섭식장애와 트라우마 환자들을 집중적으로 다루어 왔다. 현재는 장기적으로 건강한 선택을 할 수 있도록 어떻게 IFS 치료를 이용해 내담자를 촉진할 수 있는가에 큰 관심을 가지고 있다.

파멜라 게이브 Pamela Geib 박사(EdD)는 케임브리지 가족 연구소와 케임브리지 병원 내의 하버드 의과대학에 소속되어 있다. 현재 토니 헐바인 블랭크(Toni Herbine-Blank)의 IFIO(Intimacy From the Inside Out)라는 커플치료 프로그램의 공동 리더로서 트레이닝 과정을 이끌고 있다. "IFS 치료 적용에 있어서의 도전: 기초 숙련하기(Challenges in Applying IFS: Mastering the Basics)"라는 연간 세미나 프로그램의 공동 창설자이며, 공동 지도자이기도 하다. 그녀는 개인 상담소를 운영하면서 개인과 부부를 상담하고 치료사와 그룹에게 슈퍼비전을 진행하고 있다.

파멜라 크루즈 Pamela K. Krause는 IFS 본부인 Center for Self Leadership에서 레벨 1과 2를 지도하는 수석 트레이너이다. 직접 접근(direct access)을 어떻게 사용할 것인가에 대한 워크숍을 진행하기도 하였다. 『아동을 위한 EMDR 치료와 그 외 접근법(EMDR Therapy and Adjunct Approaches With Children)』의 한 장을 공동 저술하였으며, 『내면가족체계 치료: 새로운 관점(Internal Family Systems Therapy: New Dimensions)』에서도 한 장을 집필하였다. 현재 펜실베이니아주 해리스버그 근처에서 성인, 청소년 그리고 아동 치료를 하는 개인 상담소를 운영하고 있다.

폴 네스타트 Paul Neustadt는 IFS 공동 리드 트레이너이자, AAMFT 슈퍼바이저이다. 매사추세츠, 알링턴에서 부부, 양육 코칭, IFS 슈퍼비전을 주로 하는 개인 상담소를 운영하고 있다. 두 개의 대학원과 가족치료연구소에서 부부 및 가족 치료를 가르치고 있고, 아동, 청소년 및 가족을 위한 지역사회 상담 및 예방 프로그램에서 17년간 책임자를 역임하였다.

로렌스 로젠버그 Lawrence G. Rosenberg 박사(PhD)는 하버드 의과대학의 케임브리지 건강연합(Cambridge Health Alliance/Harvard Medical School)에서 슈퍼바이저로 있으며, 매사추세츠 케임브리지에서 부부와 가족의 심리치료와 슈퍼비전 실습을 해 오고 있다. 통합적 관점에서 IFS, 성(sexuality), 게이/레즈비언/양성애자/트랜스젠더 발달, 트라우마에 대한 저술과 슈퍼비전을 해 오고 있다.

리처드 슈워츠 Richard C. Schwartz 박사(PhD)는 노스웨스턴 대학교와 일리노이 대학교에서 학부를 마친 후 체계적 가족치료사(systemic family therapist)로 시작하였다. 체계적 사고(systems thinking)를 바탕으로, 자신 내면의 다양한 부분에 대한 내담자들의 설명을 통해 IFS 치료 모델을 개발하였다. 2000년에 미국 및 세계 각국의 대중과 전문가를 위한 IFS의 3단계 트레이닝과 워크숍을 제공하는 IFS 본부인 Center for Self Leadership(www.selfleadership.org)을 창설하였다. 그는 세계적인 전문기관의 특별 연사이며, IFS에 관한 50개 이상의 논문과 5권의 책을 출판하였다.

데렉 스콧 Derek Scott은 캐나다, 런던에 있는 심리치료와 슈퍼비전을 위한 상담소를 운영하고 있으며, 주로 온라인으로 일하고 있다. 그는 웨스턴 온타리오 대학교의 죽음학과에서 강의하고 있으며, 『잃어버린 것의 계산(Counting Our Losses)』, 『일상에서의 변화와 상실, 전환의 반영(Reflecting on Change, Loss, and Transition in Everyday Life)』, 『애도상담의 원칙과 실습(Principles and Practice of Grief Counseling)』, 『애도 치료의 평가와 개입 기술(Techniques of Grief Therapy Assessment and Intervention)』에서 IFS와 애도에 대한 몇몇 장을 저술하였다. 그가 만든, IFS 관점에서 어떻게 애도에 대해 작업할 것인지에 대한 시연 비디오는 그의 웹사이트인 www.derekscott.co에서 볼 수 있다.

앤 싱코 Ann L. Sinko는 IFS 본부인 Center for Self Leadership의 수석 IFS 트레이너이다. 지난 20년간 센트럴 코네티컷 주립대학교의 결혼과 가족치료 프로그램의 부교수로 재직하였다. 코네티컷 포틀랜드에서 개인 상담소를 운영하고 있으며, 부분의 창조적 외현화(creative externalization of parts)와 물려받은 짐(legacy burden)에 대한 보수교육 워크숍을 진행하고 있다.

제나 멜러무드 스미스 Janna Malamud Smith는 하버드 의과대학 강사이며, 보스턴 지역에서 심리치료와 슈퍼비전을 제공하는 상담소를 운영하고 있다. 4권의 책과 많은 논문을 저술하였다. 홈페이지 주소는 www.jannamalamudsmith.com이다.

마사 스위지 Martha Sweezy 박사(PhD)는 하버드 의과대학의 조교수이며, 매사추세츠 노샘프턴의 개인 상담소에서 심리치료와 슈퍼비전을 해 오고 있다. 『내면가족체계 치료: 새로운 관점(Internal Family Systems Therapy: New Dimensions)』과 『내면으로부터의 친밀감 만들기: 커플치료에서의 용기와 연민(Intimacy From the Inside Out: Courage and Compassion in Couple Therapy)』의 공동 저자 겸 공동 편집자이며, 홈페이지 www.marthasweezy.com 내 IFS에 관한 동료 리뷰 논문 모음에서 2개의 논문을 저술하였다.

씨씨 사이크스 Cece Sykes는 지난 10년간 IFS 본부인 Center for Self Leadership의 수석 IFS 트레이너로 일해 왔으며, 시카고에서 30년 이상 심리치료와 슈퍼비전을 해 왔다. 특히 트라우마와 중독 회복 전문가이며, 성폭력의 체계적 치료(systemic treatment)에 대한 2개의 논문을 공동 저술하기도 하였다. 치유 여정이 가슴으로 가르쳐 주는 것(Heart Lessons of the Journey)이라는 이름의 치료사 개인 내러티브를 통한 보수 학습 수련 프로그램을 개발하기도 하였다. 전 세계를 다니며 강의 및 트레이닝을 해 오고 있다. 홈페이지 주소는 www.cecesykeslcsw.com이다.

역자 소개

오주원Juwon Oh

현 국제뇌교육종합대학원대학교 상담심리학과 교수

IFS 치료사

IFS 레벨 1, 2 수료/Sensorimotor Psychotherapy 레벨 1 수료/TRE 모듈 수료

AEDP Immersion 및 Essential Skill 수료

공저 · 공역: 『인간의 성장과 발달』(파워북), 『놀이진단 및 평가』(시그마프레스)

손성희Seonghee Son

현 관계발전소 및 미국 Foothill Center for Healing Arts 운영

국제공인 IFS 치료사(718호)

IFS 레벨 1, 2, 3 수료/IFIO(IFS 부부치료) 기초, 심화 수료

국제 이마고 부부관계 치료 전문가/국제 이마고 부부 워크숍 리더

한국상담학회 1급 수련감독자

저서: 『IFS 마음 카드』, 『IFS 마음 카드 활용(기초편)』, 『Korean IFS Cards』, 『마음카드로 알아보는 IFS 치료』

채유경Yukyoung Chae

현 치유상담대학원대학교 상담심리학과 교수/전 호서대학교 교수

IFS 치료사

IFS 레벨 1, 2 수료/국제 부모역할훈련(AP) 지도자

한국상담학회 1급 수련감독자/국가공인 1급 청소년상담사

공역: 『이혼 · 별거 가정의 부모역할-자녀를 갈등으로부터 보호하기』(학지사)

김신영Sinyoung Kim

현 별빛나무 상담연구소 소장/대한가족 상담연구소 부소장

미국, Daybreak University California, Marrage and Family 전공 박사 졸업

IFS 치료사

IFS 레벨 1, 2 수료/성치료 심화 수료

국제 이마고 부부관계 치료 전문가/Daybreak University 협력 임상 슈퍼바이저

한국상담학회 1급 수련감독자/한국부부가족상담협회 수련감독자

내면가족체계(IFS) 치료의 혁신과 발전

-IFS 거장들의 임상사례 적용-

Innovations and Elaborations in Internal Family Systems Therapy

2023년 4월 10일 1판 1쇄 인쇄
2023년 4월 20일 1판 1쇄 발행

엮은이 • Martha Sweezy · Ellen L. Ziskind
옮긴이 • 오주원 · 손성희 · 채유경 · 김신영
펴낸이 • 김진환
펴낸곳 • (주) 학지사

04031 서울특별시 마포구 양화로 15길 20 마인드월드빌딩
대표전화 • 02)330-5114 팩스 • 02)324-2345
등록번호 • 제313-2006-000265호

홈페이지 • http://www.hakjisa.co.kr
페이스북 • https://www.facebook.com/hakjisabook

ISBN 978-89-997-2885-3 93180

정가 20,000원

역자와의 협약으로 인지는 생략합니다.
파본은 구입처에서 교환해 드립니다.